Moshe Zimmermann

Deutsch-jüdische Vergangenheit

MOSHE ZIMMERMANN

Deutsch-jüdische Vergangenheit:
Der Judenhaß als Herausforderung

FERDINAND SCHÖNINGH
Paderborn · München · Wien · Zürich

Der Autor:

Moshe Zimmermann, Dr. phil., geb. 1943 in Jerusalem, ist Professor für Neuere und Neueste Geschichte und Direktor des Richard-Koebner-Minerva-Zentrums für deutsche Geschichte an der Hebräischen Universität Jerusalem.

Bibliografische Information Der Deutschen Bibliothek

Die Deutsche Bibliothek verzeichnet diese Publikation in der Deutschen Nationalbibliografie; detaillierte bibliografische Daten sind im Internet über http://dnb.ddb.de abrufbar.

Gedruckt auf umweltfreundlichem, chlorfrei gebleichtem und alterungsbeständigem Papier ∞ ISO 9706

© 2005 Ferdinand Schöningh, Paderborn
(Verlag Ferdinand Schöningh GmbH & Co. KG, Jühenplatz 1, D-33098 Paderborn)

Internet: www.schoeningh.de

Alle Rechte vorbehalten. Dieses Werk sowie einzelne Teile desselben sind urheberrechtlich geschützt. Jede Verwertung in anderen als den gesetzlich zugelassenen Fällen ist ohne vorherige schriftliche Zustimmung des Verlages nicht zulässig.

Umschlaggestaltung: Evelyn Ziegler, München
Printed in Germany. Herstellung: Ferdinand Schöningh, Paderborn

ISBN 3-506-70120-7

Inhalt

Vorwort 7

I. Die Konturen 11
   1. Der deutsche Antisemitismus 13
   2. Aufkommen und Diskreditierung des Begriffs
      »Antisemitismus« 25

II. Die moderne Geschichte des deutschen Judenhasses 41
   1. Juden und Kapitalismus: Von Ludolf Holst zu Werner
      Sombart 43
   2. Das Kaffeehaus als Ort des anti-jüdischen Sozialprotests
      im Vormärz 57
   3. Von der Verbrennung von Büchern und Menschen: Heinrich
      Heine und der Judenhaß 67
   4. Judenemanzipation und Judenhaß seit 1848: Gabriel Riesser
      und Wilhelm Marr im Meinungsstreit 81
   5. »Lessing contra Sem«: Antisemitismus zwischen Religion
      und Rasse 101
   6. Zwei Generationen im deutschen Antisemitismus: Theodor
      Fritsch und Wilhelm Marr 112
   7. Antisemitismus im Kaiserreich zwischen Modernität und
      Antimodernismus: Intellektuelle und Renegaten 125
   8. »Wie ist die Judenfrage zu lösen?« 134

III. Die jüdische Auseinandersetzung mit dem deutschen
Judenhaß 147
   1. Aufklärung, Emanzipation und Selbstemanzipation 149
   2. Jüdischer Nationalismus und Zionismus in deutsch-jüdischen
      Studentenorganisationen 158
   3. Zionismus als Ablenkungsmanöver: Die »Ostjuden« 189
   4. Das Gesellschaftsbild der deutschen Zionisten vor dem Ersten
      Weltkrieg 200
   5. Zukunftserwartungen deutscher Juden in der Geburtsstunde
      der Weimarer Republik 216
   6. »Die aussichtslose Republik«: Zukunftsperspektiven deutscher
      Juden vor 1933 238
   7. Zwischen Selbstbehauptung und Diskriminierung:
      Deutsch-jüdische Turn- und Sportzeitungen 258

8. »Antisemitismus in Verruf«:
　　　　 Hannah Arendts Zionismuskritik 273

IV. Jenseits der Katastrophe 287

　　　1. Die »Judenfrage« als »die soziale Frage«
　　　　 – Zu Kontinuität und Stellenwert des Antisemitismus
　　　　 vor und nach dem Nationalsozialismus 289

Nachweis der Erstveröffentlichung früher erschienener Beiträge 302

Personen- und Sachregister 304

Vorwort

Antisemitismus in Deutschland ist heute wieder ein in der breiten Öffentlichkeit diskutiertes Thema. Zwar weisen Meinungsumfragen während der letzten fünfzehn Jahre – seit dem Fall der Berliner Mauer – trotz mancher Fluktuationen nicht auf eine dramatisch ansteigende Tendenz des Antisemitismus oder gar auf eine antisemitische Welle in der deutschen Bevölkerung: Bei etwa zwanzig Prozent der Deutschen kann man antisemitische Vorurteile konstatieren. Dies allerdings entspricht dem europäischen Durchschnitt. Und doch: In die Antisemitismusdebatte in Deutschland ist Bewegung gekommen.

Vielleicht ist es tatsächlich ein halbes Jahrhundert nach dem Zusammenbruch des »Dritten Reiches« und im Zuge der Wiedervereinigung der beiden deutschen Staaten nicht nur zu einer erneuten Thematisierung der »Judenfrage« gekommen, sondern auch zu einer Enttabuisierung des Themas überhaupt. Gewiß lösten besonders provokante Debatten breiter angelegte Diskussionen aus – Daniel J. Goldhagens These vom deutschen »eliminatorischen Antisemitismus«, die Bubis-Walser-Auseinandersetzung, die Möllemann-Sharon-Friedmann-Affäre, die Rede des CDU-Politikers Hohmann zum Tag der deutschen Wiedervereinigung und nicht zuletzt die zweite Intifada im Nahen Osten sind die prominentesten Beispiele. Die Frage, »Sind wir Antisemiten?«, die der Soziologe Alfons Silbermann in den frühen 1980er Jahren noch einer eher begrenzten Leserschaft präsentiert hatte, ist mittlerweile zu einer populären und scheinbar akuten Alltagsfrage geworden.

Deutschen Nichtjuden, die bewußt das »Dritte Reich« erlebt haben, dürfte die Antwort auf diese Frage nicht sonderlich schwer fallen: Man hatte die »Endlösung der Judenfrage« und ihre Vorbereitung selbst miterlebt und mitgetragen. Komplizierter ist die Antwort für andere Sektoren der Bevölkerung – einerseits für jüngere Menschen, die nach dem Krieg und erst recht nach der 1968er Revolution in der Bundesrepublik Deutschland sozialisiert wurden und beide Begriffe nur durch den Schleier der »Vergangenheitsbewältigung« kennengelernt haben; andererseits für ehemalige Bürger der DDR, eines Landes, das die Begriffe »Juden« und »Antisemitismus« nicht thematisiert hatte. Verunsichert muß man sich selbst nicht nur fragen »Bin ich Antisemit?«, sondern auch »Ist Antizionismus gleich Antisemitismus?« oder »Ist Kritik an Israel Antisemitismus?«, um schließlich bei der Grundsatzfrage »Was ist eigentlich Antisemitismus?« anzugelangen.

Selbst deutsche Juden, die den Nationalsozialismus überlebt haben, werden ebensowenig wie ihre Nachkommen oder die im Nachkriegsdeutschland und im Ausland lebenden Juden eine eindeutig fundierte Antwort auf diese Frage geben können. Zu unterschiedlich und verworren, politisiert oder ideologisch belastet sind die Positionen zum Thema. Auch eine wissenschaftliche Definition des Begriffs des Antisemitimus oder des Judenhasses führt nicht automatisch zu einer ausreichenden oder gar gemeinhin gültigen Antwort auf die genannten Grundsatzfragen. Die historische Dimension des Judenhasses, die Geschichte des Begriffs des Antisemitismus und des Phänomens an sich, die Geschichte des Antisemitismus im Kontext der deutschen Geschichte – das alles sind Faktoren, die dringend in Erwägung gezogen werden müssen, um Unsicherheit und Verworrenheit hinter sich zu lassen und adäquate Antworten anbieten zu können.

Das vorliegende Buch, das die von mir in den letzten fünfundzwanzig Jahren erzielten Forschungsergebnisse zum Thema in neuer Form präsentiert, geht selbstverständlich nicht vom Antisemitismus als einem alleinigen bzw. Entscheidenden Aspekt der Geschichte der Juden aus, sondern eher als einem Element der Geschichte der Gesellschaften, die das Thema »Juden« problematisieren und somit Juden als Individuen und Kollektiv herausfordern. Es geht in diesem Kontext um eine dreifache Herausforderung – für die historische deutsche Gesellschaft, für die deutschen Juden und historiographisch für die Historiker, die sich mit dem Thema befassen. Wie sich diese Herausforderung historisch seit dem Ende des 18. Jahrhundert bis in die Gegenwart hinein entwickelt hat, welche Funktionen der Judenhaß – seit 1879 Antisemitismus genannt – für die deutsche nichtjüdische Gesellschaft zu erfüllen vermochte, wie die deutschen Juden mit dieser Provokation in einer Zeit der Emanzipation und der Modernisierung umzugehen versuchten, wie Historiker das Phänomen bewertet und eingeordnet haben – damit befassen sich die einzelnen Kapitel dieses Buches, denen unterschiedliche wissenschaftliche Aufsätze zu den verschiedenen Themenbereichen zugrundeliegen. Sie stellen nicht nur eine Zusammenfassung meiner Forschungstätigkeit dar, sondern gewähren auch Einblick in die Entwicklung meiner Arbeit als Historiker im letzten Vierteljahrhundert; sie sind daher mit Ausnahme notwendig gewordener Aktualisierungen in der ursprünglichen Form der Publikation gehalten.

Der Historiker ist keineswegs der Vergangenheit zugewandt. Die Vergangenheit ist zwar sein Objekt, und aus den Quellen der Vergangenheit schöpft er sein Material; seine Leser aber leben naturgemäß immer zwischen Gegenwart und Zukunft. Der Hauptwert der historischen Analyse liegt also in ihrer aktuellen und allgemeinen Relevanz. Die Aufgabe des Historikers ist demnach zukunftsorientiert. So dient die Behandlung der Geschichte der deutschen Juden in ihrer Auseinandersetzung mit dem Judenhaß nicht nur der Fokusierung eines weiten Feldes, sondern vor allem als Gundlage und »Stoff« für die Orientierung von Gesellschaften der Gegenwart. Auch sie ist eindeutig der Zukunft zugewandt. Die in dieser Analyse wiederholt begegnenden Begriffe wie Emanzipation, Assimilation, Industrialisierung, Nationalismus, Rassismus, Zionismus und viele andere mehr sind in den im Buch behandelten und analysierten Epochen verwurzelt. Sie haben ihre Aktualität aber auch nach der Katastrophe des Nationalsozialismus, nach der Shoah, nach der Gründung des Judenstaates und auch im Zeitalter der Globalisierung oder im neuen europäischen Rahmen nicht verloren.

Mit den in diesem Band in konzentrierter Form vorgelegten Forschungsarbeiten, die bisher in drei Sprachen – Hebräisch, Deutsch und Englisch – publiziert wurden, möchte ich als israelischer Historiker mit deutschen Wurzeln den Blick des Lesers vor allem auf die Gegenwart und damit letztlich auch auf die Zukunft beider Bezugsgesellschaften lenken.

Mein aufrichtiger Dank geht an Herrn Kai Hendrik Patri und Frau Astrid Popien für die sorgfältige Übersetzung der nun in den Kapiteln II. 6 und III. 2 bzw. III. 3 und III. 8 gefaßten Beiträge aus dem Englischen und Hebräischen. Dr. Matthias Schmidt hat die Beiträge in den Kapiteln I. 1 und II. 1 aus dem Hebräischen übersetzt. Dafür danke ich ihm ebenso wie für seine wertvolle Hilfe bei der Erstellung des Gesamtmanuskripts und der Unterstützung bei der Schlußdurchsicht.

Jerusalem, im Januar 2005 MOSHE ZIMMERMANN

I.
Die Konturen

I. Der deutsche Antisemitismus

»War der junge Hitler Antisemit?« – so fragt Brigitte Hamann in ihrem Buch *Hitlers Wien – Lehrjahre eines Diktators*.[1] Anders als viele Biographen und Historiker schenkt Hamann Hitlers Darstellung von seiner »Bekehrung« zum Antisemitismus infolge einer Begegnung mit einem »typischen« Ostjuden in Wien, wie er sie in *Mein Kampf* publiziert hatte, keinen Glauben. Sie sucht daher nach alternativen Erklärungen für Hitlers Wandlung zum Antisemiten – in der Zeit seiner Jugend und in der Zeit nach seiner Übersiedlung von Wien nach München 1913. Doch die relevanten Aussagen von Zeitzeugen, die den jungen Hitler kannten, sprechen eine klare Sprache: »He had not yet begun to hate the Jews«, meinte 1941 der jüdische Familienarzt Dr. Eduard Bloch, der Hitler noch aus seiner Linzer Zeit kannte.[2] Reinhold Hanisch, ein anderer Bekannter des jungen Hitler, der sich mit ihm wegen seiner – Hitlers – Unterstützung für die jüdischen Freunde Neumann und Löffner sogar zerstritten hatte, stellte gar in einem 1939 posthum erschienen Artikel Hitlers Glaubhaftigkeit in den 1930er Jahren in Frage, als er auf die Diskrepanz zwischen Hitlers antisemitischer Politik als Führer der NSDAP und seinem freundlichen Verhalten gegenüber Juden in seiner Jugendzeit verwies. Bis auf einen einzigen Zeugen fehlt uns jeglicher Hinweis für eine antisemitische Haltung des jungen Hitler, obwohl er ohne Zweifel schon früh mit der »Judenfrage«, mit Juden und Antisemitismus konfrontiert worden sein dürfte. Nach Hamanns Meinung ist Hitler erst gegen Ende des Ersten Weltkrieges Antisemit geworden, also etwa im Alter von 30 Jahren. Hierin wird sie von Eberhard Jäckel gestützt, der durch eine Untersuchung von Hitlers Frühschriften seit 1905 zu einem entsprechenden Ergebnis gelangt ist.[3]

Bedeutet das aber, daß Hitlers Version seiner »Bekehrung« zum Antisemitismus glatt gelogen war? Waren es nicht die von ihm gesammelten Kenntnisse über den Zionismus, die jüdische Assimilation und andere jüdische »Angelegenheiten«, wie er später in *Mein Kampf* berichten sollte, die ihn zum Antisemitismus geführt hatten? Besteht tatsächlich eine unlösbare Diskrepanz zwischen Hitlers Kontakten zu so vielen jüdischen Freunden in der Jugendzeit und seiner extrem virulenten antisemitischen Einstellung später? Ist die »Bekehrung« zum Antisemitismus ein plausibles Modell für diesen Wandel? Und wenn ja, in welchem Maße kann dann ein antisemitischer Hintergrund bzw. ein antisemitisches Ambiente zu diesem Wandel oder dieser Entwicklung bei einem Einzelnen beitragen?

Hitler war nicht der erste Antisemit, der zu der Phrase, es seien ihm »die Schuppen von den Augen gefallen«, gegriffen hat, um eine dramatische Konversion zum Antisemitismus zum Ausdruck zu bringen. Julius Streicher –

---
[1] Brigitte Hamann, Hitlers Wien. Lehrjahre eines Diktators, München Zürich 1996, S. 496.
[2] Ebd., S. 498.
[3] Eberhard Jäckel (Hg.), Hitler: Sämtliche Aufzeichnungen 1905-1924, Stuttgart 1980.

möglicherweise der niederträchtigste Antisemit selbst in der Geschichte des Nationalsozialismus – bezog sich auf Theodor Fritsches *Antisemiten-Kathechismus*, der später als *Handbuch der Judenfrage* im Umlauf war, mit den Worten: »Da sind mir die Schuppen von den Augen gefallen. Plötzlich wurde ich ein sehender Mensch.«[4] Selbst Theodor Fritsch, der Verfasser dieses dubiosen Kompendiums, das ab 1885 mindestens bis Fritsches Tod etwa ein Jahr nach der »Machtergreifung« als praktischer Wegweiser für Antisemiten fungierte, spricht von einem Augenblick, als es ihm plötzlich einleuchtete, daß der Antisemitismus die ultimative Antwort auf alle Übel der Welt sein könnte: »Dein *Sieg des Judenthums über das Germanenthum*«, schrieb er 1885 an seinen Mentor in Sachen Antisemitismus, Wilhelm Marr, »ließ das Licht zu mir durchdringen.«[5] Nicht nur Hitler,[6] sondern auch Fritsch oder Streicher wurden nicht als Antisemiten – und sicher nicht als »eliminatorische Antisemiten« – geboren.

Die Wandlung zum Antisemiten ist möglicherweise ein Prozeß, der erst im späteren Leben des Einzelnen einsetzen oder sich wirklich entfalten mag. Wilhelm Marr, der »Patriarch des Antisemitismus« überhaupt, wurde erst im Alter von vierzig Jahren zum bewußten »Judenfresser«. Auch im Hinblick auf Marrs Biographie ist die Annahme, eine unangenehme Geschäftserfahrung mit Juden sei der Grund für die radikale Wende gewesen, völlig unhaltbar. Marr hatte über lange Zeit hinweg viele freundliche Kontakte zu Juden, ohne daß es zu einer Veränderung in der Art der Beziehungen gekommen war. Bei allen drei fraglichen Personen – Marr, Fritsch und Hitler – hat vielmehr ein gegebener politischer Kontext die Wandlung zum Antisemiten herbeigeführt oder mindestens einer latenten Zurückhaltung gegenüber Juden freie Bahn geöffnet.

Antisemitismus ist also nicht als biographische Konstante, sondern nur als Entwicklung und Prozeß zu verstehen. Zudem ist der Unterschied zwischen der potentiellen und akuten, latenten und offenen Ebene des Phänomens zu berücksichtigen. Darüber hinaus sollte auf die oft anzutreffende Verschiebung von einer positiven zu einer negativen Bewertung ein- und desselben Stereotyps geachtet werden: Hamann erwähnt die von Hitler während seiner Wiener Zeit gepflegte Bewunderung für die jüdische Begabung, die »rassische Reinheit« zu bewahren, weist jedoch auf die negative und destruktive Schlußfolgerung, die er später aus eben diesem Stereotyp zog. Derselbe Stereotyp kann als Ausgangspunkt sowohl für eine antisemitische, als auch für eine philosemitische oder gar indifferente Einstellung fungieren. Antisemitismus braucht wie andere Vorurteile auch einen »Knackpunkt«, um soziale oder politische Bedeutung zu erlangen. Mit Recht hat Hitlers Biograph Ian Kershaw die von Hitler in *Mein Kampf* beschriebene Szene der »Entdeckung« des An-

---

[4] R. H. Phelps, »Theodor Fritsch und der Antisemitismus«, in: Deutsche Rundschau 1961, S. 442-449.
[5] Fritsch an Marr 1885, Marr Nachlaß.
[6] Hitler kommentierte Fritsches Buch in *Mein Kampf* wie folgt: »Als junger Mensch in Wien habe ich bereits das Handbuch gelesen. [...] Ich bin überzeugt, daß dieses Buch besonders bei der Vorbereitung des Wegs der nationalsozialistischen antisemitischen Bewegung half.«

tisemitismus als Erfindung bezeichnet, jedoch die Gegenposition, Hitler sei bis 1919 kein Antisemit gewesen, ebenso abgelehnt, weil es ihm unwahrscheinlich erscheint, daß ein Mann wie der junge Hitler von dem in Wien so verbreiteten Antisemitismus unberührt geblieben ist. Es geht also um eine Entwicklung – von einem Menschen, der den Antisemitismus in seiner Weltanschauung anderen Elementen unterordnet, bis hin zum Idiosynkraten, der den Antisemitismus zum A und O seiner Weltanschauung macht. Dies geschah im Falle Hitlers wahrscheinlich um 1918.[7]

Aber auch als Prozeß, als Entwicklung, ist Antisemitismus nicht unbedingt eine Einbahnstraße. Helmuth von Gerlach beschrieb überzeugend seinen Wandel »von Rechts nach Links«[8] in der deutschen Politik seit dem Ende des 19. Jahrhundert, ein Wandel, der bei ihm von einer wachsenden Kritik am Antisemitismus begleitet wurde, bis er sich am Ende vom Antisemitismus völlig distanzieren konnte. Friedrich Naumann, eine Leitfigur in der deutschen Politik um die Jahrhundertwende, durchlief eine ähnliche Entwicklung: Er kooperierte als junger Pfarrer mit dem Antisemiten Adolf Stoecker, um dann zum Liberalen zu werden, der sich klar und offen vom Antisemitismus distanzierte. Sogar der obsessive Antisemit Wilhelm Marr ist im Laufe der Zeit zum Kritiker der antisemitischen Bewegung geworden und zwar nicht nur, weil er die Führer der Bewegung für zynische »Geschäftsantisemiten« hielt, sondern auch weil er die Lösung der »Judenfrage« nicht mehr für identisch halten konnte mit der Lösung der »sozialen Frage« im Zeitalter des Hochkapitalismus. Marr stellte hier keine Ausnahme dar: Nicht wenige ausgesprochene Antisemiten in Deutschland haben sich von der antisemitischen Bewegung bzw. von den antisemitischen Parteien, wenn auch nicht unbedingt von der antisemitischen Ideologie losgesagt, als sie nicht mehr an die Lösung der großen sozialen und politischen Fragen der Zeit über den Weg der Lösung der »Judenfrage« glauben konnten.

Antisemitismus ist also grundsätzlich ein Phänomen, das – nicht nur auf der individuellen Ebene – für Fluktuationen anfällig ist. Die oben erwähnten Personen bestätigen, so entscheidend sie im vorliegend Kontext auch gewesen sein mögen, nur eine allgemeine Regel, die auch für das Kollektiv gilt. Wir können im Antisemitismus im Laufe der Geschichte ein Auf und Ab und zahlreiche Metamorphosen auf individueller wie auf kollektiver Ebene beobachten, wobei Deutschland wiederum keine Ausnahme darstellt. Die entscheidenden Elemente im Erklärungsmodus sind die sozialen und politischen Umstände, von denen diese Entwicklungen und Wandlungen abhängig sind. Ob der Antisemitismus für eine Gesellschaft, für ein Zeitalter, attraktiv und relevant oder unattraktiv und irrelevant ist, hängt davon ab, wie diese Gesellschaft, dieses Zeitalter, die »soziale Frage« oder die wichtigsten politischen Fragen zu be-

---

[7] Vgl. Ian Kershaw, Hitler 1889-1936, Hybris, New York 1999, S. 60-67; auch J. Sydney Jones, Hitler in Vienna 1907-1913: Clues to the Future, New York 2002, ist davon überzeugt, daß die Atmosphäre in Wien stark vom Antisemitismus geprägt war, nennt jedoch keinen Zeitpunkt, an dem dieser bei Hitler virulent wurde.
[8] H. v. Gerlach, Von Rechts nach Links, Zürich 1937.

greifen und zu lösen versucht. In der industrialisierten, modernen Gesellschaft war die Gleichsetzung der sogenannten »Judenfrage« mit der »sozialen Frage« (einschließlich der »nationalen Frage«) der Schlüssel für Aufstieg und Niedergang des Antisemitismus sowie für den Stellenwert seiner Bedeutung; es ist die Plausibilität einer solchen Gleichsetzung, die den Antisemitismus für Personen oder Kollektive attraktiv macht, die diese Identität »entdeckt« haben. Zu derartigen »Entdeckungen« oder »Offenbarungen« kommt vor allem in turbulenten, revolutionären Zeiten. Auch in diesem Zusammenhang ist Deutschland keine Ausnahme: Marr wurde während der unruhigen Zeiten in Hamburg um 1860 zum »Judenfresser«; Fritsches Antisemitismus war ein Produkt der sozioökonomischen Krise der 1880er Jahre, und Hitlers oder Streichers militanter Antisemitismus resultierte offensichtlich aus der revolutionären Phase um 1918. Die Bereitschaft der Massen, nicht nur von einzelnen Menschen, diese »Entdeckung« zu verinnerlichen oder abzulehnen ist also von spezifischen sozioökonomischen oder politischen Zuständen abhängig, die sich selbstverständlich von Gesellschaft zu Gesellschaft unterscheiden.

Was den deutschen von anderen Antisemitismen unterscheidet ist nun keineswegs eine eingeborene Sucht nach Antisemitismus oder eine traditionell »eliminatorische« Art des Antisemitismus, sondern ein spezifisches Aggregat von Sachverhalten, das an einem bestimmten Punkt zur extremsten und destruktivsten Eruption der Judenfeindschaft geführt hat. Das Auf und Ab, die Fluktuationen, die Inkonsequenzen, die relative Popularität oder Ablehnung sind Themenbereiche, mit denen sich der Historiker auseinandersetzen muß, wenn er die Geschichte des deutschen Antisemitismus auf seinem gewundenen Weg bis zur Katastrophe im »Dritten Reich« und darüber hinaus in seinem Niedergang in der zweiten Hälfte des 20. Jahrhunderts verfolgen möchte.

Es stellt sich die Frage nach dem *terminus technicus* »Antisemitismus«. Der Begriff wurde 1879 in Deutschland erstmals geprägt und galt zu jener Zeit als anständiger Ersatz für die mittlerweile verbrauchten Begriffe »Judenfeindschaft«, »Risches« oder »Judenfresser«.[9] Der neue Begriff hatte einen wissenschaftlichen Anspruch und schien im Zeitalter der Emanzipation und Säkularisierung ein adäquaterer Kampfruf zu sein. Gemeint war mit Antisemitismus von Anfang an eine pejorative Haltung gegenüber Juden und Juden allein, eine säkulare Haltung, die doch weiterhin im Zeichen der traditionellen christlichen Judenfeindschaft stand. Von der herkömmlichen Judenfeindschaft unterschied sie sich in ihrer Betonung der Opposition zur Judenemanzipation und zur Assimilation, aber auch in der Definition »des Juden« – es ging nun um die Rasse. So gesehen gab es wenig Unterschiede zwischen Antisemitismus in West- und Mitteleuropa, ja sogar in West- und Osteuropa.

Die Stereotypen und die Relevanz der »sozialen Frage«, die für das Industriezeitalter und den Nationalstaat charakteristisch waren, begegnen überall in der modernen christlichen Welt und ihrem Einflußbereich. Die systematische historische Forschung muß jedoch auf einen weiteren Aspekt der Defi-

---

[9] Moshe Zimmermann, Wilhelm Marr. The Patriarch of Antisemitism, New York 1986.

nition achten, der für den Sozialwissenschaftler selbstverständlich ist – die unterschiedlichen Ebenen antisemitischer Haltung: Gebrauch von Stereotypen, soziale Distanzierung, Bereitschaft zur Diskriminierung oder Verfolgung von Juden. Der Übergang von einer antisemitischen Ebene zur anderen erfolgt nicht automatisch. Eine bestimmte stereotype Vorstellung vom Juden führt nicht unbedingt zur Ausgrenzung oder gar zur Hetze gegen Juden. Jede Betrachtung der Entwicklungen des Antisemitismus, muß auf die spezifische Ebene hinweisen, die akut in Betracht gezogen wird – vom Vorurteil und Stereotyp über die Vertiefung der sozialen Kluft zu Juden bis hin zu politisch diskriminierenden Maßnahmen oder auch zur physischen Verfolgung.

Dieses konzeptuelle Problem leitet zu einer methodologischen Frage über: Wie quantifiziert und evaluiert man die einzelnen Komponenten eines antisemitischen Verhaltens, um einen Aufstieg oder Niedergang der Intensität messen zu können, oder um eine vergleichende Studie zu erstellen? Systematisch erfaßte Daten stehen eigentlich erst seit 1945 zur Verfügung.[10] Sie weisen darauf hin, daß der deutsche Antisemitismus auf allen Ebenen ungefähr seit 1950 rückläufig ist. Doch der Versuch, systematisch und quantitativ die Entwicklung zu erfassen, die zur extremsten Art antisemitischen Handelns – im »Dritten Reich« – geführt hat, ist relativ schwierig. Das Schwinden des antisemitischen Griffs auf die deutsche Politik und die Gesinnung der Mehrheit der Deutschen seit 1949 zu veranschaulichen, ist relativ einfach; doch die Frage, ob der Antisemitismus in der Weimarer Zeit beständig zunahm, ob er entscheidend zum elektoralen Erfolg der Nationalsozialisten beitrug, oder ob man eine Korrelation zwischen Intensität und Verbreitung des Antisemitismus einerseits und Radikalisierung der »Judenpolitik« anderseits konstatieren kann[11] – diese Fragen werden weiter heiß diskutiert und werden doch immer ungelöst bleiben.

Ohne diese methodologische Schwierigkeit zu ignorieren, soll im folgenden der Versuch unternommen werden, die angeschnittenen Fragen aus einer zeitgemässen historiographischen Perspektive heraus zu beantworten. Daniel Jonah Goldhagens Vorstellung vom Charakter des deutschen Antisemitismus war für viele Menschen deshalb so attraktiv und überzeugend, weil sie grob, pauschal und simplifizierend ist: Was nach Goldhagens Ansicht den deutschen Antisemitismus von antisemitischen Ideologien anderer Länder unterscheidet, seien seine tiefen, bis in alle Urzeiten zurückreichenden Wurzeln, seine kontinuierliche Verbreitung unter den Deutschen und sein eliminatorischer Charakter. Der professionelle Historiker hingegen tendiert dazu,

---

[10] Wolfgang Benz (Hg.), Judenfeindschaft als Paradigma, Berlin 2002; Werner Bergmann, Geschichte des Antisemitismus, München 2002; Werner Bergmann, Rainer Erb, Antisemitism in Germany. The post-Nazi Epoch since 1945, New Brunswick 1997 (dt: Werner Bergmann, Rainer Erb, Antisemitismus in der Bundesrepublik Deutschland : Ergebnisse der empirischen Forschung von 1946-1989, Opladen 1991; Michael Wolffsohn, Meine Juden – Eure Juden, München 1997.
[11] Saul Friedländer, Das Dritte Reich und die Juden, München 1998; Ursula Büttner (Hg.), Die Deutschen und die Judenverfolgung im Dritten Reich, Frankfurt a. M. 2003; Dirk Walter, Antisemitische Kriminalität und Gewalt: Judenfeindschaft in der Weimarer Republik, Bonn 1999; Cornelia Hecht, Deutsche Juden und Antisemitismus in der Weimarer Republik, Bonn 2003.

eine derartig vereinfachte und oberflächliche Vorstellung abzulehnen, und zwar nicht allein, weil sie im Grunde rassistisch ist – Goldhagens These impliziert einen inhärenten Unterschied zwischen jüdischen und nichtjüdischen Deutschen –, sondern auch weil die moderne Forschung dazu neigt, eine differenzierte Vorstellung zu vertreten, die im Hinblick auf Form, Popularität und Intensität des Antisemitismus bzw. der Judenfeindschaft im deutschen wie im nichtdeutschen Raum eher auf eine Unstetigkeit schließen läßt.[12] Man berücksichtigt dabei regionale Unterschiede und die Fluktuationen über die Zeitläufte hinweg, die den jeweiligen Charakter der »sozialen Frage« und den regionalen und lokalen Traditionen entsprechen. Der politische Antisemitismus oder die politisierte Eruption von antisemitischen Ausschreitungen werden dann auf dem Hintergrund des jeweils dominanten sozialen Problems der Zeit erklärt.

In dieser kurzen Einleitung kann in bezug auf das Mittelalter und die frühe Neuzeit nur knapp darauf hingewiesen werden, daß vollständige Vertreibungen von Juden aus England, Frankreich und Spanien, nicht aber aus Deutschland stattfanden. Das mittelalterliche deutsche Reich – dies hat Yosef Hayim Yerushalmi so überzeugend geschildert[13] – war durchaus ein Rahmen des jüdischen Lebens, der nicht allein aus Verfolgung und Demütigung gezimmert war. In der frühen Neuzeit galt Mitteleuropa dann als die Region, in der das Zeitalter der Aufklärung die größten Erwartungen bezüglich der Judenemanzipation hegte. Da Deutschland als politisches Gebilde bzw. politischer Rahmen sich zusammen mit der Tendenz zur Säkularisierung erst im 19. Jahrhundert herauskristallisierte, muß die Frage der Besonderheit des modernen deutschen Antisemitismus im internationalen Vergleich allgemein auf dem Hintergrund des 19. und 20. Jahrhunderts erörtert werden.

Zunächst wäre auf die Frage der Kontinuität einzugehen. In der modernen Forschung wird in diesem Zusammenhang allerdings eher eine These von Brüchen und Diskontinuitäten vertreten. Aber auch wenn die These von einer Kontinuität des Antisemitismus akzeptiert wird, so ist damit im allgemeinen die Ansicht verknüpft, die Entwicklung des Antisemitismus in Deutschland habe den Holocaust, die Shoah, nicht prädestiniert. Ein gutes Beispiel für diese gewundene und gebrochene Entwicklung bieten Aufstieg und Fall der antisemitischen Parteien im deutschen Kaiserreich, wie sie von Richard Levy dargestellt wurden.[14] Die Welle des völkischen Antisemitismus, die gegen Ende des Ersten Weltkrieges entstanden war und gegen Mitte der 1920er Jahren abebbte, ist ein weiteres gutes Beispiel für die Diskontinuitäten im deutschen Antisemitismus.[15]

---

[12] Wolfgang Benz, Werner Bergmann, Vorurteil und Völkermord. Entwicklungen des Antisemitismus, Freiburg 1997.
[13] Yosef Hayim Yerushalmi, Zakhor: Jewish History and Jewish Memory, Seattle 1982.
[14] Richard S. Levy, The Downfall of the Anti-Semitic Political Parties in Imperial Germany, New Haven 1975; vgl. auch Stefan Scheil, Die Entwicklung des politischen Antisemitismus in Deutschland zwischen 1881 und 1912. Eine wahlgeschichtliche Untersuchung, Berlin 1999.
[15] Vgl. Uwe Lohalm, Völkischer Radikalismus. Die Geschichte des Deutschvölkischen Schutz- und Trutzbundes, 1919-1923 (Hamburger Beiträge zur Zeitgeschichte 6), Hamburg 1970; sowie Shulamt Volkov, »Das geschriebene und das gesprochene Wort. Über Kontinuität und Dis-

Selbst wer dem Argument des israelischen Historikers Shmuel Ettinger von den »jüdischen Stereotypen« als konstanten Elementen der – nicht nur deutschen – Geschichte des Antisemitismus zustimmt, wird die Diskontinuitäten und Ungereimtheiten in der Entwicklung des Antisemitismus, auf die Ettinger auch hinweist, nicht ignorieren können. Wenn wir Shulamit Volkovs These vom Antisemtismus als kulturellem Code akzeptieren, dann müssen gerade die vielen, von ihr in der Diskussion betonten Elemente der Änderungen und Schwankungen berücksichtigt werden. Sogar wenn man Werner Jochmanns Methode verfolgt, in der die steigende soziale Akzeptanz des Antisemitismus im Mittelpunkt steht, wird man auf die von ihm betonten Veränderungen der Art und Weise achten, in der sich der Antisemitismus in Deutschland manifestierte und in der er erlebt wurde.

Die Frage der Kontinuität scheint besonders wichtig zu werden, wenn es um das Jahr 1933 geht. Wie bereits erwähnt, erlebten die völkischen Gruppen in den 1920er Jahren zunächst ein Hoch und dann einen erheblichen Niedergang. Die antisemitische Propaganda der Nationalsozialisten zu Beginn der 1930er Jahre war im Vergleich zu früheren Zeiten eher zurückhaltend, wahrscheinlich weil das antisemitische Klima im allgemeinen sich nicht verschärft hatte und das Wählerpotenzial, auf das sich die antisemitische Wahlpropaganda konzentrierte, bereits erschöpft war. Und dennoch war es nach 1933 nicht allein der Wille und das Programm der NSDAP, die das Verhältnis zwischen Juden und Nichtjuden so dramatisch verändert haben, sondern die unter der Bevölkerung zunehmende Bereitschaft, dieser antisemitischen Politik zuzustimmen.

In der nationalsozialistischen Bewegung selbst war ebenfalls keine unveränderliche Einstellung zu beobachten. Sogar hier kann eine Entwicklung, ein Radikalisierungsprozeß, verfolgt werden. Vor dem Zweiten Weltkrieg schien vielen Nationalsozialisten das im Parteiprogramm von 1920 angestrebte Ziel einer »Endlösung der Judenfrage« mindestens bei zwei Gelegenheiten erreicht zu sein: Mit der gesetzlich verordneten Aufhebung der Emanzipation von Juden im Jahre 1933 und dann 1935 durch den Erlaß der »Nürnberger Gesetze«.

Ja, es gab eine Art von Kontinuität, die sich in Form eines schrecklichen Crescendos präsentierte. Und die Kontinuität fand dann auch nach 1945 ihre Fortsetzung, denn die NS-Erziehung erwies sich als so effektiv, daß der Antisemitismus auch in den ersten Jahren nach der angeblichen »Stunde Null« unvermindert populär blieb – wie die OMGUS-Berichte beweisen, die aus systematischen Umfragen der amerikanischen Besatzungsmacht hervorgegangen sind. Die für die im »Dritten Reich« erzogene Generation symptomatische Einstellung konnte sich erst mit der Gründung der beiden deutschen Republiken verändern. Politisches System und Erziehungswesen beider Staaten versuchten auf diametral entgegengesetzten Wegen, ihre Bürger umzuerziehen, und waren hier langfristig auch im Hinblick auf den Antisemitismus

---

kontinuität im deutschen Antisemitismus«, in: dies., Antisemitismus als kultureller Code. Zehn Essays, München 2000, S. 54-75.

erfolgreich. Über die selbstverständliche Wiedereinführung der Emanzipation hinaus zeigt die Statistik deutlich große Schritte auch hinsichtlich der sozialen Distanz und der antijüdischen Ausschreitungen.

Schwankungen in der Nachkriegszeit sind statistisch leicht zu verfolgen, wobei sie meist durch das sich verändernde wirtschaftliche und politische Klima zu erklären sind. Diese Schwankungen und die Vielfalt antisemitischer Argumente sind wahrscheinlich auch der Grund dafür, daß die Präsenz von Antisemitismus von verschiedenen Kommentatoren ganz unterschiedlich bewertet wird. Ralf Giordano glaubt an die »zweite Schuld« Nachkriegsdeutschlands,[16] der junge Manfred Kittel ist entgegengesetzter Meinung. Doch die allgemeine Tendenz, so Werner Bergman, einer der wichtigsten Forscher auf diesem Gebiet, bleibt klar und deutlich: Der deutsche Antisemitismus befindet sich mehr als andere ethnische Vorurteile im ständigen Rückgang. Im internationalen Vergleich steht Deutschland bei weitem nicht im oberen Teil der Liste antisemitischer Gesellschaften. Dieser Schlußfolgerung mußte sogar Goldhagen zustimmen, seiner absurden These vom Charakter des deutschen Antisemitismus bis 1945 zum Trotz.[17]

Untermauern möchte ich meine Annahme vom Zusammenhang zwischen der »sozialen Frage« und dem Antisemitismus: Durch die sich weltweit entwickelnde Korrelation von Demokratisierungsprozessen, Sozialismus und Wohlfahrtsgesellschaft war der Antisemitismus bald nicht mehr in der Lage, die großen sozialen und politischen Fragen adäquat zu beantworten, auch dort nicht, wo herkömmliche Stereotypen aus den Köpfen der Menschen noch nicht verschwunden waren. So formulierte es Christard Hoffmann für Deutschland:[18] Nach 1945 blieben die Denkmuster über Juden weiterhin erhalten, aber die soziale Funktion des Antisemitismus durchlief eine tiefe Krise. Damit ist die Rückläufigkeit des deutschen Antisemitismus in der Nachkriegszeit treffend erfaßt.

Im Hinblick auf Verbreitung und Intensität des Antisemitismus in Deutschland während der letzten zweihundert Jahre wurde jüngst die These vertreten, der Antisemitismus sei schon vor 1848 allgegenwärtig gewesen und habe sich seither kaum verändert.[19] Selbst wenn man die Methode akzeptiert, die zu dieser Schlußfolgerung geführt hat, so muß doch auf die regionale, ja lokale Vielfalt achtgegeben werden. Letztlich hatte das Frankfurter Parlament 1848 ja nahezu einstimmig der Verfassungsklausel zugestimmt, die Juden die Emanzipation im zukünftigen vereinten deutschen Staate gewähren sollte, und auf lokaler Ebene gab es genügend Unterstützung aus dem Volk für ähnliche Bestimmungen.

---

[16] Ralph Giordano, Die Zweite Schuld, oder: Von der Last, Deutscher zu sein, Hamburg 1987, Manfred Kittel, Die Legende von der zweiten Schuld. Vergangenheitsbewältigung in der Ära Adenauer, Berlin 1993.
[17] Daniel Jonah Goldhagen, Hitler's Willing Executioners. Ordinary Germans and the Holocaust, New York 1996, S. 582, Fn. 38 (dt.: Daniel Jonah Goldhagen, Hitlers willige Vollstrecker. Ganz gewöhnliche Deutsche und der Holocaust, Berlin 1996).
[18] Christard Hoffmann, »Das Judentum als Antithese«, in: Wolfgang Benz (Hg.), Antisemitismus in Deutschland. Zur Aktualität eines Vorurteils, München 1995, S. 25-40.
[19] Siehe zum Beispiel: James Harris, The People Speak! Antisemitism and Emancipation in 19th Century Bavaria, Ann Arbor 1994.

Sozialhistoriker meiden Verallgemeinerungen über »die« deutsche Bevökerung und achten auf die Vielfalt der Einstellungen unterschiedlicher sozialer Gruppen. In der ersten Phase der vollbrachten Emanzipation, also in den 1870er Jahren, war der Antisemitismus hauptsächlich in sozialen Gruppen verbreitet, die im Sog der fortschreitenden industriellen Revolution durch einen gesellschaftlichen Abstieg bedroht waren oder infolge des raschen Wandels des Wertesystems ihr Selbstvertrauen verloren hatten, wie zum Beispiel die Akademiker. Infolge des Umschwungs im sozialen und politischen Klima in Deutschland und Europa sowie dank des »anständigen« Begriffs »Antisemitismus« konnten auch Teile des Bürgertums, die der Angst vor dem Druck der Unterschichten ausgesetzt waren oder nach einem »inneren Feind« suchten, die Judenfeindschaft manipulativ funktionalisieren, um die nationale Einheit vom bloßen Slogan zur Realität werden zu lassen.

Man muß jedoch auf den Unterschied zwischen der sozialen und politischen Ebene achten: Sogar unter Antisemiten war die Bereitschaft nicht zwangsläufig vorhanden, eine Abschaffung der Judenemanzipation zu fordern oder für eine eindeutig antisemitische Partei zu wählen. Ein Anteil von vier Prozent der Wähler für die antisemitischen Parteien zur Zeit ihrer höchsten Blüte im Jahr 1907 bedeutete keineswegs eine ernsthafte Bedrohung für die konservativ-liberale Gesellschaft. Sogar Aufrufe zur Ergreifung von antisemitischen Maßnahmen während des ersten Weltkriegs oder der Aufstieg der völkischen Vereinigungen vor und nach dem Ersten Weltkrieg können nicht als Wende zu einer von der Mehrheit angestrebten praktischen antisemitischen Politik interpretiert werden. Andererseits galt der Mehrheit der Deutschen in der letzten Phase der Weimarer Republik die antisemitische Neigung einer Partei nicht unbedingt als Makel, wie es die massive elektorale Unterstützung der NSDAP und der DNVP im Jahr 1932 deutlich demonstrierte. Und doch war es nicht der Antisemitismus, der die Bürger dazu veranlaßte, diese Parteien zu wählen. Aus diesem Wissen heraus trat sogar die NSDAP in den Jahren zwischen 1930 und 1933 eher behutsam mit ihrer antisemitischen Propaganda auf.

Als die NSDAP dann an die Macht gelangt war, begann sie unverzüglich, den Antisemitismus zu einer nationalen Ideologie und Staatspolitik zu machen. Der gesamte Propagandaapparat mit allen Sozialisations- und Erziehungsagenturen wurde nun zum Zwecke der Propagierung des Antisemitismus eingesetzt. »Die Juden« wurden zum Feind erklärt, gegen den wie gegen jeden Feind ein Krieg geführt werden mußte. Daß es sich um einen virtuellen Feind handelte, um ein Konstrukt, war aus der Sicht des Durchschnittsbürgers unerheblich; denn »der Jude« war »im Auge des Betrachters« ein realer Feind. Scheinbar war der NS-Staat mit seiner Erziehung zum Antisemitismus erfolgreich. Das zeigen nicht nur die Abwesenheit einer massiven Opposition gegen die antisemitischen Maßnahmen in den zwölf Jahren, die das »Dritte Reich« währte, sondern auch die erwähnten Meinungsumfragen nach 1945. Trotzdem existiert kein eindeutiger Beweis für eine breite Unterstützung einer antisemitischen NS-Politik, die weiter ging als eine »Entfernung« der Juden aus dem öffentlichen Leben und aus dem deutschen Staat.

Wie bereits erwähnt, wurde die Frage der antisemitischen Meinungen und ihrer Verbreitung seit 1949 systematisch mit sozialwissenschaftlichen Methoden angegangen. Langsam aber konsequent wurde hier ein Fortschritt erzielt. Sowohl das Allensbach-Institut als auch EMNID oder gar die spezifische SINUS-Studie oder das Werk von Alphons Silbermann weisen auf eine allgemeine Tendenz in der Bundesrepublik, nach der der Antisemitismus bis 1990 oder 2000 rückläufig war. Die EMNID-Befunde[20] gehen zum Beispiel von etwa einem Sechstel der Bevölkerung aus, bei dem noch immer antisemitische Einstellungen im wesentlichen in Form stereotyper Denkmuster zu konstatieren seien. Dies ist an sich keine geringfügige Zahl. Sie liegt jedoch wesentlich niedriger als in der Vergangenheit und ist nicht höher als die Angaben für andere westliche Staaten. Die Bereitschaft, Juden zu diskriminieren oder politisch anzugreifen, verringerte sich ebenfalls deutlich. Sogar in den Reihen der Rechtsradikalen hat der Antisemitismus nicht denselben Stellenwert wie früher. Die Erklärung dafür liegt m.E. in der von mir vertretenen These von der Abhängigkeit des Antisemitismus (erstens) von dem veränderten Charakter der »sozialen Frage«, (zweitens) von dem Effekt einer demokratischen Verfassung und Sozialisation sowie (drittens) von vorhandenen Vorurteilen.

Nach dem Fall der Berliner Mauer 1989 wagten Historiker und Sozialwissenschaftler einen Blick auf die Strukturen der anderen »demokratischen Republik« Deutschlands. Die Ergebnisse der Umfragen waren überraschend und gaben zu denken. Wie sollte man erklären, daß die Bevölkerung der DDR – kurz nach dem Fall der Mauer, aber auch noch zu späterer Zeit – sich als weniger antisemitisch erwies als die Bevölkerung der »alten« Bundesrepublik, die ja einen langen Demokratisierungsprozeß durchlaufen hatte. Heute wissen wir zwar durchaus um antisemitische Ausschreitungen in der DDR; aber umso dringlicher wird eine Erklärung für die Resultate der Umfragen nach 1989: Hängt das Geheimnis eines Abwärts- oder Aufwärtstrends des Antisemitismus am Ausmaß der Kenntnisse über Juden und des Interesses an ihnen? Mit anderen Worten: Schaffen ein höherer Kenntnisstand über und ein größeres Interesse an Juden mehr Antisemitismus? Ist also die Entthematisierung bzw. Verdrängung des Themas »Juden« durch die Betonung des Themas »Antifaschismus« der Schlüssel für die Abschwächung selbst der traditionellen stereotypen Denkweise über Juden in der DDR? Eine positive Antwort auf diese Frage könnte suggerieren, daß die Verdrängung und Tabuisierung des Themas »Juden« effektive Mittel sein mögen, um den Antisemitismus zu überwinden.

Auch wenn Antisemiten, darunter selbst Nationalsozialisten, für eine Vertreibung oder Auswanderung von Juden (sogar nach Palästina) plädierten, so waren sie im Prinzip antizionistisch eingestellt. Gleiches gilt für viele Internationalisten und Sozialisten. Wie also ist der Antizionismus der DDR in den Kontext einzuordnen? Handelt es sich um einen alternativen Ausdruck des Antisemitismus? Und wenn ja, müßten dann nicht die statistischen Angaben über antizionistische Haltungen in West- und Ostdeutschland vor und nach 1989 dem Antisemitismus zugeordnet werden?

---

[20] EMNID-Umfrage »Deutsche und Juden«, in: Spiegel Spezial 2 (1992), S. 61-73.

Wer den Begriff des Antisemitismus instrumentalisiert, um die zionistische bzw. israelische Politik in der Gegenwart zu rechtfertigen, wird diese Frage selbstverständlich bejahen. Doch ist die Annahme einer quasi automatischen Identität von Antisemitismus und Antizionismus m.E. zweifelhaft, auch wenn Antisemiten seit 1945 tatsächlich von dem Begriff des Antizionismus Gebrauch machen, um ihren mittlerweile »diskreditierten« Antisemitismus wieder salonfähig zu machen: Bis zum Beginn der El-Aksa-Intifada im Jahre 2000 überwogen antizionistische und antiisraelische Vorfälle die antisemitischen, und dies war nicht nur für Deutschland charakteristisch. Darüber hinaus weisen die Umfragen auch nicht auf eine perfekte Identität der beiden Trägergruppen von Antisemitismus und Antizionismus.[21] Der arabisch-israelische Konflikt setzte einen Rahmem, der den Antisemitismus vor einem weiteren Rückgang »bewahrte«, da antisemitische Überlieferungen nun im neuen Kontext instrumentalisiert oder re-vitalisiert werden konnten, um den Antizionismus zu untermauern, nicht umgekehrt. Juden in Deutschland wie in anderen Teilen der Welt blieben nicht einfach Opfer des »alten« Antisemitismus, sondern wurden zu Geiseln des Nahost-Konflikts.

Dennoch war die »Entwertung« des Antisemitismus nach 1989 offenkundig geworden. Natürlich war der Antisemitismus nicht verschwunden, und auch nach 1989 kam es zu manchem antisemitischen Vorfall. Doch sogar im Rechtsradikalismus der 1990er Jahre waren andere Vorurteile und Animositäten stärker als der altbekannte Antisemitismus. Selbst die Wirtschafts- und Gesellschaftskrise im vereinigten Deutschland, die auch eine tiefe psychologische Krise war und ist, konnte trotz mancherlei Versuche die Massen nicht zum Antisemitismus zurückführen. Selbstverständlich blieben Entwicklungen seit dem großen Bruch von 1989/90 nicht ohne Folgen. Die neu entfachte Diskussion um Entschädigung und Erinnerung, wie wir sie zum Beispiel im Kontext des Holocaust-Denkmals in Berlin verfolgen konnten, die Zuspitzung des Nahost-Konflikts im Zuge der El-Aqsa-Intifada seit dem Herbst 2000 und die Entwicklung nach dem 11. September 2001 führten erneut zur Thematisierung der »Judenfrage«. Zusammenhänge wie »Juden und materielle Entschädigung«, »Israel und das Schicksal der Juden« oder »Amerika und ›die‹ Juden« werden erneut erörtert. Der für Europa und Deutschland eher charakteristische Anti-Amerikanismus sowie die kritische Haltung gegenüber Israel in Politik und Öffentlichkeit arten gelegentlich auch in Antisemitismus aus. Dabei sind arabische bzw. muslimische Minderheiten in Europa und Deutschland Gesellschaftsfaktoren, die ebenfalls zur Thematisierung der »Judenfrage« und zur Anwendung von antisemitischen Stereotypen beitragen.[22] Und dennoch kann man nicht von einer dramatischen Zunahme des Antisemitismus in den Reihen der deutschen Bevölkerung sprechen. Dies wird von relevanten Meinungsumfragen und Berichten des Verfassungsschutzes bestä-

---

[21] Werner Bergmann, Rainer Erb, Hermann Kurthen (Hg.), Antisemitism and Xenophobia in Germany after Unification, New York 1997.
[22] Moshe Zimmermann, Goliaths Falle, Berlin 2004, S. 22-49; sowie Moshe Zimmermann, »Im Arsenal des Antisemitismus«, in: Doran Rabinovici u.a., Neuer Antisemitismus. Eine globale Debatte, Frankfurt am Main 2004, S. 294-309.

tigt. Eine gewisse »Enttabuisierung« des Themas »Juden« ist nicht mit einer antisemitischen Welle zu verwechseln. Das heißt jedoch nicht, daß man sich mit der relativ konstant bleibenden Gruppe von 18 bis 20 Prozent der Gesamtbevölkerung, bei der sich antisemitische Vorurteile finden lassen oder die als antisemitisch bezeichnet werden können, abfinden und ihr gegenüber auf jegliche Aufklärungsarbeit verzichten soll.

✻✻✻✻

Zusammenfassend wäre zu konstatieren: Antisemitismus in Deutschland wie auch in anderen Ländern zählt zu den Phänomenen, die anfällig sind für Fluktuationen. Mehr noch: Die deutsche Gesellschaft war während der längsten Zeitläufte in den letzten 200 Jahren nicht außerordentlich antisemitisch und schien auch vor 1933 nicht dazu prädestiniert zu sein, den Holocaust zu entfesseln. Aber gerade diese der verbreiteten allgemeinen Ansicht widersprechende Schlußfolgerung ist vor allem eine beunruhigende: Wäre Goldhagens These richtig, dann könnte man sich durch die Katastrophe des Holocaust geradezu »beruhigt« fühlen, denn dann wäre ein Holocaust vorhersehbar. Aber gerade weil die deutsche Gesellschaft nicht das war, was Goldhagen und seine Anhänger von ihr behaupten, und weil sich eben aus dieser Gesellschaft heraus keine klaren Warnzeichen für eine heranrückende Katastrophe ableiten lassen, kann man niemals von der Vorhersehbarkeit einer ähnlichen Katastrophe in der Zukunft ausgehen.

2. Aufkommen und Diskreditierung des Begriffs »Antisemitismus«

Der Begriff »Antisemitismus« ist derart geläufig, daß sich die Frage nach seinem Ursprung gar nicht zu stellen scheint. Manche meinen, er sei so alt wie die Geschichte des Judenhasses selbst, während andere glauben, er entstamme der extremsten antijüdischen Ideologie, dem Nationalsozialismus. Wenn doch einmal die Tatsache angeführt wird, daß dieser Terminus erst seit 1879 in Gebrauch ist, geschieht das in einer Randbemerkung. In ihr heißt es dann meistens, daß der Begriff zu Anfang der großen politischen Debatte über die Judenfrage nach Gründung des Zweiten Reiches aufgekommen sei, und vorsichtig wird hinzugefügt, daß wahrscheinlich Wilhelm Marr ihn geprägt habe. Auch in den vereinzelten Fällen, in denen die Genese des Ausdrucks gründlicher behandelt wurde, etwa bei Reinhard Rürup oder Alex Bein,[1] drangen die Autoren weder bis an die Wurzel vor noch betrachteten sie die semantische Metamorphose des Begriffs und seiner Relevanz für die Benutzer im langfristigen Gesamtzusammenhang. Wer sich gründlich mit dem Begriff beschäftigt, entdeckt ein Paradox: In der langen Geschichte des Judenhasses ist die Bezeichnung »Antisemitismus« äußerst jung. Sie wäre im deutschen Sprachbereich beinahe auch nicht alt geworden, weil die Nationalsozialisten, die antisemitische Bewegung par excellence, sie abschaffen wollten.

Die Entstehung des politischen Begriffs »Antisemitismus« ist mit einer zentralen Figur in der Geschichte des Judenhasses verbunden, mit Wilhelm Marr. Die Einführung des Wortes in den deutschen Sprachgebrauch im Jahr 1879 war ein fast zufälliges Ergebnis seiner politischen Betätigung.[2]

Wilhelm Marr[3] war kein gewöhnlicher »Judenfresser«. 1819 geboren, wirkte er in den vierziger bis sechziger Jahren des 19. Jahrhunderts auf dem äußersten linken Flügel des politischen Spektrums in Deutschland. Während der Revolution von 1848 gehörte er in seiner Heimatstadt Hamburg zu den extremsten Demokraten (zu den Radikalen), Anfang der sechziger Jahre war er dann deren Abgeordneter in der Bürgerschaft. Man nannte Marr »den Rötesten der Roten«. Noch während dieser radikalen Phase gelangte er zum Judenhaß.

Eine solche Entwicklung war kein Einzelfall. Es gibt andere wichtige Beispiele dafür, daß radikale Demokraten antijüdische Einstellungen rezipierten. Der frustrierte Marr schrieb schon 1862 in diesem Geist.[4] Die Hamburger De-

---

[1] Reinhard Rürup, Emanzipation und Antisemitismus, Göttingen 1975; Alex Bein, Die Judenfrage, Stuttgart 1980, Bd. 2, S. 163f.; und jetzt auch: Georg Christoph Berger Waldenegg, Antisemitismus: »Eine gefährliche Vokabel«? Diagnose eines Wortes, Wien Köln 2003.
[2] Der kuriose oder zufällige Gebrauch des Begriffs vor 1879 ist für das folgende bedeutungslos.
[3] Zu Marrs Biographie siehe: Moshe Zimmermann, Wilhelm Marr – The Patriarch of Antisemitism, New York 1986.
[4] Vgl. Brief an Hobelmann, in: Courier an der Weser, Beilage zu Nr. 161, 13.6.1862; Der Judenspiegel, Hamburg 1862.

mokraten reagierten äußerst heftig auf die Veröffentlichung von Marrs antijüdischem Buch *Der Judenspiegel* und schlossen ihn sogar aus ihren Reihen aus. Dennoch sollte es weitere 17 Jahre dauern, bis Wilhelm Marr zum Begriff des Antisemitismus gelangt war.

Da der Begriff »Antisemitismus« auf eine rassistische Einstellung verweist, müssen wir untersuchen, welche Bedeutung der Rasse in dieser Schrift und in den bis 1879 erschienenen Werken Marrs zukommt, auch wenn der hier interessierende Terminus als solcher noch nicht in ihnen auftaucht. Marrs Entwicklung war in dieser Hinsicht durchaus konsequent. Im *Judenspiegel* erwähnt er sowohl das Wort »Stamm« als auch das Wort »Race« im Zusammenhang mit den Juden.[5] Er behauptet dabei, die Juden selbst hielten sich für ein »rassenreines Volk«, während sie nach seiner Überzeugung als »Mischvolk« anzusehen seien. Als Demokrat glaubte er, daß die Emanzipation für die Juden wie für alle Menschen als Folge völliger Assimilation kommen, die jüdische Rasse also verschwinden werde. Trotzdem bleibt der innere Zweifel, daß diese Prognose angesichts des großen Rassenunterschieds »zwischen Germanen und Orientalen« unrealistisch sei.[6] Die Widersprüche in Marrs Theorien lassen sich leicht aufzeigen und erklären: Überwiegend rühren sie daher, daß er mit seiner Darstellung zwar den Anspruch erhebt, eine Theorie zu entwickeln, sich aber doch auf konkrete Ereignisse und bestimmte Menschen bezieht, auf Juden nämlich, die in Hamburg seine politischen Gegner waren, wie der Liberale und stellvertretende Präsident der Frankfurter Nationalversammlung von 1848, Gabriel Riesser, oder der Demokrat und Pädagoge Anton Ree.[7] Daß ein Mann der Linken sich mit Rasse und Abstammung beschäftigt, kann nicht überraschen. Dies war ein legitimes Thema in der Literatur der Aufklärung gewesen: Warum sollten sich daher die Erben der Aufklärung nicht ebenfalls mit ihm auseinandersetzen?

Marr entwickelte seine Rassenlehre Mitte der sechziger Jahre *ohne* jede Beziehung zu jüdischen Problemen, die er einige Zeit ruhen ließ. Nachdem er in den fünfziger Jahren fünf Jahre lang als Kaufmann in Costa Rica gewirkt hatte, galt er in Hamburg als Fachmann für Amerikafragen. Nach Ausbruch des Bürgerkriegs in den Vereinigten Staaten veröffentlichte er Aufsätze zu diesem Thema, in denen er auf die Rassenfrage einging. Für die Schwarzen sah er keine Chance in den USA und empfahl ihnen deshalb die vollständige Assimilation als Lösung. Als noch vor dem Ende des Amerikanischen Bürgerkriegs die großen europäischen Konflikte begannen, versuchte Marr, sie ebenfalls unter rassischem Aspekt zu behandeln. Schon 1864 schlug er vor, die Herrschaft über Europa auf drei große Blöcke zu verteilen: einen germanischen, einen slawischen und einen romanischen. Diese – rassische – Aufteilung war nach seiner Auffassung geeignet, das Weltgleichgewicht zu garantieren. Die drei europäischen Rassen sollten darüber hinaus auch die Herrschaft über das »Asiatentum«, das Osmanische Reich, übernehmen und untereinander aufteilen. Marr

---

[5] Der Judenspiegel, Hamburg 1862, S. 35, 41, 45-46.
[6] Ebd., S. 54
[7] Siehe unten.

benutzte die Begriffe »Orientalentum« und »Asiatentum« abwechselnd, um nichteuropäische Völker und deren östliche Kultur zu beschreiben, wobei er hierin gelegentlich auch die europäischen Juden einschloß.

Marr sah in seiner »Triearchie« ein »neues Evangelium«. Aufgrund seines ausgeprägten Sendungsbewußtseins war er überzeugt, daß er die Lösung für alle Probleme gefunden habe: Den Frieden in Europa, das Umstürzlertum und die jüdische Gefahr. In einem von der Ligue Internationale de la Paix erbetenen Aufsatz schrieb er 1867 nicht nur, daß »die echte Nationalität die Rasse« sei, sondern er beschuldigte auch »die Juden« als die »echten Asiaten«, ihr Geld zur Kriegshetze zu benutzen. Voraussetzung für den Frieden in Europa und der Welt sei die Beseitigung des Asiatentums, also des Judentums: »Il faut de-asiatiser le monde avant de le pacifier.«[8] Drei Jahre später meinte Marr, seine Anschuldigungen bestätigt zu finden: Er glaubte, der Krieg zwischen Preußen und Frankreich (1870) hätte schneller zu einem Ende gebracht werden können, wenn da nicht der hartnäckige Franzose Gambetta gewesen wäre. Diesen hielt er irrtümlich für einen Juden. Immer häufiger verwendete er nun den Begriff »Rasseneigentümlichkeiten« in Zusammenhang mit den Juden. Daß er an Stelle der Ausdrücke »orientalisch« und »asiatisch« bald »semitisch« gebrauchte, kann nicht überraschen. Die Bezeichnung »Semiten« für Juden war in der antijüdischen Literatur jener Zeit bereits geläufig.

Die ersten Jahre nach der Reichsgründung brachten für viele Menschen herbe Enttäuschungen. Marr war einer von diesen Unzufriedenen. Er erlebte persönliche Mißerfolge und versuchte, seine Frustration dadurch zu überhöhen, daß er die eigenen individuellen Erfahrungen auf die nationale Entwicklung übertrug. Als Journalist und Politiker wurde er in diesen Jahren vollends an den Rand gedrängt. Die Schuld fand er bei »den Juden«, die dies nicht nur ihm, sondern allen deutschen Journalisten antäten. Kritik an der Judenemanzipation war ein gängiges Thema unter den Enttäuschten und Verbitterten, die sich im Kaiserreich zurückgesetzt und nach dem Börsenkrach von 1873 betrogen fühlten.

Marr, der 1875 erfolglos versuchte, als Journalist beim *Neuen Berliner Tageblatt* unterzukommen (das von ehemaligen Redakteuren des *Berliner Tageblatts* nach ihrem Ausscheiden aus dem Mosse-Verlag gegründet worden war), kann als typisches Beispiel für die Reaktionen der Frustrierten dienen. 1878 verfaßte er seine zweite große antijüdische Schrift *Sieg des Judenthums über das Germanenthum*, die nach dem Erscheinen im März 1879 weite Verbreitung fand. Begrifflich stand der Gegensatz zwischen »Germanentum« und »Judentum« im Mittelpunkt, aber im zweiten Teil der Abhandlung tauchten mehrmals die Bezeichnungen »Sem« und »Semitentum« auf. Offenbar übernahm Marr diese Termini als Synonyme für »Judentum« erst, *während* er an dem Buch schrieb oder es überarbeitete, d.h. im Juli 1878 oder im Februar 1879. In der Schrift findet sich bei der Behandlung des Berliner Kongresses, der sich 1878 mit den Problemen des Osmanischen Reichs beschäftigte, auch noch der Ausdruck »Asiatentum«, jedoch tritt deutlich zutage, daß Marr das Wort »Se-

---

[8] Staatsarchiv Hamburg, Nachlaß W. Marr, B XI I, S. 3d.

mitismus« aufgrund der Assoziationen, die er und seine Gesinnungsgenossen damit verbanden, treffender fand. So gelangte er gegen Ende seiner Darstellung zu der Behauptung: »Dem Semitismus gehört die Weltherrschaft«,[9] und gebrauchte dann überwiegend diesen Begriff.

Wenn es ihm weiterhin primär um den Frieden in Europa gegangen wäre, hätte er vielleicht an der Wortwahl »Asiatentum« oder »Orientalentum« festgehalten; da sich das Weltproblem für ihn Ende der siebziger Jahre jedoch auf Deutschland einengte, brauchte er einen spezifischer auf Juden bezogenen Ausdruck. Da er das Wort »Jude« im »konfessionellen« Sinne verstand, suchte er ein Synonym mit einer rassisch-nichtreligiösen Bedeutung, das doch spezifischer war als der allgemeine Begriff »Asiatismus«. Das Wort »Semitismus« schien ihm diese Anforderung zu erfüllen. Es war, wie gesagt, ein bereits gebräuchlicher Terminus, so daß Marr in bezug auf ihn kein Urheberrecht zukommt.

Der Begriff »Antisemitismus« kommt weder in der Abhandlung noch in der durch sie ausgelösten, von März bis September 1879 mit großer Schärfe geführten Debatte vor. Bei dieser Auseinandersetzung stand der Gegensatz zwischen Judentum und Deutschtum, Judentum und Germanentum und – trotz Marrs andersgearteter Einstellung – Judentum und Christentum im Mittelpunkt. Obwohl Marr eindeutig nichtkonfessionell argumentierte und dafür eine besondere Nomenklatur benötigte, gelangte er doch noch nicht zu dem Ausdruck Antisemitismus. Im Hinblick auf das Buch *Sieg des Judenthums über das Germanenthum* ist das leicht zu erklären, da die Grundhaltung in ihm ganz und gar pessimistisch ist. Marr plädiert dafür, die Macht der Juden zu erkennen und vor ihnen zu kapitulieren, statt sie zu bekämpfen. Da er keine Kriegserklärung aussprach, brauchte er kein Wort zu Bezeichnung des Gegensatzes.

Als seine Gesinnungsgenossen und Marr selbst, den die positive Reaktion auf sein Buch ermutigt hatte, sich dann doch entschlossen, gegen die Juden vorzugehen, ergab sich die Notwendigkeit, in klaren, bekannten Begriffen zu reden. Im August und September 1879 sprach Marr von der Gründung eines »Antijüdischen Vereins« und einer »Antijüdischen Zeitung«.[10] Als diese im November 1879 tatsächlich erschien, trug sie den Titel *Deutsche Wacht. Monatsschrift des anti-jüdischen Vereins*. In den fünf Monaten ihres Bestehens tauchte kein einziges Mal eine Überschrift mit der Wortkombination »antisemitisch« auf; das Leitthema war statt dessen die Gegenüberstellung von »Ger-

---

[9] Wilhelm Marr, Der Sieg des Judenthums über das Germanenthum vom nicht confessionellen Standpunkt aus betrachtet, Bern 1879, S. 46.
[10] Wilhelm Marr, Vom jüdischen Kriegsschauplatz, Bern, 4. Aufl. 1879, S. 34. Ausgerechnet die *Allgemeine Zeitung des Judenthums* berichtet bereits am 2. September 1879 über Marrs Absicht, ein »antisemitisches Wochenblatt« zu publizieren. Zweifellos stammt dieser Ausdruck aus der hamburgischen Quelle der Zeitung und nicht von Marr selbst. Rürups Bemerkung, daß diese erste Erwähnung des Begriffs »Antisemitismus« beweisen könnte, daß er von jüdischer Seite (wenn auch unabsichtlich) in den Sprachgebrauch eingeführt worden sei, sollte man nur mit Vorbehalt akzeptieren, denn zwischen dem 2. und 26. September benutzte Marr den neuen Begriff nicht. M.E. benutzte er ihn erst nach Stoeckers Rede am 19. September. Daß er unbewußt beeinflußt war, ist nicht nachweisbar.

2. Diskreditierung des Begriffs »Antisemitismus« 29

manentum« und »Judentum«, die den Lesern bereits wohlvertraut war. Den Begriff »antijüdisch« durch »antisemitisch« zu ersetzen, mochte Marr gerade in den Monaten Juli bis September 1879 als wenig opportun erscheinen, in denen die Entscheidung über die geplante Vereins- und Zeitungsgründung fiel; denn der Begriff war noch zu neu und unbestimmt. Preußen stand zu dieser Zeit im Zeichen der Vorbereitungen für die Landtagswahlen am 7. Oktober. Marr schrieb aus diesem Anlaß seinen Aufsatz *Wählt keinen Juden*, der aus »Publizitätsgründen« in die traditionell religiöse Richtung »abwich«. Wie aus seiner umfangreichen Korrespondenz aus diesen Monaten und aus seinen Memoiren hervorgeht, wurde er von vielen Seiten unter Druck gesetzt, was ihn kaum ermutigen konnte, den Antisemitismus als neue begriffliche Prägung und inhaltliche Zielsetzung in die Debatte einzuführen. Zuviel hing von der finanziellen Unterstützung seiner Mitstreiter ab, die nach dem Motto »Geld regiert die Welt« handelten, als daß er hätte frei agieren können.[11]

Wie ist es aber zu erklären, daß Marrs antijüdischer Verein dennoch den Namen *Antisemiten-Liga* erhielt und den neuen Begriff dadurch in Umlauf brachte? Wie läßt sich der Widerspruch auflösen, daß der Verein zwar *Antisemiten-Liga*, Marrs Zeitschrift aber *Anti-jüdische Monatszeitschrift* genannt wurde? Und wie ist es zu deuten, daß Marr, der nicht zu den Bescheidensten zählte, nicht einmal in seinen Memoiren die Urheberschaft an dem Begriff »Antisemitismus« für sich in Anspruch nahm?

Die Gründung der *Liga* erfolgte am Abend des 26. Septembers 1879, am jüdischen Versöhnungstag (Yom Kippur). Die *Allgemeine Zeitung des Judenthums* vermutete wohl zu recht, daß die Wahl dieses Zeitpunkts für die Gründungsversammlung von der Furcht der Veranstalter vor starker jüdischer Opposition bestimmt war.[12] Alle Schriften Marrs zeugen davon, daß er sich tatsächlich vor den Juden fürchtete und an ihre große Macht glaubte: Seine Haltung war ein klarer Ausdruck dessen, was in der Psychopathologie als »paranoide Aufrichtigkeit« bezeichnet wird.[13] Immer wieder brachte er die Behauptung vor, seine journalistische Karriere sei in den 1870er Jahren von »den Juden« aufgehalten worden, und nicht selten warf er seinen antisemitischen Kollegen vor, sie würden sich anders als er hinter Pseudonymen verstecken, um dadurch der harten Hand »der Juden« zu entgehen. Die Einberufung der Gründungsversammlung der *Antisemiten-Liga* für einen Zeitpunkt, zu dem Juden noch das Abendgebet des Versöhnungstages sprachen, paßt gut zu dem paranoiden Wesen der Judengegner. Diese Paranoia erklärt auch, warum die Bezeichnung »antisemitisch« anstelle von »antijüdisch« gewählt wurde: Gerade weil dieses Wort neu und ein wenig nebulös war, bot es guten Schutz so-

---

[11] Wilhelm Marr, Der Judenkrieg. Seine Fehler und wie er zu organisieren ist, Chemnitz 1880, S. 6; vgl. Werner Jochmann, »Struktur und Funktion des deutschen Antisemitismus«, in: Werner E. Mosse (Hg.), Juden im Wilhelminischen Deutschland 1890-1914, Tübingen 1976, S. 408-115.
[12] Allgemeine Zeitung des Judenthums, 15.10.1879. Marr berichtete später in seinen Memoiren, daß ihn die Anwesenheit von zwei Juden bei der Sitzung nicht überraschen konnte, weil er die Juden und ihre Religion besser kannte als seine antisemitischen Freunde.
[13] Vgl. Ernst Cramer, Hitlers Antisemitismus und die Frankfurter Schule, Düsseldorf 1979, S. 89-91.

wohl gegen Angriffe empfindlicher Juden als auch gegen gerichtliche Klagen, wie sie beispielsweise der *Deutsch-Israelitische Gemeindebund* in Leipzig schon seit Oktober 1879 gegen Marr anzustrengen versuchte. Bei dieser Deutung handelt es sich allerdings nur um eine Vermutung von einiger Wahrscheinlichkeit. Aus den erhaltenen schriftlichen Zeugnissen läßt sich darüber hinaus schließen, daß nicht Marr allein den Namen erfunden hat, sondern daß drei Liga-Gründer (Marr, ein von ihm »Bandwurm« genannter Mann und Hector de Grousilliers) dafür die Verantwortung trugen. Grousilliers arbeitete im Oktober 1879 mit Marr beim Aufbau der *Antisemiten-Liga* zusammen und hielt sogar die Ansprachen bei ihren ersten beiden Zusammenkünften, worüber Marr aus Gründen, die im weiteren erläutert werden, alles andere als glücklich war.[14]

Über die Entstehung und Anfangsphase der *Liga* ist folgendes festzuhalten: Kaum jemand achtete darauf, daß Marr seine Zeitschrift *Deutsche Wacht* mit dem Untertitel *Monatsschrift des anti-jüdischen Vereins* versehen wollte. Der von ihm geplante Verein kam nie zustande. Marr gestand in einem Brief an seinen Verleger Costenoble vom Juli 1879 sogar ein, daß er sich für eine solche Gründung keine Chancen ausrechnete. Wenn er einen »antijüdischen Verein« ins Leben rufen würde, so meinte er verbittert, wäre er dessen Präsident und einziges Mitglied.[15] Marr geriet rein zufällig an die *Liga*, die sich als »antisemitisch« bezeichnete und seine Zeitschrift wurde nie deren offizielles Organ. Am 20. September schickte Grousilliers Marr eine Einladung zur Sitzung eines »kleinen Vereins« namens *Lessing-Verein*.[16] Er teilte dabei mit, daß der Verein im November eine Zeitschrift herausgeben wolle, nämlich *Die Wahrheit*, die tatsächlich zum vorgesehenen Zeitpunkt erschien. Grousilliers wußte dabei sehr wohl, daß Marr im Begriff stand, selbst eine Zeitschrift herauszubringen. In bescheidenem Ton bot er an, ihm »seine Kraft zur Verfügung zu stellen.« Da er wußte, daß Marr Atheist war, versuchte er ihn mit einer Formel zu gewinnen, die in zahlreichen Briefen an Marr wiederkehrte: »Getrennt marschieren und vereint schlagen.« Sechs Tage später erschien Marr auf der erwähnten Gründungsversammlung der *Antisemiten-Liga*, in die sich der *Lessing-Verein* verwandelt hatte. Die Entstehung aus diesem Verein erklärt auch die Themenwahl für Grousilliers' Festansprache im Oktober: »Nathan der Weise und die *Antisemiten-Liga*.«

Der überraschenden Namensänderung entsprach das Zauberstück des Brückenschlags zwischen der betont christlichen Einstellung des *Lessing-Vereins* und den a-religiösen Bestrebungen, die in der Bezeichnung »Antisemitis-

---

[14] Marr, Judenkrieg, S. 15
[15] Nachlaß Marr, A 39, 25.7.1879
[16] Nachlaß Marr, A 82, 20.9.1879. Über die Anfänge der *Antisemiten-Liga* liegen keine eindeutigen Informationen vor. Sowohl Zeitungsberichte als auch Marrs Memoiren geben diesbezüglich im wesentlichen die gleichen Daten. Marr fügt hinzu, daß ein Mann, den er »Bandwurm« nennt, sich zum Präsidenten der Liga gemacht habe und nach drei Wochen abgewählt worden sei (woraufhin ihm Grousilliers im Amt folgte). Doch das Datum von Grousilliers' Brief an Marr (20. September) beweist, daß bereits vor der sonderbaren Gründungssitzung Beziehungen zwischen beiden bestanden haben.

mus« zum Ausdruck kamen. Die Verbindung der beiden ungleichen Partner zeigte nicht nur, wie unterschiedlich der Begriff »Antisemitismus« ausgelegt werden konnte, sondern machte noch etwas Anderes und Wichtigeres deutlich: Die Wortwahl »Antisemitismus«, die von Historikern als eines der ersten Anzeichen für den Übergang vom religiösen zum rassistisch begründeten Judenhaß betrachtet wird, hatte anfangs nicht diese Bedeutung. In seiner Ansprache führte Grousilliers aus: »Darum haben wir auch das Wort Antisemiten-Liga gewählt und nicht antijüdische Liga, um zu zeigen, daß wir einen Unterschied zwischen jüdischen Deutschen und jener Bande constatiren, und wir nennen Semiten auch solche Deutsche, die, ihr Christentum verleugnend«, entsprechend handeln. Damit gestand er zu, »daß auch Juden Deutsche sein können.« Mit »jener Bande« meinte er den jüdischen »Kahal (Gemeinde) als religöse Räuberbande.«[17] Der Ausdruck »antisemitisch« wurde von Grousilliers genau umgekehrt wie von Marr vestanden und auch in völligem Gegensatz zu der Interpretation, die dieser sprachlichen Neuschöpfung üblicherweise beigelegt wird. Er gebrauchte sie nicht als rassistischen Terminus, sondern zur Kennzeichnung der religiösen Haltung. Auf diese Weise wollte er den Antisemitismus seinem Ziel dienstbar machen: »Mit Gott für den christlichen Glauben, für Kaiser, Fürsten und unser teures Vaterland.«[18]

Eine *derartige* Auslegung des Begriffs bot Marr keinen Vorteil, wie immer er sich auch entscheiden mochte: Wenn er mit den Judenhassern im christlichen Geist kooperieren wollte, brauchte er keinen neuen Ausdruck, und wenn es um Unterscheidung von ihnen ging, konnte Grousilliers' Auslegung des Begriffs nur von Schaden sein. So sehr Marr aus finanziellen und taktischen Gründen wie auch aus einer zunehmend konservativen Haltung heraus dazu neigen mochte, mit den christlich eingestellten Judenhassern zusammenzuarbeiten, bedeutete eine derartige Interpretation doch einen Widerspruch zu seinem System. Dieser Gegensatz herrschte auch in der Liga selbst: In ihrer Satzung war vom Widerstand gegen die Verdrängung des Germanentums durch das Judentum die Rede und davon, daß die Semiten in ihre Schranken zu verweisen seien – ein an sich ziemlich unverbindliches Schlagwort. Aber darüber hinaus war die Propaganda der Liga ausgesprochen christlich gefärbt: Ihr Wahrzeichen war das Eichenblatt mit dem Kreuz.[19] Die von Grousilliers herausgegebene Zeitschrift hieß *Die Wahrheit* und brachte in einer Karikatur gleichen Titels den Vers: »Wenn Staat und Kirche feindlich sind/ Dann hat der Jud' Vergnügen/ Jedoch wenn sie zusammengehn/ Dann muß er sich verkriechen.«[20] Die zufällig entstandene *Antisemiten-Liga* entglitt also von Anfang an den Händen Marrs. Die Einstellung Grousilliers', des christlichen Antisemiten, siegte über die Einstellung Marrs, des atheistischen Antisemiten. Dies gestand Marr nach zwölf Jahren in seinem »Testament« selbst ein.[21]

---

[17] Hector de Grousilliers, Nathan der Weise und die Antisemiten-Liga, Berlin 1880, S. 31.
[18] Ebd., S. 32. – Schon die Einladung zur Versammlung am 26.9.1879 war ausdrücklich an »christlich gesinnte Männer« gerichtet (Vossische Zeitung, 26.9.1879).
[19] Flublatt II der Antisemiten-Liga: »Die krumme Art«, Berlin [1879].
[20] Skizzenbuch der »Wahrheit«, Jg. 1880, Berlin 1881, S. 8.
[21] Testament eines Antisemiten, Nachlaß Marr, B V b, S. 105.

Trotzdem ist die Ansicht richtig, daß Marr den Begriff »Antisemit« vorgeschlagen hat, und zwar aus Gründen, die mit dem Zeitpunkt der Ligagründung zusammenhingen. Sie erfolgte genau eine Woche nach der ersten antijüdischen Rede Stoeckers in seiner Christlich-Sozialen Partei (»Unsere Forderungen an das moderne Judentum«). Marr und seine antichristlichen Gesinnungsgenossen wollten nicht in einer Front mit einer christlich-sozialen Bewegung stehen, die plötzlich antijüdisch geworden war. Die politische Wende, die Stoecker am 19. September 1879 vollzog, brachte Marr und seine Genossen, die immer noch die Gründung einer antijüdischen Partei planten, um die Priorität und um das Monopol. Marr betonte in seinen Memoiren, daß er gezwungen gewesen sei, den *Sieg des Judenthums über das Germanenthum* zu schreiben, weil er nicht als Anhängsel der Stoecker-Bewegung erscheinen wollte, *bevor* diese noch die antijüdische Einstellung in den Mittelpunkt ihrer Arbeit gerückt hatte. Solche Erwägungen mußten bei der Gründung eines eigenständigen Vereins noch größere Bedeutung haben. Zu Marrs Pech war das trojanische Pferd jedoch bereits innerhalb der Mauern: Grousilliers und seine Kollegen, die sich als Christen verstanden, verzerrten völlig den Neuansatz, der in dem Begriff »Antisemit« enthalten war: Die zitierte Deutung Grousilliers' klingt wie das spitzfindige Umgehungsmanöver eines Menschen, dem der Begriff »antisemitisch« gegen seinen Willen aufgedrängt wurde. Marr sah sich erneut an die Seite gedrückt.

Wie recht Marr hatte, als er sich vor der Gleichsetzung seiner Bewegung mit der Stoeckers fürchtete, und wie sehr die Liga gerade mit Grousilliers' Einstellung identifiziert wurde, zeigt die folgende Textstelle aus der jüdischen Zeitung *Hamagid*, die im ostpreußischen Lyck (in hebräischer Sprache) erschien: »Dieser Tage ist in unserem Lande eine neue Gesellschaft gebildet worden, die von ihren Gründern ›Antisemiten-Liga‹ genannt wird, und im Untertitel: ›Gesellschaft gegen die Söhne Sems‹. Ihr Ziel ist, viel Geld zu sammeln und alles in ihren Kräften Stehende zu tun, um den Juden Leid und Schaden zuzufügen. [...] Die Zahl ihrer Mitglieder wird in allen Provinzen des Reichs von Tag zu Tag wachsen. Und wer steht an ihrer Spitze und bestimmt als belebender Geist ihr Wesen? Stoecker.«[22]

Von Marr redete kein Mensch. Nicht einmal der Propagandatrick, den neuen Namen »Antisemiten-Liga« zu verwenden, reichte aus, um ihn von seinen Gegnern unter den Judenhassern zu unterscheiden, erst recht nicht, als der völlig anders denkende Grousilliers sein Partner wurde.[23] Der Redakteur der Zeitung *Hamagid* wußte gar nicht, wie recht er hatte: Stoecker wurde tatsächlich von der *Liga*, nicht von Marr, eingeladen, vor ihren Mitgliedern zu sprechen. Offenbar zeigte sich der Hofprediger auch bereit, ihr beizutreten. Später stritt er in seiner Rede im Preußischen Landtag allerdings jede Verbindung zur Liga ab und leugnete sogar, mit den Leuten von der *Deutschen Wacht* bekannt

---

[22] Hamagid, Nr. 43, 5.11.1879.
[23] *Hamagid* machte keine Ausnahme: Das orthodoxe Blatt *Der Israelit* reagierte im März/April 1879 auf Henne am Rhyns *Risches* (Judenhaß), nicht auf Marrs *Sieg des Judenthums* (26.3.1879), und seit September 1879 nur auf Stoeckers politische Reden, nicht auf die Antisemiten-Liga (30.9.1879).

zu sein. Doch es besteht kein Zweifel, daß er die Unwahrheit sagte, wie ein Brief an Marr beweist.

Es gab einen einfachen Grund dafür, daß Marrs Name in Berichten über die Gründug der Antisemiten-Liga nicht genannt wurde: Er war nicht zum Vorsitzenden gewählt worden. Marr selbst schrieb das seinem Zögern und der Entstehung der *Liga* aus dem *Lessing-Verein* zu – aber die Presse war da anderer Meinung. Das *Berliner Tageblatt* stellte fest,[24] Marr habe sich selbst für die Wahl zum Vorsitzenden disqualifiziert, weil er »politisch anrüchig« sei. Die Zeitung begründete den Vorwurf nicht näher, andere Gegner Marrs bezogen ihn auf den Verrat, den er an den Radikalen begangen habe (der ihm in den Kreisen der Antisemiten aber eigentlich kaum schaden konnte). Marr selbst kämpfte darum herauszufinden, wer der anonyme Verfasser des Artikels war, aber weder der Chefredakteur Perl noch der Eigentümer des Blattes, Rudolf Mosse, reagierten auf seine Bitten und Drohungen (bis hin zur Forderung zum Duell).[25]

Zehn Tage nach den preußischen Landtagswahlen, am 16. Oktober 1879, wurden die Statuten der *Antisemiten-Liga* veröffentlicht. Dem Berichterstatter des *Hamagid* täuschte Marr vor, daß sich ihr bereits Tausende angeschlossen hätten.[26] In Wirklichkeit war der Erfolg erheblich geringer, der Streit innerhalb der *Liga* groß und der Zusammenbruch rasch. Schon bei ihrer Gründung kam die *Liga* in Verruf. In einem Brief an Marr schrieb Stoecker:[27] »Sie haben vielleicht Fühlung mit dem Vorstand der ›Antisemiten-Liga‹. In diesem Falle bitte ich Sie, mir den Brief, welchen ich auf Aufforderung zu einem Vortrag geschrieben habe, gefälligst zurückzuschicken. Nach der geschehenen Unvorsichtigkeit wäre es mir lieber, nichts von mir Geschriebenes in den Händen des Vorstandes zu wissen.« Welcher Art diese »Unvorsichtigkeit« war und wie der Inhalt des Briefes lautete, wissen wir nicht; es ist aber interessant, daß Stoecker in Marr (der ihm die Broschüre *Wählt keinen Juden* übersandt hatte) einen Geistesverwandten innerhalb der *Liga* sah, ausgerechnet in dem ehemaligen Antisemiten.

Am 21. November 1879 veröffentlichte eine Berliner Zeitung die Namen aller eingeschriebenen Mitglieder der *Liga*[28] und schreckte damit viele vom Beitritt ab.[29] Marr selbst erkannte in jener Woche offenbar die Niederlage und begann seine Kräfte in den Dienst des *Deutschen Reformvereins* zu stel-

---

[24] Berliner Tageblatt, Nr. 52, 1879.
[25] Nachlaß Marr, A 149, Briefe 2-6, Okt.-Nov. 1879. In seinen Memoiren erklärte Marr, daß er sich nicht zur Wahl habe stellen wollen, weil er als ehemaliger Radikaler für das Präsidentenamt einer konservativen Vereinigung nicht geeignet gewesen sei und weil er als Hamburger eine berlinische Vereinigung nicht habe leiten können. Er war auch überzeugt davon, daß »Bandwurm« die Gerüchte über seine Vergangenheit verbreitet habe.
[26] Kurt Wawrzinek, Die Entstehung der deutschen Antisemitenparteien, Berlin 1927, S. 33.
[27] Nachlaß Marr, A 256, 10.11.1879. Dies ist Stoeckers zweiter Brief an Marr. – Vgl. Dietrich von Oertzen, Adolf Stoecker. Lebensbild und Zeitgeschichte, Bd. 1, Berlin 1910, S. 210, 225; Werner Jochmann u.a. (Hg.), Protestantismus und Politik. Werk und Wirken Adolf Stoeckers, Hamburg 1982, S. 146-149.
[28] Darüber berichtete die *Allgemeine Zeitung des Judenthums* am 2.12.1879.
[29] Marr, Judenkrieg, S. 15; Flugblatt I der Antisemiten-Liga, Berlin Okt. 1879.

len, der am 28. November in Dresden gegründet worden war. Seit dem 15. November stand er mit einem der Initiatoren, Pinkert, in Verbindung, dem er seine Hilfe unter der Bedingung anbot, daß seine rassistischen Grundsätze anerkannt, konkret: getaufte Juden als Mitglieder abgelehnt würden.[30] Angesichts der hier sichtbar werdenden Distanzierung von der *Antisemiten-Liga* kann es nicht verwundern, daß Marr seiner Zeitschrift *Deutsche Wacht*, die in jenen Novembertagen zu erscheinen begann, nicht den Untertitel *Antisemitische Zeitung* gab.[31] Die *Liga* stellte ungefähr einen Monat nach ihrer Gründung ihre Tätigkeit vorläufig ein und wurde erst ein Jahr später wiederbelebt.[32] Auch die *Deutsche Wacht* ging im März 1880 ein, und zwar sowohl aus finanziellen Gründen als auch infolge eines Meinungsstreits zwischen Marr und seinem Herausgeber Hentze. Ein Versuch, die Zeitschrift in verkleinerter Ausgabe unter dem Titel *Judenspiegel* mit Zeitungsausschnitten und aktuellen Berichten zum Antisemitismus weiterzuführen, scheiterte nach zwei Monaten. Marrs Kampf gegen die Juden erschöpfte sich von nun an wieder in der Abfassung galliger Schriften.

Allerdings hatte der Begriff »antisemitisch« inzwischen Widerhall gefunden. Die spitzfindige Auslegung Grousilliers' ging allmählich verloren. Erfolg hatte der Terminus »Antisemitismus« besonders in Gelehrten- und Schriftstellerkreisen. Das lag zum einen an seinem wissenschaftlichen Anspruch, zum anderen daran, daß er durch seine Verschwommenheit den Judenhaß, den man noch nicht so recht beim Namen zu nennen wagte, ein wenig zu tarnen erlaubte: 1879/80 hatte der Begriff noch die Funktion, die das Wort »Antizionismus« heute erfüllt. Er half, sich der Anschuldigung zu entziehen, etwas nicht »Salonfähiges« zu tun. Manchen von Marrs Anhängern beherrschte zu dieser Zeit auch noch die Furcht vor der Macht des deutschen Liberalismus, seinem Einfluß auf die Presse, bei Gericht und im Parlament.

Marr selbst fühlte sich frei genug, mit dem Begriff »Antisemitismus« weiter zu agieren: Seit Februar 1880 verbreitete er zu dem niedrigen Preis von zehn Pfennigen *Antisemitische Flugblätter* (ein Heft der *Deutschen Wacht* kostete demgegenüber 1,20 Mark). Das erste Flugblatt war ein Nachdruck eines Artikels aus der *Deutschen Wacht* zum Thema »Israel an allen Orten«. Der Begriff »Antisemitismus« kommt in dem Aufsatz nicht vor, statt dessen der »Itzig«, der sich überall hineindrängte.

Der nächsten Kampagne dienten die *Antisemitischen Hefte*. Unter diesem Titel veröffentlichte Marr 1880 seine Pamphlete. Nach dem Bruch mit seinem Herausgeber Hentze und seinen Partnern Grousilliers und Nordmann[33] fand er in Chemnitz einen neuen Verleger. Es war Ernst Schmeitzner, selbst ein antisemitischer Rassist, der seit 1878 Wagners *Bayreuther Blätter* heraubrachte. Im ersten *Antisemitischen Heft* mit dem Titel »Der Judenkrieg« berichtet Marr über Einzelheiten seiner Auseinandersetzung mit den bisherigen antijüdi-

---

[30] Nachlaß Marr, A 180, 21.11.1879.
[31] Siehe Anmerkung 10 oben.
[32] Neues Statut des Vereins »Antisemiten-Liga«, revidiert Jan. 1881, Berlin.
[33] Marr, Judenkrieg, S. 6-11.

schen Gesinnungsgenossen und rechnete mit ihnen ab. Nachdem er sich aus der Abhängigkeit von Geldgebern und christlich eingestellten Partnern befreit hatte, konnte er den Antisemitismus wieder ungeschminkt vertreten – als antijüdische, nichtreligiöse Bewegung, deren Anschauungen sich grundlegend von denen Stoeckers unterschieden.[34] Obwohl Marr von Zeit zu Zeit den »Christlichen Staat« erwähnte, standen auch die beiden folgenden *Antisemitischen Hefte* im Zeichen der Rasse und des sozialen Problems. Das galt für die giftige Attacke unter dem Titel »Goldene Ratten und Rote Mäuse« und ebenso für das Heft »Öffnet die Augen, Ihr deutschen Zeitungsleser«, das sich mit der Presse beschäftigte, jenem Tätigkeitsbereich, der Marr persönlich mehr als alles andere interessierte.[35]

Während Marr sich mit diesen Schriften befaßte, hatte ihn die antisemitische Bewegung schon überrollt. Das Interesse der Öffentlichkeit richtete sich auf die Antisemitenpetition, die dem Reichskanzler überreicht worden war; die Judenfeinde spalteten sich in mehrere politische Gruppen, die sich alle möglichen Namen zulegten, und Marr stand wieder einmal vor einem Scherbenhaufen. Nur war er diesmal schon zu alt, um mit neuen Projekten zu beginnen. Sein Name der durch den *Sieg des Judenthums über das Germanenthum* berühmt geworden war, reichte noch, um eine Schar von Bewunderern um ihn zu sammeln, die ihn mit Briefen bestürmten – aber nicht mehr lange. Etwa die Hälfte der rund hundert Personen, die nach dem Erscheinen des Buches an Marr schrieben, begnügte sich mit einem Brief oder stellte die Korrespondenz innerhalb eines Jahres ein. Ein Fünftel führte den Briefwechsel mit Marr nach 1886 weiter oder wandte sich erst zu dieser Zeit an ihn. Seine Tätigkeit war nur noch ein krampfhaftes Nachspiel der früheren Aktivität. Gesundheitlich geschwächt, lebte der »Patriarch des Antisemitismus« noch zwei Jahrzehnte weiter, in denen er die Feder nicht ruhen ließ, während er selbst an den Rand des Vergessens geriet.

Es liegt Ironie darin, daß die Prägung des eingängigen Begriffs »Antisemitismus« Marr keinen Lorbeerkranz einbrachte. Andere benutzten und verbreiteten die Bezeichnung. Aus den genannten Gründen hatte sie inner- und außerhalb Deutschlands Erfolg. Männer wie Böckel und Fritsch taten mehr für ihre Verbreitung als Marr selbst. Theodor Fritsch, der von 1885 bis 1933 als Vorkämpfer des Judenhasses aktiv war, nannte seine Zeitschrift *Antisemitische Correspondenz* und sein antijüdisches Buch *Antisemiten-Katechismus*. Aber gerade die Art, wie Fritsch und andere den Begriff gebrauchten, verleidete ihn seinem Erfinder. Marr, der nicht von Juden, sondern von Antisemiten zur Seite gedrängt worden war, begann, sich von ihnen abzugrenzen. Er bezeichnete sie als »Geschäftsantisemiten«, die in seinen Augen nicht besser waren als die jüdischen Händler, und ging sogar so weit, sich von ihrer Einstellung zur Politik zu distanzieren. Dies geht sowohl aus seinen letzten Publikationen (1893) als auch aus seinen unveröffentlichten Memoiren hervor. Er begriff nach

---

[34] Ebd., S. 3.
[35] Die nächste Broschüre *Lessing contra Sem* erschien erst im Jahre 1883, eine verspätete Erwiderung auf Grousilliers' Vortrag »Nathan der Weise« anläßlich der Lessing-Feier (1881).

einiger Zeit, daß das große soziale Problem, das die Gesellschaften Europas und der Welt bedrohte, nicht mit der jüdischen Frage identisch war und deren Lösung jedenfalls die wesentlichen Schwierigkeiten nicht beseitigen werde. Noch ehe er sich von den Antisemiten abwandte, sah er ein, daß die neue Richtung, die er dem Judenhaß mittels der Bezeichnung »Antisemitismus« hatte geben wollen, keine Erfolgschance besaß.

Wie wir gesehen haben, hatte der Begriff »Antisemitimus« zur Zeit seiner ersten Verwendung durch die *Antisemiten-Liga* noch eine völlig andere Bedeutung als später. In einer Auseinandersetzung mit Grousilliers' Definition in seinem erwähnten Vortrag griff ein Kritiker die *Liga* 1879 in erster Linie wegen ihres christlichen Selbstverständnisses an. Er warf ihr vor, sie benutze das Christentum in einer dem aufgeklärten Geist Jesu fremden Weise und werde dadurch zur »Anti-Christus-Liga«, von der sich sogar Stoecker distanziert habe.[36] Doch warum so weit gehen? Marr selbst sagte rückblickend: »Der moderne Antisemitismus besteht seit dem Jahre 1878, als der Hofprediger Stoecker die jüdische Frage zum ersten Mal von seinem ›christlich-sozialen‹ Blickpunkt aus anging.«[37]

Von Anfang an paßte der Ausdruck nicht zu den wirklichen Inhalten des Judenhasses, der mehr oder weniger stark in der christlichen Tradition verankert blieb, auch als er durch Bezug auf die Naturwissenschaften oder den Rassismus neu begründet wurde. Es kann bezweifelt werden, ob der Begriff, der in der Öffentlichkeit erstmals im Namen einer Organisation, der *Antisemiten-Liga*, auftauchte, überhaupt entstanden wäre, wenn es 1875 in Deutschland nicht die *Anti-Kanzler-Liga* gegeben hätte, die die Politik Bismarcks bekämpfte. Die Gründer der neuen Vereinigung übernahmen die Bestandteile »Anti...-Liga« und suchten für das Mittelstück den passenden Ausdruck: Marr vertauschte die Bezeichnung »Jude« mit »Semit«, wie er es bereits vorher gewohnt war. Die kurze Bezeichnung »Sem« wurde wahrscheinlich nicht zuletzt deshalb oft von ihm benutzt, weil sie literarische Vorzüge hatte und ihn zudem an Sem Biedermann, seinen jüdischen Arbeitgeber in der Wiener Zeit (1841-1843), erinnerte. Formulierungen wie »Sem hat die Herrschaft übernommen« oder »Sem wollte« – kurz und ohne Artikel – sind eingängiger als »der Jude herrscht« oder »der Jude wollte.«

Es wurde bereits erwähnt, daß der vom Klang so überzeugende Begriff »antisemitisch« darüber hinaus offenbar wegen seiner Unklarheit und vorgetäuschten Wissenschaftlichkeit weite Verbreitung fand, ohne daß man sich über seine Inhalte viele Gedanken machte. Es scheint, daß Treitschke durch eine beiläufige Verwendung des Begriffs in einem berühmten Aufsatz vom November 1879 viel zu dieser Entwicklung beigetragen hat, denn seine Schriften wurden von tonangebenden Juden und Nichtjuden gelesen.[38]

---

[36] Getreuer Ekkehard, Ergebnisse einer Forschungsreise ins Gebiet des heutigen religiösen Lebens, Berlin 1880, S. 36, 40, 45, 51-52.
[37] »Antisemitische Wucht und Verluste«, in: Österreichischer Volksfreund 1897, als Fragment im Nachlaß Marr.
[38] C. Cobet, Wortschatz des Antisemitismus in der Bismarckzeit, München 1973, S. 221.

2. Diskreditierung des Begriffs »Antisemitismus« 37

Wer sich jedoch mit den *Inhalten* des Begriffs auseinandersetzte, beanstandete schon in einem sehr frühen Stadium seine Verwendung: Im Großen Brockhaus von 1882 wird das Wort »Antisemit« erläutert: »Judenfeind, Gegner des Judentums, Bekämpfer der Eigentümlichkeiten, des Hervortretens und der Bestrebungen des Semitismus.« Der ursprüngliche Bezug auf das Semitentum wird lediglich an letzter Stelle genannt. Theodor Fritsch selbst trug zur Infragestellung des Begriffs bei, an dem sein Meister festhielt. Als er 1885/86 die Gründung einer eigenen Organisation plante, wurde auch diskutiert, ob man sie »antisemitisch« oder antijüdisch nennen sollte. In Fritschs Zeitschrift, der *Antisemitischen Correspondenz*, wurde das Für und Wieder erörtert, wobei die Bezeichnung »Jude« nur auf die Glaubenszugehörigen, nicht alle Abkömmlinge des jüdischen Volkes bezogen wurde.[39] Letzten Endes erhielt der Verband den Namen *Deutsche Antisemitische Vereinigung*, die Wortwahl wurde aber durchaus im Geist der alten »Risches« (Judenhaß) erläutert. Zehn Jahre nach dem Aufkommen des Begriffs »Antisemitismus« lesen wir in Fritsches *Antisemiten-Kathechismus* von 1889:[40] »Was versteht man unter Antisemitismus? ›Anti‹ heißt ›gegen‹ und Semitismus bezeichnet das Wesen der semitischen Rasse. Der Antisemitismus bedeutet also die Bekämpfung des Semitenthums. Da die semitische Rasse in Europa fast ausschließlich durch Juden vertreten ist, so verstehen wir unter ›Semiten‹ im engeren Sinne – die Juden. ›Antisemit‹ heißt also in unserem Falle ›Judengegner‹, ›Judenfeind‹.« Diese Formulierung stand auch im *Antisemitischen Kathechismus* des folgenden Jahrzehnts.

Der Text gab 1901 dem Antisemitengegner Graf Coudenhove-Kalergi Anlaß zu heftiger Kritik: »Der Antisemitismus, versichern sie [die Antisemiten] uns, habe ja mit der Religion nichts, ja gar nichts zu tun. Dann ist es aber immerhin merkwürdig, wenn sie sich nach einer Persönlichkeit benennen, an deren Existenz wir gar nicht glauben können, ohne eine starke übernatürliche Hilfe der geoffenbarten Religion.«[41] Mit dieser Frage hätte Marr, der Atheist, sich auseinandersetzen müssen, wenn er systematisch und wissenschaftlich gedacht hätte. Sie trifft genau den Schwachpunkt der rassistischen, modernen, angeblich wissenschaftlichen und säkularen Form des Judenhasses.

Es ist interessant zu verfolgen, wie die späteren Judenhasser Marr und seine »Erfindung«, den Begriff »Antisemitismus«, in den folgenden Auflagen des *Antisemiten-Kathechismus* bzw. des *Handbuchs der Judenfrage* (wie er später hieß) und in den Überblicken über die Geschichte ihrer Bewegung beurteilten. 1907 schrieb einer ihrer »Begründer«, Paul Förster: »Nebenbei bemerkt, halte ich den Ausdruck ›Antisemitismus‹ für einen unglücklich gewählten, aber man muß ihn nun einmal hinnehmen. Er bezeichnet dasselbe, was [Sie] ›die Lösung der Judenfrage‹ nennen.«[42]

Während man so nach und nach den spezifischen Inhalt des Begriffs »antisemitisch« verwässerte, ließ man auch Marr in Vergessenheit geraten. Im *An-*

---

[39] Antisemitische Correspondenz, 4.3.1886.
[40] Tatsachen zur Judenfrage, 1889, S. 97; vgl. Antisemiten-Kathechismus 1893, S. 1.
[41] Richard Coudenhove-Kalergi, Wesen des Antisemitismus, Wien 1929, S. 55.
[42] Julius Moses, Lösung der Judenfrage. Eine Rundfrage, Berlin 1907, S. 282.

tisemitischen Kalender von 1889 wurde er bei der Aufzählung der Altmeister nur noch am Rande erwähnt. Im *Antisemiten-Kathechismus* von 1910 zitierte ihn der Herausgeber Fritsch lediglich ein einziges Mal und führte neben seinem Namen anders als bei den übrigen nicht einmal das Geburts- und Sterbedatum an. Anfang der dreißiger Jahre erschien in jenem Handbuch bereits Kritik an Marr. Nicht genug damit, daß man ihn an die siebte Stelle in der Reihe der Vorkämpfer des Antisemitismus abdrängte, griff man ihn auch noch wegen der Prägung des Begriffs an. Der Ausdruck sei »insofern unglücklich, als es andere Völker semitischer Sprache [!] gibt, die in scharfem Gegensatz zu den Juden stehen.« Nach Ansicht des Herausgebers sei es besser, den Begriff »Judengegner« zu verwenden.

In derselben Ausgabe, die umfangreicher als die vorangegangene war, wurde auch der Versuch unternommen, den Begriff »Antisemitismus« durch einen anderen zu ersetzen. Zur Begründung hieß es, daß es nicht in erster Linie um ein rassisches, sondern ein geistiges Problem gehe. Der Ausdruck »Antirabbinismus« sei deshalb zutreffender.[43] In der Ausgabe, die im Jahr der nationalsozialistischen »Machtergreifung« erschien, fehlte dann dieser Ausdruck wieder, aber es wurde erneut die Behauptung aufgestellt, daß es nicht sinnvoll sei, den von Marr geprägten Begriff zu benutzen. Als Ersatz wurde abermals der Begriff »Judengegner« vorgeschlagen. Dies blieb die Grundtendenz des Handbuchs, das nach dem Tod seines ersten Herausgebers Fritsch im Jahr 1933 bis zum Weltkrieg noch zwölf weitere Auflagen erlebte.[44] Die Verurteilung des Ausdrucks »Antisemitismus« fiel hier relativ zurückhaltend aus, er wurde lediglich als »nicht glücklich« oder »unrichtig« bezeichnet. Der altbekannte Imperialist und Judenhasser Graf Reventlow ging weiter: Er kritisierte Marr als den »Vater des unpassenden und schädlichen Wortes ›Antisemitismus‹«. In ähnlicher Weise drückte sich auch der nationalsozialistische Rassenexperte Hans F. K. Günther aus, der meinte, der Begriff sei »schlecht gewählt« und müsse durch »Judengegnerschaft« ersetzt werden.[45]

Die schon vor dem Beginn der nationalsozialistischen Herrschaft im Kreis der Judenhasser verbreitete Besorgnis, andere »Völker semitischer Sprache« nicht zu verletzen, wurde nach 1933 zur Leitlinie der Politik. 1935, noch vor dem Erlaß der Nürnberger Gesetze (durch die der Gegensatz von Juden und Deutschen, nicht Semiten und »Ariern« festgeschrieben wurde), wies Goebbels' Ministerium die Presse an, den Ausdruck »Antisemitismus« zu vermeiden, weil der Kampf des deutschen Volkes sich nur gegen die Juden richte.[46] Der eindeutige Vermerk, daß von Arabern nicht die Rede sei, taucht im *Handbuch der Judenfrage* erst in der Kriegszeit auf, als der Judenhaß ein Teil der

---

[43] Handbuch der Judenfrage 1931, S. 15, 474, 490.
[44] Handbuch der Judenfrage (33. Aufl.) 1933, S. 503; (41. Aufl.) 1937, S. 18, 514; (45. Aufl.) 1939, S. 514.
[45] Hans F. K. Günther, Rassenkunde des jüdischen Volkes, München 1930, S. 315; Ernst Graf Reventlow, Judas Kampf und Niederlage in Deutschland. 150 Jahre Judenfrage, Berlin 1937, S. 338.
[46] Vgl. Thomas Nipperdey, Reinhard Rürup, »Antisemitismus«, in: Geschichtliche Grundbegriffe. Historisches Lexikon zur politisch-sozialen Sprache in Deutschland, Bd. 1, Stuttgart 1972, S. 151-152.

Außenpolitik geworden und keine rein innerdeutsche Angelegenheit mehr war. Es ist symptomatisch, daß, als der Begriff »Antisemitismus« am schärfsten abgelehnt wurde, gleichzeitig auch Marr den schwersten Verunglimpfungen ausgesetzt war. So hieß es im Handbuch von 1943: »Der von dem Judenstämmling Wilhelm Marr 1879 geprägte Ausdruck ›Antisemitismus‹ ist schon insofern nicht glücklich, als es andere Völker semitischer Sprache, so die Araber, gibt, die im scharfen Gegensatz zu den Juden stehen.« Dieser Satz hatte schon in der früheren Auflage gestanden, war aber jetzt durch zwei charakteristische Einschübe erweitert: die Bezeichnung Marrs als »Judenstämmling« und den Hinweis auf die »Araber«, deren Gegnerschaft gegen Juden die Unzulänglichkeit des Begriffs »Antisemitismus« belege. Zur Lösung des Problems, das der Ausdruck »antisemitisch« der nationalsozialistischen Politik bereitete, war es das Einfachste, seinen Schöpfer zu diskreditieren. Schließlich wurde der Begriff »Antisemitismus« aus der letzten Ausgabe des Handbuchs ganz entfernt. Sogar ein Zitat aus Herzls *Judenstaat*, das in allen vorherigen Ausgaben unter dem Schlagwort »Antisemitismus« erschienen war, fand sich nun unter der Überschrift »Antijudaismus«, also jenem Begriff, der nach der Empfehlung der Herausgeber den Terminus »Antisemitismus« generell ablösen sollte.[47]

Den Nationalsozialisten gelang es zwar nicht, den Begriff »Antisemitismus« aus der Welt zu schaffen – ebenso wie es ihnen auch nicht gelang, alle Juden zu »vernichten«, aber einen gewissen Erfolg konnten sie doch verbuchen: Sie verliehen dem Ausdruck eine derart klare und grausame Bedeutung, daß selbst die Judenhasser sich heute davor hüten, ihn zu gebrauchen oder sich selbst als Antisemiten zu bezeichnen. Als politisches Schlagwort wurde der Begriff diskreditiert, aber als gängiger Ausdruck für die Erforschung des Judenhasses lebt er weiter. Die Entstehungsgeschichte des Begriffs gebietet jedoch große Vorsicht bei seiner Anwendung, um Verwirrung und Verwechslung zugehöriger und nicht zugehöriger Dinge zu vermeiden.

---

[47] Handbuch der Judenfrage (49. Aufl.) 1943, S. 18; (50. Aufl.) 1944, S. 18, 542; vgl. G. Bording Mathieu, »The Secret Anti-Juden-Sondernummer of 21th May 1943«, in: Leo Baeck Institute Yearbook 26 (1981), S. 292.

II.

Die moderne Geschichte des deutschen Judenhasses

1. Juden und Kapitalismus:
Von Ludolf Holst zu Werner Sombart

Im siebenten Kapitel seines 1911 erschienenen Werkes *Die Juden und das Wirtschaftsleben* bezieht sich Werner Sombart auf einen »[...] gut unterrichtete(n) Schriftsteller aus dem Anfange des 19. Jahrhunderts«.[1] Den Namen dieses Schriftstellers nennt Sombart in der entsprechenden Fußnote – Ludolf Holst.[2] Und bei der zitierten Schrift handelt es sich um Holsts 1821 in Mainz veröffentlichtes Werk *Judenthum in allen dessen Teilen aus einem staatswissenschaftlichen Standpuncte betrachtet*. Doch schon zuvor hatte Sombart zur Untermauerung seiner Thesen zum Charakter der Wirtschaftsaktivitäten von Juden aus einer 1818 publizierten, anonymen Schrift ausgiebig zitiert.[3] Es was dies die Schrift *Über das Verhältnis der Juden zu den Christen in den deutschen Handelsstädten*,[4] und auch sie, so wissen wir, stammte aus der Feder Ludolf Holsts. Daß alle diese Zitate vom Beginn des 19. Jahrhunderts bei Sombart in dem *Die Herausbildung einer kapitalistischen Wirtschaftsgesinnung* benannten Kapitel begegnen, ist kein Zufall. Überhaupt darf es nicht verwundern, daß Sombart auf der Spur nach einer Verbindung zwischen Religion und Kapitalismus (in der Art und Weise, wie sie für die protestantische Religion von Max Weber aufgezeigt wurde) für die Beziehung des Wirtschaftslebens zum Judentum auf Ausführungen dieses »gut unterrichteten Schriftstellers aus dem Anfange des 19. Jahrhunderts« zurückgriff; denn dieser Schriftsteller hatte in der von Sombart zitierten anonymen Schrift ein Kapitel von 106 Seiten einem Thema gewidmet, das durchaus unter der Überschrift *Die Juden und der Aufstieg des Kapitalismus* hätte stehen können – wenn dieser Begriff denn zur Zeit der Abfassung dieser Schrift bereits existiert hätte und wenn die Entwicklungstendenzen des als kapitalistisch bezeichneten Systems bereits zu jener Zeit so deutlich zu Tage getreten wären, wie sie es im weiteren Verlauf des Jahrhunderts oder gegen dessen Ende, mit dem sich dann Sombart beschäftigte, taten.

Wer war dieser »gut unterrichtete Schriftsteller aus dem Anfang des 19. Jahrhunderts«? Wer war Ludolf Holst? Geboren 1756 in Hamburg war Holst kein Wirtschaftswissenschaftler im heutigen Sinne, ja selbst nicht einmal im Sinne der Zeit Sombarts. Holsts akademischer Werdegang hatte ihn über das Studium der Theologie und der Rechtswissenschaften geführt. Formal war er Privatlehrer und hatte an öffentlichen pädagogischen Einrichtungen unterrichtet. Zur Wirtschaftswissenschaft war er infolge der französischen Revolutionskriege und deren Einfluß auf das Schicksal der deutschen Hafenstädte so-

---

[1] Werner Sombart, Die Juden und das Wirtschaftsleben, München Leipzig 1911, S. 162.
[2] Ebd., S. 460, Anm. 343.
[3] Ebd., S. 162 sowie S. 460, Anm. 336
[4] (J. L. Holst), Über das Verhältnis der Juden zu den Christen in den deutschen Handelsstädten, Leipzig 1818, S. 92-197.

wie durch sein Interesse an den sozialen Problemen seiner Heimatregion gelangt. Es war dies insbesondere die Vorstadt St. Georg vor den östlichen Toren Hamburgs. Noch 1791 konnte man Holst bei der Abfassung eines Buches über die philosophische Lehre Immanuel Kants sehen. Doch schon 1799, einem Jahr wirtschaftlicher Krise in Hamburg, widmete sich Holst ausdrücklich ökonomischen Problemen, wie man den programmatischen Themen seiner Schriften entnehmen kann: Ob Bankerotte ausschließlich das Ergebnis eines Bargeldmangels seien? Ob auch in Hamburg eine Zettelbank oder Papiergeld einzurichten seien? Oder ob es richtig sei, auch in Hamburg einen Erlaß von Wechselschulden durchzuführen?[5] Seine folgende Schrift aus dem Jahr 1801 trug den Titel *Über die bisherige allgemeine Sperre des Hamburgischen Handels, in wiefern sie für das wahre Staats-Interesse Denemarks berechnet worden ist* (es ging um die Blockade des Wasserwegs zugunsten des kleinen dänischen Hafens Glückstadt und des größeren, an Hamburg grenzenden Hafens von Altona).[6] Einige Jahre später, nämlich 1806, wurde Hamburg dann vom französischen Empire annektiert. Doch nach den napoleonischen Kriegen widmete sich Holst erneut den Wirtschaftsproblemen der Stadt Hamburg, zunächst in einer unter dem Titel *Hinblick auf Hamburgs künftige Staatsbedürfnisse und deren mögliche Bestreitung in Beziehung auf dessen Finanzwesen* publizierten Schrift.[7]

In allen genannten Abhandlungen wird der jüdische Aspekt nicht erörtert, findet die jüdische Wirtschaftsaktivität keinerlei Erwähnung. Domierende Themen sind vielmehr der Hamburger Handel unter den herrschenden, schwierigen Umständen einerseits sowie die Not der unteren Stände unter den sich radikal wandelnden Bedingungen andererseits. Holst versteht sich als Experte für die Geschichte der Handelsstaaten. Dabei stellt er wirtschaftliche, soziale und philosophische Erwägungen zusammen, wie es sich für einen Gelehrten vor der Zeit der strikten Trennung der verschiedenen Disziplinen der Sozialwissenschaften gehört. Zur Verteidigung des Hamburger Handels und der von ihm lebenden unteren Stände zog Holst in den Kampf um einen internationalen Handel, der auch in Kriegszeiten ungestört fortgeführt werden konnte (so zum Beispiel in einem Buch von 1798, das den Problemen der bereits erwähnten Vorstadt St. Georg gewidmet war).[8] Bei der Erörterung des internationalen Handels zeigte sich jedoch sogleich der konservative Merkantilist: Die zahlreichen Konkurse schrieb Holst nicht nur einer verfehlten Ein-

---

[5] Ludolf Holst, Wie können Banquerotte selbst in großer Anzahl aus bloßem Mangel an baren Gelde, mithin aus bloß negativen Schulden entstehen, Hamburg 1799; ders., Darstellung der Meinung, ob auch in Hamburg eine Zettelbank oder Papiergeld zu errichten sei, Hamburg 1799; ders., »Fragmente über die von Herrn v. Heß geschehene Beurteilung des in Hamburg zugestandenen Moratoriums der Wechselschulden«, in: Adreß Comptoir Nachrichten No. 96-99 (1799).

[6] Ludolf Holst, Über die bisherige allgemeine Sperre des Hamburgischen Hafens, in wiefern sie für das wahre Staats-Interesse Denemarks berechnet worden ist, Hamburg 1801.

[7] Ludolf Holst, Hinblick auf Hamburgs künftige Staatsbedürfnisse und deren mögliche Bestreitung in Beziehung auf dessen Finanzwesen, Hamburg 1814.

[8] Siehe Ludolf Holst, An seine Mitbürger, die nähere Verbindung der inneren Stadt Hamburg mit der Vorstadt St. Georg betr., Hamburg 1798, S. 28-29.

kaufspolitik der Kaufleute zu, sondern im wesentlichen dem negativen Handelsgleichgewicht zwischen Hamburg (und Deutschland) auf der einen und England auf der anderen Seite sowie dem damit verknüpften Mangel an Barzahlungsmitteln in Hamburg. Holst war überzeugt, die Innenpolitik Hamburgs sei von Grund auf falsch und verfehlt. Sie habe einen Freihandel zusammen mit Spekulationen ermöglicht, denen nicht nur ein Rückgang der Relation von Export und Import von 5:6 auf 2:3 zuzuschreiben sei, sondern auch ein irrationaler Gebrauch der Anleihen, die die Engländer zum Ankauf von englischen Waren gewährt hätten – so daß es schließlich zu einer Akkumulation von Waren und mit ihr von zahlreichen Problemen der Darlehen gekommen sei.[9]

Juden werden in diesen Zusammenhängen nicht erwähnt. Dennoch sollte man bereits hier auf die Argumentationsweise und den Charakter der Thesen achten, die dann später auch im jüdischen Kontext angeführt werden. So zählte Holst zu den Ursachen der verschiedensten Mißstände zum Beispiel – den Luxus, der ebenfalls im Zentrum seiner Argumentation zur Frage der jüdischen Wirtschaftsaktivität stehen sollte. Das Streben nach Luxus vergrößere naturgemäß den Umfang privater Nachfrage und des Privatkapitals; einer von Holst angestellten, gewundenen Rechnung zufolge erwiesen sich 39 Millionen Kurantmark Privatkapital wenigstens als 25 Prozent des Gewinns aus Handelsinvestitionen (oder alternativ aus Anleihen und Zins). Diese Denkweise ist in der Begrifflichkeit des späten 18. Jahrhunderts ihrer Natur nach also merkantilistisch oder konservativ kameralistisch.

Auch nach den napoleonischen Kriegen rückte Holst von seinen Grundanschauungen nicht ab, selbst wenn er eine Reihe weniger konservativer Mittel vorschlug, um diese zu verteidigen.[10] Im Mittelpunkt seiner Ausführungen stand nun das Wachstum der Staatseinkünfte, unter anderem durch eine Entwicklung der Manufakturen. Hier machte sich sein sozialer Ansatz bemerkbar: Verringerung der Steuern und Abgaben auf Grundbedürfnisse, Unterstützung einer progressiven Besteuerung, Opposition gegen indirekte Steuern und Organisierung von Unterhaltungsstätten für die Massen der unteren Stände in Hamburg selbst, damit das Geld an Festtagen nicht nach Altona »davonlaufe« – insbesondere in die dortigen Lotteriestätten. Die doppelte Furcht vor einem Vorteilsverlust im Handelsgleichgewicht und vor einer Beeinträchtigung der unteren Stände war also in erster Linie durch eine Analyse der Position Hamburgs zwischen den großen Konkurrenzmächten (England und Frankreich) begründet, und in *diesem Zusammenhang* findet auch die nach den napoleonischen Kriegen erfolgte Erörterung der jüdischen Aspekte ihre Ursache.

Holsts Versuch, die Rolle der Juden im Wirtschaftsleben zu betrachten, ist ein Beispiel unter vielen für das Maß einer bei der Analyse wirtschaftlicher Verhältnisse erfolgten Vermengung von existierenden Zahlenangaben mit Vorurteilen oder Erwartungen einerseits und von allgemeinen mit spezifisch lo-

---

[9] Holst, Banquerotte, S. 21-29.
[10] Holst, Verhältnis, S. 150.

kalen Aspekten andererseits. Schon in dieser Hinsicht besteht eine Affinität zwischen Holst, dem Zitierten, und Sombart, dem Zitierenden.

Holst verfaßte zwei Schriften zur Thematik von Juden bzw. Judentum und Wirtschaft, auf die sich Sombart, wie erwähnt, mehr als einmal stützt. Es handelt sich um Spätwerke aus der frühen Restaurationszeit. Die erste wichtige Schrift stammt aus dem Jahre 1818 und erschien anonym in Leipzig unter dem Titel *Über das Verhältnis der Juden zu den Christen in den deutschen Handelsstädten*.[11] Die zweite Schrift trug den Titel *Judenthum in allen dessen Teilen aus einem staatswissenschaftlichen Standpuncte betrachtet*.[12] Sie war Anfang 1820 entstanden und ein Jahr später, also vier Jahre vor dem Tod ihres Verfassers, in Mainz publiziert worden. Sombart zitierte in seinem oben erwähnten Werk aus beiden Schriften, hatte jedoch nicht darauf geachtet, daß es sich um einen Verfasser und einen methodischen Ansatz handelte, der in vielerlei Hinsicht seinem eigenen Ansatz vorgriff und zwar sowohl im Hinblick auf die Analyse des Kapitalismus als auch auf die Ortung von Juden im kapitalistischen System.

Was hatte Holst dazu gebracht, seine schriftstellerische und wissenschaftliche Tätigkeit gegen Ende seines Lebens der wirtschaftlichen Aktivität von Juden zu widmen? Möglicherweise hat Jakob Katz recht, wenn er meint, es hätte eben Leute gegeben, die derartige Literatur in Hamburg zu Propagandazwecken finanziert hätten.[13] Diese Erklärung trifft vielleicht auf die erste antijüdische Schrift aus dem Jahre 1818 zu, nicht unbedingt jedoch auf die zweite Abhandlung, die nach den »Hep-Hep-Ausschreitungen« von 1819 in Hamburg und nach dem gescheiterten Versuch der Hamburger Juden, die Rechte aus der Zeit der französischen Besatzung der Stadt wiederzuerlangen, verfaßt worden war. Aber selbst wenn der Publikation dieser Schrift keine politische Initiative und kein unmittelbares Ziel mehr zugrunde lagen, so kommt doch der Beobachtung einige Bedeutung zu, daß derartige Schriften ohne Zweifel gewisse Bedürfnisse ihrer Zeit zum Ausdruck brachten und durchaus ein sozial-wirtschaftliches Problem der Handelsstadt Hamburg am Beginn des Zeitalters der Restauration zur Diskussion stellten. Darüber hinaus ist die methodologische Nähe zu berücksichtigen, die zwischen den früheren Abhandlungen zu wirtschaftlichen Themen aus Holsts Feder und den beiden Schriften besteht, die sich mit der wirtschaftlichen Rolle von Juden befassen.

Das Problem, mit dem sich die moderne Forschung häufig befaßt und das auch Holst beschäftigte, ist die Frage der Auflösung der als »mittelalterlich« oder »feudal« bezeichneten Wirtschaftsordnung im Übergang vom 18. zum 19. Jahrhundert und des sich schärfenden Bewußtseins für den Wandel. Die Veränderung gegebener Rahmenbedingungen war kein neues Phänomen, und Justiz- und Verwaltungswesen des ersten Deutschen Reiches und der verschie-

---

[11] Holst, Verhältnis.
[12] Ludolf Holst, Judenthum in allen dessen Teilen aus einem staatswissenschaftlichen Standpuncte betrachtet, Mainz 1821. Diese Schrift war bekannter und wurde bereits im Jahr ihrer Publikation von Ludwig Börne scharf angegriffen.
[13] Jacob Katz, Vom Vorurteil bis zur Vernichtung. Der Antisemitismus 1700-1933, München 1989.

denen deutschen Staaten dieses Reiches hatten peinlich genau darauf geachtet, sie jedesmal von neuem aufzurichten. Der sichere Ort, an dem ein derartiger Wandel naturgemäß im 18. Jahrhundert einsetzte, war die Stadt, und ganz gewiß die Hansestadt Hamburg, »das Tor Deutschlands zur Welt.« Während des gesamten 18. Jahrhunderts war es dabei in fast jeder deutschen Stadt zu Vorwürfen gegen Juden und andere Gruppen dahingehend gekommen, daß sie den gegebenen Rahmen zu sprengen drohten. Anschuldigungen und Vorwürfe dieser Art gegen Juden wurden auch in osteuropäischen Ländern wie Polen und Ungarn aufgebracht und stießen dort auf noch größere Resonanz als in Deutschland selbst.

Zu Beginn des 19. Jahrhunderts brach das Problem dann allerdings auch in Deutschland – und für unseren Sachverhalt in Hamburg[14] – aus dem engeren juristisch-administrativen Bereich aus und geriet auf die Bahn der Revolution. Die französische Revolution hatte infolge der Wechselbeziehungen mit den annektierten Gebieten in Deutschland (im wesentlichen war es die Küstenregion mit der Stadt Hamburg) eine neue Realität erzeugt und (wenigstens zur Stunde) ein neues Gesetz- und Wirtschaftssystem geschaffen, aber auch präzedenzlose Erwartungen und Befürchtungen hervorgerufen. Aufgrund der Wirtschaftskrise, die den Handel in Hamburg schwer getroffen hatte, und eines politischen Systems, das die Einführung von Reformen im Wirtschaftssystem erwog, war die konservative Gruppe, die erwartete, nach 1814 würden die alten Verhältnisse der Zeit vor 1799 wieder hergestellt werden und die sich durch Krise und Wandel besonders bedroht fühlte, nach 1815 groß und aggressiv (auch wenn sie keineswegs den Hamburger Handel insgesamt repräsentierte). Diese Gruppe betrachtete die Erschütterung des alten europäischen Merkantilismus, den Wandel des Handelswesens und die Auflösung des institutionalisierten Handwerks mit Sorge und suchte nach einer allgemeingültigen Erklärung und gleichermaßen nach einer pauschalen Lösung. Sombart konnte ein Jahrhundert später im Rückblick zu Recht oder zu Unrecht den Begriff des Kapitalismus benutzen, um den Charakter des Wandels und der ihn begleitenden Befürchtungen zu erklären; Holst, der die Furcht der fraglichen Gruppe zeitgleich mit den Ereignissen beschrieb, konnte dies noch nicht. Sombart konnte zwischen Kapitalismus und Merkantilismus unterscheiden, Holst – selbstverständlich nicht. Daher war Sombart in der Lage, den Erfolg von Juden im Wandlungsprozeß durch ihre Darstellung als Stiefkinder des Merkantilismus zu erklären; Holst versuchte dies dagegen gerade durch die Darstellung ihres Charakters als merkantilistisch (Er sprach häufig von dem, was er den »mercantilischen Gemeingeist« der Juden nannte.).[15] Holst verstand dies nicht nur so, weil er den Begriff »Kapitalismus« in einer Zeit, in der dieser Begriff noch nicht existierte, nicht benutzen konnte, sondern auch weil er sich selbst einen freizügigen Umgang mit den Begriffen »merkantil« und »merkantilisch« erlaubte. Im Grunde ist die negative Bedeutung des merkan-

---

[14] Vgl. Moshe Zimmermann, Hamburger Patriotismus und deutscher Nationalismus. Die Emanzipation der Juden in Hamburg, Hamburg 1979, S. 13ff.
[15] Holst, Judenthum aus staatswissenschaftlichem Standpunct, S. 214.

tilen Geistes in diesem Zusammenhang für Holst der Übergriff des Handelsgeistes auf einen anderen als den ihm zukommenden Bereich.

Trotz aller Unterschiede zwischen Holst und Sombart, die sich aufgrund der Probleme von Definition und Semantik zu unterschiedlichen Zeiten ergeben, zeichnet sich eine Kontinuität der Inhalte der Analyse ab: beide sahen in Juden ein zentrales Element im Veränderungsprozeß zu Beginn des 19. Jahrhunderts, und sprachen den mit der Handelsstruktur verbundenen wirtschaftlichen Problemen ein bedeutendes Gewicht zu. Doch die in Holsts Schrift erstellte Diagnose weckt Interesse und Zustimmung (neben der Ablehnung, die sie wegen der antijüdischen Last erfährt) und zwar wegen der objektiven Schwierigkeit, die zeitgenössische Realität adäquat zu analysieren, ohne eine grundlegende Methode zur Verfügung gehabt zu haben. Sombart dagegen, der aus seiner Perspektive das gesamte 19. Jahrhundert kannte und der die inzwischen erzielten Fortschritte im Bereich der Erforschung der Wirtschaftsgeschichte nutzen konnte, gelangte zu einer Diagnose, die uns nicht nur als überholt, sondern auch als verzerrt erscheinen muß: am Ende des 19. Jahrhunderts war der Kapitalismus ein anderer als zu Beginn des Jahrhunderts, und die Schlußfolgerungen über die Verbindung von Juden als Kollektiv und Kapitalismus als Phänomen hätten folglich andere sein müssen.

Auf welchem wirtschaftlich-sozialen Hintergrund verfaßte Holst in den Jahren 1818 und 1820 seine Schriften? Hamburg hatte stark unter der französischen Besatzung, insbesondere in den Jahren 1813 und 1814, gelitten, als Tausende seiner Einwohner von den Franzosen angesichts der Belagerung der Stadt durch die russische Armee evakuiert worden waren. Die Rückkehr der Evakuierten (darunter viele Juden) war, neben dem lange bekannten Problem der Zuwanderung in die Stadt, schon ein Problem für sich, erfolgte sie doch zu einer Zeit des Wandels, der aus dem Übergang von der Kontinentalsperre zurück zum internationalen Handel aus der vornapoleonischen Zeit resultierte. Als es dann noch in den Jahren nach dem Wiener Kongreß zu einer gewaltigen Zunahme des Umfangs des Hamburger Außenhandels kam, erschienen die Versuche, zur »guten alten Zeit« zurückzukehren, noch nichtiger als im Jahre 1815.[16]

Unter diesen Umständen versuchte die jüdische Gemeinde nicht nur, ihren alten Status aus der Zeit vor der Revolution wiederzuerlangen – allerdings ohne eine Neugründung der »Dreigemeinde« Altona, Hamburg, Wandsbek (hebr. Abk. AHU) – und aus dem umfangreichen Handel Gewinn zu ziehen, sondern auch ihre wirtschaftliche und berufliche Struktur im Sinne der »Produktivierung« zu verändern. Dies allerdings war eine Tendenz, die absurderweise immer weniger gewinnbringend und modern war. Im Jahre 1815 gingen in Hamburg 1.398 von insgesamt 6.000 Mitgliedern der jüdischen Gemeinde einer beruflichen Tätigkeit nach. Von ihnen arbeiteten 63,9 Prozent im Handelssektor, darunter 5,4 Prozent aller offen im Hausier- und Trödelhandel tätigen Personen, obwohl diese Beschäftigung gesetzlich verboten war.[17] Dieser

---

[16] H. Laufenberg, Die Geschichte der Arbeiterbewegung in Hamburg, Bd. 1, Hamburg 1911, S. 28.
[17] Siehe: Helga Krohn, Die Juden in Hamburg 1800-1850. Ihre soziale, kulturelle und politische Entwicklung während der Emanzipationszeit, Frankfurt 1967, S. 36-40.

prozentuale Anteil war selbst in Relation zu den Verhältnissen der Handelsstadt Hamburg sehr hoch, in der 25,1 Prozent aller beruflich tätigen Menschen in den verschiedenen Handelszweigen beschäftigt waren. Einer von elf Kaufleuten in Hamburg war demnach Jude, ein äußerst hoher Prozentsatz. Und je tiefer man auf der Skala des Handels hinabstieg, desto mehr Juden fanden sich im Verhältnis zu Nichtjuden. Dies ging so weit, daß der Hausier- und Trödelhandel das Image eines im wesentlichen »jüdischen Berufs« trug. Diese Verhältnisse galten als wirkliche Bedrohung für den institutionalisierten Handel in Hamburg – sowohl für die Zunft der »ehrbaren Kaufmänner«, aber auch und insbesondere für den Verband der Kleinhändler, das Krämeramt. Hier flocht sich im wesentlichen Holsts Darstellung ein, die infolge ihrer Verallgemeinerungen zwar irreführend, jedoch in ihrer Beschreibung der Formen der unter Juden üblichen Handelstätigkeit nicht weit von der Realität entfernt war. (Man darf jedoch nicht vergessen, daß Holst keine quantitativen Angaben machte, die zu seiner Zeit ja auch noch nicht vorlagen.)

Folgende Anschauungen aus Holsts Schrift wurden von Sombart dann in seine Darstellung übernommen:[18]

1. Der deutsche Markt werde von Gütern aus dem Ausland (d.h. mit englischen Waren) überschwemmt, die auf Auktionen verkauft wurden. Juden, so war Holst überzeugt, kontrollierten diese Auktionen und ihre Geschäfte seien mit englischen Waren, in der Hauptsache mit Bekleidung und Haushaltswaren, angefüllt.
2. Juden hätten ein effektives Informationssystem, mit dessen Hilfe sie ermitteln könnten, wo in großen Mengen zu verkaufen sei, zum Beispiel in Erholungsorten, oder wo man günstig einkaufen könne, zum Beispiel bei Firmen, die kurz vor dem Bankrott stünden.
3. Juden pflegten die Beschränkungen zu umgehen, die Ladengeschäften auferlegt seien, indem sie entweder temporäre Stände errichteten oder direkt vom Wagen aus verkauften.
4. Der wichtigste Punkt jedoch war: Juden pflegten zu einem niedrigeren Preis als dem festgesetzten oder auf dem Markt üblichen zu verkaufen. Von den Erklärungen, die Sombart in diesem Zusammenhang anführt, übernimmt er zwei von Holst: den Verkauf von »quantitativ nicht vollgewichtige(n) oder vollbemessene(n) Waren«,[19] also Handel mit defizitären Gewichten und Maßen, sowie den Verkauf mit relativ kleinem Gewinn, um den Geldumlauf durch eine Steigerung der Nachfrage zu beschleunigen.[20] Der ersten Erklärung maß Sombart keinerlei Bedeutung bei, die zweite Erklärung jedoch spielte für ihn eine wichtige Rolle. Hier, so meinte er, traten die Juden als Väter einer Wirtschaftsmethode auf, die der traditionellen entgegengesetzt war, nach der alle Produktion allein den Eigenbedarf der grundlegenden Lebensbedürfnisse decke. Mit anderen Worten: Juden seien die Väter des modernen Handels, des kapitalistischen Handels.

---

[18] Siehe: Sombart, Wirtschaftsleben, S. 136-180.
[19] Ebd., S. 173
[20] Ebd., S. 175.

Sombart machte sich diese Argumente unter zwei Umständen zu Nutze, die auf Holst noch nicht zutrafen. Zunächst verstand Sombart diese Phänomene an sich nicht als negativ, waren sie doch zu seiner Zeit – seiner Meinung nach – in allen Handelsgeschäften Gang und Gäbe. Ziel und Tendenz seiner Ausführungen richteten sich also nicht gegen Juden, auch wenn sich mancher seiner wissenschaftlichen Gutachten zu antijüdischen Zwecken bediente.[21] Darüber hinaus zeigte jedoch Sombart in seiner Darstellung im Hinblick auf die theoretische Ausweitung und Verallgemeinerung der Beobachtungen zwei Schwächen: (a) er griff zu einem spezifischen Beispiel, das auf den Hamburger Erfahrungen (vielleicht auch auf Beobachten aus der Messestadt Leipzig, in der Holst einen Teil seiner Studienzeit zugebracht hatte) beruhte, um von dort aus zu einem äußerst umfangreichen Teil seiner Verallgemeinerungen zu gelangen.[22] (Holst trifft in diesem Zusammenhang keine Schuld, war doch zu Beginn des 19. Jahrhunderts die jüdische Gemeinde in Hamburg die größte in Deutschland und als solche wesentlich repräsentativer für die wirtschaftliche Aktivität von Juden in Deutschland insgesamt); (b) Sombart machte den Handel nur dann zum ausschlaggebenden Thema in der Erörterung des Kapitalismus, wenn es um die Verbindung von Juden und Kapitalismus ging. Er, der den Kaufmann nur als eine Seite des Kapitalismus – wenn auch in seiner Frühphase – definiert und den Unternehmer zu Recht als zweite Seite verstanden hatte,[23] legte im jüdischen Kontext das gesamte Gewicht auf den Handel (»[...] aus der Geldleihe ist der Kapitalismus geboren.«[24]), weil er Unbehagen angesichts einer Tatsache fühlte, die er selbst angeführt hatte: »Aber noch viel mehr als zum ›Unternehmer‹ ist der Jude zum ›Händler‹ qualifiziert«.[25] Aus der Perspektive des frühen 20. Jahrhunderts, also einer Zeit, in der der Anteil von Juden an den Kreditgebern (im Verhältnis zu den Großbanken) gering war und ihre Position unter den industriellen Großunternehmern der einer unbedeutenden Minderheit entsprach, bedurfte eine allgemeine Aussage über den Zusammenhang von Kapitalismus und Juden anderer, bescheidener Proportionen als sie gut hundert Jahre früher von Holst skizziert worden waren. (Die Behauptung, die großen Kaufleute hätten von der Taktik der Preisunterbietungen nichts gewußt, ist naiv und wurde von Holst seiner Zeit auch nicht angestellt.)

Holsts Kritik an dem wirtschaftlichen Verhalten von Juden und der Wirtschaftsstruktur, wie sie bei Sombart angeführt wird, ist nicht nur trivial, sondern erschüttert indirekt auch Sombarts gesamte These. An dieser Feststellung wäre nichts Bemerkenswertes, wenn nicht seit Beginn des 20. Jahrhunderts zahlreiche Juden und darunter nicht wenige Zionisten Sombart zu

---

[21] Roderich-Stoltheim [=Theodor Fritsch], Die Juden im Handel, Leipzig 1913.
[22] Es soll hier selbstverständlich nicht behauptet werden, Sombart hätte seine Argumentation im wesentlichen auf Holst gestützt. Vielmehr liegt in jenem siebten Kapitel der Schrift *Die Juden und das Wirtschaftsleben* viel Gewicht auf den sich häufenden Zitaten aus beiden Schriften Ludolf Holsts.
[23] Sombart, Wirtschaftsleben, S. 190.
[24] Ebd., S. 222.
[25] Ebd., S. 332.

ihrem Schutzpatron erklärt und mit dem Hinweis auf ihn ihren Stolz begründet hätten. Daher liegt ein großer Vorteil gerade in der Beschränkung auf die Arbeit eines eher unbekannten Mannes wie Holst, um die wirtschaftliche Rolle von Juden in der seinen Erörterungen zugrunde liegenden spezifischen Umgebung der Handelsstädte sowie das Image zu untersuchen, das Juden sich selbst in einer Zeit zugelegt hatten, die noch nach dem Sinn des Wandels suchte, der ins Zeitalter der Industrialisierung und des Hochkapitalimus führen sollte.

Um jeden Zweifel zu beseitigen: Holst Feststellungen dürfen nicht als unerschütterliche Tatsachen akzeptiert und auch nicht ohne Skepsis aufgenommen werden. Darüber hinaus jedoch ist seine Darstellung insgesamt nicht abzulehnen, denn seine Arbeit machte ihn letztlich zu einer Autorität auf diesem Gebiet, und selbst die Leiter der damaligen jüdischen Gemeinde waren davon überzeugt, daß Holsts Anschauungen nicht grundsätzlich falsch waren. Als in Hamburg antijüdische Unruhen ausbrachen, kam der Vorstand der jüdischen Gemeinde mit großer Eile dem offiziellen Aufruf nach, jüdischen Trödelhändlern das Umherziehen mit ihren Wagen durch die Straßen Hamburgs zu verbieten, weil auch er glaubte, hier liege die Wurzel für die Spannungen zwischen der jüdischen Gesellschaft und der christlichen Mehrheit. Der Gemeindevorstand erkannte damit an, daß der Hausier- und Trödelhandel ein spezifisch jüdisches Problem und ein Phänomen sei, dem durch einen Produktivierungsplan und Wohlfahrtsprogramme beigekommen werden müsse.

Doch mit der Anerkennung der Notwendigkeit einer Produktivierung war es nicht getan. Neben dem Hindernis, das die »historische« Wirtschaftsstruktur der jüdischen Gemeinde darstellte, gab es ein institutionelles Hindernis, das die von Holst verteidigte konservative Gesellschaft errichtet hatte – die Zünfte. Diese Zünfte führten seit 1815 einen hartnäckigen Kampf gegen Juden, die versuchten in den »produktiven« Zweig des Handwerks einzusteigen, sei es durch Beitritt in die Zünfte selbst, sei es auf anderen, indirekten Wegen. Der erste Weg bedrohte die Zukunft der Zünfte von innen, der zweite von außen. Während der Jahre, in denen Holst zum Experten für das jüdische Wirtschaftsleben wurde, kam es in Hamburg zu gut gemeinten Bemühungen, im wesentlichen mit Hilfe des Lehrplans der Freischule, jüdische Kinder den verschiedensten Handwerksberufen zuzuführen. Angesichts der »Hep-Hep-Ausschreitungen« von 1819 und des strikten, versteinerten Verwaltungs- und Regierungswesens der Hansestadt Hamburg erwiesen sich diese Versuche jedoch als vergeblich – von 90 jüdischen Jugendlichen, die bis 1820 ein Handwerk erworben hatten, wurde fast keiner als Geselle eingestellt, von der Tätigkeit eines Meisters ganz zu schweigen. Erst nach verstärkten Anstrengungen und verschiedenen listenreichen Einfällen der Gemeindeinstitutionen konnten zehn der Schüler in ihrem erworbenen Beruf beschäftigt werden.[26] Was Holst von vornherein nicht ahnen konnte, war die unvermeidliche Bedeu-

---

[26] Siehe: Moshe Zimmermann, Hamburgischer Patriotismus und deutscher Nationalismus. Die Emanzipation der Juden in Hamburg 1830-1865, Hamburg 1979, S. 21-27.

tung dieses Ergebnisses: Juden wurde der Eintritt gerade in Berufe, die nicht mehr der Zeit entsprachen, nach Regeln verweigert, die sich selbst überlebt hatten. Wenn Juden fortan in ein Handwerk eintraten, dann war dies ein »unzünftiges« Handwerk, das in der Regel moderner in seinen Produktionsmethoden und in seinen Produkten war. War dies nicht der Fall, dann verblieben sie im Handel und Geldwesen, deren Bedeutung im Zeitalter der Industrialisierung keinem Zweifel unterlag, auch wenn unmöglich abzusehen war, welche Entwicklung hier im zweiten Jahrzehnt des 19. Jahrhunderts einsetzen werde. Schon 1823 stellte sich dann heraus, daß sich die von Holst und vom Gemeindevorstand mit Sorge betrachtete Tendenz verstärkt hatte: Der prozentuale Anteil der im Handel erwerbstätigen Juden war auf 76,1 Prozent gestiegen.[27]

Was Holst mit eigenen Augen sah, war ein Mosaik, das vielleicht für den Sozialhistoriker interessanter ist als für den Wirtschaftshistoriker. (Gleiches gilt übrigens auch für Sombarts Werk.) Holst war davon überzeugt, daß Haskala und jüdische Reform (der erste Reform-Tempel-Verein – »Agudat Hahechal« – war in Hamburg 1818 kurz vor der Abfassung der Schrift über das Verhältnis der Juden zu den Christen in den deutschen Handelsstädten gegründet worden) von Juden als Mittel genutzt würden, um ihre wirtschaftlichen Beziehungen mit der nichtjüdischen Gesellschaft zu intensivieren, unter anderem durch Eheschließungen zwischen jüdischen und nichtjüdischen Partnern. Zudem vermutete Holst, das Spiel des Zahlenlottos liege in erster Linie in den Händen von Juden,[28] aber auch für diese Vermutung gibt es keinerlei Beleg. Doch selbst wenn Holst sich mit diesen beiden Annahmen irrte, so zeigt sich hier, daß er seine Aufmerksamkeit einem Thema von großer gesellschaftlicher und wirtschaftlicher Relevanz widmete. Tatsächlich war in der Neuzeit diese Form der Massenunterhaltung (die in Altona, St. Pauli und St. Georg stärker präsent war als in Hamburg selbst) neben die Schenken und Kneipen getreten und trug zur Verarmung der unteren Stände bei, die der Versuchung nicht widerstehen konnten, ihr Geld an den Wettständen auszugeben.

Holst verfolgte aufmerksam die Tätigkeit der neuen Handwerksberufe außerhalb der Zünfte, von der Strumpfindustrie und Brandweinherstellung, die niemals im Rahmen der Zünfte organisiert waren, bis hin zur Tapeten-, Baumwoll- und Seifenindustrie und der Herstellung von Papier aus Lumpen. Mit nicht geringerer Aufmerksamkeit verfolgte er den unbeaufsichtigten Handel mit Kolonialwaren, Kaffee, Tee, Tabak, Seide, auch wenn die Zahl der Juden, die ausschließlich in einem dieser Handelszweige beschäftigt waren, sehr gering war.[29]

Eine weitere aufschlußreiche Diagnose Holsts bezog sich auf die kommerzielle Bedeutung des Anstiegs des Lebensstandards. Bereits erwähnt wurde, daß der Anstieg der Nachfrage nach Konsumgütern in den Jahren der Revo-

---
[27] Krohn, Juden in Hamburg, S. 48.
[28] Holst, Verhältnis, S. 102.
[29] Krohn, Juden in Hamburg, S. 38.

lution Holsts Befürchtungen sowohl in rein wirtschaftlicher als auch in gesellschaftlicher Hinsicht geweckt hatte. Diese Befürchtungen wurden umso stärker in einer Zeit, in der er sich mit dem Zeitalter der Restauration und der Rolle von Juden in dieser Epoche beschäftigte. Die seit dem Siebenjährigen Krieg und dem amerikanischen Unabhängigkeitskrieg vorhandene Tendenz, den Handelsumfang durch Kolonialwaren zu vergrößern, hatte insbesondere in den großen Handelsstädten Norddeutschlands ihre Spuren hinterlassen. Auch Holst wußte, daß in diesem Bereich Juden aufgrund verschiedener gesetzlicher Beschränkungen keine zentrale Rolle spielten (z.B. waren sie nicht vom Stader-Zoll befreit). Daher übertrug er die Behandlung des wirtschaftlichen Aspekts auf den sozialen, wenn er schrieb, seine Vorväter hätten in ihrem Alter die gleichen vergoldeten oder versilberten Schnallen an ihren Schuhen, ja selbst die gleichen Schuhe getragen, die sie in ihrer Jugend gekauft hätten, während sich der moderne Mensch jeden Monat, ja nahezu jede Woche eine neue Mode wählte.[30]

Jene »Modesucht« schien ihm schwerwiegend zu sein, zunächst aus religiösen Gründen, dann aber auch wegen der Erschütterung der eingefrorenen, alten Rahmenbedingungen der Wirtschaft und der Vergrößerung der daraus resultierenden gesellschaftlichen Polarisierung. Juden spielten vor allem im letzten Zusammenhang eine Rolle. Wohin, so fragt Holst, verschwänden die vielen Kleidungsstücke und Waren (die jede Woche gewechselt werden), wenn nicht in die Hände der Juden. Sie betätigten sich gewissermaßen in einem neuen Wirtschaftszweig – dem Handel mit fast neuer, gebrauchter Kleidung. Dieser Wirtschaftszweig hätte einen indirekten Einfluß, so meinten Holst und seine Freunde, auf die nichtjüdischen Bediensteten: Sie, die früher gelernt hätten, zu sparen und sich bescheiden zu kleiden, lernten durch ihren Dienst bei Juden, sich herauszuschmücken und Geld zu verschwenden.[31] Holst untermauerte seine Behauptungen nicht mit Zahlen und übersah auch die Tatsache, daß Hersteller und Importeure nicht weniger verdienten als die Gebrauchtwarenhändler selbst. Dennoch rührte Holst hier an einen Punkt, dem schon zu Beginn der Entwicklung Rabbi Jakob Emden, ebenfalls ein Hamburger, zugestimmt hatte – daß nämlich der Wandel der Mode unter Juden nicht weniger üblich war als unter den Nichtjuden in ihrer Umwelt.[32]

In Holsts Erörterungen und Diagnosen zeigen sich weniger die tatsächlichen Verhältnisse der ökonomischen Tätigkeit von Juden und ihr Gewicht im Wirtschaftsleben der Handelsstadt als vielmehr das zeitgenössische sozioökonomische Image und Verständnis der vorkapitalistischen Welt überhaupt sowie die Tatsache, daß sich der Wandel (wenigstens im Hinblick auf das Handelswesen) in Deutschland in der nachnapoleonischen Zeit äußerst rasch vollzog. Holst bezieht keineswegs grundsätzlich gegen den Handel als solchen Stellung: der Handel der Hansestädte in seiner traditionellen Weise, der mer-

---
[30] Holst, Verhältnis, S. 115.
[31] Ebd., S. 181-182.
[32] Siehe: Azriel Shochet, Im Wandel der Epochen. Der Beginn der Aufklärung im deutschen Judentum (hebr.), Jerusalem 1960, S. 54-55.

kantilistische Handel und der die Position des Staates stärkende Handel (nach Art und Weise der preußischen Könige des 18. Jahrhunderts) – dies alles wird von ihm akzeptiert; er sorgt sich über einen Handel, der den Staat und das traditionelle, kommerzielle Establishment treffen könnte. Daher fiel es Holst nicht schwer, sich letztlich auf die Rolle von Juden zu konzentrieren. Holst hatte seine Schrift über die Juden in den Handelsstädten in jenem Jahr verfaßt, in dem Friedrich List und ihm Nahestehende ihre Aktivitäten zugunsten einer Aufhebung der Zölle innerhalb Deutschlands und zum Schutze von Produktion und Handel in Deutschland vor einer Überflutung mit Waren aus England und deren Konkurrenz aufgenommen hatten. List und Holst traten hier als Propheten eines Stils auf, Holst jedoch bürdete die Verantwortung der jüdischen Bevölkerung auf, denn die Handels- und Darlehensverbindungen zwischen Juden in Hamburg, Manchester und London waren in seiner Stadt allzu bekannt (ebenso jedoch wie Verbindungen zwischen nichtjüdischen Familien in Hamburg und London). In seiner Schrift über das Verhältnis von Juden und Christen in den deutschen Handelsstädten kam Holst der Forderung nach einem einheitlichen deutschen Zollsystem und der Einheit deutscher Handelspolitik (im Unterschied zum partikularistischen Handel), wie sie in der berühmten im gleichen Geiste verfaßten und an den deutschen Bundestag gerichteten Petition Lists und der süddeutschen Kaufleute erhoben wurde, um einige Monate voraus. Holst warnte vor einer Überflutung des deutschen Marktes mit Gütern der englischen Maschinenindustrie.[33] Wie List und seine Anhänger sah Holst die Wurzel des Übels nicht im Produzenten, und auch nicht im relativen Vorteil, den der Produzent genoß, sondern im Händler. Holst ging sogar so weit, den üblen Kaufmann mit »dem Juden« zu identifizieren, und zwar nicht, weil dies eine Tatsachenwahrheit war, sondern weil er, so stellt sich heraus, dieses Image in der Öffentlichkeit vorgefunden hatte, und es ihm half, einem anstehenden Wandel von Gesetzgebung und Status im unmittelbaren jüdischen Kontext vorzubeugen.

Holst, der hier einen alten, rückläufigen Sektor der deutschen und noch stärker der Hamburger Wirtschaft repräsentierte, geriet also auf unwissenschaftliche Weise zu seinen Verallgemeinerungen einerseits und zur Fixierung eines Sündenbockes andererseits. Er machte Juden zum zentralen Faktor in einem für ihn beängstigenden Prozeß – dies wurde von Sombart übernommen, allerdings ohne das durch dieses Phänomen ausgelöste Element der Bedrohung – und gelangte ausgerechnet aufgrund der Betrachtung der ihm bekannten wirtschaftlich schwächsten Gruppe innerhalb des Judentums zu allgemeinen Schlußfolgerungen bezüglich des gesamten Judentums und schließlich der neu sich abzeichnenden Wirtschaftsordnung. Er sprach von jüdischen Regeln, Grundsätzen und Prinzipien. In ihnen sah er die zentrale Erklärung für den zu Beginn des 19. Jahrhunderts einsetzenden Wandel.[34] Das erste Prinzip nach Meinung Holsts war: Einer für alle, alle für einen; das zweite Prinzip: wir haben kein Vaterland – die gesamte Welt ist unser Vaterland; und das dritte, oben

---

[33] Holst, Verhältnis, S. 168.
[34] Ebd., S. 224-260.

bereits erwähnte Prinzip: umfangreiche Verkäufe zu kleinen Gewinnen sind besser als Verkäufe von kleinem Umfang mit großem Gewinn. Wer dann Sombarts Schrift aufmerksam studiert, wird entdecken, daß dieser die irrige und irreführende Verallgemeinerung nicht tilgt, zu der Holst aufgrund der Umstände seiner Zeit und Umgebung gelangt war. Vielmehr wird sie von Sombart übernommen und in eine so angenehme Verpackung gekleidet, daß selbst Juden durch sie angezogen werden konnten. Die Grundsätze allerdings waren ihrem Kontext entrissen worden, um als zentrale Erklärung für die europäische oder sogar die globale Wirtschaftsentwicklung hingestellt werden zu können.

Wer Sombarts Werk liest wundert sich nicht über seinen Versuch, jüdische Verhaltensnormen nicht nur aus den Lehren des Judentums, sondern auch aus den Merkmalen der »Rasse« und den ethnischen Charakterzügen des jüdischen Volkes abzuleiten. Auch hier betrieb Sombart gegenüber Holst nichts Neues, selbst wenn ihm zu Beginn des 20. Jahrhunderts eine quasi wissenschaftlich-moderne Theorie zur Verfügung stand, die es zu Beginn des 19. Jahrhunderts noch nicht gegeben hatte. Auch Holst begnügte sich in seiner Feindschaft gegen Juden nicht allein mit theologischen oder konjunkturellen Erklärungen für das Verhalten von Juden. Um seinen weitgehenden Verallgemeinerungen Nachdruck zu verleihen, war er auf eine Erklärung aus dem Bereich der Naturwissenschaften angewiesen. Da ihm jene anthropologischen Instrumente oder die »Erkenntnisse einer Rassekunde« des ausgehenden 19. Jahrhunderts fehlten, griff Holst auf die Lehre von Franz Joseph Gall zurück, die letztlich nicht so weit von den späteren »Rasselehren« entfernt ist,[35] insbesondere wenn man daran denkt, daß ihr wissenschaftlicher Wert als soziologische Erklärung auf jeden Fall zweifelhaft ist. Galls Lehre von der Phrenologie, die die geistig-seelischen Anlagen des Menschen in bestimmten Bezirken des Gehirns lokalisierte und in äußeren Formeigentümlichkeiten des Kopfes Charaktereigenschaften zu erkennen glaubte (Physiognomik), war eine ideale Lösung für jemanden wie Holst, der sich nicht allein auf eine rein historische Erklärung für das von ihm zu klärende Phänomen stützen konnte oder dem nur bruchstückhafte historische und statistische Angaben zur Verfügung standen, um dieses Phänomen zu beschreiben.

Untersucht man die Linie der Kontinuität zwischen Holst und Sombart, so kann man erkennen, wie hier eine umgekehrte theoretische Pyramide zur Beschreibung der Rolle von Juden in der Wirtschaft errichtet wurde, und zwar durch die Übertragung vom Einzelnen zum Allgemeinen, vom Spezifischen zum Umfassenden durch eine Verzerrung der Proportionen mittels eines akzeptierten semantischen Systems. Eine Randgruppe in einem urbanen Wirtschaftssystem, bei der es sich zudem keineswegs um eine Elitegruppe jüdischer Wirtschaftsaktivität gehandelt hatte – auch wenn sie nicht zu vernachlässigen war – wurde zu einem Spiegel des Judentums als abstraktem Begriff und sogar des Kapitalismus stilisiert. Die Gelehrten, die sich diese Verallgemeinerung hatten zu Schulden kommen lassen, waren nicht nur durch ihr Streben nach

---

[35] Ebd., S. 204.

einer sozialen Lösung für ein ihnen ausschlaggebend erscheinendes Problem motiviert. Sombart war so etwas wie ein verspäteter Marx für die Deutschen, Holst dagegen wohl ein verfrühter Weitling. Als solche funktionalisierten sie wirtschaftliche Angaben – auf eine wissenschaftlich nicht zulässige, jedoch später umfassend mißbrauchte und populäre Weise.

2. Das Kaffeehaus als Ort des anti-jüdischen Sozialprotests im Vormärz

Judenfeindschaft ist im wesentlichen eine Form des sozialen Protests. Diese Regel stimmt auch in der Restaurationszeit, also zwischen 1815 und 1848. Diejenigen, die sich in einer psychologischen, sozialen oder wirtschaftlichen Bedrohung befanden, haben »die Juden« als Blitzableiter für ihre Angst benutzt. Während der gesamten Epoche richteten die sich von der Modernisierung gefährdet fühlenden Schichten ihre Gravamina gegen Juden. Auch zu dieser Zeit schufen Tradition, Geschichte, das Christentum und Voreingenommenheit die Basis für antijüdische Einstellungen.

Zwei markante Formen des Protestes zeigten sich während dieser Epoche: Der schriftliche Protest, der in der Literatur, in Pamphleten und in Zeitungen zum Ausdruck kam, und der gewalttätige Protest, die »Unruhen«, der Pogrom. Im folgenden werden wir uns auf die Stadt mit der zu Beginn des 19. Jahrhunderts größten jüdischen Gemeinde in Deutschland konzentrieren. Viermal fanden in Hamburg im Laufe von zirka 30 Jahren »Judenunruhen« statt: Zwei waren direkt mit Revolutionen verbunden – 1830 und 1848, und zwei nur indirekt – 1819 und 1835. Bezeichnend ist die Tatsache, daß die zwei letztgenannten »Frevel« umfangreicher und gefährlicher waren.

Die Beziehungen zwischen Juden und Nichtjuden in Hamburg hatten einen besonderen Charakter. Auf den Unterschied nicht nur zwischen Hamburg und der ländlichen Umgebung, sondern auch zwischen Hamburg und anderen Großstädten wie zum Beispiel Frankfurt am Main wurde in der Forschung bereits hingewiesen.[1] Zwar waren »prozentual mehr Juden im Handel tätig als prozentual Einwohner in Hamburg«, aber diese berufliche »Sonderstellung [war] nicht so ausgeprägt wie in anderen deutschen Gegenden.«[2] Trotzdem war das politische System Hamburgs den Juden gegenüber nicht minder feindlich eingestellt als in den anderen deutschen Regionen. Es waren die Befürworter des alten Systems, die gegen jede Änderung des Judenreglements waren – sogar gegen die soziale und berufliche Umstrukturierung der jüdischen Gemeinde – und die die Befürchtungen anderer Sozial- und Wirtschaftsgruppen manipulierten. In Hamburg waren Juden keine abgesonderte Wirtschaftsgruppe, wie zum Beispiel Dorfjuden in Baden. So schrieb der Berichterstatter der *Allgemeinen Zeitung des Judentums* bereits im Jahre 1837: »Juden [haben hier] durchaus kein ihnen eigenthümliches Geschäft [...] und der christliche Einwohner [kommt] niemals in den Fall sagen zu müssen: Ich muß mit irgendeiner Angelegenheit zum Juden generaliter gehen. Vielmehr finden selbst die Pfandleiher, sowie die Hausierer, Kleinhändler und Trödler durchgängig ihre

---

[1] Helga Krohn, Die Juden in Hamburg 1800-1850, Frankfurt a. M. 1967.
[2] Ebd., S. 42.

Collegen unter beiderlei Glaubensgenossen.«[3] Juden bildeten also eine *Konkurrenz* im Handel und drohten es auch im Handwerk zu werden, falls die gesetzlichen Einschränkungen beseitigt würden. Daher die Abneigung derjenigen, die in den Zünften und im Krameramt organisiert und geschützt waren, gegen Juden und ihre sozialen Bestrebungen.

Die jüdische Gemeinde Hamburgs war, wie bereits erwähnt, in der Vormärzzeit die größte Deutschlands (etwa 6.000 im Jahr 1815, etwa 9.500 im Jahr 1848) und machte während dieser Zeit einen Anteil von fünf bis sechs Prozent der Gesamtbevölkerung aus.

Im Jahr 1815 stand in Hamburg der Rückkehr zum Status quo der vornapoleonischen Zeit nichts im Wege. Dieser Status quo wurde unter dem Einfluß von antijüdischen Vorurteilen und der wirtschaftlichen Interessen einiger Berufsgruppen der Stadt mit all seinen Restriktionen wieder hergestellt (nur die Auflösung der jüdischen Dreigemeinde Altona-Hamburg-Wandsbek wurde nicht rückgängig gemacht).

Die in dieser Einstellung deutlich zu Tage tretenden Motive und ihre Korrelation mit wirtschaftlichen Interessen lassen sich dem 1818 verfaßten Buch von Johann Ludolf Holst entnehmen. Diese Schrift über das Verhältnis der Juden zu den Christen in den deutschen Handelsstädten ist für die spätere Einstellung der »Hep!-Hep!-Rufer« von 1819, also ein Jahr später, besonders aufschlußreich.

Bereits im vorangegangenen Kapitel haben wir gesehen, daß bei Holst die Frage, woher die Juden ihre wirtschaftliche Macht bekamen, im Mittelpunkt des Interesses gestanden hatte. Die Antwort konzentrierte sich auf die »jüdischen gewinnreichen Grundsätze und Handelsmaximen«, die besonders für Handelsstädte, seiner Meinung nach, »verderblich sind«. Die Interessen, die Holst vertrat, waren eindeutig die der mittleren Kaufmannschaft und der zünftigen Handwerker, aber um für seine Argumente mehr Nachdruck und Widerhall zu gewinnen, betonte er immer wieder die Nachteile der »jüdischen Handelsmaximen« für die unteren Klassen. Als Beispiel zog Holst den jüdischen Handel mit Gebrauchtwaren (hauptsächlich Kleidung) und den jüdischen Anteil am Zahlen-Lotto heran.

Holst wiederholte nicht nur alte, antijüdische Vorurteile, sondern entwarf auch ein Bild der Juden in einer modernen Welt. Sein Image von den Juden war dadurch bestimmt, daß er einerseits sehr klar die Modernisierung wahrnahm und beschrieb, die den Handel und mit ihm die städtische Wirtschaft grundlegend zu verändern im Begriff war, daß er andererseits aber mit dieser Entwicklung nicht voll einverstanden sein konnte und offenbar einen Sündenbock brauchte, dem er die von ihm als negativ angesehenen Folgen der Modernisierung anlasten konnte: Statt die Ausweitung des Handels auf Kosten des traditionellen Handwerks zu kritisieren, beklagte er, daß die Juden das Handwerk ruinierten, und zwar zugunsten des englischen Handels. Die Ausschließlichkeit des ökonomischen Aspekts führte im Verein mit der konservativen Grundhaltung und der antijüdischen Einstellung Holsts zu sympto-

---

[3] Allgemeine Zeitung des Judenthums, 26. September 1837, S. 302.

2. Das Kaffeehaus als Ort des anti-jüdischen Sozialprotests

matischen Fehlurteilen. So war die jüdische Aufklärung in seinen Augen nur ein Mittel, neue Handelsverbindungen anzuknüpfen. Die Juden wurden als Anführer der internationalen Räuberbanden und als Inflationsverursacher dargestellt.[4] So lenkte Holst, genauso wie die unmittelbaren Interessenten, den Zorn der benachteiligten Gruppen von dern Realität ab und schaffte mit Hilfe von Vorurteilen die Basis für die »deplazierte Aggression«.

Ein direkter Zusammenhang zwischen Holsts Ausführungen und den »Hep!-Hep!-Unruhen« vom August 1819 ist nicht zu konstatieren, aber der inhaltliche Zusammenhang zwischen beiden ist eindeutig. Allerdings hat Holst in seiner zweiten Schrift über das *Judenthum in allen dessen Teilen vom staatswissenschaftlichen Standpunkt betrachtet*[5] die »äußerst wichtige Staatsfrage« behandelt, »ob [...] ihnen [den Juden] eine völlige Gewerbefreiheit, oder die Ausübung aller und jeder Gewerbe zu verstatten sey.« Seine Anwort war auch nach 1819 negativ.[6]

Den »Hep!-Hep!-Unruhen« wurde in Deutschland eine große Bedeutung beigemessen.[7] Die in Hamburg stattgefundenen Unruhen wurden vom Senat zwar als Gefahr für das Ansehen der Handelsstadt betrachtet, in der Tat waren sie aber im Vergleich zu Würzburg und Frankfurt oder zu späteren Ausschreitungen unbeträchtlich. Der Grund für die verhältnismäßige Marginalität dieser Unruhen liegt in ihrer schmalen sozialen Basis: Diejenigen, die bewußt der jüdischen Emanzipation bzw. der sozialen Umstrukturierung der jüdischen Gesellschaft entgegenstanden, waren eine kleine Minderheit, die im Senat wenig sachliche Unterstützung fand, jedoch die von Vorurteilen motivierten Menschen zu manipulieren wußte.

Bedeutend war die Wahl des »Schlachtfeldes«: Die Kaffeehäuser im Stadtzentrum (auf diesem »Schlachtfeld« fanden auch die späteren Judenunruhen statt). Juden wurden angegriffen oder beleidigt; man wollte sie aus den Kaffeehäusern entfernen. Die Juden, ausschließlich junge Leute, hatten sich zur Selbstwehr organisiert, um das Symbol ihrer Assimilation bzw. ihres sozialen Aufstiegs – den Besuch in den Kaffeehäusern – zu behaupten. So kam es seit dem 19. August 1819 zu Krawallen, woran die Unterschichten am Anfang unbeteiligt blieben. Eine Woche lang dauerten die Unruhen an, die sich seit dem 22. August in der ganzen Stadt verbreiteten. Von diesm Zeipunkt an wurden Juden auf der Straße (oder sogar daheim) attackiert und mißhandelt, Fensterscheiben wurden eingeworfen: Die Stadt befand sich in einer totalen Unordnung.[8] Die Zettel, die die Polizei auf der Straße gefunden hatte, deuteten aber darauf hin, daß diese Unruhen »von oben« organisiert bzw. gesteuert wurden.

---

[4] Johann Ludolf Holst, Über das Verhältniß der Juden zu den Christen in den deutschen Handelsstädten, Leipzig 1818, S. 94-137.
[5] Ders., Judenthum in allen dessen Theilen aus einem staatswissenschaftlichen Standpunkt betrachtet, Mainz 1821.
[6] Ebd., S. 322-323.
[7] Vgl. Jacob Katz, »Die ›Hep!-Hep!-Unruhen‹ des Jahres 1819 in Deutschland vor ihrem historischen Hintergrund« (hebr.), in: Zion 38 (1975), S. 92-100.
[8] Staatsarchiv Hamburg (StAH), CL VII Lit Lb No. 18, Vol. 8, Fasc. 1; Jüdische Gemeinde 273a Vorstandssitzungen, Bd. 2; Polizeibehörde Kriminalwesen C. Jg. 1819 Nr. 108, 120, 122, 166.

Die Flugblätter »Hepp!«, »Hepp! Hepp Jude verreck« und »Hepp! Hepp! der Jude muß im Dreck« (sic!)[9] waren von ein- und derselben Hand auf dem gleichen Papier geschrieben. Der Senat vermutete auch, daß hinter diesen Unruhen ein Plan stand. Es verwundert nicht, daß der »Pöbel« die Gelegenheit nutzte, um die Juden, die seit jeher aus religiösen Gründen eine traditionelle Außenseitergruppe bildeten, anzugreifen. Als aber der Senat in seiner Bekanntmachung vom 26. August 1819 den Aufrührern mit dem Schießbefehl drohte und für die »Judenschaft das Zuhausebleiben zur Pflicht« machte (wobei der »Judenschaft [...] anbefohlen [wurde], sich jeder Veranlassung zu Unruhen [...] zu enthalten«), flaute die Pogromwelle ab.[10] Die Manipulatoren aber hatten ihr Ziel erreicht: Die Reformversuche und Reformvorschläge wurden vereitelt, und sogar die jüdische »Freischule« (oder Armenschule), deren Ziel die Erziehung von Juden zum Handwerk war (d.h. »Produktivisierung«), mußte ihr Curriculum grundsätzlich ändern, da es weiterhin kaum möglich war, für die Schüler in der Zukunft Arbeitsplätze im zünftigen Handwerk zu beschaffen.[11] Auch im Senat wußte man Bescheid, daß die Unruhen zwar »geplant« waren, aber »dieselben [...] lediglich im Geschäfts- und Erwerbsneide [...] ihre Grund hatten« und nicht im »politischen davor liegenden Plane«, also nicht in der Ideologie der »Demagogen«.[12] Die sich in der »downward mobility« befindenden Berufsschichten versuchten auf diesem Weg ihren Abstieg zu vermeiden und hatten dabei nur den Aufstieg von Juden in die »normale Gesellschaftsordnung« verhindert.

Die Polizeiakten zeigen, daß Beleidigungen und Ausschreitungen gegen Juden nicht abrupt ausfielen. Die Polizei mußte noch im Oktober und November, also zwei bis drei Monate nach der »Hep!-Hep!«-Welle, Beschwerden wegen »Unfug gegen Juden in der Börse«, »Gewalttätigkeiten gegen Jüdinnen«, »Ausstellung eines Kupfers mit der Unterschrift Hepp! Hepp!« etc. behandeln.[13] Doch war dieser Ausdruck der traditionellen sozialen Abneigung gegen Juden kontrollierbar, da die Kräfte, die diese Abneigung im August 1819 für ihre Zwecek mobilisiert hatten, ihr Ziel bereits erreicht hatten.

Zehn Jahre lang, bis 1828, rührten sich weder die Stadtbehörden noch die jüdische Gemeinde, um die Berufsstruktur der jüdischen Gesellschaft gesetzlich zu ändern. Erst im Jahre 1828, nachdem die Frage der Einwanderung nicht nur für die jüdische Gemeinde, sondern für die Stadt Hamburg als Staat zur brennenden Frage geworden war, wandte sich die jüdische Gemeinde mit einer Supplik an den Senat, in der das Scheitern des Versuchs, auf friedlichem Wege »gute, brauchbare Dienst- und Gewerbsleute zu bilden«, betont und bedauert wurde.[14] Nur zwanzig von mehr als zweihundert Schülern der im Jah-

---
[9] Ebd.
[10] Ebd., Fab 8.
[11] Imanuel Wohlwill, Geschichte der Stiftungsschule von 1815, Hamburg 1915, S. 43.
[12] »Untersuchungscommission Hamburg, April 1820«, in: StAH, CL VII, a.a.O., Fol. 43
[13] StAH, Polizeibehörde Criminalwesen C., Jg. 1819, Nr. 168, 175, 194, 195, 199.
[14] Eduard Kley, Geschichtliche Darstellung der Freischule, Hamburg 1841, S. 7. – »Sollten wir unsere Jugend für eine Bestimmung erziehen, der zu folgen ihnen das Staatsgesetz verbot? Sollte sie Handwerke erlernen, die sie nachher nicht treiben dürfte, und dann gezwungen sein, als ge-

re 1815 gegründeten Schule konnten als »Diener und Arbeitsleute« einen Arbeitsplatz finden. In der Supplik wurde auf die Aussichtslosigkeit der Lage hingewiesen: »Der beste Unterricht und die angemessenste Ausbildung des armen Schülers können keinen Erfolg haben, keine günstige Veränderung in der äußeren Lage dieser zurückgesetzten Classe hervorbringen, so lange den Kindern nach beendigter Schulzeit nur die Wahl bleibt zwischen Schacher, Trödel oder Müßiggang.«[15] Dazu nahm Senator Amsink in einer im Jahre 1829 verfaßten Denkschrift offiziell Stellung.[16]

Wie in anderen Fällen war auch hier Amsinks Anliegen als Senator, die Staatskasse vor finanzieller Unterstützung der steigenden Zahl der armen Juden zu schützen. So kam er zur gleichen Schlußfolgerung wie die Suppliksschreiber: Für Juden sollten Arbeitsplätze geschaffen werden, indem die Zünfte sie akzeptieren. Amsinks Vorschlag war selbstverständlich nicht durch Philanthropie, sonder durch das Staatsinteresse bestimmt. Seine Gegner kamen aus den Schichten, die ihre eigenen gefährdeten Interessen den Staatsinteressen vorzogen und die Zusammenfassung eines Ausschusses zur Überprüfung der Struktur der Zünfte (im gleichen Jahr) als Bedrohung ihrer traditionellen Rechte auffaßten. Beide, Senat und Gemeindevorsteher, wußten aber, daß die öffentliche Meinung die Reform eher verhindern als sie vorantreiben würde. Amsink schrieb unüberlegt, daß »manche reiche Israeliten durch das Prahlen mit ihren Reichthümern, sowie die Armen durch ihren Trödel und ihren Schacher und ihre Rohheit Anstoß erregen mögen.«[17]

Amsink wußte auch, bei *wem* das Benehmen der Juden »Anstoß erregen möge«: Die Angst der Schichten, die von der Krise der 1820er Jahre betroffen waren, reagierte gegen die moderne Wirtschaft und eine reformierte Gesetzgebung, indem sie Schuldige suchte und fand – die Juden. Die reichen Juden, so hieß es, benutzten die günstige Gesetzgebung und Konjunktur, um noch reicher zu werden, während die anderen Juden die Krameramtsartikel umgingen, also auf illegale Weise mit den Nichtjuden konkurrierten und außerdem versuchten, die letzte Festung des alten Hamburger Mittelstandes, die Zünfte, zu zerstören. Kein Wunder also, daß die zünftigen Handwerker und die im Krameramt organisierten Kaufleute, die sich durch die Senkung der Einfuhrzölle und die Gründung des obengenannten Ausschusses bedroht fühlten, die revolutionäre Atmosphäre Ende August 1830 auch für antijüdische Proteste ausnutzte.

Judenfeindliche Rufe wurden zum ersten mal in der Nacht zum 1. September 1830 gehört.[18] Wie 1819 standen die Kaffeehäuser am Jungfernstieg im Mittelpunkt. Eine große Menge sammelte sich dort, rief »Juden raus! Hep! Hep!« und zerrte Juden, die sich in den Kaffeehäusern befanden, auf die Straße. Der

---

lernte Handwerker dennoch zum Trödel zu greifen, oder Heimath und Vaterland auf immer zu fliehen und auszuwandern?«, ebd., S. 22.
15 StAH, Cl VII Lit Lb No. 18, Vol. 7a, Fasc. 4 Inv. 1, Supplik vom 17. Dezember 1828, S. 3.
16 Ebd., Denkschrift mit Amsinks Unterschrift.
17 Ebd.
18 Hamburger Nachrichten, 1.-5. September 1830; Max Treu, »Die Hamburger Unruhen im September 1830«, in: Hamburgische Geschichts- und Heimatblätter, Dez. 1930, Nr. 4, S. 178-183.

Unterschied zwischen 1819 und 1830 lag jedoch darin, daß sich der soziale Protest um 1830 im Rahmen der allgemein revolutionären Stimmung auf einer breiteren Front ausdrücken konnte. Bei den Demonstrationen handelte es sich nicht um eine homogene Gruppe. Zwar schrieb ein Beobachter in seiner »Unpartheyische(n) Darstellung« der Unruhen,[19] daß die »wirklichen Tumultanten« aus den »geringeren Classen« kamen, aber auch er gab zu, daß andere Gruppen beteiligt waren – so zum Beispiel Makler – für die die Juden nicht im Mittelpunkt standen. Mehrere Augenzeugen wiesen darauf hin, daß nicht nur die Unterschichten, »die handarbeitenden Klassen«, sondern auch Kaufleute und gutsituierte Handwerker an den Unruhen teilgenommen haben. In dieser Stunde, als das gesamte System frontal angegriffen wurde, war der Sündenbock, »der Jude«, auch als Ziel oder Ablenkungsmittel für den Sozialprotest, weniger relevant. Nach dem 1. September konnte man die Fortsetzung der Unruhen zwar nicht verhindern, aber am 2. September machten die Slogans des ersten Tages anderen Platz, und die Juden standen längst nicht mehr im Mittelpunkt der Ereignisse. Auch der Vorstand der deutsch-jüdischen Gemeinde äußerte sich dahin, daß die »gegen Israeliten verübten Frevel nur als Hebel und Veranlassung zu verbrecherischen Unternehmungen gegen Staat und allgemeine Sicherheit« anzusehen seien. Er hielt das Ganze also für etwas anderes als eine allgemeine Judenverfolgung.[20] Das entsprach insofern der Sachlage, als die Zahl der betroffenen Christen größer war als die der Juden. Das zugrunde liegende Problem war sozioökonomischer Natur, und auch die judenfeindlichen »Frevel« hatten ganz bestimmte wirtschaftliche Motive. Das zeigt zum Beispiel die große Zahl der Beschwerden bei der Polizei über den Lärm der jüdischen Trödler. Diese Beschwerden waren ein Mittel im Kampf gegen den jüdischen Wettbewerb. Der Gemeindevorstand gab hierin nach.[21] Man akzeptierte die Bekanntmachung eines polizeilichen Verbots des Trödelhandels. Die Politik des Vorstandes der jüdischen Gemeinde richtete sich also nach der Politik des Senats, die darauf gerichtet war, die wirtschaftlichen Interessen der oberen Schichten zu schützen und im Rahmen der politischen Verfassung den Radikalismus, der seinen Ursprung in den sozial schwach gewordenen Schichten und bei intellektuellen und quasi proletarischen Kreisen hatte, zu bekämpfen. Diese Politik führte letzten Endes zur Rettung des hamburgischen Regierungssystems, nicht aber zur Aufhebung der gesetzlichen Schranken gegenüber den Juden. Der dadurch verhinderte Fortschritt garantierte wieder einige Jahre ohne Judenunruhen.

Gegen diese passive und gehorsame Politik der Gemeindevertretung wandte sich eine progressive Gruppe innerhalb der Gemeinde, die von dem einflußreichen Bankier Salomon Heine und vom bekannten Emanzipationskämpfer Gabriel Riesser geleitet wurde. Diese Gruppe stand hinter einer neuen Supplik, die im Jahr 1834 eingereicht wurde, in der nachdrücklich und eindeutig

---

[19] O. C. Gaedechens, Unparthaysche Darstellung der Unruhen in Hamburg (Manuskript), 1830, StAH, a 320:40.
[20] StAH, Jüd. Gem. 273a, Bd. 5, S. 80-81, 9. September 1830.
[21] Ebd., S. 82.

2. Das Kaffeehaus als Ort des anti-jüdischen Sozialprotests

die Gleichberechtigung der Juden und nicht nur einige gesetzliche Änderungen verlangt wurden. Zwei Jahre nach der Revolution, also 1832, wurde die Zunftfrage erneut diskutiert, und ein Jahr später, 1833, wurde die neue Gesindeordnung und dann die Neuordnung des Bürgerrechts eingeführt.[22] Dieses Gesetz über die Kosten des Bürgerrechts gab den Juden das Recht auf ein eigenes Bankfolium, für die jüdische Oberschicht also ein wichtiger Erfolg. Nun konnte man die Hoffnung hegen, die Hindernisse, die eine sozial absteigende Schicht in Hamburg der Verbesserung der Lage der armen Juden in den Weg legte, beseitigen zu können. So berichtete der »Verein zur Förderung nützlicher Gewerbe unter den Israeliten« im Jahr 1833 nicht nur über Schwierigkeiten, sondern auch über Erfolge: Von den vom Verein betreuten 114 Knaben konnten 67 ihre Lehrzeit bei Meistern fortsetzen. Darüber hinaus brachten die Berichterstatter ihre vorsichtige Hoffnung zum Ausdruck: »Noch ein Jahrzend oder zwei voll heilsamer Anstrengung, daneben eine von außen nicht mehr gehemmte freie Bewegung, und Alles wird in das natürliche Geleise [...] zurückgekehrt seyn [...] der zunehmenden Armuth [wird] durch die Verbreitung der Gewerbethätigkeit der kräftigste Damm entgegensesetzt seyn.«[23] Gabriel Riesser, der die Supplik mit einer gedruckten *Denkschrift über die bürgerlichen Verhältnisse der hamburgischen Israeliten* begleitet hatte, äußerte sich pessimistischer, beabsichtigte aber auch die Festung des Zunftwesens zu stürmen: »Das erste und wichtigste Recht, das hier in Anspruch genommen werden muß [...], ist das der Gewerbefreiheit [...], wir verstehen darunter die persönliche Freiheit, nach Maßgabe der herrschenden Zunftverfassung, nach gehöriger Erfüllung der durch dieselbe vorgeschriebenen Bedingungen ein Handwerk [...] ausüben zu dürfen.«[24] Es scheint also, als ob man zu dieser Zeit, nachdem die allgemeinen Folgen der 1830er Revolution deutlich zu Tage traten, keine gewichtigen Proteste mehr erwartete.

Die Supplik wurde eingereicht, die Denkschrift veröffentlicht. Als der Senat am 7. Dezember 1834 bekanntgab, daß er zwar die Forderng nach völliger Gleichberechtigung als verfrüht betrachtete, aber doch eine »Commission zur Erörterung der Verhältnisse der hiesigen Israeliten« einsetzen werde, war das angeblich ein Zeichen dafür, daß man endlich keinen Protest mehr erwartete. Wieder täuschten sich Senat und jüdische Gemeinde: Die Gegner der Judenemanzipation fanden diese sachliche Entscheidung so bedrohlich, daß Unruhen beinahe unvermeidlich wurden. Im Jahr 1835 kam es daher wieder zu Judenunruhen, deren Ausmaß größer war als das der Unruhen von 1819 und 1830.

Die Ereignisse von 1835 erscheinen weitgehend als Wiederholungen dessen, was sich schon früher in Hamburg abgespielt hatte: Die Krawalle begannen

---

[22] Antje Kraus, Die Unterschichten Hamburgs in der ersten Hälfte des 19. Jahrhunderts, Stuttgart 1965, S. 42.
[23] Bericht des Vereins zur Förderung nützlicher Gewerbe unter den Israeliten, Hamburg, Juli 1833, S. 7. » [...] Zweck des Vereins, den Geist der Industrie und die Liebe zur Gewerbethätigkeit mehr und mehr zu erwecken und stets rege zu halten.«, ebd., S. 5.
[24] Denkschrift über die bürgerlichen Verhältnisse der Hamburgischen Israeliten zur Unterstützung der von denselben an Einen Hochedlen und Hochweisen Rath übergebenen Supplik, Hamburg 1834, S. 293.

auch diesmal im Stadtzentrum, und zwar wiederum in den Kaffeehäusern. Die offizielle Erklärung lautete, es handle sich um »provocirte Äußerungen der zwar alten, aber gewiß nicht zu rechtfertigenden Feindseligkeiten zwischen Christen und Juden.«[25] Diese Erklärung verfälschte den tatsächlichen Sachverhalt; indem sie ihn auf den Religionsgegensatz allein zurückführte, ging sie einer Aufklärung der wahren Hintergründe aus dem Weg. Daß diese in sozialen Spannungen zu suchen waren, konnte und wollte man nicht öffentlich zugeben; dadurch hätte ja der Eindruck entstehen können, in Hamburg herrsche eine revolutionäre Situation, welche die Kreditwürdigkeit der Stadt und die Sicherheit des Handels gefährde.

Die Unruhen begannen damit, daß zwei Kaffeehausbesitzer versuchten, jüdische Kunden von ihren Etablissements fernzuhalten. Zuerst wurden den Juden stark überhöhte Preise abverlangt. Aber das hatte nicht den gewünschten Erfolg, denn die jungen Juden waren bereit, das Statussymbol des Kaffeehausbesuchs teuer zu erkaufen. So kam es am 1. August 1835 schließlich zu dem Versuch, Juden mit Gewalt aus den Kaffeehäusern zu entfernen. Am darauffolgenden Tag kamen die Juden wieder, und auch diesmal gab es eine Schlägerei. Noch einen Tag später sammelten sich am Jungfernstieg etliche Leute zu einer antijüdischen Demonstration, in deren Verlauf Fensterscheiben jüdischer Häuser eingeschlagen wurden. Die Polizei ergriff Maßnahmen (»ein Bataillon zur Disposition«), die beweisen, wie ernst die Situation war. Am 6. August wandte sich Senator Hudtwalker an die jüdische Gemeinde mit der Bitte, die Juden sollten den Kaffeehäusern fernbleiben.[26] Er bedauerte die Situation, versuchte aber nicht, die sozialen Ursachen der Unruhen aufzuklären. Gerade die Juden in den Kaffeehäusern waren nämlich nicht Gegner jener Bevölkerungsschicht von Handwerkern, Krämern und Arbeitern, die hinter den Unruhen stand. Nun bediente sich die jüdische Gemeinde eines Gegenmittels; sie erklärte gegenüber der Regierung: »Vor allem aber bitten wir ferner Ew. Magnifizenz, es berücksichtigen zu wollen, daß wir in einer *Handelsstadt* leben [...] [und] die tausende von israelitischen Kaufleuten des Auslandes [...] werden, sobald sie hier Kränkungen ausgesetzt sind [...] die Stadt [...] meiden, und wir, und überhaupt die hiesige Kaufmannschaft, würden den Nachteil und Schaden davon zu tragen haben.«[27] Der Senat sah sich also von beiden Seiten Pressionen ausgesetzt und mußte sich entscheiden, ob er die von seiten der Handwerker und Krämer oder die von seiten der jüdischen Handelsleute in Aussicht gestellten Folgen für schwerwiegender hielt. Er entschied sich nicht eindeutig für die eine oder die andere Seite: Zu Gesetzesänderungen kam es nicht; und doch zeigte es sich in der Folge, daß die Drohung der Juden ihre Wirkung nicht verfehlt hatte. Tatsächlich hätte ihre Realisierung die Bestrebungen, eine für die Stadt und ihre Wirtschaft nachteilige Reaktion des Auslandes zu verhindern, zunichte gemacht. Es ist daher kein Wunder, daß in einer Kundgebung anläßlich der Wiedereröffnung der infolge der Unruhen geschlosse-

---

[25] Hamburger Adreß Comtoir Nachrichten, 3. August 1835.
[26] StAH, Jüd. Gem. 273a, Bd. 6, S. 293.
[27] StAH, Cl VII Lit Lb No. 18, Vol. 8, Fasc. 2a, Fol. 37 v-38r.

nen Alsterhalle im Namen der Vernunft und des wirtschaftlichen Nutzens dazu aufgerufen wurde, die Unruhen zu beenden. Der Redner, Advocat Patow, sagte, man sollte die Juden nicht verletzen, da es »weder klug noch politisch richtig seyn würde, einer solchen Idee Raum zu geben, zumal da die Israeliten wegen ihrer ausgedehnten Geld- und Handlungsgeschäfte hier [...] so eng mit uns verzweigt und verbunden sind, daß von deren Daseyn und Existenz oft unsere eigene abhängig ist.«[28] Als guter Protestant fügte er hinzu, die Juden seien erfolgreich wegen ihrer Thätigkeit und Industrie, ihrer Klugheit und Ausdauer. In der vorkapitalistischen Zeit konnte man derartige Adjektive als Lob verstehen, und sogar die Erwähnung des jüdischen Reichtums hatte hier keine negative Konnotation.

Interessant ist auch die Analyse, die Patow im Hinblick auf die Ursachen der Unruhen anstellt: Religionshaß? Nein, »dazu ist der Hamburger zu vernünftig.« Also »Anmaaßung und Krämersinn. Letzterer wird nur zu leicht erweckt, wenn Einzelne schreien und dadurch dem Eigennutze Nahrung und Schwingung geben. Bald strömen dann Unberufene und Unerfahrene hinzu und schreien mit, ohne zu wissen, was und wem es gilt. Findet es sich dann, daß das erste Geschrei durch ungebührliche Anmaaßung und Zudringlichkeit Einzelner hervorgerufen worden und spricht sich solches in dem bewegten Hamburg bald allgemein aus, so ist die Reibung im Gange und nimmt oft eine Richtung, die bedenklich wird, ungeachtet weder Plan noch Zweck zum Grunde liegen.«[29] Im Senat wußte man, wer »die einzelnen« Urheber der Unruhen waren, aber auch, daß vom »Daseyn und [von der] Existenz« der Juden die Stadt abhängig ist. Deshalb hob sich der Einfluß der beiderseitigen pressure groups nahezu auf: Die Unruhen wuchsen sich nicht zu Pogromen aus, man ging auch gegen Unruhestifter vor,[30] aber es kam andererseits nicht zu einer Änderung des Status der Juden. Und da die judenfeindlichen Gruppen schon vorher ein die Macht der Zünfte bestätigendes Gesetz hatten durchsetzen können, konnten sie sich als eigentliche Sieger fühlen.

Riesser, der eigentliche Verlierer, richtete seine Kritik direkt gegen die Stadtregierung und indirekt gegen die Vorsteher der jüdischen Gemeinde: Die Polizei habe den »Anspruch«, die Mißhandlung von Juden sei »eines der vielen bürgerlichen Privilegien«, ex post facto passiv gebilligt.[31] Er richtete die Aufmerksamkeit auch auf die Rolle der populären Presse und kritisierte die »zur Unterhaltung des Pöbels bestimmten Blätter«, weil sie Anschuldigungen gegen die Juden veröffentlichten und die Unterschichten, in denen die Gegner der Judenemanzipation willige Bundesgenossen sahen, negativ beeinflußten: Ein Phänomen, das später eine zentrale Rolle in der »Judenfrage« spielen wird.

Das Jahr 1835 und seine Unruhen führten zum Abschluß einer Epoche, auch in bezug auf die Relevanz der Judenfrage im Sozialprotest. Die Opposition

---

[28] J. O. W. Patow, Auskunftsmittel bei Eröffnung der Alsterhalle, Hamburg 1835, S. 5.
[29] Ebd.
[30] StAH, Cl VII Lit Lb No. 18, Vol. 8, Fasc. 2a, Fol. 37 v-38r, Quadr. 18; Polizeibehörde Criminalwesen C. Jg. 1835, Nr. 986, 987, 990, 991.
[31] StAH, Cl VII Lit Lb No. 18, Vol. 8, Fasc. 2a, Fol. 37 v-38r, Quadr. 22, Supplik vom 16. Oktober 1835.

der Zünfte konnte die allgemeine Wirtschaftsentwicklung und den Aufschwung des unzünftigen Handwerks nicht mehr effektiv aufhalten. Der Senat legte dem Gemeindevorstand schon 1839 nahe, erneut in dieser Angelegenheit vorstellig zu werden.

Der Schwerpunkt der emanzipatorischen Aktivität verlagerte sich zum Commerzium, und die dortige Opposition lag eindeutig außerhalb des Bereichs des Protestes der Unter- und Mittelschichten. Mit der »Proletarisierung« des Sozialprotestes wurde der antijüdische Sozialprotest »von unten« vorübergehend abgeschwächt. Symptomatisch war die Tatsache, daß nach dem »großen Brand« von 1842, der große Teile Hamburgs verwüstete, nicht »die Juden«, sondern »die Engländer« als Feind dargestellt wurden. Es ist vielleicht ein Paradox, daß gerade die neue demokratische Linke, die sich für die »unteren Klassen« eingesetzt hat, die öffentliche Meinung dieser Klassen gegen die Juden zu mobilisieren versuchte. Ein Hamburger Beispiel war der Redakteur des *Tagewächter an der Elbe* (seit 1842), Ben Carlo (Karl Baumeister), der in seiner Zeitung und in seinem *Schwarzen Buch für Christ und Jud*[32] versuchte, die Unterschichten zu neuen Unruhen zu ermuntern. Er »gewann [...] die Überzeugung, daß eine gegen die christliche Volksstimmung gewaltsam durchgeführte Emancipation leicht zu schrecklichen Reactionen führen könnte [...] Frage doch einmal Mann vor Mann herum, ob nicht jeder Bauer, jeder Bürger die Juden als Volksverderber und Brotdiebe haßt?«[33] Er sprach vom »armen Handwerker« und versuchte auch zwischen die nichtjüdischen und jüdischen Kaufleute einen Keil zu treiben: Er behauptete, die Juden seien »mehr Finanz- als wirkliche Kaufleute.«[34] Es ist wohl möglich, daß Ben Carlos Einschätzung der antijüdischen Stimmung im »gemeinen Volke« der Wahrheit entsprach. Doch blieb diese potentielle antijüdische Stimmung nur latent, auch während der Revolution von 1848 (wo man in Hamburg über die Verteilung von antijüdischen Flugblättern nicht viel weiter hinaus kam), aber dann bis in die 1860er Jahre hinein, als »der Röteste aller Roten«, Wilhelm Marr, seine antijüdische Kampfschrift *Der Judenspiegel* veröffentlichte.

---

[32] Ben Carlo, Das Schwarze Buch für Christ und Jud, zunächst in Hamburg, Hamburg 1843.
[33] Ebd., S. 19f.
[34] Tagewächter, 30. Januar 1845, S. 33.

3. Von der Verbrennung von Büchern und Menschen: Heinrich Heine und der Judenhaß

Heinrich Heine gehört zu jenen illustren Menschen, deren kluge Äußerungen ideal als Zitate mißbraucht werden können. Aus dem Kontext gelöst wirken derartige Zitate – wohl zurecht – nicht nur pointiert und gebildet, geistreich und gewandt, sondern auch prophetisch. Leider handelt es sich in den meisten Fällen um eine rückwärts begreifende Konstruktion, eine Prophezeiung, die dem Zitierenden gut ins Konzept paßt, nicht aber die Absicht des Zitierten im Rahmen des ursprünglichen Sinns der Gedankenzusammenhänge berücksichtigt.

Nach 1945 wird immer wieder gerne der Satz aus Heines *Almansor* zitiert »Dort wo man Bücher verbrennt, verbrennt man auch am Ende Menschen« (B I, 248f.). Wohlbemerkt – erst *nach* 1945, und dies aus einem zweifachen Grunde: zunächst war die Verbrennung von Menschen und Büchern als eine mittelalterliche Vorgehensweise bekannt, die bereits zur Geschichte gezählt wurde; dann gehörte diese doppelte Verbrennung bei Heine aber auch ursprünglich in den Kontext des bereits irrelevant gewordenen christlich-muslimischen Konflikts. So ist es verständlich und selbstverständlich, daß in der 1925 unter dem Titel *Confessio Judaica* erschienenen Heine-Auswahl von Dr. Hugo Bieber diese Textstelle aus dem Jahre 1821 nicht angeführt wird.[1] Wenn die Tragödie nicht als jüdische Allegorie aufzufassen ist – Hassan berichtet ja über die Verbrennung des Koran – dann ist die Äußerung für eine »jüdische« Auswahl nicht relevant. In der 1994 publizierten Auswahl *Keinen Kadosch wird man sagen*, die eigentlich eine hebräische Übersetzung, praktisch eine Kopie der *Confessio Judaica* ist, wird das Zitat aus dem *Almansor* als *hors d'oevre* serviert:[2] Heine wird zum Propheten der Shoah.

Auch an anderer Stelle in dieser hebräischen Heine-Auswahl, diesmal in Shakespeares *Mädchen und Frauen* (Jessika) (B IV, 260), wird eine fehlerhafte hebräische Übertragung benutzt, um den Heine-Text gewissermaßen zu einer Prophetie werden zu lassen. »Wir leben nicht mehr im Mittelalter, auch das gemeine Volk wird aufgeklärter [...] unsere Zeit ist nicht mehr so naiv [...] und der Pöbel in den Bierstuben [...] deklamiert wider die Juden [...] mit wissenschaftlichen Argumenten.« – Aus den »Bierstuben« des usprünglichen Satzes werden in der hebräischen Übersetzung »Bierkeller«, wozu erläuternd in der Anmerkung hinzugefügt wird, daß die Assoziation mit dem Nationalsozialismus ja wohl unvermeidbar sei.[3] In den Augen der Herausgeber ist der Unterschied zwischen der rheinländischen Bierstube zu Heines Zeiten und

---

[1] Heinrich Heine, Confessio Judaica. Eine Auswahl aus seinen Dichtungen, Schriften und Briefen, hrsg. v. Hugo Bieber, Berlin 1925.
[2] Heinrich Heine, Keinen Kadish (sic!) wird man sagen (hebr.), hrsg. v. Yehuda Eloni, Shlomo Tanny, Tel Aviv 1994, S. 15.
[3] Ebd., S. 118.

dem bayerischen Bierkeller zu Hitlers Zeiten für den Hebräisch sprechenden Leser in Israel vielleicht unbedeutend. Um so eindrucksvoller erweist sich aber die angebliche Prophezeiung.

Beide Beispiele veranschaulichen den hier mit Heine getriebenen Mißbrauch eindeutig. Heine dachte *zeitgemäß* über den Kontrast zwischen Mittelalter und Aufklärung nach, zwischen Mittelalter und Emanzipation, Mittelalter und Modernität. Freilich hätte er sich – ebenso wie die deutschen Juden im Jahre 1933 – einen Rückfall in das Mittelalter durchaus vorstellen *können*.[4] Der gewaltige Sprung zur Shoah, die mehr als eine bloße Kombination mediävaler Bücher- und Menschenverbrennung war, lag auch für ihn im Bereich des *Unvorstellbaren*.

Die Shoah war nur am Anfang, nur am Rande, eine Rückkehr des Mittelalters. In ihrem Wesen war die Shoah etwas völlig Neues, ganz Modernes – ein Phänomen, das weder die Zeitzeugen von 1933 noch der angebliche Prophet Heine mehr als hundert Jahre zuvor voraussehen konnten. Nicht die Verbrennung von Menschen oder menschlichen Leichen, sondern die Vergasung der mit der Eisenbahn in die Lager transportierten Menschen, die auf »wissenschaftliche« Art und Weise definiert und ausgesondert wurden, ist das charakteristische Merkmal der Shoah. Heine äußerte sich 1843 zwar sehr pointiert zur neuen Erfindung seiner Zeit, zur Eisenbahn (*Lutetia*), die »der Menschheit einen neuen Umschwung gibt [...]. Ich rieche (in Paris) schon den Duft der deutschen Linden« (B V, 449). Dieses Symbol der Modernität aber mit der Rückkehr des Mittelalters, mit dem »Judenproblem« oder mit der »Volkstümelei«, mit ganz anderem Geruch, in Verbindung zu bringen, das konnte er nicht. Und noch am 10. Mai 1933[5] machte der Satz – »Dort wo man Bücher verbrennt – vergast man am Ende Menschen« – keinen Sinn.

Wahrscheinlich war es das Wartburg-Fest von 1817[6], »des blödsinnigsten Mittelalters würdig« (B IV, 88f.), auf dem Bücher und politische Symbole nach mediävaler Art verbrannt wurden, das dem 20jährigen Heine den Anlaß bot, über die Rückkehr der vor-aufklärerischen, mittelalterlichen Kombination von Verbrennung von Büchern und Menschen nachzudenken. Die Ereignisse auf der Wartburg konnten sehr unterschiedlich interpretiert werden. Aber für Aufklärer und Emanzipationskämpfer waren Reaktion und Germanomanie die alarmierenden Elemente dieses Festes. Die auf das Fest folgenden Karlsbader Beschlüsse und die antijüdischen »Hep!-Hep!-Ausschreitungen« von 1819[7] schienen die konsequenten Schritte auf dem Weg von der Epoche der Aufklärung und der Menschenrechte zurück ins Mittelalter zu sein.

---

[4] Vgl. Kap. III 6 im vorliegenden Band.
[5] Ulrich Walberer (Hg.), 10. Mai 1933. Bücherverbrennung in Deutschland und ihre Folgen, Frankfurt a. M. 1983.
[6] Dazu Konrad H. Jarausch, Deutsche Studenten 1800-1970, Frankfurt a. M. 1984, S. 37ff.; sowie Jost Hermand, »Unerwiderte Sympathie. Heinrich Heine und die Burschenschaft«, in: Jost Hermand, Judentum und deutsche Kultur. Beispiele einer schmerzhaften Symbiose, Köln 1996, S. 6-24.
[7] Siehe oben S. 57ff.

Obwohl die restaurative Politik in Deutschland und in Europa erfolgreich zu sein schien, glaubten »junge Europäer«, »junge Deutsche« ebenso wie neue Kräfte im Judentum an das Ende des Mittelalters. Sie setzten sich auf der Basis der Ideen der Aufklärung auch für die Emanzipation der Juden ein.[8]

Mehr noch: Der Begriff »Judenemanzipation«[9] und die damit verbundene Kulturtätigkeit des »Vereins für die Kultur und Wissenschaft des Judentums«[10], an der sich seit 1822 auch Heinrich Heine beteiligte, schufen in der Vormärzzeit das theoretische Fundament für den Kampf um Gleichberechtigung und Integration der Juden, mit anderen Worten: hier lag die Basis für die Überwindung des Mittelalters in Deutschland und die Umsetzung der Ideen der Aufklärung in bezug auf die Juden.[11] Daß es gerade die deutsche Romantik war, das neue Element der Zuwendung zum Mittelalter um die Jahrhundertwende, die den Weg zur Judenemanzipation erheblich erschweren werde, das wußten die Befürworter der jüdischen Emanzipation sehr genau. Heine (»Der Judenhaß beginnt erst mit der romantischen Schule«; B VI/1, 652)[12], Börne oder Riesser waren sich durchaus im klaren, daß Leute wie Fries, Rühs, Menzel, Paulus und Gerke – kurz: die Vertreter der romantisch-mittelalterlichen Argumentation, die höchste Hürde auf dem Weg zur Emanzipation aufbauten.[13]

So wurde das Mittelalter zur Zielscheibe des emanzipatorischen Angriffs. Bei der Emanzipation und Integration der Juden ging es schlechtweg um die »Überwindung des Mittelalters«. Ähnlich wie Heine in *Almansor* das Geschehen in einer mittelalterlichen Stadt beschreibt, so wirft das Versepos *Deutschland, ein Wintermärchen* einen Blick auf das mittelalterliche Köln:

> Die Flamme des Scheiterhaufens hat hier
> *Bücher und Menschen* verschlungen;
> die Glocken wurden geläutet dabei
> und Kyrie Eleison gesungen. (B IV, 584)

Diese Vergangenheit kann nicht vergehen, so betonen der Dichter und mit ihm die anderen Emanzipationskämpfer, solange die Religion im mittelalterlichen

---

[8] Vgl. Reinhard Rürup, Emanzipation und Antisemitismus. Studien zur »Judenfrage« in der bürgerlichen Gesellschaft, Göttingen 1975.
[9] Jacob Katz, »Die Anfänge der Emanzipation«, in: Reinhart Koselleck (Hg.), Studien zum Beginn der modernen Welt, Stuttgart 1977, S. 178-193; Jacob Toury, »Emanzipation und Assimilation: Begriffe und Umstände«, in: Yalkut Moreshet 1964, S. 167-182.
[10] Vgl. Michael Reuven, The Jewish Historical Writing (hebr.), Jerusalem 1993; Ismar Schorsch, »Breackthrough into the Past: The *Verein für Cultur und Wissenschaft der Juden*«, in: Leo Baeck Yearbook XXXIII (1988), S. 3-28.
[11] Karlfried Gründer, Nathan Rotenstreich (Hg.), Aufklärung und Haskala in jüdischer und nichtjüdischer Sicht, Heidelberg 1990; Shmuel Feiner, Aufklärung und Geschichte (hebr.), Jerusalem 1995; sowie ders., The Jewish Enlightenment, Philadelphia 2004.
[12] Vgl. Jürgen Vogt: »O Deutschland, meine ferne Liebe« – Der junge Heinrich Heine zwischen Nationalromantik und Judentum, Bonn 1993.
[13] Vgl. Jacob Katz, Vom Vorurteil bis zur Vernichtung. Der Antisemitismus 1700-1933, München 1989; Helmut Berding, Moderner Antisemitismus in Deutschland, Frankfurt a. M. 1988.

Sinne nicht aufgegeben und der Weg für die Aufklärung geebnet ist: »Die Enkelbrut erkennt man noch heut'/ An ihrem Judenhasse« (B IV, 584).[14]

»Noch heute« – obwohl das Mittelalter und sein Judenhaß sich seit der französischen Revolution in der Defensive befanden, denn die Reaktion lauerte stets und überall auf ihre Chance – auf der Wartburg, bei »Judentumulten« oder in der Politik. »Wir leben nicht mehr im Mittelalter«, stellte Heine sarkastisch in den dreißiger Jahren fest, als er die oben bereits erwähnten Bierstuben als Ort des aufgeklärten Volkes beschrieb, das nicht mehr die Juden »auf ein Mal tot« schlagen möchte (B IV, 260).

Man hatte in Deutschland bereits direkt oder indirekt unter französischem Einfluß und im Zuge der deutschen Aufklärung wenigstens teilweise und vorübergehend die Judenemanzipation erlebt und vorangetrieben.[15] Der Emanzipationskampf konnte in der Zeit der Restauration als Instrument eingesetzt werden, den Prozeß der Überwindung des Mittelalters zu beschleunigen und abzuschließen. Anschauliches Symbol für das Mittelalter war die Bekämpfung der Ideen durch die gemeinsame Verbrennung von Buch und Ideenträger, dem Menschen selbst. Symbole des Anti-Mittelalters waren hingegen Judenemanzipation, Emanzipation des Judentums, Gleichberechtigung und Meinungsfreiheit.

Unter Judenemanzipation verstand man sowohl die politische und juristische Gleichberechtigung der jüdischen Menschen als auch das »Entreebillett« der jüdischen Subkultur und Religion »zur europäischen Kultur«. Der Politiker Gabriel Riesser setzte sich für die ersten Elemente ein,[16] der Dichter Heinrich Heine eher für die zweiten. Deshalb spielt bei ihm das Bild der brennenden Bücher eine so wichtige Rolle. Heine war jedoch in seiner Suche nach einer neuen Definition des Judentums und der Beziehung der Juden zu der sich modernisierenden Umwelt zu früh aufgebrochen – es waren die zwanziger Jahre des 19. Jahrhunderts. Schnell frustriert, kaufte er rasch sein »Entreebillett« (B VI/1, 622), bevor in den dreißiger Jahren der konsequente Kampf um die Gleichberechtigung – verkörpert durch Gabriel Riesser – eigentlich begann.

Das große Problem der Historiographie zur Judenemanzipation war lange Zeit die prinzipiell separate Behandlung des jüdischen Themas außerhalb und losgelöst von der Allgemeingeschichte.[17] In der deutschen und europäischen Geschichtsschreibung gleichermaßen wurde die Emanzipation der jüdischen

---

[14] Vgl. Bieber, Confessio Judaica, S. 167. In diesem Zusammenhang passen »Judenhaß« oder »Glaubenshaß« gleichermaßen.

[15] Vgl. Reinhard Rürup, »The Tortuous and Thorny Path to Legel Equality: ›Jew Laws‹ and the Emancipatory Legislation in Germany from the late 18th Century«, in: Leo Baeck Yearbook XXXI (1986), S. 3-33; David Sorkin, The Transformation of German Jewry 1780-1840, New York Oxford 1987.

[16] Moshe Zimmermann, Hamburgischer Patriotismus und deutscher Nationalismus. Die Emanzipation der Juden in Hamburg 1830-1865, Hamburg 1979, S. 36-67; Moshe Rinott, »Gabriel Riesser – Fighter for Jewish Emancipation«, in: Leo Baeck Yearbook XII (1962), S. 11-38.

[17] W. Schochow, Deutsch-jüdische Geisteswissenschaft, Berlin 1969; Moshe Zimmermann, »Jüdische Geschichte und jüdische Historiographie in der neuen deutschen Historiographie« (hebr.), in: Moshe Zimmermann, Josef Salmon, Menachem Stern (Hg.), Studies in Historiographie (hebr.), Jerusalem 1988, S. 223-244.

3. Heinrich Heine und der Judenhaß 71

Minderheit überhaupt ja eher am Rande gestreift oder vielmehr als Exklave flüchtig behandelt. Man überließ das Thema im allgemeinen den allerdings nicht zur »Historikerzunft« gehörenden jüdischen Historikern. So geriet die Darstellung der jüdischen Aufklärung, der Haskala, und der Judenemanzipation gegenüber den allgemeinen Prozessen der Verbreitung der Aufklärung und der Emanzipation in ein historiographisches Abseits.[18] Erst in der letzten Generation wurden Haskala – nun nicht mehr nur ideengeschichtlich betrachtet – und Judenemanzipation in den umfassenden Kontext der Emanzipation anderer unterprivilegierter Gesellschaftsgruppen – Bauern, Arbeiter, Frauen – gestellt.[19] In diesem größeren Zusammenhang wird nun deutlich, daß die Judenemanzipation gewissermaßen ein Lakmus-Test des gesamten Prozesses der Emanzipation unterprivilegierter Gesellschaftssektoren und der Überwindung des Mittelalters war: die Art und Weise, in der Verfassungsreform, Liberalismus und Demokratie als politische Ziele sich der Judenemanzipation gegenüber verhielten, war der Maßstab für den Grad an Redlichkeit und Konsequenz dieser Ziele.

Seit der lange währenden Debatte über die Gleichberechtigung der Juden in der ersten Nationalversammlung nach der französichen Revolution war es allen Beteiligten deutlich, daß festliche Deklarationen über Menschen- und Bürgerrechte mit prä-aufklärerischen Traditionen und Vorurteilen konfrontiert werden müssen, bevor etwas über ihren wirklichen Wert für einen neuen Weg ausgesagt werden kann. Die Diskussion um die Judenemanzipation in der revolutionären französischen Nationalversammlung dauerte zwei lange Jahre. Während dieser Zeit wurde von den Judengegnern immer wieder versucht, die allgemeinen Regeln der Gleichberechtigung im spezifischen Fall, also der Judenemanzipation, für ungültig und nicht anwendbar zu erklären.[20] Diese Debatte aber war nicht nur ein Vorspiel für den Kampf um die jüdische Emanzipation in Deutschland, sondern auch für den Kampf um die Emanzipation anderer Gruppen, zum Beispiel um die Gleichberechtigung der Frauen überhaupt.

Und bereits in der französischen Nationalversammlung wurde die Judenemanzipation in den prinzipiellen Kontext der Frage nach der Nation gestellt. Wenn Juden, so argumentierten die Gegner der Judenemanzipation, ihrer Verfassung, der Thora und Halacha, treu bleiben, dann bilden sie eine Nation innerhalb einer Nation und könnten demnach keinen Anspruch auf Gleichberechtigung haben; denn Gleichberechtigung dürfe ja nur den Angehörigen der

---

[18] Die wichtigsten klassischen allgemeinen Darstellungen: Heinrich Graetz, Geschichte der Juden von den ältesten Zeiten bis auf die Gegenwart, Leipzig 1873-1900; Simon Dubnow, Weltgeschichte des jüdischen Volkes, Berlin 1925-1929. – Zur Geschichte der deutschen Juden exemplarisch: Ismar Elbogen, Eleonore Sterling, Die Geschichte der Juden in Deutschland, Frankfurt a. M. 1966.

[19] Zum Beispiel: Rürup, Emanzipation und Antisemitismus; Thomas Nipperdey, Deutsche Geschichte 1800-1866, München 1983; ders., Deutsche Geschichte 1866-1918, München 1990, S. 396-413.

[20] Michael Graetz, The Jews in Nineteenth-Century France: From the French Revolution to the Alliance Israelite Universelle, Stanford 1996.

jeweils eigenen Nation, des Staates, individuell gewährleistet werden. Hier allerdings war aber die Bereitschaft der Juden, die französische Verfassung als oberstes Gesetz anzuerkennen, völlig ausreichend, um das Argument von der »Nation innerhalb der Nation« oder dem »Staat im Staate« als unzulänglich darzustellen.

Im Deutschland der zwanziger und dreißiger Jahre des 19. Jahrhunderts begriff man unter dem Einfluß der Romantik die Nation nicht als eine Schöpfung der Verfassung, sondern als ein Produkt der Geschichte und der Herkunft.[21] Ein »fremdes Volk ohne Staat« nannte 1831 ein Anonymus in Hamburg die Juden,[22] ein Umstand, der seiner Meinung nach gegen ihre Emanzipation sprach.

Daß eine entsprechende Haltung nicht nur unbedingt mit dem Mittelalter assoziiert wurde, sondern unter Umständen auch als aufklärerisch gelten konnte, zeigt der Hinweis auf die liberalen Prinzipien als Argument auch *gegen* die Judenemanzipation. Das nationale Argument wurde dann etwa so fortgesetzt: »So gut wie nach jener Lehre (d.h. der Demokratie) ein Volk seinen Fürsten verjagen darf und soll, dessen Nase ihm nicht behagt, eben so einfach wäre es ja auch, daß ein Volk die Juden aus seinem Lande vertreibe, da sie ihm nicht gefallen.«[23]

So floß es in einer gegen Börne gerichteten Schrift aus der Feder eines Mitstreiters der antijüdischen Politik eben zu dem Augenblick, als Heine ins Exil gehen mußte. Daß hiermit der Abschied von einer aufklärerischen Haltung gegenüber der Zukunft der jüdischen Minderheit – und damit letztlich jeder Minderheit – eingeläutet wurde, ist im Nachhinein eindeutig. Umso deutlicher wird dieser Umstand, wenn der Autor noch hinzufügt: »Der Begriff Jude bezeichnet nicht allein die Religion, sondern eine ganze Nationalität, und steht also den Germanen [...] gegenüber, nicht nur den Muhammedanern oder Christen«.[24] Angeblich hatte er die mittelalterliche Argumentation zugunsten einer aufklärerischen Haltung aufgegeben: »Nicht den Glauben der Juden hassen wir, sondern die vielen Eigenthümlichkeiten dieser Asiaten.«[25] Gabriel Riesser sah den inneren Widerspruch in diesem Argument, ahnte aber nicht das gesamte Ausmaß der Gefahr, wenn er diese Feststellung bagatellisierte: »Es kommt ihm ja blos auf die Race, auf das unvermischte Germanische Blut an, und es scheint mir nicht der Mühe werth, darüber ... zu streiten.«[26] Wäre Riesser über die Geschichte der spanischen *limpieza de sangre* besser informiert gewesen, dann hätte er diese Art von Rückfall in das Mittelalter, in dem allerdings schon die Keime der Moderne sprossen, nicht als lächerlich empfunden.[27] Es war aber

---

[21] Vgl. Otto Dann, Nation und Nationalismus in Deutschland 1770-1990, München 1993; Jacob L. Talmon, The Political Messianism. The Romantic Phase, London 1960.
[22] Zimmermann, Hamburger Patriotismus, S. 62.
[23] Eduard Meyer, Gegen L. Börne, Hamburg 1831, S. 14f.
[24] Ebd., S. 13.
[25] Ebd.
[26] Gabriel Riesser, Börne und die Juden, Altenburg 1832, S. 11.
[27] Vgl. Josef Kaplan, Juden und Judentum im politischen und gesellschaftlichen Denken Spaniens im 16.-17. Jahrhundert (hebr.), Jerusalem , S. 173-180.

für die jüdischen Kinder der Aufklärung symptomatisch, daß sie den frühen Rassismus allgemein für unseriös hielten. Auch Heine machte sich ja über die »Volkstümelei« lustig – daß Preußen den slawischen Ursprung seiner Söhne verdrängte und die Schwaben auf die »germanische Rassenreinheit pochen« (B IV, 108) hielt er schlechtweg für absurd; die Nationalisten und Patrioten, »die nur Rasse und Vollblut und dergleichen Roßkammgedanken im Kopfe tragen« für »Nachzügler des Mittelalters« (B V, 185). In der ersten Hälfte des 19. Jahrhunderts schien die rassistische Argumentation praktisch unfundiert und politisch chancenlos zu sein.

Um nicht ins Mittelalter zurückzufallen oder gar Opfer der »Germanomanie« zu werden, bemühten sich Riesser und die jüdischen Emanzipationskämpfer um die Unterstützung der Nation – der deutschen Nation. Für Riesser waren die deutschen Juden eben noch ein Stamm der deutschen Nation wie die Bayern oder die Sachsen, auf jeden Fall also Deutsche. Heine machte sich dagegen über die emanzipatorische Wirkung der Nation weniger Illusionen, wenn er die Definition als »Volk des Geistes« (B IV, 118) und mit ihr den »Buch-Patriotismus« vorzog: Schon zur Zeit der Debatte zwischen Riesser und seinen Kontrahenten wies Heine betont auf die Bibel als das Buch der Bücher hin: »Welch ein Buch! ... alles ist in diesem Buche« (B IV, 39f.) Allein um diesen »unzerstörbaren Schatz«, den »wahren Tempelschatz« (B III, 521) zu retten, hätte es sich seiner Meinung nach im Jahre 70 n.d.Z. durchaus gelohnt, den Tempel und den Staat durch das Feuer zu verlieren. Diese Überzeugung vertrat Heine bereits nach der Juli-Revolution 1830, an ihr hielt er auch nach der Revolution von 1848 fest. Für die wandernden Juden, für das »Volk des Buches«, war das Buch – war die Bibel – das »portative Vaterland« (B VI/1, 483). Mittelalter war eben die Verbrennung von Menschen als konsequente Ergänzung der Bücherverbrennung, der Verbrennung des »portativen Vaterlandes« mitsamt seiner Bürger.

Aber nicht nur dem Dichter Heinrich Heine, der in einer zeitlichen Distanz von hundert Jahren zur Shoah stand, war die Unterscheidung zwischen einer Rückkehr ins Mittelalter und den modernen Angriffen gegen Juden unmöglich. Auch für die Zeitgenossen des Nationalsozialismus und des Zweiten Weltkrieges war die Trennlinie nicht eindeutig gezogen. Ursache hierfür war die Ambivalenz im Wesen des Nationalsozialismus. Der Massenmord an den Juden durch Gas begann bereits im Herbst 1941, also zu einer Zeit, als für die deutschen Juden »erst« (im September) die Einführung des eindeutigsten Symbols des Mittelalters verordnet wurde – das Tragen des »Judensterns«.[28] Der Weg zurück ins Mittelalter schien chaotisch vorbereitet und gewunden gewesen zu sein.[29] Zwar konnte man einerseits die Reihenfolge der Aufhebung der Emanzipation als konsequent und logisch verstehen – Bücherverbrennung

---

[28] Moshe Zimmermann, Die deutschen Juden 1914-1945, München 1997, S. 73.
[29] Karl A. Schleunes, The Twisted Road to Auschwitz, Urbana 1970; Uwe Adam, Judenpolitik im Dritten Reich, Düsseldorf 1972; Wolfgang Benz, Der Holocaust, München 1997 (3. Aufl.); sowie Wolfgang Benz (Hg.), Die Juden in Deutschland 1933-1945: Leben unter nationalsozialistischer Herrschaft (Veröffentlichungen des Instituts für Zeitgeschichte), unter Mitarb. von Volker Dahm, München 1989 (2. Aufl.).

1933, Synagogenverbrennung 1938, Menschenverbrennung 1942. Andererseits aber – und so sahen es die Zeitzeugen – konnte auch eine völlig konfuse Ereigniskette beobachtet werden – zuerst die Bücherverbrennung, dann die durch die Nürnberger Gesetze erzwungene Endogamie; anschließend die gesetzmäßige Entscheidung üer den Raub an Juden, dann der organisierte Pogrom und erst viel späer die kleinen Schikanen im Krieg. Ganz zum Schluß dann erst der Schritt, der nach nationalsozialistischem Verständnis eigentlich hätte früher kommen müssen, um Juden ins Mittelalter zu stürzen – der »Judenstern«. Diese Kette erwies sich sogar für Experten, die Gestalter des Diasporamuseums in Tel Aviv, als äußerst konfus: Dort wird der Besucher darüber informiert, daß der »Gelbe Stern« bereits am 1.4.1933 eingeführt worden sei, weil Robert Weltschs bekannter Aufsatz *Tragt ihn mit Stolz, den Gelben Stern*³⁰ wohl auf eine entsprechende Verordnung Bezug genommen haben muß. Der »Gelbe Stern« und die Bücherverbrennung – zwei Ereignisse, die zwangsläufig zeitgleiche Zeichen für das Ende der Judenemanzipation gewesen sein müssen, so jedenfalls die Gestalter des Diasporamuseums – ein Irrtum.

Egal ob nun die Bücherverbrennung auf dem Berliner Opernplatz oder das Erscheinen des »Gelben Sterns« auf der Brust der deutschen Juden das Ende der Emanzipation bedeutete, der Anfang, die Einleitung der Emanzipation war für Heinrich Heine das Buch der Bücher, die Bibel: Zuerst Moses und dann Jesus, der die Juden von der Nationalität befreite, der »der ganzen Menschheit das jüdische Bürgerrecht« gab und damit »eine große Emanzipationsfrage [...] gelöst« (B IV, 41) hatte – und zwar in großmütigerer Weise als die Lösung der Emanzipationsfrage zu Heines Zeiten, als man den Juden das europäische Bürgerrecht gewährleisten wollte.

Schon am Beginn des 19. Jahrhunderts hatte man allgemein die Relevanz der dialektischen Beziehungen zwischen Nation und Aufklärung, Nation und Emanzipation erkannt. Die Flucht in die konsequente Relation von Aufklärung, Emanzipation und Universalismus bzw. Kosmopolitismus³¹ schien der Ausweg aus der Ambivalenz zu sein – jedenfalls bis zu dem Moment, in dem der romantische Nationalismus diesen Weg versperrte und die Schleuse zurück ins Mittelalter sich öffnete.³²

Was für Historiker und Gelehrte lange Zeit nicht gegenwärtig gewesen war – nämlich die Einheit von Aufklärung und Haskala einerseits und die Affinität von Judenemanzipation und der Emanzipation anderer Minderheiten, ja mehr noch: die Wahrnehmung der Judenemanzipation als Bestandteil und Prüfstein der Emanzipation in Deutschland – das stand den jüdischen Emanzipationskämpfern nur allzu deutlich vor Augen. Als 1823 der Kampf um die Emanzipation gerade erst begonnen hatte, betonte Heine, daß er »für die Rechte der Juden und ihre bürgerliche Gleichstellung enthousiastisch sein« wird – dem »germanischen Pöbel zum Trotz« (HSA XX, 107). Fünf Jahre später hat-

---

[30] Robert Weltsch, »Tragt ihn mit Stolz, den gelben Fleck«, in: Jüdische Rundschau, 4. April 1933.
[31] Vgl. Friedrich Meinecke, Weltbürgertum und Nationalstaat, München 1908.
[32] Hans Kohn, The Mind of Germany, New York 1960, S. 49-68.

te er wie die Mehrheit der Liberalen erkannt – es kann nicht allein um die Juden gehen: »[...] täglich verschwinden [...] die törigten Nationalvorurteile [...] es gibt jetzt in Europa keine Nationen mehr«, sondern die »Allgemeinheit der europäischen Zivilisation.« Ergo: Die »große Aufgabe unserer Zeit [...] ist die Emanzipation. Nicht bloß die der Irländer, Griechen, Frankfurter Juden, westindischen Schwarzen und dergleichen gedrückten Volkes, sondern es ist die Emanzipation der ganzen Welt, absonderlich Europas.« (B II, 376). Und noch später – fünf Jahre vor dem Völkerfrühling von 1848 ruft er die Regierungen auf, die Emanzipation zu beschleunigen, vielleicht, weil »die doch früh oder spät bewilligt werden muß« oder auch, »damit sie nicht zu spät komme.« (B V, 184f.)

Ein Jahrzehnt später und desillusionierter durch den frustrierenden Versuch der 1848er Revolution, für die Juden in ganz Deutschland die Gleichberechtigung verfassungsmäßig zu verankern, faßte Heine seine Lehren aus dem langen Kampf zusammen: »Die Juden dürfen endlich zur Einsicht gelangen, daß sie erst dann wahrhaft emanzipiert werden können, wenn auch die Emanzipation der Christen vollständig erkämpft und sichergestellt worden. Ihre Sache ist identisch mit der des deutschen Volkes, und sie dürfen nicht als Juden begehren, was ihnen als Deutschen längst gebührte.« (B V, 189).

Die Tradition der Aufklärung konnte letztlich nicht zur Emanzipation nur einer isolierten Gruppe führen. Sie mußte die gesamte Gesellschaft ins Blickfeld nehmen, ja universalistisch denken und agieren.

Hier muß jedoch der Blick auf eine innere Inkonsequenz Heines gelenkt werden, die für die allgemeine Spannung zwischen Mittelalter und Aufklärung in bezug auf Juden an Bedeutung gewinnen sollte. Heine hielt die Judenemanzipation für unausweichlich, weil die Regierungen im »Staat, einen organischen Körper« sehen, der nicht »zu einer vollkommenen Gesundheit gelangen kann, solange nur ein einziges seiner Glieder« krank ist. Heine schildert anschaulich die noch ausstehende Judenemanzipation als »Hühneraugen an den deutschen Staatsfüßen« (B V, 184). Eine originelle und scheinbar harmlose Schilderung, hinter der sich aber eine Gefahr verbirgt: Den Staat an sich oder Gesellschaftsgruppen als Organismen zu bezeichnen, bedeutet letzten Endes, die individualistische Basis der Aufklärung zu verlassen und zu mediävalen Denkmustern zurückzukehren bzw. zu post-emanzipatorischen Vorstellungen vorzudringen, darunter der Rasse als Grundidee, an deren Ende das Beispiel des Nationalsozialismus die erschreckenden Konsequenzen zeigt.

Die gemeinsame Sache der jüdischen und nicht-jüdischen Deutschen, begriffen als ein Schritt auf dem Weg zur universalen Emanzipation,[33] beruhte auch auf dem Glauben der Aufklärung an die enge Verwandschaft zwischen beiden Völkern. Eben weil die Kinder der Aufklärung keinen Nationalismus der Germanomanie anstrebten, glaubte man an die Pflege dieser Verwandschaft und lobte sie hoch. Was mit der Aufklärung begann, blieb bis zum »Drit-

---

[33] K. Grass, Reinhart Koselleck, »Emanzipation«, in: Otto Brunner, Werner Conze, Reinhart Koselleck (Hg.), Geschichtliche Grundbegriffe: historisches Lexikon zur politisch-sozialen Sprache in Deutschland , Stuttgart 1972-1997, Bd. 2 (1975), S. 153-197.

ten Reich« – mindestens unter aufgeklärten Juden – ein Axiom; Heine formulierte ironisch das, was viele nach ihm ernst meinten: »Es ist in der Tat auffallend, welche innige Wahlverwandschaft zwischen den beiden Völkern der Sittlichkeit, den Juden und Germanen, herrscht [...]. Beide Völker sind sich [...] so ähnlich, daß man das ehemalige Palästina für ein orientalisches Deutschland ansehen könnte, wie man das heutige Deutschland für die Burg der reinen Geistheit [...] halten sollte.« (B IV, 257f.)[34]

Bis 1933 glaubten die Befürworter der jüdischen Emanzipation und Integration an diesen Vergleich. Für Julius Goldstein vertrat Fichte die »Synthese von Kosmopolitismus und Patriotismus« als Basis der »gewaltigen Assimilationskraft der Deutschen [für Juden]«.[35] Manche gingen sogar so weit und wollten Fichte als gemeinsamen nationalen Vater beider Völker verehren.[36] Allerdings gingen auch Zionisten von dieser Grundannahme aus, um jedoch letztlich allein die »jüdische *Selbst*emanzipation« als gemeinsame Sache der Deutschen und der Juden zu präsentieren. Vielleicht aber wurde die Vorstellung Heinrich Heines von den Zionisten eigentlich nicht mißbraucht: »Judäa erschien mir immer wie ein Stück Okzident, das sich mitten in den Orient verloren.«(B VI/1, 486).

Die Zionisten hatten seit der Gründung ihrer Organisation Ende des 19. Jahrhunderts die Gründung eines Vorpostens des Okzidents, einen Stützpunkt Europas im Orient, im Nahen Osten, ins Auge gefaßt.[37] Vielleicht wollten sie den Satz Heines »Die Juden waren die Deutschen des Orients« (B VI/1, 642) realisieren. In diesem Sinne waren jüdische Nationalisten, Zionisten, nicht weniger Kinder der europäischen Aufklärung als ein Zweig der europäischen Romantik.

Die Betonung der Verwandschaft zielte aber, wie bereits gesagt, nicht auf eine partikularistische Allianz, sondern in der Tradition der Aufklärung auf die menschliche Gemeinsamkeit. Nach dieser Vorstellung sollte »Palästina« nicht nur Deutschland, sondern ganz Europa beeinflussen. Und außerdem war die Grundidee dieser Allianz die Idee des Kosmopolitismus – »Der Kosmopolitismus ist [...] dem Boden Judäas entsprossen« (B IV, 258) – und somit schließt sich der Kreis: Die Verwandschaft der Vertreter der Aufklärung, der Emanzipationskämpfer, der Kosmopoliten. Später werden die Romantiker, die völkischen Kräfte, vor allem die Nationalsozialisten, den Spieß umdrehen und diese Wahlverwandschaft der Kosmopoliten als Zeichen der jüdischen Weltverschwörung[38] bezeichnen und über die Rückkehr zum Mittelalter zur totalen Beseitigung dieses jüdischen Ideenansatzes schreiten.

---

[34] Vgl. auch B IV/I, 486f. und B V, 185: »[...] in Vergleichung mit den Nachbarländern erschien mir Judäa immer als eine Art Deutschland, ich möchte fast sagen als die Mark Brandenburg des Orients.« – Vgl. Kohn, Mind of Germany, S. 102-105.
[35] Julius Goldstein, Deutsche Volks-Idee und Deutsch-Völkische Idee, Berlin 1927, S. 22, S. 31; Manfred Voigts, »Wir sollen alle kleine Fichtes werden!« Johann Gottlieb Fichte als Prophet der Kultur-Zionisten, Berlin Wien 2003.
[36] Zum Beispiel: Moses Calvary, Die Aufgabe des deutschen Zionismus, Berlin [1913], S. 9.
[37] Vgl. Kap. III 4 in diesem Band.
[38] Alfred Rosenberg, Die Protokolle der Weisen vom Zion und die jüdische Weltpolitik, München 1933; ders., Der staatsfeindliche Zionismus, München 1938.

Deutsch-jüdische Emanzipationskämpfer glaubten an die kosmopolitische Sendung der Juden – ohne auf die Treue dem deutschen Staate und der deutschen Nation gegenüber zu verzichten. Dieser Glaube blieb in den folgenden hundert Jahren den deutschen Juden ein Vermächtnis. Er war ihnen aber auch ausreichender Grund, nicht nur den deutschen Chauvinismus, sondern auch den jüdischen Nationalismus abzulehnen. In seinen Erinnerungen schrieb ein Funktionär der jüdischen Gemeinde zu Berlin über die Zeit der Weimarer Republik: »Im Geiste der Aufklärung konnte es nur eine Vorwärts- und Aufwärtsentwicklung, vom Gruppen- und Völker-Egoismus hinweg zu immer universelleren Gebieten der Menschheit geben. [Die Juden] hatten [...] als internationale Gruppe par-excellence und als Hüter alt-prophetischen Geisteserbes eine besondere Menschheitsmission im Rahmen dieser fortschrittlichen Entwicklung zu erfüllen. Der nationaljüdische Gedanke dagegen [...] kam nicht von der Aufklärung her sondern von der Romantik. Der fatale Geruch der Reaktion umwitterte ihn.«[39]

Nicht weniger problematisch war diese kosmopolitische Tradition für deutsche Nationalisten im vereinigten Deutschen Reich nach 1871, die früher ihre Wurzeln im Boden der Aufklärung gefunden hatten. Wie seelenzermürbend der Versuch war, diese Wurzeln abzutöten, zeigen die Schriften Wilhelm Marrs, des Patriarchen des modernen Antisemitismus. Nach 1871 ist er, der frühere linke Revolutionär, zum Germanoman geworden. Er beklagt den »Sieg des Judenthums über das Germanenthum«, will aber nicht zurück zum Mittelalter. In einer unveröffentlichen Schrift aus dem Jahre 1887 gab Marr zu: »Heine und Börne waren unsere Apostel [...] diese beide Juden waren die Bahnbrecher der Freiheitsideen in einer Zeit, in welcher stupide philisterhafte [Arroganz?] herrschte. Und das ist leicht erklärlich: Israel war noch unterdrückter als wir germanischen Menschenskinder, und Israel stachelte uns auf.«[40]

Auch für Marr war also die Judenemanzipation der eigentliche »Trigger« für den generellen Prozeß der Emanzipation. Als Germanoman und Antisemit mußte Marr jedoch hinzufügen: die Juden taten es, »um für sich fischen zu können; denn das ist am Ende das ganze Geheimnis der liberalen und [aufgeklärten] Judenthums gewesen und ist es noch heute [im Philosemitismus].«

Trotz der späten Kritik an der Aufklärung konnte Marr auf die Logik der Entwicklung in der ersten Hälfte des Jahrhunderts nicht verzichten. Er konnte höchstens die nicht-jüdischen Deutschen für ihre frühere und spätere Ideenlosigkeit und romantische Denkweise kritisieren: »Nach innen und nach aussen herrschte ein blasierter Kosmopolitismus in Deutschland [während des Vormärz], deren Sprachrohr die beiden genannten jüdischen Schriftsteller aus dem kosmopolitischen Israel ein empfängliches Auditorium fanden und finden mußten. Lese ich selbst heute noch die Schriften Heines durch, so kann ich mich auch heute noch, wenn ich mich an jene Zeit zurückdenke, eines

---

[39] Alexander Szanto, in: Monika Richarz (Hg.), Jüdisches Leben in Deutschland 1918-1945, Stuttgart 1982, S. 220.
[40] Wilhelm Marr, Im Philosemitismus (1887), Staatsarchiv Hamburg 622/1 B Va.

Schmunzelns nicht enthalten. Auch waren wir nach der so kläglich [ver....] romantischen Deutschthümelei der deutschen Burschenschaftler, deren Mitglieder es so virtuos verstanden, Philister, Hofer und Geheimräte zu werden, so weltbürgerlich angehaucht, daß sie (sic!) in Israel den Repräsentanten des Weltbürgertums erblicken und es geradezu zum guten Ton gehörte, Philosemit zu sein.«[41]

Wie schizophren ein zum Antisemiten gewordener Aufklärer war, zeigte auch Marrs Ablehnung der Errichtung eines Heine-Denkmals in Düsseldorf (1887), die er zugleich mit einer Kritik an Antisemiten verbannt, die Heine nicht lasen und nicht kannten: »Es mußte erst viel Gras auf seinem Grabe gewachsen sein, ehe wir ihn – unbeschadet unseres Patriotismus – öffentlich monumental machen durften.«[42] Es waren aber nicht nur die chauvinistischen und deutschvölkischen Stimmen, die die kosmopolitisch emanzipatorische Denkrichtung sperren oder verneinen wollten. Auch im Nationaljudentum, im Zionismus, entstand eine Tendenz, die sich gegen das Erbe der Aufklärung und der Haskala wehrte und post- oder hyperemanzipatorisch auf Autoemanzipation oder Palästina setzte.[43] Während des Zweiten Weltkrieges veröffentlichte Gershom Scholem seine *Überlegungen über die Wissenschaft des Judentums*,[44] in denen er das aufklärerische Unternehmen der Wissenschaft des Judentums als gemeinen Versuch, das Judentum zu begraben, als Einleitung zur »Liquidation der jüdischen Substanz«[45] beschrieben hat. Das war die Abrechnung des nach Palästina ausgewanderten Zionisten, also des Nationaljuden, mit der Idee der Aufklärung und Emanzipation, vor allem aber die Absage an die Vorstellung von der deutsch-jüdischen Symbiose.

Zwar ist nicht jede Art von Zionismus anti-kosmopolitisch oder chauvinistisch. Aber die Versuchung bestand unter anderem als Reaktion auf die antiemanzipatorische Haltung der »Judenfresser«. Entsprechend hat sich der Zionismus oft den romantischen Nationalismen Europas angepaßt und somit dazu beigetragen, die emanzipatorische Konsequenz aus der Aufklärung in Frage zu stellen oder gar zu bremsen. Kurz vor der NS-Machtübernahme konnte sich der deutsche Zionist Gustav Krojanker eine Alternative zur aufklärerischen Auffassung Heines vom »Volk des Buches« vorstellen: »Wie hat der Jude in den langen Räumen seiner Geschichte gelebt, in denen noch keine liberale Welt ihn zur Teilnahme aufgerufen hatte? Mit seinen alten Büchern.« Und in den alten Büchern ist nach dieser Meinung kein Mittelalter, »keine versunkene Welt mehr [...] sondern in anderer Form die gleiche Welt wie heute [zu finden]. [...] die langbärtigen Männer von einst rücken [...] wie-

---

[41] Wilhelm Marr, Testament eines Antisemiten (1891), S. 3, Staatsarchiv Hamburg 622/1 B Vb.
[42] Ebd., S. 9.
[43] Siehe Kap. III. 1 des vorliegenden Bandes.
[44] Gershom Sholem, »Gedanken über die Wissenschaft des Judentums« (hebr.), in: Luach Ha-Aretz, Tel Aviv 1944.
[45] Gershom Sholem, »Noch einmal: Das deutsch-jüdische Gespräch«, in: Bulletin des Leo Baeck Instituts 30 (1965), S. 170.

der in greifbare Nähe.« »Die Welt von heute« – gemeint war (1932) die postliberale Welt – kehrt über den Weg der Bibel zurück zu den prä-aufklärerischen Zeiten.[46]

Daß die Grenze zwischen Aufklärung und Selbstemanzipation, also Zionismus, unbemerkt überschritten werden kann, soll wieder an einem Zitat verdeutlicht werden: Nach einem Bericht Heines über einen Spaziergang mit Börne durch die Judengasse am Abend des Chanukka-Festes, an dem in den Fenstern der jüdischen Wohnungen zur Erinnerung an den Sieg der Makkabäer im zweiten vorchristlichen Jahrhundert Kerzen brennen, soll Börne gesagt haben: »Sehen sie, das ist der 18. Oktober der Juden, nur daß dieser makkabäische 18. Oktober mehr als zwei Jahrtausende alt ist und noch immer gefeiert wird, statt daß der Leipziger 18. Oktober noch nicht das fünfzehnte Jahr erreicht hat und bereits in Vergessenheit geraten ist.« (B IV, 26)

Nun war für Börne oder Heine die besondere Dialektik der »Freiheitskämpfe« nicht vorhersehbar: Mit dem Fortschreiten des romantischen Nationalismus wurde das Symbol des 18. Oktobers in Deutschland sprunghaft aufgewertet. Das seit 1913 größte Nationaldenkmal Deutschlands sollte an die Völkerschlacht erinnern. Und die deutschen Feierlichkeiten zum 18. Oktober und entsprechende Erinnerungen konnten später sehr wohl mit dem jüdischen Chanukka-Fest konkurrieren. Dem Feuer auf dem Völkerschlachtdenkmal fielen jedoch nicht Bücher und Menschen zum Opfer, sondern die Idee des Kosmopolitismus und des aufgeklärten Nationalismus. Eigentlich hätten Heine oder Börne nach dem Wartburg-Fest, am vierten 18. Oktober nach der Völkerschlacht, schon verstehen müssen, daß es einen dialektischen Zusammenhang zwischen Feuerspielereien einer makkabäischen oder deutschen Siegesfeier und Bücherverbrennungen geben kann.

Als Zionisten später im »Lande der Väter« die jüdischen Feste für ihre Zwecke neu interpretierten und gestalteten, erhielt Chanukka sehr wohl den Charakter eines 18. Oktober und übernahm nationale Symbole, die ihre Wurzeln im nicht-liberalen deutschen Nationalismus hatten. Nach 1945, spätestens nach 1948, hätten Heine und Börne ihre Bewunderung für die Standhaftigkeit der Erinnerung an die Siege der Makkabäer im Vergleich zur deutschen Erinnerung an den Sieg von Leipzig nicht wiederholen können, nicht wiederholen wollen: Die israelische Chanukka-Erinnerung wäre infolge ihrer nationalistischen, partikularistischen Färbung nicht mehr im Sinne der zur Emanzipation führenden, aufklärerischen Vorstellung eines Heines oder Börnes gewesen. Für andere, konsequentere Emanzipationskämpfer hätte sich ein derartiges Nachdenken über den jüdischen 18. Oktober ohnehin von Anfang an erübrigt.

***

Die Aufklärung in ihrer europäischen, deutschen oder jüdischen Form mußte zur emanzipatorischen Lösung des mittelalterlichen Zustandes der Gesell-

---

[46] Gustav Krojanker, Zum Problem des Neuen Deutschen Nationalismus. Eine zionistische Orientierung, Berlin 1932, S. 34ff.

schaft führen. So gesehen war die Vormärzzeit als jüdische Emanzipationskampfzeit paradigmatisch. Im Spannungsfeld von Mittelalter und Aufklärung versuchte man von der Ständegesellschaft zur kosmopolitischen, weltbürgerlichen Gesellschaft zu gelangen, blieb aber mit der neuen Unterteilung in Nationen (aber auch Klassen) auf der Strecke. Der wahre Mensch der Aufklärung witterte die Gefahr: Auch auf diesem Wege konnte man zurück ins Mittelalter, zurück zum Spiel mit dem Feuer gelangen. Dieser Gefahr schien jedoch bei Völkern, die das Buch zum »portativen Vaterland« machten und machen konnten, vorgebeugt zu sein. Doch viele, darunter auch Heinrich Heine, konnten sich dem Vormarsch des romantischen Nationalismus neben den emanzipatorischen Versuchen nicht widersetzen. Aus der Perspektive der post-emanzipatorischen Lösungen der Judenfrage – Zionismus einerseits und »Endlösung« andererseits – scheint diese innere Diskrepanz in der aufklärerisch-emanzipatorischen Entwicklung besonders deutlich hervorzutreten. Vom vormärzlichen »Vorspiel«, über den Rückfall ins Mittelalter hinweg bis zur Klimax der Shoah führte aber eine für die Akteure unsichtbare Eisenbahnstrecke, die erst im nachhinein für uns Historiker sichtbar wurde.

Dafür, daß ich zu dieser Schlußfolgerung durch Gebrauch oder Mißbrauch von Zitaten aus Heines Werken kommen konnte, muß ich mich posthum bei Heine bedanken und entschuldigen.

4. Judenemanzipation und Judenhaß seit 1848: Gabriel Riesser und Wilhelm Marr im Meinungsstreit

Eine historische Analyse der Judenemanzipation in Deutschland darf die Rolle Gabriel Riessers in diesem Prozeß nicht unterschätzen; und eine Untersuchung der modernen Judenfeindschaft in Deutschland kann einer Beschäftigung mit der Person und Denkart Wilhelm Marrs nicht ausweichen. Gewöhnlich werden die beiden historischen Strömungen, die von Riesser und Marr repräsentiert werden, lediglich abstrakt als Gegensätze aufgefaßt, die wie These und Antithese zeitlich aufeinanderfolgen. Auch den Gegensatz zwischen Riesser und Marr als Personen hat die Forschung so betrachtet, weil die konkrete Begegnung zwischen den beiden Politikern außer acht blieb. Diese Tatsache ist dadurch zu erklären, daß die Schwerpunkte der Tätigkeit beider durch eine große Zeitspanne getrennt waren: Riessers größte Zeit war in den dreißiger und vierziger Jahren des 19. Jahrhunderts, als Marr wenig bekannt war. Als Marr am Ende der 1870er Jahre seine anrüchigen antisemitischen Schriften veröffentlichte,[1] war Riesser seit 15 Jahren nicht mehr am Leben. Infolgedessen beschäftigten die Historiker sich mit Riessers Tätigkeit 1831-1848 und mit Marrs Aktivität 1879-1885. Und gerade in der Zwischenzeit 1848-1863, also bis zu Riessers Tod, fand die Begegnung zwischen den beiden, dem Liberalen und dem Radikalen, statt, und zwar auf dem hamburgischen Schauplatz.

Weder Riessers Kampf um die Gleichberechtigung der Juden noch Marrs Urteil über Judentum und Judenfrage können außerhalb des Hamburger Kontexts voll begriffen werden. Ohne eine eingehende Untersuchung der Aktivität der beiden im Rahmen der politischen Rivalität zwischen »Liberalen« und »Radikalen« in Hamburg seit 1848 ist auch der Übergang von der Emanzipation zum Antisemitismus in diesem bedeutungsvollen Fall unerklärbar.

Symptomatisch ist die folgende Bemerkung eines bedeutenden Historikers in seinem Buch über Antisemitismus:[2] »Marr states [in seinem Buch *Sieg des Judenthums über das Germanenthum*] that it was as early as 1863 that he became ›eroused by the consequences of Jewish emancipation‹, an event that was

---

[1] Am bekanntesten ist Der Sieg des Judenthums über das Germanenthum, Bern 1879. Eine Reihe von Broschüren folgte: Wählt keine Juden – Der Weg zum Siege des Germanenthums über das Judenthum, Berlin 1879; Vom jüdischen Kriegsschauplatz. Eine Streitschrift, Bern 1879; Der Judenkrieg, seine Fehler und wie er zu organisieren ist, Chemnitz 1880; Goldene Ratten und rothe Mäuse, Chemnitz 1880; Öffnet die Augen, Ihr deutschen Zeitungsleser, Chemnitz 1880 (die letzten drei Broschüren sind in der Reihe »Antisemitischen Hefte« erschienen); Lessing contra Sem, Berlin 1885.

[2] Paul W. Massing. Rehearsal for Destruction. A Study of political Anti-Semitism in Imperial Germany, New York 1949, S. 212, Anm. 9. – In der deutschen Übersetzung dieses Werkes (Frankfurt a. M. 1959) fehlt dieser Passus.

to happen six years leater. The contradiction results from the fact that, in Marr's opinion, the emancipation of the Jews took place during the revolution of 1848 and was not undone during the restoration.«

Dieser Historiker versuchte, einen Widerspruch zu erklären, dabei machte er einen doppelten Fehler: Beides, der (angebliche) Widerspruch und seine Erklärung, setzt einen falschen Bezugsrahmen voraus: deutsche – statt hamburgische – Geschichte! In Hamburg, aber nicht in Deutschland überhaupt, wurden die ersten Schritte zur Judenemanzipation von 1848/49 nicht rückgängig gemacht. In Hamburg, und nicht sonstwo in Deutschland, war das Jahr 1862 ein Jahr der heftigsten Diskussionen über die Judenfrage. Die Zeit zwischen 1848 und 1862 bildete in der historischen Retrospektive eine Epoche, in der die Spaltung zwischen Liberalen und Radikalen deutlich geworden und in der auch die Judenfrage zum Gegenstand der Auseinandersetzung zwischen Liberalen und Radikalen geworden war, wobei Riesser und Marr den einander gegenüberstehenden Parteien angehörten.

Das folgende Kapitel wird sich nicht ausschließlich mit Riesser und Marr befassen, da mehrere andere Personen, wie zum Beispiel Isaac Wolffson, Anton Ree, Christern und Gallois, für das Thema von großer Bedeutung sind, doch ist der Konflikt zwischen beiden so zentral, daß er als Brennpunkt unvermeidlich ist. Die Beobachtung dieses Konflikts, der sich in den Jahren 1848-1863 in Hamburg abspielte, läßt den im allgemeinen nur abstrakt konstatierten Zusammenhang zwischen Emanzipation und judenfeindlichen Tendenzen lebendig und deutlich hervortreten.

Riessers Lebensgeschichte ist bekannt.[3] Er wurde 1806 in Hamburg als Sohn des ehemaligen Sekretärs des jüdischen Gerichts in Altona geboren und war Enkel von Raphael Hacohen, einem der berühmtesten Rabbiner der Dreigemeinde.[4] Er studierte Jura und promovierte in Heidelberg. Wegen seiner Religion war es ihm unmöglich, einen Lehrstuhl in Heidelberg oder in Jena zu bekommen oder sich als Advokat in Hamburg niederzulassen. Da er ein überzeugter, obwohl bei weitem kein orthodoxer Jude war, lehnte er die Taufe als Lösung für sein Problem ab und wurde zum Vorkämpfer der politischen Gleichberechtigung der Juden (d.h. der Judenemanzipation) in Deutschland. Einen Anstoß in dieser Richtung gab ihm die Revolution von 1830: Die Grundbegriffe des Liberalismus, der die freie Gesellschaft von gleichberechtigten Mitgliedern herbeiführen sollte, wurden ipso facto auch Riessers Grundbegriffe in seinem Kampf für die Gleichberechtigung der Juden. Seiner Meinung nach konnte ein derartiger Kampf nur erfolgreich sein, wenn er auf Grund dieser Begriffe und weiträumig geführt würde. Das Ringen um die Emanzipation in Hamburg allein sah damals chancenlos aus und wäre taktisch auch ein Fehler gewesen. Wie für andere Liberale in Deutschland, so war auch

---

[3] Die informativste und ausführlichste Biographie Riessers bleibt, trotz späterer Versuche, M. Islers, Gabriel Riesser's Leben nebst Mittheilungen aus seinen Briefen, Frankfurt a. M. Leipzig 1867.

[4] Altona, Hamburg, Wandsbek, eine Gemeindevereinigung, die 1811 aufgelöst wurde.

für Riesser der deutsche Nationalgedanke in erster Linie ein Mittel zum Zweck. Genauso, wie die Einigung Deutschlands für die Liberalen politische Hindernisse wegräumen konnte,[5] schien Riesser diese Einigung ein Weg zum Erreichen der Gleichberechtigung der Juden zu sein.[6] Die politischen Argumente des Liberalismus und des mit ihm verbündeten deutschen Nationalismus wurden von Riesser als Instrumente zur Lösung des Judenproblems in Deutschland benutzt.

Bis 1846 hatte sich Riesser als Liberaler gänzlich der Judenemanzipation gewidmet. Erst die Zuspitzung der politischen Lage in Schleswig-Holstein gab ihm die Gelegenheit, ohne direkte Bezugnahme auf die Judenemanzipation als liberaler Politiker oder mindestens als ein liberaler Redner für die »deutsche Sache« das Wort zu ergreifen. Es war am 18. Oktober 1846. Obwohl die Rede nationalistisch motiviert war, war sie im Grunde eine liberale Manifestation par excellence: Die Bevölkerung Schleswig-Holsteins sei durch und durch deutsch, hieß es darin, und müsse unter allen Umständen auch politisch deutsch sein. Dennoch dürfe man diese Bevölkerung nicht moralisch verletzen, indem man ihr die Freiheit nehme, die sie unter der Fremdherrschaft genieße. Die deutsch-nationale Identität der Schleswig-Holsteiner sei also nicht zu bezweifeln; das Problem der Schleswig-Holsteiner bleibe die Erhaltung ihrer politischen und moralischen Freiheiten beim Zusammenleben mit ihren deutschen Brüdern.[7] Es ist kein Zufall, daß Riesser gerade diese Frage als Brücke zwischen seinen jüdischen und allgemeinen Aktivitäten benutzt hat. Die Art und Weise, in der er das Problem Schleswig-Holsteins hier behandelt, konnte ebenfalls für die Behandlung der Judenfrage in Deutschland oder in Hamburg benutzt werden: Auch die Juden seien ein Glied des deutschen Volkes, und ihr Dilemma sei, wie schon zu Napoleons Zeit bewiesen wurde, die Wahl zwischen einem Leben mit politischen Rechten, die man dank einer Fremdherrschaft erworben hat, und dem Leben unter einer »eigenen«, d.h. deutschen politischen Regierung, die diese Rechte verweigert. Riessers allgemein-deutsche Politik beruhte also auf denjenigen liberalen Prinzipien, die er als Richtlinien für seine jüdisch-liberale Anschauung betrachtete. Die genann-

---

[5] Offensichtlich in Hamburg. – Friedrich Saß, ein Lübecker, der sich ein Jahr in Hamburg aufhielt, versuchte gerade, den partikularistisch gesinnten Hamburgern die nationale Denkart beizubringen, indem er immer wieder das liberale Element in Politik und Gesellschaft unterstrich. Mehr als zehn Jahre nach Beginn der politischen Aktivität Riessers schrieb er: »Wir [d.h. die national Gesinnten] sind weit eher liberal als national gewesen«; und um die Hamburger für die nationale Idee zu gewinnen, betont er: »Der Liberalismus wird immer das perpetuum mobile unseres deutschen Nationalbewußtseins bleiben.« – Geschichte des Hamburger Brandes, Leipzig 1842, S. 79.

[6] Darauf deutet ein – meist falsch interpretiertes – Zitat aus dem ersten Heft seiner Neuausgabe der Zeitschrift *Der Jude* im Jahr 1835: »Bietet man mir mit der einen Hand die Emancipation, auf die alle meine innigsten Wünsche gerichtet sind, mit der andern die Verwirklichung des schönen Traumes von der politischen *Einheit* Deutschlands mit seiner politischen *Freiheit* verknüpft, ich würde ohne Bedenken letztere wählen: Denn [Hervorhebung M.Z.] ich habe die feste, tiefste Überzeugung, daß in ihr auch jene enthalten ist.« – M. Isler (Hg.), Gabriel Riesser's Gesammelte Schriften, Frankfurt a. M. Leipzig 1867-1868, Bd. II, S. 672.

[7] Gabriel Riesser, »Rede gehalten zu Hamburg am 18. Oktober 1846«, in: ebd., Bd. IV, S. 357-367.

te Rede veranlaßte eine Diskussion in der Zeitung *Neue Hamburger Blätter*, wobei ein zusätzliches liberales Prinzip Riessers deutlich wurde: der Schutz der Minderheit vor der Mehrheit. Schon in seinem Kampf für die Judenemanzipation benutzte er die liberalen Prinzipien nicht nur gegen Fürsten und Aristokraten, sondern auch gegen eine radikal-demokratische Doktrin – die Rechtfertigung aller Beschlüsse und Taten der Mehrheit. Für Riesser als *jüdischen* Liberalen stand dies mehr als bei anderen Liberalen im Vordergrund. Schon 1835 hatte er erklärt:[8] »Ja, es möchten wohl einzelne von jenen falschen Freiheitshelden, unedel genug, um in der Sache der Freiheit nicht das Prinzip der Gerechtigkeit, sondern die Gewalt der Mehrheit zu sehen, glauben, es sei ganz in Ordnung, daß die Mehrheit, so wie sie freier werde, der ihr untergeordneten Minderzahl nur um so schwerere Fesseln schmiede. [...] So sahen die, deren demokratisches Prinzip in einer blinden Huldigung bestand, die sie den Massen darbrachten [...] den Judendruck und den Judenhaß zu einem Theile des Systems der Volksrechte [...] gemacht.«

Die Zuspitzung der Lage in Schleswig-Holstein 1846 hat auch zu Wilhelm Marrs erster politischer Veröffentlichung in Hamburg beigetragen, die allerdings eine ganz andere Denkrichtung als die Riessers erkennen ließ. Wilhelm Marr, Sohn des berühmten Schauspielers Heinrich Marr,[9] war 1846 27 Jahre alt. Seine Studien in Hamburg und Bremen sollten ihm den Weg als Kaufmann bereiten. Im Alter von 20 Jahren ging er nach Wien, um dort in seinem Beruf tätig zu werden. Zwei Jahre später, nämlich 1841, ging er in die Schweiz, wo seine politische Karriere begann. Seine erfolglose kaufmännische Tätigkeit trieb ihn in die politisch und sozial radikale Gruppe hinein. Er wurde eines der engagierten Mitglieder des »Jungen Deutschlands«. In einem Brief an seinen Vater erklärte er damals ein Ziel, nämlich die Realisierung von »neuen Ideen einer Sozialreform, welche die Welt so mächtig zu bewegen anfangen, und die auf nichts anderes zielen als auf den Trümmern des alten ein neues zu gründen.«[10] Für ihn waren selbstverständlich die liberalen Ideen und Prinzipien nichts als »faules Geschwätz«,[11] und obwohl er sich von den Kommunisten wegen der »Glaubenstyrannei, die sie ausübten«,[12] scharf distanzierte, blieb er politisch ein Radikaler par excellence, der die »Demokratie *mit allen ihren Konsequenzen*«[13] erhoffte. Marrs Radikalismus wurde in Zürich nicht geduldet; er wurde ausgewiesen und wanderte nach Waadt. Damit war seine kaufmännische Karriere vorläufig beendet, und er beschloß, als Schriftsteller zu leben. Da er, als Atheist,

---

[8] Ebd., Bd. II, S. 562.
[9] Martin Heinrich Gabriel Marr aus Hamburg, seit 1857 Oberregisseur beim Thalia-Theater in Hamburg. Seine erste Frau, Katharina Becherer, hat er am 21. März 1819 geheiratet. Sein Sohn Friedrich Wilhelm Adolph wurde am 16. November 1819 in Magdeburg geboren. Behauptungen, Marr sei Jude oder getaufter Jude, haben sich als grundlos erwiesen.
[10] Brief an seinen Vater, 27. Juni 1842; StA Hbg, Nachlaß Marr, A 149, 1 S. 1.
[11] Ebd., S. 3.
[12] Wilhelm Marr, Das Junge Deutschland in der Schweiz. Ein Beitrag zur Geschichte der Geheimen Verbindungen unserer Tage, Leipzig 1846, S. 194.
[13] Ebd., S. 133 (Hervorhebung M. Z.).

unter dem tiefen Eindruck von Feuerbach stand, entschied er sich, das Buch *Die Religion der Zukunft* zu popularisieren und zu veröffentlichen. Diese populäre Version des Buches war ein Erfolg, und das Geld, das Marr damit verdiente, steckte er in die Gründung der radikalen Zeitung *Blätter der Gegenwart für soziales Leben*.[14] 1845 wurde Marr wieder ausgewiesen, diesmal aus Waadt; er kehrte nach Deutschland zurück und ließ sich, nach einer Reihe weiterer Ausweisungen, schließlich in Hamburg nieder. Das Problem Schleswig-Holsteins bewog auch ihn zu scharfer Kritik, die er in der bereits erwähnten Veröffentlichung (in Gedichtform[15]) vorbrachte. Wie zu erwarten war, bestand jedoch ein prinzipieller Unterschied zwischen seinen und Riessers Äußerungen zu diesem Problem. Marrs Gedicht war ein Aufruf zur Revolution:

»[...] Was nicht biegen will, muß endlich brechen
[...] ein *König* spricht von Schleswig-Holsteins *Frage*
Auf, deutsches *Volk*! gib ihm die *Antwort* d'rauf!«

Im Jahre 1846 wirkten also Marr und Riesser zum ersten Mal in derselben politischen Arena. Der eine ein typischer Liberaler und typischer Emanzipationskämpfer, der auf gemäßigte, konstitutionelle, freiheitliche Fortschritte hoffte; der andere ein typischer Radikaler, der in den politischen und sozialen Bereichen mit gründlicher, sogar revolutionärer Umwandlung rechnete.

Die nächsten zwei Jahre waren für Riesser politisch keineswegs allzu fruchtbar. Seine damalige Tätigkeit als Notar – er war im Jahre 1840 zugelassen worden – zwang ihn zu intensiver beruflicher Arbeit. Zur gleichen Zeit versuchte Marr, sich als politischer Journalist zu etablieren: 1847 gründete er das Satireblatt *Mephistopheles*, das nach kurzer Zeit auf Grund einer preußischen Beschwerde vom Zensor verboten wurde. Dieses Verbot blieb bis zur Aufhebung der Zensur im März 1848 in Kraft.

Wie für ganz Deutschland, wurde die Revolution von 1848 auch für Hamburg zu einem Wendepunkt. Auch für Riesser und Marr persönlich waren die Ereignisse von 1848 von großer Bedeutung; hier lag der Hintergrund für die Kontroverse zwischen den beiden. Auf diesem Hintergrund ist es erstaunlich, daß gerade Riesser, der Liberale, von der Revolution zu ihrem Gipfel emporgehoben wurden, während Marr, der Radikale, am Rande der Hauptereignisse in Deutschland und sogar in Hamburg blieb. Riesser wurde 1848 durch seine Aktivität im Frankfurter Parlament, also auf überregionaler Ebene, berühmt; auf lokaler Ebene dagegen war er erfolglos. Zwar wurde er von Hamburg aus zum Vorparlament geschickt, aber die Wahlen zum Parlament selbst verlor er, zusammen mit zwei anderen Kandidaten des liberalen »deutschen Klub«, Baumeister und S. Stramann, gegen die »Kandidaten der Börse«, E. Roß, E. Merck und M. Heckscher.[16] Ein

---
[14] 8 Monatshefte seit Dezember 1844.
[15] Wilhelm Marr, Auch eine Adresse an Schleswig-Holsteins Männer der That, Hamburg 1846, S. 6-7.
[16] Siehe Lüdemann, »Hamburgs Verfassungskämpfe während der letzten zehn Jahre«, in: Die Gegenwart, eine encyklopädische Darstellung neuester Zeitgeschichte IX (Nov. 1853), S. 423. – Riesser wurde durch den Wahlbezirk Lauenburg in die Nationalversammlung gewählt.

Jahr später, als er für die Konstituante in Ersatzwahlen kandidierte, war die öffentliche Meinung in Hamburg mehr auf Demokratie als auf Liberalismus eingestellt. Riesser kam deshalb nur auf den vierten Platz und wurde Ersatzmann und nicht Abgeordneter zur Konstituante.[17] Umgekehrt brachte das Jahr 1848 Marr Erfolg auf lokaler Ebene, d.h. in Hamburg. Da er Radikaler und Hamburg radikalisiert war, war das kein Wunder, obwohl bloßes Glück auch eine wichtige Rolle spielte.[18] Nicht zuletzt war seine Wahl zur Hamburger Konstituante wahrscheinlich auch von den jüdischen Stimmen abhängig.

Da die Juden in Hamburg 1848 eine Minderheit von etwa fünf Prozent bildeten, war das Gewicht der jüdischen Stimmen, hauptsächlich im fünften und sechsten Wahlbezirk, für das Gesamtergebnis der Wahlen von großer Bedeutung. Die zwei größten Wahl-Vereine, die »Patrioten« und die »Liberalen«, d.h. die konservativ-liberale und die liberal-demokratisch orientierten Wahl-Vereine, betonten in ihren Wahlprogrammen »die Sache der Juden«. Im Programm des »Patriotischen Wahl-Vereins« hieß es: »Der Verein erklärt sich für eine, allen Religionsparteien gleiche politische und bürgerliche Berechtigung gewährende Verfassung [...]«;[19] und im Programm des »Liberalen Comites« las man: »Gleiche politische Berechtigung für alle Staatsangehörige, gleichviel welchen Standes, Glaubens oder Vermögens [...].«[20] Unter 31 Kandidaten, von denen man mit Gewißheit feststellen kann, daß sie Juden waren, befanden sich 18 »Liberale«, neun »Patrioten«, zwei, die für beide Parteien kandidierten, und zwei Repräsentanten kleinerer Vereinigungen.[21] Diese Zahlen belegen eine wichtige Tendenz der jüdischen öffentlichen Meinung, nämlich die überwiegende Sympathie für die »Liberalen«, die vermutlich deren liberalem, nicht deren radikalem Flügel galt. Diese Tendenz war beiden Parteien bekannt. Die »liberale« Propaganda betonte mehrmals, daß von den »Patrioten« keine politische und soziale Verbesserung der Lage der Juden zu erwarten sei. Gegen diese Beschuldigung wehrten sich die »Patrioten« mit Heftigkeit: »Wie ist es möglich [...] zu glauben, daß die Patriotische Partei Eure Sache verlassen wird? [...] das ist nicht möglich, wenn unsre Gegner Euch auch dergleichen Verläumdungen beizubringen versuchen! [...] wer hat vor diesen aufgeregten Zeiten die Emancipation vertreten, [...] Eure Sache ist auch die unsrige.«[22]

Und zwei Wochen später, vor den Wahlen im fünften District: »Alle die Verdächtigungen, welche die böswilligen Organe der s. g. Liberalen [erfanden] [...], wurden mit einem Schlage zu Schanden und die Israeliten können nun-

---

17 Die Wahl fand am 15. März 1849 im dritten Bezirk statt. Gewählt wurde Senator Geffken mit 363 Stimmen. Riesser erhielt 308 Stimmen.
18 Marr stand nach den Wahlen (16. Oktober 1848) auf dem 24. Platz im sechsten Wahlbezirk zusammen mit Th. Röding, der dieselbe Stimmenzahl wie Marr erhielt (1.629). Zwischen den beiden entschied das Los für Marr als Abgeordneten und Röding als Ersatzmann (Wahlbezirk 6 schickte nur 24 Repräsentanten in die Bürgerschaft).
19 Der Patriot, 16. Oktober 1848.
20 J. C. C. Krausz, Die Wahlen zur Hamburger Constituante, Hamburg 1848, S. 95; vgl. K.-H. Vitzthum, »Die soziale Herkunft der Abgeordneten der Hamburger Konstituante 1848«, in: ZHG 54 (1968), S. 51-76.
21 Vgl. die detaillierte Liste der Kandidaten bei Krausz, Wahlen.
22 Der Patriot, 16. Oktober 1848 »An die Israeliten«.

mehr ersehen, wo sie ihre wahren Freunde zu suchen und zu finden haben, ob unter den Phrasenmachern, [...] welche noch ganz kürzlich die Tagesblätter mit ihrem Judenhasse erfüllt haben, oder unter denen, die [...] nur das versprechen, was sie halten wollen und halten können!«[23]

Der erste von den oben zitierten Leitartikeln ist am Tage der Wahlen im sechsten Bezirk erschienen, dem Bezirk, in dem auch Wilhelm Marr als radikaler »Liberaler« kandidierte. Während des Wahlkampfes machte Marr keinen taktischen Fehler und griff die »Patrioten« wegen ihrer Stellungnahme in der Frage der Juden an.[24] Immerhin ist die Bedeutung der jüdischen Stimmen in diesem Wahlbezirk erkennbar geworden durch die Wahl N. Frankfurters, des Predigers des Tempelvereins,[25] mit nicht weniger als 2.898 Stimmen. Nur zwei Kandidaten erhielten mehr Stimmen als er.[26]

Im Oktober 1848, als die Wahlen zur Hamburger Konstituante stattfanden, hatte die Nationalversammlung in der Paulskirche ihre Popularität schon zum großen Teil verloren. Für »echte« Demokraten und Radikale, d.h. für diejenigen, die auf eine politische Umwälzung warteten, war das Parlament nicht mehr als eine Farce. Symptomatisch war die Stellungnahme Marrs. Er stellte sich eine *deutsche* Republik vor, *weil* er von einer größeren, umfassenderen Revolution schwärmte. Von dem Moment an, in dem ihm klar wrude, daß diese deutsche Einheit nicht republikanisch und nicht revolutionär, im damals demokratischen Sinne, werden sollte, kehrte er dem Parlament und der deutschen »Revolution« den Rücken und wurde plötzlich zu einem fanatischen Hamburger Partikularisten,[27] um hier im lokalen Rahmen »seine« Revolution durchzuführen. »Die deutsche Einheit ist«, für Marr, »Deutschlands Fluch geworden.«[28]

Ganz anders beurteilten die Liberalen die Frage. Für sie war jeder Schritt nach vorn ein Erfolg, und da die Versammlung in Frankfurt schon mehrere derartige Schritte getan hatte, erschien der totale Verzicht auf den Versuch der Einigung Deutschlands als Rückschlag, den man nicht hinnehmen wollte. Das galt in verstärktem Maße für einen Liberalen wie Riesser. Für ihn, den Kämpfer für die Judenemanzipation, waren die Nationalversammlung und ihre Prinzipien ein enormer Schritt in die erhoffte Richtung. Jeder Schritt, so klein er

---

[23] Der Patriot, 30. Oktober 1848 »Die Sache der Israeliten und der Patriotische Verein«.
[24] Das wird später in Marrs Zeitung *Mephistopheles* betont; 5. November 1848.
[25] Naphtalie Frankfurter war der Prediger des »Reformvereins«, eines Vereins der religiös fortschrittlichen Juden innerhalb der Deutsch-Israelitischen Gemeinde in Hamburg. Auch Gabriel Riesser war Mitglied dieses Vereins und gehörte zeitweise seinem Vorstand an.
[26] Frankfurter war Kandidat der »Patrioten« und der »Liberalen« zugleich; sein Amtskollege, der Prediger G. Salomon, kandidierte für die »Liberalen« und wurde Dritter im fünften Wahlbezirk.
[27] Wilhelm Marr, An Hamburgs Wähler. Ein Wort zur rechten Zeit, Hamburg 1849 (Januar), S. 2: »Es sind wohl nur wenige, welche den Verlust der Selbständigkeit und Unabhängigkeit Hamburgs, seine Einverleibung in einen monarchischen Staat und damit das Aufgeben unserer republikanischen Staatsform überhaupt wünschen. Einem Staat, welcher seit länger als einen Jahrtausend mitten unter allen Stürmen sich als Freistaat zu behaupten gewußt hat, ein solches Schicksal zu wünschen, und dazu geeignete Schritte zu thun, wäre offenbar Landesverrath, gegen welchen die Behörden das Standrecht in Anwendung zu bringen, vollkommen berechtigt sind.«
[28] Mephistopheles, 5. November 1848.

auch sein mochte, wurde als Erfolg betrachtet; die Judenemanzipation, so schien es, stand »ante portas«. Riesser, der nie ein Mann des Entweder-Oder war, war als Liberaler zu weitgehenden Kompromissen bereit. Er war für Zugeständnisse in der Frage der Zentralgewalt. Deshalb hat er dem Vorschlag, die preußischen Könige zu deutschen Erbkaisern einzusetzen, zugstimmt und später, als das Frankfurter Experiment gescheitert war, sogar dem Gothaer Programm. Seine Kompromißbereitschaft hatte, den liberalen Prinzipien gemäß, ihre Grenze dort, wo die Freiheit bedroht war. Eine Vereinigung Deutschlands, die nicht auf diesen Prinzipien beruhte – es waren dieselben, auf denen auch die Judenemanzipation ruhen sollte –, war für Riesser unannehmbar. Nachdem Hamburg sich seit August 1849 faktisch unter preußischer Militärherrschaft befand und wenig später der Erfurter Plan gescheitert war, sagte Riesser: »Ich [würde] es für ein sehr großes Unglück halten, wenn unsere Vaterstadt zu den (Preußen) durch die Noth gefesselt gehört.«[29]

Unter solchen Umständen fiel auch Riesser auf einen hamburgischen Partikularismus zurück, der zumindest die Emanzipation der Juden in Hamburg garantierte: Nachdem schon am 14. Juni 1848 die Reformdeputation auf Antrag des Liberalen Baumeister beschlossen hatte, daß die bürgerlichen und politischen Rechte unabhängig vom religiösen Bekenntnis sein sollten, wurde dieses Prinzip durch die »Provisorische Verordnung behufs Ausführung des § 16 der Grundrechte des deutschen Volkes in Bezug auf die Israeliten« vom 21. Februar 1849 zur Tat gemacht.

In entgegensetzter Weise reagierte Marr auf die gleichen politischen Ereignisse: Er gab seinen Partikularismus auf und forderte die Annektierung Hamburgs durch Preußen! Noch im Januar 1849 hatte er Preußen heftig angegriffen[30] und war für die Unabhängigkeit Hamburgs eingetreten. Während der Debatte in der Konstituante über den ersten Artikel der neuen Verfassung hatte Marr vom Standpunkt eines Republikaners *gegen* die Unterordnung unter das Deutsche Reich gesprochen; um der von ihm erstrebten demokratischen Republik willen war er Hamburger Partikularist. Es war kein Zufall, daß Marrs Gegner in dieser Debatte, Isaac Wolffson, nicht nur ein Liberaler, sondern auch Jude war. Er appellierte an das Gefühl für das deutsche Vaterland, vermochte aber keinen sichtlichen Eindruck hervorzubringen. Sein Vorschlag wurde abgelehnt. Daß Wolffson gegen den Partikularismus auftrat, war deshalb kein Zufall, weil er für ihn als Kämpfer für die Emanzipation der Juden, genauso wie für Riesser, die nationale Einigung Deutschlands die Emanzipation zu garantieren schien.[31]

---

[29] Brief an Frau Senatorin Haller (geb. Oppenheim), 10. April 1850. – Isler, Gabriel Riesser's Gesammelte Schriften, Bd. I, S. 579. – Obwohl er, wie erwähnt, »Gothaer« war (d.h. einer der Frankfurter Abgeordneten, die nach der Ablehnung der Kaiserkrone durch Friedrich Wilhelm IV. und der Auflösung der Nationalversammlung am 26.-28. Juni 1849 sich zu Gotha versammelten und für die Unterstützung deutscher Einheit unter preußischer Herrschaft erklärten), hätte er keine reaktionäre preußische Herrschaft in Deutschland oder nur in Hamburg akzeptieren können.
[30] Mephistopheles, 21. Januar 1849. – Siehe auch Marr, An Hamburgs Wähler.
[31] Die Frankfurter Nationalversammlung erfüllte die Hoffnungen der Emanzipationskämpfer, indem sie am 21. Dezember 1848 die Gleichberechtigung der Bürger aller Konfessionen als eines der Grundrechte der deutschen Nation festgestellt hatte.

4. Judenemanzipation und Judenhaß seit 1848: Riesser und Marr 89

Sechs Monate nach dieser Debatte verlangte Marr also den totalen Verzicht auf Hamburgs Selbständigkeit. Dieses Paradox ist leicht zu erklären: Als die Realisierung der demokratischen Verfassung Hamburgs keine Chance mehr hatte, war Marr bereit, die Unabhängigkeit Hamburgs zu opfern und damit auch seine politischen Gegner in Hamburg zu treffen. Riesser wußte genau, wohin eine derartige Lösung führen würde, und er antwortete auf Marrs Vorschlag in einer Broschüre *Zum Verfassungstreit*,[32] ohne den Namen Marrs zu erwähnen:

»Diejenigen aber, die von jenen Modificationen nichts wissen, die von den Erzeugnissen der Bewegung des Jahres 1848 nichts fahren lassen wollen, und die den Männern der Vermittelung einen noch heftigeren Haß als ihren extremen Gegnern zuzuwenden pflegen, worauf zählen sie denn für den Sieg ihrer Überzeugungen hier und anderwärts? Denn es ist nicht anzunehmen, daß eine politische Parthei sich allein durch ihren Ingrimm über Vergangenes ohne allen Hinblick auf die Zukunft leiten lasse. Sie zählen ohne Zweifel auf eine neue Revolution, und Mancher von ihnen mag mit schadenfroher Lust als auf das beste Mittel zu ihrer Beförderung auf die schlimmsten Schritte der Reaction hinblicken [...]. Ich will diejenigen, die auf eine solche Hoffnung bauen, nur daran erinnern, daß freilich das anhaltende, wenn auch noch so wenig befriedigte Streben nach freisinnigen, volksthümlichen Institutionen dem heimischen Boden unseres Vaterlandes entsprossen ist, daß hingegen revolutionäre Bewegungen hier niemals anders als durch gewaltige Erschütterungen von Westen her sind angeregt worden, und daß eine solche Jedem, der die innere Entwicklung Frankreichs unbefangen beobachtet, in weiterer Ferne als jemals zu liegen scheinen muß: wobei ich davon absehen will, was eine solche, von Außen kommende Erschütterung dem Vaterlande kosten, und wie sie doch auch leicht bei all dem schlimmen Geleite, das sie jetzt mit sich führen dürfte, in der Erregung nationaler Widerstandskraft der Reaction einen mächtigen Bundesgenossen zuführen könnte. Ich meine darum, daß alle die, welche die Freiheit redlich, welche sie um ihrer selbst, um des Rechtes, der Ehre, des Vaterlandes willen lieben, sich zusammenschaaren sollten, um für das Mögliche, das Erreichbare, auch unter ungünstigen Umständen, vereint zu streiten, und daß keiner von ihnen aus verbissenem Unmuth über Geschehenes, dort durch sein Beiseite-Halten, hier durch seine Thätigkeit, den Feinden der Freiheit in die Hände arbeiten sollte.

[...] Ich halte fest daran, daß, wenn auf irgend einem Wege eine Regierung und eine Vertretung des Deutschen Volkes noch zu erzielen sind, die Deutschlands Kraft nach Außen, Deutschlands Recht, Gesetz und Freiheit im Innern schützen und schirmen, Hamburg gleich jeden anderen Staat die dazu nöthigen Opfer bringen muß. Aber ein himmelweit Verschiedenes ist es, sich aus freier Wahl und in freier Überzeugung dem großen Vaterlande zuwenden, oder an der selbstverschuldeten Unmöglichkeit des eigenen Fortlebens küm-

---

[32] Gabriel Riesser, Zum Verfassungsstreit, Hamburg 1850, S. 10-11. – Indirekt antwortete Marr auf diese Schrift mit dem Artikel »Die Hamburger Verfassungsfrage«, in: Mephistopheles, 27. Juli 1851, S. 4.

merlich absterben, durch die Fäulniß innerer Zwietracht vergiftet, willenlos als leichte Beute dem Mächtigen vor die Füße fallen. Ich halte keine Parthei in unserer Vaterstadt für schlecht oder für dumm genug, um auf einen solchen Ausgang zu speculiren.«

Eine neue Revolution war für Riesser gleichbedeutend mit Reaktion; beide hielt er für unerwünscht. Als Liberaler und Jude wählte er den Mittelweg zwischen Reaktion und Revolution, zwischen Verzicht auf Selbständigkeit und Partikularismus: Er gab den Fürsten sowohl wie auch den Demokraten die Schuld am Scheitern des Frankfurter Experiments;[33] er suchte ein Wahlsystem, das gleichzeitig demokratisch und minderheitengerecht war.[34] Riesser zeigte sich also als typischer »Mann des Zentrums« und war deshalb von rechts und links leicht anzugreifen. Einen solchen Angriff führte Marr, der sich damals eigentlich auf beiden extremen politischen Flügeln befand.

Nach einer Rede, die Riesser auf einem Bankett zu Ehren Heinrich Gagerns gehalten hatte, schrieb Marr:[35] »Im Patrioten[36] zanken sich ein M. und ein D. um Gabriel Riesser. Der eine nennt ihn roth der andere weiß. Ich glaube sie haben alle beide Unrecht, denn der Mann von Gotha ist weder roth geworden noch konnte er sich weiß waschen. Wir unsererseits werfen ihn zu den Todten.«

Und kurze Zeit danach griff er Riesser mit einem Gedicht an:[37]

»Er schwärmt für einen guten Tisch
und schwärmte für Preußens König
[...] er [hat] das Parlament
Das Deutsche, von Frankfurt geläugnet.«

Diese Zitate drücken einen unleugbaren Haß aus. Es steht hier nicht nur der frustrierte Radikale dem scheinbar erfolgreichen Liberalen gegenüber. Eine Spur der Judenfeindschaft ist zu erkennen. Schon in der frühen Broschüre *Die Jacobiner in Hamburg*, die er 1848 anonym veröffentlicht hatte, hatte er bei jüdischen »Jacobinern« ihre Abstammung erwähnt und die Verteidiger des Judenemanzipation Gerke und Christern[38] in grober Weise karikiert.

Eine rein jüdische Sache, die Marrs Zorn erregte, war die Frage der »Mischehen«. Am 25. September 1851 erließ der Senat nach längerer Diskussion eine »provisorische Verordnung«, die die Zivilehe einführte, allerdings nur für Ehen zwischen Christen und Juden. Marr, der gerade als Atheist besonders radikal war, betrachtete diese Regelung mit Skepsis: für ihn als Kritiker der Instituti-

---

33 Bericht über Riessers Rede zu Ehren H. von Gagern in: Der Patriot, 28. Oktober 1849.
34 Ebd., 4. Juli 1849.
35 Mephistopheles, Januar 1850.
36 Die Zeitung »Der Patriot«. Gemeint sind zwei Artikel, die im Januar 1850 erschienen, S. 619.
37 »Der dicke Gabriel«, in: Mephistopheles, 27. Oktober 1850.
38 Die beiden schilderten ihre Vorschläge zur Judenemanzipation (oder wenigstens zur nicht judenfeindlichen Lösung der Judenfrage) in den folgenden Schriften: Friedrich Klemens Gerke, Diversion eines Christen im Freiheits-Kampfe der Juden, Altona 1835; Der Juden Sache ist unsre Sache. Zweite Diversion im Freiheits-Kampfe der Juden, Hamburg 1843; Johann Wilhelm Christern, Der neue Judenfresser, Hamburg 1841.

on der Ehe³⁹ war es ein Versuch, dem Hauptproblem auszuweichen. Er seinerseits verlangte die totale Abschaffung der kirchlichen Ehe und die Einführung der obligatorischen Zivilehe. Für einen Radikalen, einen Mann des Entweder-Oder war diese Verordnung keine »zeitgemäße Neuerung«,⁴⁰ sondern ein Ausweg für Juden, die ohne Taufe Christen heiraten und so sich assimilieren wollten. Tatsächlich war gerade das die Absicht Riessers, der nach Erlaß der Verordnung einen Dankbrief an den Senat schrieb. Ein jüdischer Journalist kommentierte: »[...] niemals wird die Emancipation vollbracht werden, bis der äußere Typus der Juden, das äußere Zweierlei der Nationen, getilgt ist, und dies kann nur durch fleischliche Kreuzung möglich gemacht werden.«⁴¹

Riesser, der Liberale, der jeden kleinen konstitutionellen Schritt nach vorn begrüßte, sah in dieser Verordnung einen weiteren liberalen Schritt in Richtung Emanzipation. Das war für Riesser das Entscheidende, und gerade damit konnte Marr nicht einverstanden sein. Prinzipiell war es, seiner Meinung nach, ein Paradox, daß etwas so Fortschrittliches wie die Zivilehe nur Reaktionären zugute kommen würde, die um der Eheschließung mit einem Andersgläubigen willen ihren eigenen Glauben nicht aufgeben mochten. Dieses Paradox aufzuheben, wäre, schrieb Marr mit dubiosem »Humor«, wenn »die Juden verbrannt werden«.⁴² Daß es für Marr nicht nur um ein Diskussionsthema zwischen Liberalen und Radikalen ging, zeigt eine Karikatur in seiner Zeitung *Mephistopheles* mit dem Titel »Diskussion über Staat und Kirche«. Dort wird Riesser von Marr mit einem Stock geschlagen...

1852 begannen für Hamburg und auch für Riesser und Marr persönlich sieben magere Jahre. Marr reiste nach Zentralamerika, um dort seine kaufmännische Tätigkeit wieder aufzunehmen.⁴³ Riesser blieb in Hamburg und teilte seine Zeit zwischen seiner beruflichen Tätigkeit als Notar und jährlichen Reisen. Für Hamburg war es, wie für ganz Deutschland, die Zeit der Reaktion, und der Versuch von Liberalen und Demokraten zugleich, die Herstellung einer neuen Verfassung für Hamburg zu erreichen, kam äußerst mühsam voran. Erst 1859, als die »neue Ära« in Preußen anbrach, konnte die neue, langerwartete Hamburger Verfassung endlich zur Realität werden. Zum ersten Mal trat eine gewählte, überwiegend liberale Bürgerschaft zusammen.⁴⁴ Diese Bürgerschaft sollte über die neue, jedoch konservativ-liberale Verfassung abstimmen. Eines der Mitglieder der Bürgerschaft war Gabriel Riesser.

Wie schon seiner Rede zur Schiller-Feier zu entnehmen war, war Riesser auch zehn Jahre nach der Revolution bei seinem liberalen Credo geblieben. Nach wie vor war er ein respektierter Politiker, was darin zum Ausdruck kam,

---
39 Er schrieb das Buch *Der Mensch und die Ehe vor dem Richterstuhl der Sittlichkeit*, Leipzig 1848.
40 Mephistopheles, 21. September 1851.
41 Der Orient, 12. Oktober 1850.
42 Mephistopheles, 24. August 1851 »Auch ein Wort über Mischehen«.
43 Er blieb dort tatsächlich mit einer längeren Unterbrechung sieben Jahre. Im August 1853 kehrte er nach Hamburg zurück, heiratete seine erste Frau am 21. Mai 1854 und reiste Anfang Juli 1854 nach Amerika zurück. – Ein Bericht über seinen Aufenthalt in Amerika findet sich in: Wilhelm Marr, Reise nach Central-Amerika, Hamburg 1870.
44 Detaillierte Information über die Mitglieder dieser Bürgerschaft in: W. Heyden, Die Mitglieder der Hamburger Bürgerschaft 1859-1862, Hamburg 1909.

daß er zum ersten Vizepräsidenten der Bürgerschaft gewählt wurde.[45] Im Rahmen seiner neuen politischen Tätigkeit befaßte er sich auch wieder mit jüdischen Problemen. Zusammen mit Isaac Wolffson, der als liberaler Jude nicht weniger prominent war als er selbst, schlug Riesser, um die rechtliche und soziale Assimilierung der Juden zu beschleunigen, »die Aufhebung des mosaischen Rechts für Matrimonial-, Testaments- und Erbschaftssachen der Juden« vor. Der Vorschlag fand ein positives Echo, doch zog sich die Angelegenheit trotzdem in die Länge. Am 12. März 1860 wurde ein Bürgerschaftsausschuß zur Beratung des Riesser-Wolffsonschen Vorschlags gebildete, aber erst nach zwei Jahren kam er wiederum vor die Bürgerschaft und wurde abschließend gebilligt. Inzwischen war eine öffentliche Diskussion über die generelle Einführung der Zivilehe in Gang gekommen, die seit neun Jahren nur für »Mischehen« galt. Der bedeutendste Demokrat unter den Juden, Anton Ree, bereitete infolgedessen einen Gesetzentwurf vor, der die Zivilehe verbindlich machen sollte. Ree, der Direktor der jüdischen Freischule, war schon 1848 als Demokrat und Radikaler für die totale Trennung von Staat und Kirche eingetreten. Gegen seinen neuen Gesetzentwurf protestierte jetzt Riesser. Als Liberaler trat er zwar auch für die Zivilehe ein, wollte aber von ihrer zwangsweisen Einführung nichts wissen, da dies die Glaubensfreiheit von Juden und Christen außer acht lassen und damit ein anti-liberaler Akt sein würde. Marr sah genauso wie sein demokratischer Kollege Ree in diesem liberalen Argument einen Widerspruch und eine Heuchelei.

Marr, der 1859 aus Amerika zurückgekehrt war, wurde erst Anfang 1861 in die Bürgerschaft gewählt. Eine persönliche Konfrontaton zwischen dem liberalen und dem demokratischen Abgeordneten war unvermeidlich.

Eine gute Gelegenheit dafür bot die Frage Kurhessens, die am 8. Juni 1861 auf der Tagesordnung der Bürgerschaft stand. Die liberale kurhessische Verfassung von 1831 wurde vom Kurfürsten am Beginn der »Zeit der Reaktion« gegen den Willen des Landtags aufgehoben. Danach spielte der kurhessische Verfassungsstreit eine entscheidende Rolle in der Auseinandersetzung zwischen Preußen und Österreich (1850) und wurde später zu einem Symbol im Kampf gegen die Reaktion und gegen österreichische Herrschaft. 1859 sollte sich der deutsche Bundestag mit dieser Frage wieder befassen, und die Bundesstaaten wurden aufgefordert, ihre Stellungnahmen zu formulieren. So kam es dazu, daß nach einer Diskussion der Bürgerschaft ein Ausschuß gebildet wurde (7. Mai 1860), dessen Vorsitzender – Gabriel Riesser – ein Jahr später der Bürgerschaft den Bericht des Ausschusses vortrug. In der anschließenden Debatte verlangten die Radikalen (oder Demokraten) faktisch einen Feldzug gegen Österreich, den Bund und die Reaktion, während die Liberalen für die Wiederherstellung der Verfassung mit verfassungskonformen Mitteln eintraten. Über die Argumente finden wird den folgenden Bericht in der damals ausgewogensten Zeitung Hamburgs, den *Hamburger Nachrichten*:[46] »Er [Rie-

---

[45] Seit dem 17. Oktober 1860 war Riesser auch Mitglied des Obergerichts in Hamburg.
[46] Hamburger Nachrichten, 10. Juni 1861. – Ein stenographisches Protokoll wurde damals noch nicht geführt.

4. Judenemanzipation und Judenhaß seit 1848: Riesser und Marr

sser] hofft allerdings auf einen *moralischen* Sieg des Rechtes in der kurhessischen Sache, und fragt die Gegner, ob sie denn etwa Kanonen auffahren wollten, um Kurhessen zu helfen?«

Marr griff Riesser direkt an: »Der Verfasser desselben [Berichts] habe in demselben abermals den kritischen Scharfblick bewährt, der ihn stets veranlaßt, sich außerhalb des Bereichs der Kanonen zu halten; er gehörte zu jenen Leuten, die es trefflich verständen, den Kopf in den Sand zu stecken, wenn die Kugel komme, die aber selbst dann, wenn die Kugel glücklich vorüber, die Ihrigen nicht gegen die feindliche Batterie, sondern vorsichtig weiter rückwärts führten.«

Auf diesen persönlichen Angriff antwortete Riesser zurückhaltend: »Er danke jenem Redner für die offene Aufkündigung jeder Gemeinschaft zwischen Jenem und ihm und den Seinen; er gebe diese Aufkündigung mit Stolz zurück; aber er stelle es in Abrede, daß die Partei, zu der zu zählen er sich zur Ehre rechne, jemals eine Bundesgenossenschaft mit jenem Redner und seinesgleichen gesucht [...] Seine [Riessers] Gesinnungsgenossen [...] erstrebten aufrichtig eine wahre Freiheit, aber eben deshalb verschmähten sie den Beistand dieser Partei, wohl eingedenk, daß in einem Nachbarlande die Freiheit noch nach fast einem Jahrhundert unmöglich ist, weil die gedachte Partei ein halbes Jahr darin geherrscht hat [...].«

Als Riesser die Zweckmäßigkeit einer friedlichen und konstitutionellen Lösung derartiger Fragen darlegte, unterbrach Marr ihn mit dem Zwischenruf »Karl der Erste!« Darauf kam die schlagfertige Antwort Riessers: »Wenn Marr den Bundestag köpfen wolle, möge er es thun!«

Hinter dieser Konfrontation, die ganz deutlich den Unterschied zwischen dem Liberalen und dem Radikalen zeigt, steckt auch die Rivalität zwischen dem erfolgreichen jüdischen Politiker und seinem Gegner. Marrs Erinnerungen deuten darauf hin, wie wichtig diese Szene in diesem Zusammenhang war:[47] »Der zweite Spott, den der Jude Riesser an der Hamburger Bürgerschaft machte, war folgender: Er brachte die kurhessische Frage aufs Tapet. Die Hamburger Bürgerschaft sollte in dieser Frage eine nichtssagende und nichts bedeutende ›Resolution‹ fassen und G. Riesser war Referent in dieser Frage und so gesetzten Ausschusses. An der Debate beteiligte der Jude sich nicht.

Er ließ uns Demokraten reden, er ließ uns sagen, daß wir mit dem Bundestag nichts zu thun haben wollten, und daß die kurhessische Frage ohne den Bundestag gelöst werden müßte (wie es denn auch 1866 geschah).[48] Nachdem die Debatte geschlossen war und der bis dahin schweigsame ›Berichterstatter‹ Riesser in seinen Dickwanst die Flaumkuchen verdaut hatte, erhob sich der Dickwanst und donnerte gegen uns, die Linke, los, als gegen eine Partei von ›Blut und Kot‹, die den gesetzlichen bundestaglichen Weg nicht wollte. ›Ich rufe dieser Partei von ›Blut und Kot‹ den Namen John Compden [sic!] vom

---

[47] Nachlaß Marr, B. I – Memoiren, e: Teil 5, 1860-1867, S. 63-68.
[48] Hervorhebung M. Z.; diese Worte können auf den wahren Inhalt von Marrs ehemaligem Demokratismus hinweisen.

›longer Parliament‹ in England entgegen, den Namen des Mannes des Gesetzes!‹ brüllte der jüdische Dickwanst. W. Marr (im Platzen): ›Und ich rufe Ihnen den Namen Karl Stuart I. entgegen, für dessen Todt durch Henkersbeil John Compden im ›longer Parliament‹ gestimmt hat.‹

Ich sehe noch heute, wie der liberale jüdische Dickwanst auf der Rednertribüne emporschnellte mit den billigen Worten: ›Ja, wenn Herr Marr den Bundestag köpfen will [...].‹ Die Stimme erstarb dem Fettlümmel in der Kehle. So frech verfälschte die jüdische liberale Lümmelei die Weltgeschichte [...] Ohne meinen *geschichtskundigen Zwischenruf* hätte die ganze Bürgerschaft sich blamirt. So aber blamirte sie sich nur mit einer Majorität von 2 Stimmen! [...] Politisch habe ich diesen reformjüdischen Dickwanst damit tot gemacht [...] Und dieser oberflächliche jüdische Dickwanst konnte decennienlang in Deutschland eine Rolle spielen!«[49]

Die lange Zeit, die zwischen den Ereignissen und der Niederschrift der Erinnerungen liegt, ist wahrscheinlich die Ursache für die faktischen Fälschungen: Diese Debatte hat Riesser nicht »politisch tot gemacht«. Er blieb politisch aktiv und war ein halbes Jahr nach der fraglichen Sitzung sogar vertretungsweise Präsident der Bürgerschaft. Als Präsident der Bürgerschaft hatte Riesser während einer turbulenten Debatte noch einmal Gelegenheit, Marr zu Ordnung zu rufen; (es ging um einen Vorschlag zum Bau dreier Dampfkanonenboote zum Schutz der norddeutschen Küsten; Marr agierte gegen diesen Vorschlag).[50]

Das damalige Verhältnis Marrs zu Riesser deutete noch nicht auf eine klare judenfeindliche Stellungnahme des ersteren. Im demokratischen Verein saß er mit mehreren Juden zusammen, und seine Beziehungen zu Mitgliedern des »Vereins für Gewissensfreiheit«[51] waren freundlich. Durch diese Beziehungen wurde er sogar in die inneren Streitigkeiten der Juden verwickelt.

Die politisch aktivsten Juden wie Riesser, Wolffson, Ree und mehrere andere waren zugleich Reformjuden, d.h. solche, welche die jüdische Religion zu reformieren versuchten. Indem diese Reformjuden die Gleichberechtigung der Juden erstrebten, gefährdeten sie die traditionellen Institutionen der Gemeinde. Jedes Bestreben, in diese Richtung zu wirken, wie zum Beispiel das Wirken für die Zivilehe und das Erbschaftsrecht betreffende Gesetze, stieß auf heftige Opposition von seiten orthodoxer Juden. Als 1862 ein mit 169 Unterschriften versehenes Memorandum an den Gemeindevorstand gerichtet wurde, in welchem die Forderung ausgesprochen war, daß die Deutsch-Israelitische Gemeinde[52] als solche aufgelöst werden möge, begann eine heftige Diskussion, an der sich auch

---

[49] Der erwähnte Politiker hieß nicht Compden, sondern Hampden, berühmt für sein Mitwirken in der »Petition of Rights«, im Kampf gegen die »Schiffsabgabe« usw. Als Mitglied des »Long Parliament« beteiligte er sich 1642 an der Verurteilung des Königs, wurde aber im Krieg 1643, also sechs Jahre vor der tatsächlichen Hinrichtung Charles I., getötet.
[50] 35. Sitzung, 16. Oktober 1861.
[51] Gegründet 1858.
[52] Dieser Vorschlag betraf noch nicht die viel kleinere Portugiesisch-Israelitische Gemeinde in Hamburg.
[53] Nachlaß Marr, B. I. e, S. 69.

4. Judenemanzipation und Judenhaß seit 1848: Riesser und Marr

Nichtjuden beteiligten. Einer von ihnen war Marr, der die Lage so sah:[53] »Das Reformjudenthum verlangte, daß das ganze Armenwesen verstaatlicht werden sollte, damit [...] ›der letzte konfessionelle Unterschied verschwände.‹« Marr, dem Radikalen, dem Atheisten und Gegner des »Establishments«, erschien diese Zielsetzung der Reformjuden – unter denen sich auch mehrere Demokraten befanden – berechtigt. Unter dem Einfluß dieser Diskussion schrieb er ein Buch.[54] »Noch einmal flammte mein Philosemitismus auf«, kommentierte er später, »ich schrieb eine Broschüre und ließ den Titel offen, predigte darin die vollständige Verschmeltzung des Judenthums mit dem Arierthum.«

Diese »philosemitische« Schrift, die im Januar oder Februar 1862 verfaßt wurde, war eine Attacke gegen die jüdische Orthodoxie. Marr hatte sogar die Vorstellung, daß seine demokratischen jüdischen Kollegen, die für die Auflösung der Gemeinde waren, mit dem Inhalt dieser Schrift einverstanden sein würden. In seinen Memoiren erzählte er:[55] »Bona fide und wunderglaubend, welchen Vogel ich abgeschossen hätte, gab ich das Manuskript einem mir befreundeten jüdischen Advokaten, Dr. Lazarus,[56] zu lesen. ›Laß' das Ding besser ungedruckt‹, sagte er mir. ›So geistreich es geschrieben ist, man wird dich nicht verstehen. Man wird dich die *Risches* (Judenhaß) verdächtigen.‹ Ich folgte dem Rath und das ›Ding‹ blieb ungefähr 5 Monate in meinem Schreibpult liegen.«

Als das Buch Ende 1862 erschien, war der Titel *Judenspiegel*, und die Angegriffenen waren nicht mehr nur die orthodoxen Juden, sondern auch die »Reformjuden«. In seinen Memoiren hieß es:[57] »Inzwischen dauerte der Kampf zwischen Reform- und Orthodoxen-Juden fort [...] Das Endresultat war, ich ignorirte diese ganze Judenverwaltungsfrage und dachte, frei nach Heine; [...] ›daß sie alle beide stinken‹, nämlich die Reform- und die Orthodoxen-Juden.« Diese Erklärung ist zu allgemein, um wahr zu sein. Dahinter verbergen sich die Reibereien im demokratischen Verein, die nach der Veröffentlichung des *Judenspiegels* kein Geheimnis mehr waren, vor allem aber eine »Krampfreaktion« auf Riessers Aktivität, nämlich in der oben erwähnten Frage[58] der Zivilehe, die sich gerade in diesen Monaten sehr zuspitzte. Daß Riesser dem Einwand der Unverbindlichkeit der Zivilehe mit einem liberalen Argument, nämlich dem Argument der Gewissensfreiheit, begegnet war, wurde für Marr zum unleugbaren Beweis dafür, daß die Juden, wenn auch liberal oder demokratisch engagiert, nur im Dienste des Judentums kämpften. Riessers Argument, so kommentierte Marr später,[59] »lag ein echt ›jüdisches‹ Motiv zu Grunde! Ein Civilehestandsregister? Bei Leibe nicht! Wo bleibe Israel?«

Dreißig Jahre später schrieb er:[60] »Herr Riesser setzte es mit talmudischer Spitzfindigkeit – im Namen der ›Gewissensfreiheit‹ – durch, daß die Civilehe

---

[54] Ebd., S. 70.
[55] Ebd.
[56] Demokrat; kandidierte 1862 für die Bürgerschaft, blieb jedoch ohne Erfolg.
[57] Nachlaß Marr, B. I. e, S. 70-71.
[58] Vgl. oben zur Tätigkeit Riessers im Zusammenhang der Frage der »Mischehen«.
[59] Wilhelm Marr, Judenspiegel, 5. Aufl., Hamburg 1862, S. 54 n.
[60] Nachlaß Marr, B. I. e, S. 62-63.

fakultativ werde [...] und unsere Demokraten gingen wirklich auf diesen jüdischen Leim ein.« Der Zusammenhang, in dem diese Stelle sich in Marrs Memoiren findet, deutet darauf hin, daß die Person Riessers seine »Konversion« zum Antisemitismus veranlaßte.

Für die öffentliche Meinung war der *Judenspiegel* keineswegs mehr ein überraschender Beweis für Marrs »Umkehr«. Anfang Juni 1862 bat ein demokratischer Freund Marr um Hilfe im Kampf für die Judenemanzipation in Bremen. Marr verweigerte ihm die erwartete Unterstützung und begründete dies in einem Brief im *Courier an der Weser* mit demokratischen Argumenten:[61] »In jedem staatlichen Verband hat sich die Minorität den Statuten der Majorität zu fügen [...] Wollen die Juden in unserm Staatsverband leben und gleiche Rechte mit uns genießen, [so dürfen sie] vor allem keinen kirchlichen noch politischen Staat im Staate [...] bilden [...].«

Angesichts der Tatsache, daß Riesser, Wolffson, Ree und andere gerade die Aufhebung des jüdischen »Staates im Staate« erstrebten, stand dieses Argument auf schwachen Füßen. Deshalb fügte Marr ergänzend hinzu:[62] »Zunächst handelt es sich bei den Juden gar nicht um die Emancipation [...] Den instinktiven Volkswiderwillen gegen das Judenthum rotten sie mit der s. g. Emancipation nicht aus, und dies rächt sich dadurch, daß es zum Satelliten der Reaction wird, wovon wir hier in Hamburg die deutlichsten Beweise haben [...] Ich und mehrere gleichgesinnte Freunde besuchen auch die hiesige Bürgerschaft [...] nicht mehr, wo Abrahams Same den getreuen Satelliten der Reaction spielt.« Zweifellos zielen diese Worte auf die beiden jüdischen Liberalen Riesser und Wolffson, mit denen Marr einen Monat früher in der Bürgerschaft in heftigen Streit über prinzipielle Verfassungsfragen geraten war. Ein weiterer Beweis dafür ist der folgende Absatz aus dem *Judenspiegel*:[63]

»Es ist notorisch, daß die Juden, ultraradikal in ihrer Mehrheit vor der Emancipation, nach derselben Schaarenweise ins Lager der Reaction oder des doctrinären Justemilieu übergelaufen sind, daß ein Jagen und Drängen nach Staatsstellen unter ihnen vorherrscht [...] Als in Hamburg ein Jude [Riesser] zum Obergerichtsrath erwählt wurde, äußerte sich ein Freund von uns sehr treffend: ›Sehen Sie, ganz Israel ist besoffen, nicht etwa weil ein Mann von Talent die Stelle erhalten, sondern weil der Mann ein Jude ist‹ [...] Es ist ein Fact, daß die Juden in der großen Mehrzahl uns im Stiche ließen [...], nachdem sie ihre Emancipation erlangt hatten.«

Sehr gefährlich war Marrs Versuch, durch naturhistorische Postulate seine auf demokratischen Prinzipien begründeten Argumente zu ergänzen. Da erschien plötzlich der Rassist:[64] »Ich bin der Meinung, das Judenthum, [...] weil es eine *Stammeseigenthümlichkeit* ist, verträgt sich mit unserem Staatsleben nicht. Es muß, einer innern Natur nach, einen Staat im Staate zu bilden trachten. [...] Es verträgt sich das *orientalische Element* politisch und social nicht

---

[61] »Zur Judenfrage«, Courier an der Weser (Bremen), Beilage zu Nr. 161, 13. Juni 1862.
[62] Ebd.
[63] Judenspiegel, S. 38.
[64] Courier an der Weser, Beilage zu Nr. 161, 13. Juni 1862.

4. Judenemanzipation und Judenhaß seit 1848: Riesser und Marr

mit dem unsrigen [...].« Und im *Judenspiegel* heißt es:⁶⁵ »Der Unterschied zwischen Germanen und Orientalen ist zu gros in der Race.«

Eine der ersten Reaktionen auf den »Bremer Brief« und den *Judenspiegel* waren die Enthüllungen über Marrs Aktivitäten im Laufe seiner zentralamerikanischen Zeit: 1852 hatte er für das Konsulat Costa-Ricas in Hamburg gearbeitet, indem er deutsche Arbeitskräfte für Costa-Rica rekrutierte. In den Zeitungen wurde diese Tätigkeit wahrscheinlich zu Unrecht als Menschenhandel bezeichnet.⁶⁶ Dazu kamen im Zusammenhang mit dem Bürgerkrieg in den USA einige »negerfeindliche« Bemerkungen, und die totale Blamage Marrs in seinem eigenen Kreis, d.h. bei den Demokraten, war nicht mehr zu vermeiden. Der »Verein für die Gewissensfreiheit«, dessen Vorsitzender Anton Ree war, bekundeten Marr offen seine Mißbilligung. Im »Demokratischen Verein« wurde am 30. Juni ein neuer Vorstand gewählt. Nur ein Mitglied des alten Vorstands wurde nicht wiedergewählt – Wilhelm Marr. Er wurde durch Dr. Wex, der sich gegen Marrs judenfeindliche Äußerungen und gegen seine »amerikanischen Aktivitäten« ausgesprochen hatte, ersetzt.

Die sachliche Kritik an Marr verknüpfte sich mit der politische Taktik der politischen Vereine. In der demokratischen Zeitung *Freischütz*, an der Marr selbst mitgewirkt hatte, erschienen zwei Leitartikel über diese Frage. Der Kritiker enthüllte hinter den hochtrabenden Phrasen Marrs die schlichte, lokale, persönliche Motivation:⁶⁷ »Wenn sie [die Juden] sich über eine thatsächliche Anerkennung ihrer Gleichberechtigung [Riesser Wahl zum Obergerichtsrat] die Hände reiben, so thun sie nur, was allen andern in gleichen Lagen auch [thun würden]. In der hereinbrechenden Reaction spiegelt sich in dem kleinen Kreise des Judenthums vollkommen getreu die Entwicklung der ganzen Nation [...] Und wenn er [Marr] [...] seinen Blick nicht über das Weichbild von Hamburg zu erheben vermag, so hätte er wenigstens anerkennen sollen, daß die jüdischen Trabanten der hamburgischen Reaction, die er, wie jeder weiß [!], zunächst im Sinne hat, nie Ultra-Radikale gewesen.«

Eine schriftliche Erwiderung Riessers oder Wolffsons auf Marrs Angriff gegen die Juden ist nicht zu finden, möglicherweise weil sie eine solche unter ihrer Würde hielten. Julius Stettenheim, ein damals in Hamburg lebender jüdischer Satiriker, griff Marr in dem Pamphlet *Der Judenfresser*⁶⁸ an, dessen Pointe eine Karikatur war. Unter dem Titel »Teufel, du läßt deine Maske fallen« steht der »Teufel« Marr vor einem Grab und beerdigt seine Maske. Auf dieser Maske steht das Wort »Demokrat«!

Aber auch Stettenheim fürchtete keine weiteren Komplikationen:⁶⁹ »Mein lieber Wilhelm [...]«, sagte er, »wenn Sie glauben, daß Sie im Stande sind, mit solchen Waffen etwas gegen einen einzigen Juden auszurichten, dann sind Sie

---

⁶⁵ Judenspiegel, S. 54.
⁶⁶ Freischütz Nr. 79, 3. Juli 1862; S. 2; ebd., S. 4 – Brief an W. Marr; Freischütz Nr. 86, 19. Juli 1862, S. 3. – Diese Beschuldigungen wurden gegen Marr schon während seines kurzen Aufenthalts in Hamburg 1853 erhoben.
⁶⁷ »Die Judenfrage«, in: Freischütz Nr. 79, 3. Juli 1862; und Nr. 80, 5. Juli 1862.
⁶⁸ J. Stettenheim, Der Judenfresser, ein »Wohl bekomm's«, Hamburg 1862.
⁶⁹ Ebd., S. 2.

Tip-Top.« Diese Bemerkung ist für die Reaktion der Hamburger Juden charakteristisch: Sie nahmen Marrs Angriff nicht allzu ernst, denn in den sechziger Jahren war die Emanzipation schon eine gesetzliche Gegebenheit. Ganz anders hatten die Juden dreißig Jahre früher reagiert, als die Emanzipation ein unsicheres, fernes Ziel war. Damals hatten sich die Vorkämpfer der Emanzipation gezwungen gesehen, auf derartige Schriften zu reagieren, wie es zum Beispiel im Fall Riesser gegen Eduard Meyer geschehen war.[70]

Diejenigen also, die sich durch diese Publikationen Marrs am meisten bedroht fühlten, waren paradoxerweise nicht Juden, sondern die Demokraten; und eine gewisse historische Ironie liegt in der Tatsache, daß diese Streitfrage von den Demokraten zur Ausschaltung *beider* Kontrahenten, Marr und Riesser, benutzt wurde. Drei Jahre nach den ersten Bürgerschaftswahlen sollten verfassungsgemäß Neuwahlen stattfinden, und zwar in der Hälfte der Wahlbezirke. Diese Bezirke wurden ausgelost; darunter befanden sich auch die Bezirke 18 und 28 – Riessers bzw. Marrs Bezirke. Marrs Niederlage kam nicht unerwartet, denn »der Bruch mit der ›Demokratie‹ und dem ›Verein für Gewissensfreiheit‹ war vollzogen durch die Judenfrage.«[71] Schon in Bürgerschafts-Debatten hatten Marr und die Demokraten einander gegenübergestanden, und einen Zielpunkt für Marrs Angriffe auf die Demokraten bildeten die politischen Anschauungen Anton Rees.[72] Im Wahlkampf stand Marr allein, und sein Mißerfolg ist deshalb nicht verwunderlich. In seinem Wahlbezirk wurden die demokratischen Kandidaten mit großer Mehrheit gewählt; Marr erhielt nur zehn Stimmen. Damit war seine politische Karriere in Hamburg beendet. Riessers politisches Ende war ebenfalls vorauszusehen, nur sein Abtreten auffälliger. Riesser hatte öffentlich seine Bereitschaft erklärt, weiter Bürgerschaftsmitglied zu sein. Der Grund dafür, laut Riesser selbst, war,[73] »daß sein Patriotismus ihm gebot als Candidat für die Bürgerschaft aufzutreten, um eine, seiner Meinung nach verderbliche Richtung von derselben fern zu halten.«

In einer Versammlung der Wähler des 18. Wahlbezirks, die am 17. Oktober 1862 unter dem Vorsitz des Demokraten Wex stattfand, wurde vorgeschlagen, gegen Riessers Kandidatur zu stimmen. Riesser wurde antidemokratische Politik vorgeworfen, weil er, erstens, für die Beibehaltung des damaligen Conscriptionssystems, zweitens, für die Deputationswahlen zur Bürgerschaft und, drittens, für »unliberale Justizvorlagen« war. Die Versammlung stimmte mit großer Mehrheit diesem Entwurf zu und deklarierte Riesser als einen Mann,

---

[70] Ed. Meyer, Gegen L. Börne, Altona 1831; Gabriel Riesser, Börne und die Juden. Ein Wort der Erwiderung auf die Klagschrift des Herrn Dr. Eduard Meyer gegen Börne, Altenburg 1832; Ed. Meyer, Nachträge zu der Verurtheilung der Börne'sche Briefe aus Paris, Altona 1832. – Gabriel Riessers Taktik war seit Jahren allerdings, »nie einen Streit gegen Antipathien« zu führen.« – Brief an Frau Haller, 30. April 1837, Islers, Gabriel Riesser's Gesammelte Schriften, Bd. I, S. 236-237. Marr kämpfte später gegen die von ihm so genannte »Taktik des Todtschweigens«.
[71] Nachlaß Marr, B. I. e, S. 82.
[72] Leserbrief unter dem Titel »Herr Dr. Ree«, veröffentlicht im Freischütz Nr. 97, 14. August 1862, S. 3.
[73] Hamburger Nachrichten, 27. Oktober 1862. – Der Bericht bezieht sich auf eine Rede Riessers in einer Wahlversammlung der Liberalen, wo er heftig angegriffen wurde.

der das Vertrauen der Wähler im 18. Bezirk nicht mehr verdiene.[74] Trotzdem schlug die liberale Partei, also die Partei der gemäßigten Liberalen, die mit der »Demokratischen Partei« konkurrierte, Riesser als Kandidaten vor. Im Laufe des Wahlkampfes war Riesser das Ziel verschiedener Angriffe, so daß sogar die demokratische Zeitung *Freischütz* Mitleid für ihn zeigte. Es sei ein wehmütiges Gefühl, schrieb dort ein Kolumnist, Riesser beim Auftreten auf der politischen Bühne zu sehen: Er glaube an die Verfassung von 1860, und treibe Politik, als ob sich seit 1848 nichts geändert hätte. »Daß er aber seit mehr als einem Decenium in der Politik bei *allen* Parteien als ›komische Person‹ gilt, weiß jedermann [...].« Was Riessers Ruhm als *deutscher* Politiker betraf, so schrieb der Journalist: »Herr Dr. Riesser [soll] auch vom deutsch-patriotischen Standpunkt aus nicht gewählt werden, da in ganz Deutschland die Reichsverfassung wieder Mode geworden ist, welche Riesser bekanntlich [...] verlassen hat.« Damit meinte der Journalist Riessers »Gothaer« Vergangenheit.[75]

Es ist anzunehmen, daß es weniger derartige Argumente als vielmehr Tatsachen – wie zum Beispiel Riessers Oppositioin gegen die Abschaffung der Accise – waren, die Riessers Mißerfolg herbeiführten. Es war nicht zu leugnen, daß Riesser während der ständig zunehmenden Radikalisierung Hamburgs an seinen veralteten liberalen Prinzipien festhielt. Er scheute die aufsteigende »Demokratische Partei«, welche die Nachfolgerin des radikalen Flügels des »Liberalen Wahl-Vereins« von 1848 war, und da die Judenemanzipation in Hamburg ein Fait accompli war, zeigte Riesser eine besondere Abneigung gegen radikale Änderungen. So erklärt sich seine Niederlage, die Niederlage eines Liberalen. Riesser erhielt nur 19 Stimmen, sein liberaler Kollege sogar noch weniger,[76] während die demokratischen Kandidaten 66 bzw. 63 Stimmen erhielten.[77] Zwei Tage nach der Abstimmung der Bürgerschaft über den Gesetzentwurf Riessers und Wolffsons über die Abschaffung des jüdischen Erbrechts schied Riesser resigniert aus der Politik aus:[78] »Persönlich ist es mir lieb, herausgekommen zu sein, da ich viel Zeit und manchen Ärger dabei spare: Was die Sache anlangt, so halte ich freilich auch die siegende Partei für eine schlimme.«

Nach 1862 geriet die Kontroverse zwischen Marr und Riesser in Vergessenheit. Riesser starb kurz nach seiner Wahlniederlage im April 1863, und Marr konnte nur als Journalist – und auch das nur mit Schwierigkeiten – seine Tätigkeit fortsetzen. Fünfzehn Jahren sollten vergehen, bis diese Kontroverse in einer stark modifizierten Form wieder aufflammte. In den 1870er Jahren führte die Verwirklichung eines Traums für Marr abermals, wie schon 1848, zu bit-

---

[74] Hamburger Nachrichten, 18. Oktober 1862.
[75] Freischütz Nr. 128, 24. Oktober 1862.
[76] 15 Stimmen
[77] Das Gesamtergebnis war ein großer »demokratischer« Sieg: Die Demokraten erhielten zirka 4.300 Stimmen und damit 37 Sitze, die Liberalen zirka 1.900 Stimmen und sechs Sitze, andere Vereinigungen 870 Stimmen, aber keinen Sitz in der Bürgerschaft. Trotzdem wurde zum Beispiel der Liberale I. Wolffson zum zweiten Mal mit großer Mehrheit gewählt.
[78] Brief an E. Hoffmeister, 21. Dezember 1862, in: Isler, Gabriel Riesser's Gesammelte Schriften, Bd. I, S. 602-603.

terer Enttäuschung: Der deutsche Staat unter preußischer Herrschaft, dessen Errichtung Marr seit 1849 propagiert hatte, brachte ihm persönlich keinen Ruhm, stützte sich auf eine von Marr gehaßte liberale Partei und garantierte die gesetzlichen Grundlagen für die Judenemanzipation. Der nationale Gedanke zeitigte – nach Marrs Auffassung – die gleichen Wirkungen wie die partikularistische Hamburger Politik der Vergangenheit, nämlich den Sieg der Liberalen und ihrer Verbündeten, der Vorkämpfer der Judenemanzipation. Marr fühlte sich gezwungen, auch diesmal zurückzuschlagen. Obwohl nationalistisch gesinnt, blieb er Radikaler, er war nicht mehr Demokrat, aber auch kein Sozialist, sondern Sozial-Nationalist. Daß jetzt die soziale Frage im Brennpunkt stand und daß er den Liberalismus des »Laisser-faire« bekämpfen müsse, daran zweifelte Marr nicht. Dabei sah er einen engen Zusammenhang zwischen sozialer Frage und Judenfrage: »Die Judenfrage ist die wahre soziale Frage der Zeit«;[79] d.h. die Judenemanzipation ist der Grund aller Übel, und deswegen muß der Prozeß der »Germanenemanzipation« anfangen.[80] Durch die Entwicklung seiner rassistischen Begriffe, die schon 1862 ausgeprägt werden, konnte er Judenemanzipation und Germanenemanzipation, Liberalismus und einen Antiliberalismus, der in einer besonderen Weise noch demokratische Züge hatte, als die echte These und Antithese darstellen. Daß es die Fortsetzung seines früheren Kampfes war, zeigen die von ihm benutzten Begriffe und Argumente und darüber hinaus die wiederholte Erwähnung von Riesser, »Reformjudenthum«, »Judenspiegel« und Hamburger Vorgängen in seinen späteren Schriften.[81]

Typisch ist seine Abrechnung mit allen seinen Gegnern in einer Schrift vom Jahre 1879:[82] »Es gibt in Deutschland, abgesehen von der grossen ›liberalen‹ durch und durch verjudeten Tagespresse, 15 Spezialzeitschriften des Judenthums, in welchen die Propaganda systematisch betrieben wird. An der Spitze dieser Bewegung steht die internationale Association Israelite. Jede Ernennung eines jüdischen Kreisrichters etc. wird als ein Sieg Israels in die Welt hinausgeblasen. Als in meiner Vaterstadt Hamburg Dr. Gabriel Riesser zum Obergerichtsrath erwählt wurde, betrank sich halb Israel, nicht weil ein Mensch von Geist, sondern ein Jude gewählt war. Das war der Dank für unsere freisinnigen Anschauungen. Das Judenthum hielt den Gegensatz aufrecht!! Und ich rede hier von dem ›Reformjudentum‹, dessen Haupt Riesser war!«

Die Bedeutung dieses Zitats kann nur der erfassen, der sich den Hintergrund dieser Äußerungen in der Riesser-Marr-Kontroverse zwischen 1848 und 1862 vor Augen hält.

---

[79] Wilhelm Marr, Vom jüdischen Kriegsschauplatz, Bern 1879, S. 24.
[80] Ebd., S. 33.
[81] Siehe: Religiöse Streifzüge eines Philosophischen Touristen, Berlin 1876, S. 140-141; Sieg des Judenthums über das Germanenthum, S. 25; Vom jüdischen Kriegsschauplatz, S. 13-14, 24, 26, 33; Öffnet die Augen, ihr deutschen Zeitungsleser, S. 31; Der Judenkrieg, S. 3; Goldene Ratten und rothe Mäuse, S. 11, 24.
[82] Vom jüdischen Kriegsschauplatz, S. 13-14.

5. »Lessing contra Sem« – Antisemitismus zwischen Religion und Rasse

Judenfeindschaft ist – wie andere Vorurteile – ein soziales Phänomen mit intellektuellen Prätentionen oder Fassaden. Das Vorurteil bedarf einer Rationalisierung, einer theoretischen Begründung, einer Ideologie. So sind Wort und Schrift – Literatur und Publizistik – stets Mittel der theoretischen Rechtfertigung und der systematischen Popularisierung der Vorurteile. Für den Antisemitismus als Vorurteil war die Literatur stets ein Bezugsobjekt – ein Feld, wo Freund und Feind sich gegenseitig bekämpften und einander ihre Existenzberechtigung streitig machten! Je grober und sinnloser das Vorurteil, desto wichtiger wurde die Literatur, d.h. die Kultur als Alibi. Bei den meisten deutschen Antisemiten äußerte sich die Beschäftigung mit Literatur deshalb einerseits in der Suche nach »unechten« Elementen und der »Säuberung« der deutschen Literatur von jüdischen Elementen (d.h. Schriftstellern) und andererseits in der obsessiven Behauptung, die deutsche Literatur müsse judenfeindlich sein, d.h. die großen Dichter und Denker in Vergangenheit und Gegenwart seien geschlossen gegen die Juden. Praktisch bedeutete das erstens den Versuch, alle jüdischen Schriftsteller zu »entlarven« und als undeutsch zu diskreditieren, und zweitens die Bestrebung, bei allen großen deutschen Dichtern judenfeindliche Äußerungen und Einstellungen zu finden. Bei Ausübung dieser Praxis haben sich – wie das folgende Kapitel zeigen wird – die Experten, die Literaturkritiker von den Laien nicht unterschieden. Die einen wie die anderen haben wenig wissenschaftliches Denken und viel vorurteilshafte und konservative Denkart zum Vorschein gebracht.[1]

Das *Handbuch der Judenfrage*[2] (früher: *Antisemiten-Katechismus*) bringt in einem Kapitel über *Das Judentum in der deutschen Kulturgemeinschaft* mehrere Seiten über das »Judentum im deutschen Schrifttum«.[3] Die Ausführung zielt darauf hin, beweisen zu können, wie »außerordentlich schädlich das Judentum im deutschen Schrifttum gewirkt [hat], das in neuerer Zeit periodenweise das verjudetste der Welt gewesen ist und das die ganz jüdische Entsittlichung widerspiegelt und verbreitet hat.« Der Verfasser des Kapitels hat eine Liste erstellt, die mit Süßkind von Trimberg beginnt (»Mehr ein Bettellied als ein Gedicht«) und mit Rachel Sanzara schließt (die »einen Lustmord dargestellt hat«). Diese Ausführung im *Handbuch* stützt sich seit Beginn des 20. Jahrhunderts auf den Literaturkritiker Adolf Bartels, dessen Satz als Motto dient: »Ein Jude kann kein deutscher Dichter sein.« Für das vereinfachte Bild der Antisemiten mußte es nachweisbar sein, daß nicht-arische Schriftstel-

---
[1] Für die einschlägige Literatur siehe S. Seifert, Lessing-Bibliographie, Berlin (Ost) 1973; V. Eichstädt, Bibliographie zur Geschichte der Judenfrage, Hamburg 1938.
[2] Th. Fritsch, Handbuch der Judenfrage, Leipzig 1937, 21. Aufl.; früher: Th. Frey (Fritsch), Antisemiten-Katechismus, Leipzig 1887 (bis 1893 – 25 Auflagen).
[3] Handbuch, S. 362; Antisemiten-Katechismus, S. 114-116.

ler nur eine »typisch jüdische« Literatur produzieren können; jede andere Interpretation der deutsch-jüdischen literarischen Leistungen hätte das antisemitische Weltbild in einem heiklen Punkt unterminiert. Die lange Liste deutsch-jüdischer Schriftsteller, Dichter, Literaturkritiker – etwa 250 – hat deshalb den Antisemiten sehr viel zu schaffen gemacht.

Es war die These Bartels, daß seit etwa 1870 »die Juden« die deutsche Literatur beherrschen konnten. Unter den »deutschen Dichtern der Gegenwart« fand er mehr als 25 Prozent Juden. Quantitativ, so meinte er, seien die Juden zehnmal einflußreicher als nötig gewesen. Die logische Schlußfolgerung war also: Um die deutsche Literatur und Kultur zu schützen, muß man die jüdische Literatur entfernen.[4] Dieses Ziel »technisch« zu erreichen – durch eine rassistische Unterscheidung zwischen semitischen und arischen Schriftstellern –, war verhältnismäßig einfach (obwohl immer wieder Probleme auftauchten: des öfteren mußten Antisemiten sich dafür entschuldigen, daß sie den einen oder anderen Schriftsteller irrtümlicherweise für einen Juden gehalten hatten.)[5] Viel problematischer war für diese Weltanschauung ein deutscher, »arischer« Dichter, der die jüdische Sache nicht ablehnend behandelte, ja sogar verteidigte. Das bekannteste Beispiel dafür war und blieb Gotthold Ephraim Lessing, mit dem sich das folgende Kapitel befaßt. Typisch ist in dieser Hinsicht die auf Bartels gestützte Stellungnahme des bereits zitierten *Handbuchs*: »[...] unser heutiger Abwehrkampf [gilt] weniger dem Lessing selbst, der seine hohe Bedeutung in unserer Literaturgeschichte behalten wird, als dem im 19. Jahrhundert wachsenden Lessingkultus und Lessinglegende; die zunehmende Verherrlichung Lessings hielt gleichen Schritt mit der wachsenden Macht des Judentums«[6]; und weiter: »Man muß die Wirkung des Lessingschen Duldungsdramas als unheilvoll bezeichnen, wie denn dieser deutsche Schriftsteller-Dichter überhaupt überschätzt worden ist, ob er auch manche Verdienste hat.«[7] Wieviel bequemer wäre es, behaupten zu dürfen – wie es Dühring tatsächlich tat[8], Lessing sei jüdischer Herkunft gewesen.

Derjenige aber, der trotz antisemitischer Einstellung mit wissenschaftlicher Methodik nicht brechen mochte, befand sich in einer Zwickmühle: wie kann ein deutscher, ein großer deutscher Dichter judenfreundlich sein? Anstelle einer angeblich jüdischen Herkunft hat Bartels den »jüdischen Verkehr« als Erklärung für Lessings »Irrweg« benutzt. Der Fachmann konnte genügend Beweise bringen: Die Zahl der Fragezeichen in *Nathan der Weise* (etwa tausend) ist eben für Bartels ein Beweis für »jüdische Züge« bei Lessing, die auf seinen

---

[4] Adolf Bartels, Kritiker und Kritikaster, Leipzig 1903, S. 113-124.
[5] Handbuch, S. 390; vgl. Sigila Veri, Ph. Stauff's Semi-Kürschner. Lexikon der Juden, = Genossen und = Gegner aller Zeiten usw., Erfurt 1929, Bd. 1, S. 49ff.; Bd. 3, S. 1042ff. – Ein Fragezeichen weist darauf hin, daß die Verfasser bei Lessing eine jüdische Herkunft vermuteten, sie aber nicht nachweisen konnten.
[6] Handbuch, S. 84; vgl. Adolf Bartels, Lessing und die Juden. Eine Untersuchung, Dresden Leipzig 1918, S. 291, 293.
[7] Bartels, Lessing und die Juden, S. 84.
[8] Eugen Dühring, Die Überschätzung Lessing's und dessen Anwaltschaft für die Juden, Leipzig 1881, S. 82-83.

»jüdischen Verkehr« zurückzuführen seien.⁹ Das Problem war für den Antisemiten Bartels so schwerwiegend, daß er sich nicht – wie beim Thema »Juden in der deutschen Literatur« – mit einem Kapitel beruhigte, sondern ein umfangreiches Buch von 372 Seiten über *Lessing und die Juden* verfaßte. Hier gab er einerseits zu, daß man dem Nathan die Zeitbedeutung »nicht rauben kann«, andererseits betonte er, Lessings Ruhm sei das Resultat einer Literaturgemeinschaft, die »heute fast ganz in den Händen des Judentums ist.« Einerseits ist »der alte Lessing überwunden, der neue steht vor der Tür« – wobei die Aufgabe des neuen Lessing die Verbreitung »des Humanitätsideals des dritten Reichs« sei – andererseits trägt die Schule die Schuld dafür, daß Lessing so viel und falsch gelernt wird, »heilig und ewig verbindlich bleibt«.¹⁰

Diese Unentschlossenheit des Literaturkritikers ist verständlich; sie wiederholt sich später in unwissenschaftlichen antisemitischen Publikationen vor und während der NS-Zeit, wie in dem oben erwähnten *Handbuch*. Ihre Quellen befinden sich in der früheren, schlicht und unwissenschaftlich judenfeindlichen Behandlung Lessings, im Versuch, ihn zu diskreditieren. Es ist unübersehbar, daß Bartels Kritik am Anfang des 20. Jahrhunderts zum Teil eine Paraphrase von Dührings *Überschätzung Lessings und dessen Anwaltschaft für die Juden* aus dem Jahre 1880 war. Es war Dühring, der Lessings Ruf kraß als Produkt der »jüdischen Reclame« bezeichnet und Lessing zum »Glossator ästhetischer Gegenstände« degradiert hatte.¹¹ Bei Bartels wie bei Dühring, bei den Nationalsozialisten wie bei den ersten modernen Antisemiten – die im Mittelpunkt dieses Kapitels stehen – wiederholt sich die gleiche Problematik: Es geht um Vorurteile, die man im sozialen und politischen Kontext aktiviert und für die ein kulturhistorischer bzw. literaturwissenschaftlicher Deckmantel gesucht wird. Daß aber die Debatte um Lessing seit der Entstehung des modernen Antisemitismus so im Mittelpunkt steht, liegt nicht nur daran, daß die Literatur das Vorurteil rechtfertigen soll, sondern auch daran, daß es seit dem Übergang von der herkömmlichen religiösen Feindschaft zum modernen säkularen Antisemitismus um die Grenze zwischen Rassismus und Christentum ging. In diesem Zusammenhang war Lessings *Nathan* als Kultursymbol so relevant. Daher war es auch natürlich, daß die Entstehungsgeschichte der ersten, sich antisemitisch nennenden Vereinigung, der Antisemiten-Liga, so eng mit den Namen Lessing und Nathan verbunden war.

Im Jahr 1878 bereiteten sich insbesondere deutsche Juden auf das Lessing-Jubiläumsjahr 1879 vor: Hundert Jahre *Nathan der Weise* und 150 Jahre Lessing. Nach der Euphorie der Reichsgründung und der mit ihr verbundenen Judenemanzipation verbreitete sich rasch Frustration und eine anti-emanzipatorische Welle schwoll an, die im Zusammenhang mit dem »Kulturkampf« und mit dem sogenannten »Gründungsschwindel« entstand. In einer derartigen Atmosphäre war für die deutschen Juden die Rückbesinnung auf den Mythos Lessing hocherwünscht. Die verhältnismäßig junge und unternehmungs-

---
⁹ Bartels, Lessing und die Juden, S. 222f.
¹⁰ Ebd., S. 224, 291, 369.
¹¹ Dühring, Überschätzung, S. V und 1.

lustige jüdische Organisation, der »Deutsch-israelitische Gemeindebund«, hatte sich für ein *Lessing-Mendelssohn-Gedenkbuch zum 150. Geburtstag von Moses Mendelssohn und Gotthold E. Lessing sowie zur Säcularfeier von Lessings ›Nathan‹* entschieden.

Als das Buch geschrieben und redigiert wurde, befand sich Wilhelm Marr, der Politiker und Journalist aus Hamburg – der Stadt, in der Lessing seine Zeitschrift herausgegeben hatte – in tiefster Depression über seine Mißerfolge. Nach der Reichsgründung kam er zu der Überzeugung, daß die Juden Deutschlands Herrscher würden, daß Deutschland verloren sei – *finis Germaniae*. Mitte des Jahres 1878 schrieb er das Buch mit dem entsprechenden Titel *Sieg des Judenthums über das Germanenthum, vom nicht confessionellen Standpunkt aus betrachtet*. Dieses Buch öffnete das Tor für die neue Welle der Judenfeindschaft, die ihre Gründe nicht in der Religion, sondern in der »Rasse« fand und sich Antisemitismus nannte. Das Werk erschien erst Anfang März 1879, also kurz nach Lessings 150. Geburtstag. Zwar konnte es nicht als Reaktion auf die feierlichen Reden im deutsch-jüdischen Establishment gewertet werden, aber es fügte sich in die Diskussion um Lessing und die Juden ein: Eines von den sieben Kapiteln des Buches hatte Marr dem Versuch gewidmet, die Bedeutung Lessings für die deutsch-jüdische Auseinandersetzung zu bewerten.[12] Marr hat in Hamburg – so wie früher Lessing – Zeitungen herausgegeben, war aber kein Literaturkritiker. Für ihn war Lessing – anders als für Dühring und Bartels – noch immer »der große«. Er hat Lessing keinen Vorwurf dafür gemacht, daß er »in seinem Nathan der Weise [...] einen philosophischen Irrweg« einschlug, da die Sage von den drei Ringen an und für sich »das Schönste, was die Poesie je geschaffen hat« sei. Lessing irrte – so Marr –, als er in seinem prinzipiellen Kampf um Toleranz gerade einen Juden als Symbol wählte. Als *Verehrer* Lessings betonte Marr, daß *Nathan* als »abstractum« in die »höchste idealste Poesie der Humanität eintritt«, also mehr als Symbol der Toleranzproblematik denn des Judentums; und dennoch, wenn schon als Jude, dann als realistische Figur: nicht als Spinoza, sondern als Bankier. Die Tatsache, daß Lessing den Juden nicht vom Geldmenschen trennen konnte, war für Marr gerade der Beweis für die Größe des Dichters, weil dieser eine sozialhistorische Gegebenheit nicht leugnen konnte. Eben deshalb war für den Demokraten und Freigeist Marr die größte Schwäche *Nathans*, daß ein »sozialer Jude« zum Mittel im Kampf für Toleranz und Emanzipation gewählt wurde, weil so den Juden als gesellschaftlicher Klasse der Weg zur Emanzipation auf Kosten der anderen Klassen im deutschen Volk geebnet worden sei. Für Marr war also *Nathan* aus sozialhistorischen, nicht aus religiösen Gründen unannehmbar, und seine Rezeption stellte eine Mißinterpretation der Toleranz Lessings und der Emanzipation im Sinne des Radikalismus des 19. Jahrhunderts dar, zu dem Marr sich zählte. Wenn man den Radikalismus als Fortentwicklung der Aufklärung versteht, so war Marrs judenfeindlicher Kommentar zu Lessings *Nathan* doch moderner als die religiös gefärbte an-

---

[12] Wilhelm Marr, Der Sieg des Judenthums über das Germanenthum, vom nicht-confessionellen Standpunkt aus betrachtet, Bern 1879, S. 21-25.

ti-aufklärerische Interpretation während der Jahre 1879-1881, die die soziale und geistige Entwicklung des 19. Jahrhunderts zu ignorieren versuchte.

Eine Erwiderung auf Marr – von jüdischer oder jüdisch-freundlicher Seite – mußte gezielt den Prozeß der Aufklärung und der Emanzipation der Juden in einer sich säkularisierenden europäischen Gesellschaft erläutern und verteidigen. *Diese* Art der Erwiderung kam aber nicht zum Ausdruck, weil sich die Debatte um Judenemanzipation und Judenfeindschaft weiter auf der traditionellen Bahn des Religionsstreites bewegte. Selbst Marr, der angebliche Bahnbrecher für die neue, säkulare Art der Judenfeindschaft, wird bald seinen Kurs ändern müssen.

Als der *Sieg des Judenthums* erschien, stand das Thema Lessing bereits auf der Tagesordnung. Zum 150. Geburtstag des Dichters hielt der Vorsitzende des »Deutsch-Israelitischen Gemeindebundes«, Emil Lehmann, eine Rede über *Lessing in seiner Bedeutung für die Juden*.[13] In der Sonntagsausgabe der *Vossischen Zeitung* wurde *Nathan* am 23. Februar 1879 (eine Woche vor Erscheinen von Marrs Buch) und am 2. März 1879 diskutiert.[14] Eine Woche später, am 11. März 1879, rief der »Deutsch-Israelitische Gemeindebund« die Juden auf, Lessing zu feiern. Ziel des Aufrufs[15] war vor allem die jüdische Jugend, die dem Judentum gegenüber sich indifferent verhielt und nun vor unerwarteten Problemen stand. Beide Seiten – Juden und Judenfeinde – spürten, daß die Diskussion um Lessing die Diskussion um die aktuelle Judenfrage war, ohne zu begreifen, daß die Art der Diskussion eine neue werden sollte.

Der »Deutsch-Israelitische Gemeindebund« gab das *Lessing-Mendelssohn-Gedenkbuch* erst Anfang September heraus, als bereits die zehnte Auflage von Marrs *Sieg des Judenthums* erschienen war. Das Gedenkbuch war keine originelle, bestimmt keine zeitgemäße Auswahl: Lobworte von Gabriel Riesser und Abraham Geiger aus der Vormärzzeit wurden wieder zitiert. Zwei Rabbiner nahmen zu Lessings Werk Stellung, der eine sogar »gegen Lessing zu Ehren Lessings«, weil Lessing das rabbinische Judentum kritisiert hatte. Dazu kamen wissenschaftliche Beiträge (Steinthal über Toleranz, Wünsche über den Ursprung der Ringparabel und Berthold Auerbach über *Nathan*) und *Stimmen aus der Lessingliteratur*.[16] Gerade die eigene Werbung für das Buch übersah die Aussichtslosigkeit einer solchen Veröffentlichung zu *dieser* Zeit: »Jedermann weiß, wie unruhig wieder das Meer ist, über welches auch unser Schiff einherfährt [...] zwar ist noch kein Sturm da [...] aber der vorsichtige

---

[13] Emil Lehmann, Lessing in seiner Bedeutung für die Juden, Dresden, 21. Januar 1879.
[14] Rudolf Genee, »Lessing's Nathan der Weise«, in: Vossische Zeitung Nr. 8, 23. Februar 1879; Sally Gumbinner, »Nochmals Nathan der Weise«, in: Vossische Zeitung Nr. 9, 2. März 1879.
[15] Allgemeine Zeitung des Judentums, 11. März 1879, S. 162.
[16] Lessing-Mendelssohn Gedenkbuch, hg. v. Deutsch-Israelitischen Gemeindebund, Leipzig 1879. Inhalt: »Ein Wort gegen Lessing zu Ehren Lessing's. Von Rabbiner Dr. M. Joel; Ueber Lessing. Von Gabriel Riesser; Zum Lessing-Denkmal. Ein Aufruf. Von Dr. Abraham Geiger; Ueber Toleranz. Ein Vortrag von Prof. Dr. Steinthal; Zu Lessing's Andenken. Von Prof. Dr. Heinrich Wuttke; Zur Enthüllung der Lessingbüste. Weihe-Rede von Rabbiner Dr. A. Goldschmidt; Gedanken über Lessing's Nathan. Von Berthold Auerbach; Der Ursprung der Parabel von den drei Ringen. Von Dr. Aug. Wünsche; Warum ist Nathan ein Jude? Stimmen aus der Lessing-Literatur.«

Steurer weiß doch, wie leicht [...] die Elemente [...] in einen feindseligen Kampf geraten können.«[17]

Drei Tage nach Veröffentlichung dieser Zeilen in der wichtigsten jüdischen Zeitung, der *Allgemeinen Zeitung des Judenthums*, brach der Sturm los: Adolf Stoecker, der Hofprediger aus Berlin, hielt seine erste judenfeindliche Rede als Führer der Christlich-Sozialen Partei unter dem Titel »Unsere Forderungen an das moderne Judenthum« (19. September 1879), und eine Woche später wurde die erste *antisemitische* Vereinigung, die *Antisemiten-Liga*, ins Leben gerufen (26. September 1879). Die Herausgeber des *Lessing-Mendelsohn-Gedenkbuches* konnten nicht ahnen, wie aktuell in diesem Zusammenhang die Lessing-Diskussion sein würde.

Einer der Gründer der Antisemiten-Liga war Marr, Verfasser des Werkes über den *Sieg des Judenthums über das Germanenthum*, der – wie bereits erwähnt – Lessing als relevant für die moderne Judenfrage ansah. Noch bezeichnender ist die Tatsache, daß die Antisemiten-Liga ihren Ursprung in der Aktivität eines *Lessing-Vereins* hatte! In einem Brief an Wilhelm Marr[18] vom 20. September 1879 lädt ihn ein leitendes Mitglied des Lessing-Vereins, Hektor de Grousilliers, zu einer Sitzung des Vereins am 2. Oktober 1879 ein. Am 26. September fand unter Teilnahme von Marr und Grousilliers (und mehrerer Juden, obwohl es Yom-Kippur war) die Gründungsversammlung der Antisemiten-Liga statt, die allerdings ein Fiasko war. Kaum war die Liga gegründet, wurde sie bereits ausgelacht, und der Kampf um den Vereinsvorstand war da. Erst nach drei Wochen, also Mitte Oktober, konnte der konservative Grousilliers mit Hilfe seiner Lessing-Vereinsmitglieder den vorläufigen Vorsitzenden stürzen (Marr nennt ihn in seinen Memoiren nur »Bandwurm«[19]) und selbst den Vorsitz übernehmen. Ob es Marrs »Anrüchigkeit« als Politiker (wie seine Feinde behaupteten) oder seine für einen konservativen Verein unbequeme, radikale Vergangenheit war (wie Marr selbst behauptete), die seine Wahl zum Vorsitzenden verhinderte, ist eine marginale Frage. Das Resultat war, daß Grousilliers die feierliche Antrittsrede hielt, und zwar über das Thema »*Nathan der Weise und die Antisemiten-Liga*«.[20]

An dieser Stelle muß die Bedeutung des Begriffs »Antisemitismus« für unseren Zusammenhang noch einmal verdeutlicht werden. An dem erwähnten Abend, an dem die Gründung der Antisemiten-Liga stattfand, wurde das Wort Antisemitismus als politische und programmatische Kampfansage zum ersten mal benutzt. Der Vater dieses Begriffs war Wilhelm Marr, der seiner antikonfessionellen judenfeindlichen Einstellung Nachdruck verleihen wollte: Die Kombination »Anti-Semit« enthält keine religiöse Komponente mehr, sondern ausschließlich eine »rassische«. Marr entschied sich für diesen Terminus technicus erst ein halbes Jahr *nach* Erscheinen seines Buches *Sieg des Judenthums*, und auch dann ohne gründliche Vorbereitung. Noch einige Wo-

---

[17] Das Lessing-Mendelssohn Gedenkbuch. Eine Festgabe zu Neujahr 5640, in: AZJ, 16. September 1879.
[18] Staatsarchiv Hamburg, Nachlaß Wilhelm Marr A 82.
[19] Nachlaß Marr B I f., Memoiren, Bd. 6, S. 279-280.
[20] H[ector] de Grousilliers, Nathan der Weise und die Antisemiten-Liga, Berlin 1880.

chen vor der Gründung der Liga hatte er die Gründung einer anti*jüdischen* Zeitung und eines anti-*jüdischen* Vereins angekündigt. Dieser Plan wurde indirekt durch Stoeckers anti-jüdischen Angriff überflüssig. Marr wurde gezwungen, eine klare Grenze zwischen seiner säkularen, anti-konfessionellen und Stoeckers christlicher Judenfeindschaft zu ziehen. Das Wort »Antisemitismus« sollte die Lösung sein. Hätte Marr die feierliche Rede über Nathan und den Antisemitismus gehalten, wäre eine Wiederholung seines anti-konfessionellen Lessing-Kommentars aus dem *Sieg des Judenthums* in einem neuen konzeptionellen Rahmen zu erwarten gewesen. Es war aber nicht Marr, der diese Rede hielt und die Richtlinien der Vereinsideologie verkünden durfte.

Eines war Marr und Grousilliers gemeinsam – die Verehrung Lessings. Grousilliers ging darin weiter als Marr in seinem *Sieg des Judenthums – Lessing hat keinen Irrtum* begangen, es irren nur die falschen Interpreten. So wie Grousilliers den *Nathan* verstand, ist es ein *anti*jüdisches Drama. Es »bedeutet nicht die Emancipation des Judenthums, sondern viel eher die Emancipation *vom* Judenthum« – eine Bemerkung, die eher auf Marr oder Marx zurückgeführt werden könnte als auf Grousilliers' eigene konservative Denkart. Ferner betrachtete Grousilliers die Tatsache, daß »Nathan [...] die Eigenschaft seiner Rasse nicht verloren [hat]«, als »dramatischen Meisterzug« Lessings.[21] Da der Vortrag mit der Feststellung beginnt, daß sowohl Germanen als auch Juden Rassen seien (»Die deutsche Bevölkerung [bietet] anatomisch einen anderen Rassentypus dar als die semitische.«[22]), scheint Lessing bei Grousilliers – mehr als bei Marr – ein Glied in der Entwicklung der nicht-konfessionellen Behandlung der Judenfrage zu sein, die in den Rassismus, d. h. in den Antisemitismus einmündet. Erstaunlicherweise deutet diese Rede auf eine Richtung hin, die in klarem Widerspruch zum »nicht-konfessionellen Standpunkt« steht: »Einen Gleichwert aller drei Religionen aus dem Drama zu folgern ist [...] blanker Unsinn. [...] Wer überhaupt diesen Gedanken Lessing unterlegen kann, beweist, daß er Lessing weder gelesen noch verstanden hat« – so Grousilliers' Interpretation der umstrittenen Ringparabel, die er mit soviel scholastischer Mühe zu beweisen suchte.[23] Marr hätte die Rede nicht zu Ende hören müssen, um festzustellen, daß Grousilliers' Auffassung der Liga nicht seinen Erwartungen entsprechen würde, daß vielmehr Stoecker gewonnen hatte. »Das deutsche Volk«, hieß es zu Beginn der Rede, »ist seinem ganzen Wesen nach [...] ein *christliches*«, Rasse und Religion sind also untrennbar. Schlimmer noch – die Religion, nicht die Rasse oder irgendein anderes Kriterium, ist entscheidend. So erschien am Ende der Rede der unglaubliche Satz, der Marrs Vorstellung vom neuen Begriff des Antisemitismus auf den Kopf stellte[24]: »Darum haben wir das Wort Antisemiten-Liga gewählt und nicht antijüdische Liga, um zu zeigen, daß wir einen Unterschied zwischen jüdischen Deutschen [!!] und jener Bande [Kahal] constatiren: und wir nennen Semiten

---

[21] Ebd., S. 15, 17.
[22] Ebd., S. 9.
[23] Ebd., S. 13.
[24] Ebd., S. 31.

auch solche Deutsche, die, ihr Christentum verleugnend, sich dem Wucher und ähnlichen Lastern ergeben haben.« So befand sich – nach einem kurzen Umweg – die Diskussion um Lessing und Nathan wieder am Ausgangspunkt, im Religionsstreit. Auch die Art der sehr ausführlichen Reaktion Grousilliers' auf das soeben erschienene Gedenkbuch[25] bewegt sich in diesem Bereich und reduziert sich auf die richtige Interpretation des Satzes »Sind Christ und Jude eher Christ und Jude als Mensch?«

In die gleiche Lessing-Diskussion des Herbstes 1879, an der Marr, Grousilliers, die Antisemiten-Liga und der »Deutsch-Israelitische Gemeindebund« teilnahmen, trat auch der Philosoph Eugen Dühring ein. In einem Vortrag über die »Entstehung der Judenfrage in Europa« im Oktober in Berlin äußerte Dühring seine bereits zitierte Auffassung, Lessings Ruf beruhe auf der »Judenreclame«. Damit begann eine zusätzliche Art der Lessing-Diskussion – Lessing wird nicht uminterpretiert, sondern diskreditiert, um die Juden zu treffen. Dühring führte seine Kampagne gegen die Juden und Lessing zugleich: Lessing, »der angebliche Dichter«, der Betrüger, der »Hazardspieler«, der Mann mit der »gemeinen Geschlechtsgier« sei selbst Jude gewesen, würde von den Juden als Deutscher hochgejubelt und hochgespielt. Der »Lessingcultus« sei letztlich ein jüdisches Geschäft, *Nathan* eine Verherrlichung des Judentums, eine reine historische Fälschung.[26]

Im Jahre 1880 ging die Diskussion unvermindert weiter. Rabbiner Joseph Samuel Bloch zog ins Feld, um Lessing vor seinen Angreifern zu retten. In seinem Buch *Quellen und Parallelen zu Lessings ›Nathan der Weise‹* versuchte er die positive Wirkung des Dramas auf die Juden und ihre Umwelt zu demonstrieren.[27] Gegen Ende des Jahres lieferte Dühring mit seinen Vorträgen, die sich mit der Überschätzung Lessings befaßten, neuen Zündstoff für die Diskussion, wo *auch* er – der »Anti-Christ« –, der eigentlich auf dem Fundament des Rassismus stand, nicht anders als Grousilliers oder der »Deutsch-Israelitische Gemeindebund« mit der religiösen Argumentation anschloß.[28] Es erschien ihm ausschlaggebend, daß Lessing den falschen Ring (das Judentum) für den echten halte und daß er den »Herrn ja selbst einen Juden« nennt; daß er versuche, »ostensibel von der Religion zu handeln und dabei unvermerkt Christus als Jude zu qualifizieren«.[29] Sogar Dühring versuchte also – wie später Theodor Fritsch, H. S. Chamberlain oder Bartels und viele andere –, Jesus für das Ariertum, das Christentum für die Rassentheorie und den Antisemitismus zu retten. Kein Wunder also, daß im folgenden Jahr, 1881, zum hundertsten Todestag Lessings das Thema *Nathan* nicht nur abermals intensiver behandelt wurde, sondern auch im alt-neuen religio-antisemitischen Rahmen. Der Tenor war christlich – naiv oder gehässig, Reinterpretation oder Diskreditierung Lessings. So meinte der Naive, »daß Lessing in einem sehr wichtgen

---

[25] Ebd., S. 14f.
[26] Dühring, Überschätzung, S. 1, 59, 61, 76f., 82ff.
[27] Wien 1880.
[28] Vgl. Jacob Katz, Vom Vorurteil bis zur Vernichtung. Der Antisemitismus 1700-1933, München, 1989.
[29] Dühring, Überschätzung, S. 68f.

Punkte das Christentum als die höhere Stufe der göttlichen Offenbarung ansieht«, daß er eigentlich das »Christentum des Geistes und der Wahrheit emporsteigen«, ließ.[30] Dagegen (oder zusätzlich) stand der gehässige, krasse Judenfeind, der Lessings Schwäche in einem mangelnden Glauben sah, die Aufklärung als »Untergrabung des Christentums« betrachtete und für »eine starke Evangelische Kirche« als Antwort auf die jüdische Geldmacht eintrat.[31]

Die paradoxe Krönung der Abkehr von der originellen Idee des Begriffs »Antisemitismus« zugunsten einer religiösen Richtung war das im Jahre 1881 von Wilhelm Marr geschriebene Buch *Lessing contra Sem.*[32] Das Buch sollte im Grunde ein antisemitischer Kommentar zum *Nathan* sein – längere Lessing-Zitate sind dort durch Erläuterungen Marrs unterbrochen. Zwar zeigt sich der alte Atheist als unverbesserlich, wenn er den Vater in der Ringparabel, also Gott, als kurzsichtigen Vater, ja sogar als Schwindler bezeichnet. Seine Bewertung des Christenums ist dagegen frei von atheistischen Maximen: »Wer hat *Sem* emancipiert? [...] das Christentum [...]: der ›rechte Ring‹, der selbst bei Sem ›beliebt‹ machte, ist in den Händen des Christentums.« Noch erstaunlicher – öfter erscheint im Buch die Kombination »Wir Christen« –: »Wir Christen haben ja die ›Kraft des echten Rings‹ gezeigt durch die Judenemancipation.«

Dieses unerwartete Glaubensbekenntnis hat seine Wurzeln vor allem im politischen Klima der Jahre 1880/81. Der Antisemitismus war nur ein Element in der antiliberalen (im politischen und wirtschaftlichen Bereich), antisozialistischen und konservativen Stimmung dieser Zeit. Die antikatholischen Maßnahmen des »Kulturkampfes« führten nun zu einem gemeinsamen katholisch-protestantischen antiliberalen Gegenangriff. Als die Reichstagswahl bevorstand, befand sich der Antisemitismus zwangsläufig auf der konservativen Seite, und auch Marr – der allerdings von dieser Seite finanzielle Hilfe bekam – mußte sich nolens volens anpassen. Bereits vor den preußischen Landtagswahlen (Ende 1879) war in seiner Broschüre *Wählt keinen Juden. Der Weg zum Sieg des Germanenthums über das Judenthum* ein christlicher Unterton erschienen, und nun – zu den Reichstagswahlen im Oktober 1881 – wurde diese Tendenz von ihm offen vertreten. *Lessing contra Sem* war ein Stück Wahlpropaganda: »Lest also die Lessingsche Parabel von den drei Ringen! Und wollt ihr *konsequente* Lessingianer sein, so werdet ihr entdecken, daß au fond Lessing ein Zukunftsschriftsteller contra Sem gewesen ist und ihr wählt keinen Juden!«[33] Wie öfters hat Marr während der Korrektur einige Seiten hinzugefügt,[34] ohne auf die innere Einheit des Inhalts zu achten: Das Buch, das

---

[30] C.J. Paul Gerhard, Lessing und Christus! Ein Friedenswort an Israel, Breslau 1881, S. 15, 19.
[31] Paul Köhler, Die Verjudung Deutschlands und der Weg zur Rettung, Stettin 1880, S. 23-25.
[32] Lessing contra Sem. Allen »Rabbinern" der Juden- und Christenheit, allen Toleranz-Duselheimern, allen Parteien, allen »Pharisäern und Schriftgelehrten" tolerantest gewidmet, Berlin 1885. – Das Buch erschien 1883 bei M. Schulze, lag aber beim Verleger bis zu dem Jahr, in dem Th. Fritsch den Verlag samt der gelagerten Bücher kaufte (1885). Als dieser das Buch (mit neuer Titelseite) verkaufte, war das Thema nicht mehr aktuell.
[33] Ebd., S. 38.
[34] Ebd., S. 39-43.

nicht *vor* den Wahlen erscheinen konnte, wurde unter dem Eindruck der Wahlergebnisse geändert. Gerade weil der linke, »jüdische« Liberalismus (u.a. die Sezessionsgruppe von Bamberger) so erfolgreich war – 115 stat 39 Sitze im Reichstag –, ist die Schrift noch vehementer konservativ geworden und empfahl sogar »das praktische Christentum« aus der kaiserlichen Rede zu Eröffnung des neuen Reichstages vom 17. November 1881. Dieses »praktische Christentum« sollte als antisozialistische, antiliberale und nicht zuletzt antisemitische Maßnahme dienen – seine Legitimation suchte Marr bei dem seit hundert Jahren verstorbenen Lessing.

Ohne den *nach* den Wahlen entstandenen Zusatz und ohne den Druck des strenggläubigen Mäzens wäre Marrs Kommentar hingegen nicht völlig inkonsequent gewesen. Erstens versuchte er – wie zwei Jahre zuvor –, Lessing zu beschützen und nicht, wie Dühring, zu diskreditieren. Zweitens war sein Ausgangspunkt ein sozialhistorischer – erst seit der Emanzipation der Juden hielt er die Konfession für irrelevant für die Judenfrage. Zu Lessings Zeit lag das Problem bei der religiösen Intoleranz – nicht aber hundert Jahre später. Lessing, so behauptete er, hatte den Juden als »philosophische Schachfigur« in seinem Toleranz-Feldzug benutzt. Dieser geniale Schachzug sei mißbraucht worden, und so hätten die Juden ihren falschen Ring zum »echten« machen können, indem die Emanzipation sie zum »Fürst des Hauses« gemacht hätte. »Die Parabel behandelt ja [...] nur den abstrakten Glauben. Die sociale Judenfrage, die Racenfrage, existirte erst seit der Emancipation in der Polemik in bewußter Weise [...] Die Judenfrage ist daher längst keine religiöse Frage [...], sondern eine sehr profane sociale Frage [...] Wenn aber Lessing gesehen hätte, wie das Judenthum social-politisch zügellos wurde, würde man dem Toleranten Lessing die Schande anthun zu glauben, er würde den socialen Druck, den die Handvoll Juden auf uns ausüben billigen?«[35]

Man sieht, daß Marr seinen antisemitischen Kampf ziemlich konsequent ohne Einführung des christlichen Elements hätte weiterführen können, wenn die spezifischen Zwänge der Zeit ihn nicht aus dem »Gleichgewicht« gebracht hätten. Er gab auch indirekt zu: »Zwingt ihr uns, eine sociale Frage identisch mit Glaubensfragen zu betrachten, so machen wir von dem uns gewaltsam in die Hand gedrückten Glaubensschwert Gebrauch, denn ihr laßt uns ja keine andere Waffe.«[36] Offensichtlich ist dies, zumindest teilweise, eine deplazierte Reaktion – mit »ihr« müßte er eigentlich viel mehr seine antisemitischen Kamerade als die Juden meinen.

Von nun an haben sich aber in der Regel die eher konfessionelle Art des Antisemitismus und die Lessing diskreditierende Interpretation nebeneinander durchgesetzt. Für den katholischen Theologen Sebastian Brunner (1890) – wie für viele andere vor und nach ihm[37] – war Nathan eine falsche Figur, Shylock dagegen das wahre Bild des Judentums und Lessing – nur ein Sympathisant

---

[35] Ebd., S. 19-21.
[36] Ebd., S. 22.
[37] Bereits bei Heinrich Graetz, Geschichte der Juden, Bd. 11, Leipzig 1870 (»Praktisch war kein Jude ein Shylock«); vgl. W. P. Eckert, »Nathan der Weise und die Juden«, in: Lessing's Nathan und die jüdische Emanzipation im Lande Braunschweig, Wolfenbüttel 1981, S. 31-40.

der jüdischen Reform. Ein anderer, der *Lessings Stellung zum Judenthum* (1893) behandelte,[38] kritisierte Lessing dafür, daß er seine eigene Religion »recht stiefmütterlich bedacht«, Nathan aber, den Juden, ohne »schlechte Eigenschaften« dargestellt habe. Er wollte sogar Michaelis' Kritik aus dem Jahre 1753 an Lessings *Die Juden* rechtfertigen und betonte dazu, daß »der Kultus des Individuums [...] vor den Interessen des ganzen Volkskörpers« zurücktreten müsse. Es blieb also in der antisemitischen Lessingkritik bei der Kombination von völkischer bzw. rassistischer und christlicher Überzeugung. Zu dieser Kombination gelangten nicht nur die Agitatoren und Politiker, sondern auch der »Profi« Bartels: Einerseits behauptete er, Lessing habe »eine dunkle Ahnung, daß Rasse und Volk mehr bedeuten als Religion«, gehabt (obwohl sein Werk veraltet sei), andererseits nimmt auch er – mit Chamberlain – Jesus gegen die Bezeichnung als »Rassejuden« in Schutz. So verkündet Bartels das konsequente Ziel, das aus dieser Interpretation entstehen muß: Deutschchristentum – »religiöses [...] in deutschem Geiste.«[39]

Vom Standpunkt der Literaturwissenschaft aus kann man die Reduktion des *Nathan* auf die Ringparabel und seine Mißinterpretation als eines unter vielen Elementen der Fehlrezeption des Werkes verstehen.[40] Vom Standpunkt des Historikers aus ist die Frage der sozialen und politischen Motive einer bestimmten Rezeption die relevante. Die Beantwortung einer solchen Frage am Beispiel des *Nathan* illustriert die Motive und die Struktur des seit dem Jahre 1879 in Deutschland sich entwickelnden Antisemitismus.

---

[38] Johannes Dominicus, Lessing's Stellung zum Judenthum, Dresden 1893. Im Jahre 1893 erschien auch Franz Mehrings Buch *Die Lessing-Legende*. – Vom Standpunkt des Sozialisten Mehring ist Nathan anders zu verstehen: »Nichts [ist] törichter [...] als im Nathan [...] eine Verherrlichung des Judentums zu suchen [...] Er hat wie jede soziale Unterdrückung, so die soziale Unterdrückung der Juden bekämpft. [...] Dafür [...] [ist] es Lessings bleibender Ruhm [...] daß sich weder die Antisemiten, noch die Philosemiten mit irgendwelchem Recht auf ihn berufen dürfen.« (Die Lessing-Legende, Berlin 1946, S. 338-339).
[39] Bartels, Lessing und die Juden, S. 224, 371f.
[40] Vgl. Siegrid Suesse-Fiedler, Lessings Nathan der Weise und seine Leser. Eine wirkungsästhetische Studie, Stuttgart 1980.

6. Zwei Generationen im deutschen Antisemitismus: Theodor Fritsch und Wilhelm Marr

Die Flauten in der Geschichte einer politischen Bewegung sind für den Erforscher solcher Phänomene nicht weniger wichtig als die Perioden, in denen sich die Bewegung in voller Fahrt befindet. Gerade in diesen Zeiten der Ebbe, sozusagen, kann man die unterschiedlichen Strömungen und ihre Kräfteverhältnisse klar erkennen. Diese Annahme trifft auch auf die antisemitische Bewegung zu, die im Laufe ihrer Geschichte einem häufigen Auf und Ab unterlag.

Hier beschäftigen wir uns mit einer solchen Periode des Niedergangs, nämlich den Jahren nach der ersten Welle des organisierten Antisemitismus,[1] die mit der Gründung von Marrs »Antisemiten Liga« und der Aktivität Adolf Stoeckers und seines »Christlich-sozialen Vereins« begonnen und im »Antisemitismusstreit« und der Antisemiten-Petition ihren Höhepunkt erreicht hatte. Die kurze Phase zwischen der ersten antisemitischen Welle (etwa 1879-1882) und der zweiten Welle (seit 1886) gab den Wortführern (von denen einige in dieser Zeit tatsächlich Deutschland verließen) eine Atempause, um ihre Ideen und Methoden zu überdenken. Eine solche Neueinschätzung ist typisch für diese Bewegung: Jedes Mal, wenn der erwartete Erdrutsch ausblieb, begannen die antisemitischen Agitatoren, nach dem Grund für ihr Scheitern zu suchen, um ihn überwinden zu können. Das war das Hauptproblem für diejenigen, die eine politische antisemitische Bewegung anführen wollten – nicht für bekannte Antisemiten wie Treitschke oder Dühring. Es waren eben diese Leute, zumeist unbedeutende Persönlichkeiten, die die Ursache ihres Scheiterns in der organisatorischen Sphäre suchten; ihre Schlußfolgerung nach jedem Debakel war üblicherweise die, daß auf der einen Seite Organisation und Propaganda verbessert werden mußten, während man auf der anderen Seite die Ideologie vereinfachen und popularisieren sollte. Das bedeutete nicht, daß die Formierung politischer Parteien das unvermeidbare Resultat und Testfeld einer antisemitischen Bewegung gewesen wäre. Im Gegenteil, diese Neuerwägungen schienen eher zu einer Organisation auf überparteilicher Ebene zu führen – mit dem Ziel, die antisemitische Ideologie in alle Schichten der

---

[1] Eine Bemerkung des sozialdemokratischen Parteiführers Bebel ist typisch für die zeitgenössische Einschätzung des Antisemitismus: 1901, zur Zeit der zweiten Krise des deutschen Antisemitismus, meinte Bebel, »Bei uns hat er [der Antisemitismus] nicht nur den Höhepunkt überschritten, er ist fertig.«; zitiert nach Peter G.J. Pulzer, *The Rise of Political Anti-Semitism in Germany and Austria*, New York-London 1964, S. 197. Ein ähnliches Gefühl wurde während der ersten Krise des Antisemitismus vom anonymen Verfasser eines Buches über die jüdischen Soldaten in der deutschen Armee artikuliert, *Der jüdische Einjährig-Freiwillige im Deutschen Heere*, Berlin 1888, S. 5: »Die antisemitische Bewegung ist vorüber, soweit sie eine ernste politische Strömung mit realen Zielen war.« Und dennoch war sich der Schreiber der Tatsache bewußt, daß »die Bewegung keineswegs spurlos an Deutschland vorübergegangen [ist]. Sie hat sich nur von der Oberfläche in die Tiefe gezogen, in eine Tiefe, wo sie weit schwerer zu bekämpfen ist.«

Gesellschaft zu verbreiten, um so den Weg für ihren Erfolg zu ebnen. Das spätere Scheitern der antisemitischen politischen Parteien war daher nur eine Episode in der Geschichte des deutschen Antisemitismus[2]: die Bewegung wurde, ungeachtet des Erfolgs oder Mißerfolgs antisemitischer Parteien, die ganze Zeit immer stärker; sie wurde, wie Werner Jochmann in einem wichtigen Aufsatz gezeigt hat, zu einem Element der allgemeinen Denkweise, einem integralen Bestandteil der Weltanschauung breiter Bevölkerungsschichten. Zurückzuführen war dies höchstwahrscheinlich auf die organisatorischen Anstrengungen, die die Bewegung effektiver werden ließen, während das ideologische System immer gröber wurde.[3] Der Weg von 1879 bis 1933 war durch diverse Beispiele dieser Art gekennzeichnet.

Diese Taktik ist charakteristisch schon für die erste Flautezeit in der Geschichte der modernen antisemitischen Bewegung in Deutschland, mit der wir uns hier beschäftigen. Ein Wechsel in der Führung der Bewegung erleichterte die Neubewertung der vorherrschenden Ideen und Strategien, Ziele und Mittel. Natürlich sind fünf Jahre eine zu kurze Zeit für die Ablösung einer ganzen Generation, aber wenn wir die Aktivitäten der Bewegung nach dieser Flaute verfolgen, dann wird ein Übergang des Schwerpunkts von einer Generation zur anderen sichtbar.

Eine interessante Quelle für Informationen zu Ereignissen, die sich hinter der Fassade der antisemitischen Bewegung abspielten, ist der Briefwechsel zwischen zwei Säulen des deutschen Antisemitismus, Wilhelm Marr und Theodor Fritsch.[4] Ersterer, geboren 1819 in Magdeburg, war bis zu seinem 60. Lebensjahr zum Apostel des Judenhasses avanciert; er war der Mann, der den Begriff »Antisemitismus« prägte; er gründete und leitete die *Antisemiten-Liga*, blieb allerdings nur rund drei Jahre lang ein aktiver Führer des Antisemitismus. Fritsch, geboren im sächsischen Wiesenau, war 33 Jahre jünger als Marr. Seine antisemitische Tätigkeit begann erst richtig, als Marrs Stern bereits am Sinken war, aber er sollte bis zu Hitlers Aufstieg an die Macht ein prominenter Antisemit bleiben.[5] Sich mit Marr und Fritsch zu beschäftigen, heißt

---

[2] Vgl. Richard S. Levy, *The Downfall of the Anti-Semitic Political Parties in Imperial Germany*, New Haven-London 1975; zur Rolle, die Fritsch bei der Ablehnung der Bildung politischer Antisemitenparteien spielte, siehe dort S. 41. Eine sehr nützliche Beschreibung des Hintergrunds der antisemitischen Tätigkeit in Deutschland während der in diesem Artikel erörterten Periode findet sich immer noch bei Kurt Wawrzinek, *Die Entstehung des deutschen Antisemitismus 1873-1890*, Berlin 1927, und bei Paul W. Massing, *Rehearsal for Destruction. A Study of Political Antisemitism in Imperial Germany*, New York 1949.

[3] Werner Jochmann, ›Struktur und Funktion des deutschen Antisemitismus‹, in: *Juden im Wilhelminischen Deutschland 1890-1914*. Ein Sammelband herausgegeben von Werner E. Mosse unter Mitwirkung von Arnold Paucker (Schriftenreihe wissenschaftlicher Abhandlungen des Leo Baeck Instituts 33), Tübingen 1976, S. 389-477, hier S. 459 f. – Shulamit Volkov bezeichnet den Antisemitismus als »kulturellen Code«: *Antisemitismus als kultureller Code*. 2., erw. Aufl., München 2000.

[4] Staatsarchiv Hamburg, 622-1, Familienarchiv Marr, A.

[5] Neuere Untersuchungen zu Fritsch: Sylvia Busse, *Theodor Fritsch und der Hammer-Verlag in Leipzig*. Diplomarbeit an der Martin-Luther-Universität Halle-Wittenberg, o.J. [1989]; Alexander Volland, *Theodor Fritsch und die Zeitschrift »Hammer«*, Diss. Mainz 1994; Serge Tabary, ›Theodor Fritsch. Le ›Vieux Maître‹ de l'antisémitisme allemand‹, in: *Revue d'Allemagne* 30 (1998), S. 98-100.

die Erfahrungen eines ganzen Jahrhunderts abzudecken, von den 1830er Jahren bis zu den 1930ern, vom »Jungen Deutschland« bis zur NSDAP.

Dieser Briefwechsel stellt einen – kleinen – Teil aus Marrs Nachlaß dar. Der Nachlaß enthält, neben anderen Dokumenten, Marrs Briefwechsel mit 306 Personen, viele von ihnen bekannte Antisemiten. Die Korrespondenz zwischen Marr und Fritsch, die im Mittelpunkt dieses Artikels steht, ist eine der umfangreichsten in der Sammlung.[6]

Das Staatsarchiv verfügt tatsächlich nur über die Briefe und Postkarten von Fritsch[7] – Marrs Anteil an diesem Schriftwechsel konnte nicht gefunden werden –, aber ihr Inhalt macht eine Rekonstruktion von Marrs Antworten möglich. Diese Briefe zeigen eine ambivalente Haltung des Jüngeren gegenüber dem Veteranen: zunächst zollt er Marr großen Respekt, aber sehr bald kommt ein Ton von Verachtung in seine Briefe hinein. Dieser Unterton wird in der zweiten Phase des Briefwechsels deutlich spürbar, nachdem Fritsch letztlich seine anfängliche Bewunderung für den »alten Propheten« abgelegt hatte.

Die Tatsache, daß wir es mit einem Generationenkonflikt zu tun haben, ist in dieser Korrespondenz offensichtlich, vor allem im folgenden Brief:[8]

> 28. April 1886
> »Ich weiß nicht, alter Freund, warum Sie sich über den toten Antisemitismus noch soviel Gedanken machen. Gönnen Sie doch den Toten ihre Ruhe. Der ›heutige‹ Antisemitismus *soll* nicht erst von der Bildfläche verschwinden, sondern er *ist* schon verschwunden; wir repräsentieren den *zukünftigen*. Le roi est mort, vive le roi! – Daß Ihr alten unpractischen *48er* [1848er] doch immer eine Schneider-Elle hinterher hinken müßt! – ›s ist mir wirklich spassig, daß Sie sich noch mit Toten herumschlagen! Ein wackerer Kriegsheld sind Sie!«

Fritsch hatte zweifellos recht damit, daß Spuren des Revolutionsjahres 1848 noch drei Jahrzehnte später in Marrs Schriften zu finden waren. Sein bekanntestes antisemitisches Pamphlet, *Der Sieg des Judenthums über das Germanenthum*[9], erschien 1879. Marrs Judenhaß und seine politischen Predigten sind nicht bloß ein Produkt der Ereignisse von 1878, von 1873 (des Börsenkrachs) oder 1871 (der Entstehung des Zweiten Kaiserreichs). Sie sind, wie bereits erwähnt, das Resultat einer langen Entwicklung im radikalen Flügel der deutschen Politik seit der ersten Hälfte des 19. Jahrhunderts. Marr, der seit 1843 der radikalen Bewegung *Das junge Deutschland in der Schweiz* angehörte, äußerte seine Anschauungen in einem Buch, das nur drei Jahre nach seinem Eintritt in die Politik publiziert wurde: er verfocht »die Negation all und jeder Religion« und meinte, man solle »die Demokratie mit allen ihren Konsequenzen« anstreben.[10] Die Umsetzung dieser Anschauungen in die Praxis konnte unter anderem die Verfolgung religiöser Minderheiten bedeuten. In Hamburg,

---

[6] Ebd., Nr. 67.
[7] Im Umfang von 109 Seiten.
[8] Ebd., S. 67. Die im Zitat kursivierten Stellen sind im Original unterstrichen. Dasselbe Prinzip gilt für alle im folgenden zitierten Briefe.
[9] Bern 1879.
[10] *Das junge Deutschland in der Schweiz*, Leipzig 1846, S. 132 f.

6. Theodor Fritsch und Wilhelm Marr

wo Marr lebte, mußte sich dies eher gegen die Juden als gegen die Katholiken richten, und Marr kam tatsächlich zu dieser Schlußfolgerung.[11] 1862 schrieb Marr die judenfeindliche Schrift *Der Judenspiegel*.[12] Die Mischung aus theologischen, politischen, sozialen und anthropologischen Argumenten im *Judenspiegel* gegen Juden zeigt sich auch in Marrs späteren Schriften, lediglich in einer anderen Reihenfolge, vor allem wegen der neuen rassistischen Komponenten seines Denksystems. In den späteren Texten[13] kann man nicht nur Marrs frühere Ideen, sondern auch Anklänge an seine persönlichen Erfahrungen in Hamburg wiederfinden.[14] Fritsch fiel dies auf, und er fand es ziemlich unpassend.

Was Fritsch als größte Schwäche Marrs ansah, war nicht so sehr seine Philosophie als vielmehr seine Taktik. Das Epitheton »unpraktische 48er« belegt dies ohne Zweifel. Fritsch kannte Marr nur durch seine Schriften – und diese erschienen ihm zu subtil, zu vorsichtig, zu sehr als ein Produkt der Mischung aus Radikalismus und Konservatismus, der es in der Vergangenheit nicht gelungen war, ihre Ziele und Ideen in die Realität umzusetzen. Wir mögen Marrs Angriffe auf die Juden und das Judentum als vulgär wahrnehmen, aber in Fritschs Augen waren sie mit theoretisierenden Passagen überladen. In der Tat war Marr, der Sohn eines berühmten Dramatikers und Schauspielers, dem sächsischen Bauernsohn Fritsch fraglos intellektuell überlegen; sein radikaler Hintergrund stattete ihn mit einer Vision der »Welt, wie sie sein sollte« aus – und mit einem Feind, der erst nach 1890 (wenn man Stoeckers Intentionen beiseite läßt) zu einem Erzfeind der hinter dem Antisemitismus stehenden Kräfte wurde, nämlich der Sozialdemokratie.[15] In Fritschs Augen war Marr allzu sehr ein Träumer, und die einfache, klar umrissene Alternative zwischen einer auf Sozialdemokratie und einer auf Antisemitismus begründeten Welt reichte ihm nicht aus. Noch 1892 drückte Marr seine Auffassung in einem Artikel aus: Es gebe zwei parallele Strömungen des Sozialismus, die eine revolutionär, die andere friedlich und staatstragend. In ihrer Kritik an den herrschenden gesellschaftlichen Zuständen hätten beide Strömungen Berührungspunkte. Die Richtung, die den Staat zu erhalten strebe und die im Antisemitismus verkörpert sei, finde sich jedoch isoliert und im Stich gelassen.[16] Aus dieser Art von Ideo-

---

[11] Vgl. Kap. II 4 im vorliegenden Band.
[12] *Der Judenspiegel*, Hamburg 1862.
[13] Die bekannteste Broschüre ist der oben schon erwähnte *Sieg des Judenthums über das Germanenthum*. Ihr folgten zahlreiche weitere: *Wählt keinen Juden – der Weg zum Sieg des Germanenthums über das Judenthum*, Berlin 1879; *Vom jüdischen Kriegsschauplatz*, Bern 1879; *Der Judenkrieg, seine Fehler und wie er zu organisieren ist*, Chemnitz 1880; *Goldene Ratten und rothe Mäuse*, Chemnitz 1880; *Öffnet die Augen, ihr deutschen Zeitungsleser*, Chemnitz 1880 (die drei letztgenannten Pamphlete erschienen in der Reihe *Antisemitische Hefte*); *Lessing contra Sem*, Berlin 1885.
[14] Beispielsweise *Vom jüdischen Kriegsschauplatz*, S. 13 f., und *Nachlaß Marr*, B, 1 Memoiren, Teil 5 (1860-1867), S. 63-68.
[15] Dies allerdings erst, nachdem es die Sozialdemokratie versäumt hatte, ein »Protest gegen die realistische Verjudung der Gesellschaft« zu werden. *Sieg des Judenthums*, S. 33.
[16] *Nachlaß Marr*, B, 5, c – ein Zeitungsausschnitt aus dem *Österreichischen Volksfreund*, 1892, S. 12, ›Antisemitische Wucht und Verluste‹.

logie erklärt sich Marrs – für den Leser seiner rassistischen Schriften unglaubliches – Bekenntnis, er sei keineswegs ein fanatischer Teutomane.[17] Auf dieser Grundlage wollte Marr seinen jüngeren Partner Fritsch dazu bewegen, »große Züge« in einem ideologischen Kampf gegen die Sozialdemokratie zu unternehmen. Fritsch teilte Marrs Verachtung für den Parlamentarismus[18], aber er konnte sich nicht mit etwas einverstanden erklären, das ihm unrealistisch erschien; so reagierte er auf Marrs Aufforderung mit einer brieflichen Replik, die die Kluft zwischen den Vertretern dieser zwei Generationen unmißverständlich aufzeigt:[19]

> 12. November 1890
> »Was verstehen Sie unter ›sittlich revolutioniren‹? – Revolution ist Umstürzen, und ›Sittliches‹ kann man nur *aufbauen*! Daß wir die Bewegung auf die *Städtchen* u. *Dörfer* hinaustragen, ist von ungeheurer Bedeutung! Die Groß-Städte sind die Pfühle der Corruption; die *Gesundheit* liegt auf dem *Lande*! Von dort aus muß reformirt werden! Was Sie ersehnen: daß wir *mitten in die Sozialdemokratie hineingehen* sollten, das thun wir schon mit der That! Ueberall capituliren die Sozialdemokraten, wo wir uns mit ihnen aussprechen. In Eschwege, Döbeln, Auerbach – überall haben wir erlebt, daß nach den Vorträgen einige Arbeiter an uns herankamen und erklärten, daß sie nun – nach dieser Belehrung über das Wesen der Sozialdemokratie – nichts mehr mit derselben zu thun haben möchten.
> Lieber alter Freund! Wir gehn bei unsrer Arbeit mit viel mehr *Plan, Umsicht* und *Menschenkentniß* zu Werke, als Sie ahnen. In der *Klein-Arbeit* liegt der Schwerpunkt! Große Häuser baut man nur, indem man viele *einzelne kleine* Steine aufeinander schichtet und richtet. Mit großen ›Zügen‹ – die aber nur pathetische *Phrase* bleiben, ist's nicht gemacht. Lassen Sie unsre Arbeit erst fertig werden und urtheilen Sie *dann*! – Gut Ding will Weile haben!«

Der scharfe Ton dieses Briefes ist nicht charakteristisch für die gesamte Korrespondenz. Er stellt lediglich eine verzweifelte Reaktion Fritschs in einer späteren Phase seiner Beziehungen zu Marr dar, als ihm klar wurde, daß sein Idol nicht mehr von Nutzen war. Er zeigt auch, wie tief verletzt Fritsch von Marrs Verachtung seiner emsigen »Ameisenarbeit« war, die er selbst so schätzte. 1884, in der Mitte der ersten Krise des Antisemitismus, war Marr immer noch Fritschs Vorbild. Fritsch war damals 31 Jahre alt, ein Mühlenbauingenieur, seit fünf Jahren aktiver Antisemit. Geboren und aufgewachsen in einem sächsischen Dorf, war Fritsch in seinem Horizont eher provinziell; eine Tatsache, die auch in seiner Analyse der Krise zum Ausdruck kam, in der sich die antisemitische Bewegung zu diesem Zeitpunkt befand:[20]

> 8. Mai 1884
> »Im Ganzen bin ich nicht sonderlich zufrieden mit dem Stande unserer Bewegung: Es wird zuviel darin gepfuscht und gemurkst. Es haben sich Leute an die Spitze der Strömung zu lanciren gewusst, denen zur ›Führung‹ *sehr viel* fehlt! (Ich bin aber der letzte, der das aus ›Neid‹ behauptet!) Wenn ich mit Schmeitzner od. Pin-

---

[17] Ebd., S. 7.
[18] Vgl. Levy, a.a.O., S. 67.
[19] *Nachlaß Marr*, A 67 (im folgenden zitiert als *Briefwechsel*), S. 103 f.
[20] Ebd., S. 1.

kert zusammentraf, habe ich immer gesagt: wir jüngeren Leute ohne jegliches öffentliches Verdienst sollen uns nicht in den Vordergrund drängen; es soll ein etwas bemoostes Haupt von einiger literarischer oder wissenschaftlicher Bedeutung der Sache vorstehen, um sie würdig zu repräsentieren – und zu führen. Ich hatte immer dabei einen gewissen Marr im Auge. Man behauptete aber, Marr sei ein alter Murrkopf und nichts Rechtes mit ihm anzufangen. Ich glaube nicht, daß das so ist.«

Das ist ohne Zweifel ein fragwürdiges Kompliment. Auch Marr konnte es sich nicht als Verdienst anrechnen, besser als die intellektuell unbedeutenden Schmeitzner und Pinkert[21] eingeschätzt zu werden. Wie dem auch sei, dieser Brief zeigt, was der »alte Antisemitismus« für die »neue Generation« bedeutete: die alten Aktivisten in Politik und Journalismus, die in heutigen Geschichten des Antisemitismus kaum erwähnt werden, die aber einmal als die Stützpfeiler der Bewegung angesehen wurden. Bekannte Figuren in der Geschichte des Antisemitismus, wie Treitschke, fallen nicht in die Sphäre von Fritschs Denken; sie gehören in eine andere Welt, die nur in einer theoretischen Beziehung zur »Bewegung« stand. Es ist auch möglich, daß diese Auslassung bis zu einem gewissen Grad auf die für Fritsch typische Ignoranz zurückzuführen war. Er selbst gestand:[22]

> 19. Mai 1885
> »Sie überheben meine bescheidene Thätigkeit. Und nun gar Dank? – Sie müssten mich doch – wie ich erkennen muß – für einen *unverschämten Abschreiber* halten. Ihre trefflichen ›antisem. Hefte‹[23] kenne ich – schmachvoller Weise – erst seit 8 Tagen, da ich Schmeitzner's antisemitischen ›Nachlass‹ gekauft (denn Schmeitzner ist ›tot‹, wie er selber sagt!-) und muß nun gewahr werden, daß ich manches in meinem armen Hirn mühsam zusammengeklügelt, was andre schon vor langer Zeit ausgesprochen. Als ich meine ›Brenn. Frage‹ Nr 5 (Zeitungen) schrieb, müssen Sie doch die Ueberzeugung gewonnen haben, daß ich ein ganz schamloser Plagiator sei!? – Ich lerne immer bescheidener denken von den Ausschwitzungen meines Hirnes. Bisher hatte ich immer noch die Einbildung, daß ich manches ganz Neue und Originelle erdacht hätte, und nun sehe ich – ›alles schon dagewesen‹! Seit 8 Tagen kenne ich auch die ausgezeichnete Schrift *Naudh's*[24], der Sie ja ebenfalls eine so rückhaltlose Anerkennung widmen, und muß ich gestehen, daß ich mit Erstaunen wahr nehme, wie jener trefflich Kopf *meine* Gedanken schon vor 20 Jahren besser gedacht als ich – bis auf die Erfindung einzelner Ausdrücke (z.B. jüdischer *Privat-Gott*). Mit jahrelangen Hirnmartern hatte ich mir die Thatsache zurecht construirt und bis in alle Zipfel beleuchtet, daß *Christus* ein *Arier* gewesen sein müsse. Wo ich das äußerte, schriftlich oder mündlich, stieß ich auf Wi-

---

[21] Ernst Schmeitzner, Vorsitzender des *Chemnitzer Reformvereins*, Bevollmächtigter der kurzlebigen *Alliance Antijuive Universelle* (1882-1884) und Herausgeber der antisemitischen *Internationalen Monatsschrift*. Alexander Pinkert, Führer der *Deutschen Reformpartei*, Dresden, Organisator des »Ersten Internationalen Antijüdischen Kongresses« 1882 in Dresden, seit 1880 Herausgeber der *Deutschen Reform*; schrieb, unter dem Pseudonym Egon Waldegg, *Die Judenfrage gegenüber dem deutschen Handel und Gewerbe*, Leipzig 1880.
[22] *Briefwechsel*, S. 21 f.
[23] Vgl. oben Anm. 13.
[24] H. Naudh [Nordmann], *Die Juden und der deutsche Staat*, Berlin-Posen 1861.

derspruch und Hohn. So war ich der Meinung, daß *mein* Hirn einzig und allein von dieser Erkenntniß erleuchtet sei (denn selbst der scharfe Dühring behandelt Christus immer als Juden und die christl. Religion als vom Judengeist durchweht) und nun finde ich diesen Gedanken schon bei Naudh unverhohlen ausgesprochen. – Ich lese überhaupt viel weniger, als Sie vielleicht glauben, denn – ich bin ein entsetzlicher Stümper im Lesen; ein sechsjähriger Junge liest 3 Seiten ehe ich *eine* verdaue – aber ich *verdaue* sie eben zugleich.«

Wenn man das Bekenntnis eines so bäuerlichen Antisemiten betrachtet (dessen Schreibstil der eines ungebildeten Mannes ist) und die Auswirkungen des Antisemitismus sieht, dann ist man verblüfft, wie wenig sich die Bewegung ihrer eigenen Ursprünge und Ziele bewußt war. Es mag stimmen, daß der Antisemitismus die gemeinsame Formel für ein antiliberales, antisozialistisches und antimodernes Bürgertum war[25], aber er wurde dazu nur in einer rein intuitiven Weise, oder sogar durch Zufall. Dieser Brief Fritschs zeigt, daß es ein Trugschluß wäre, die antisemitische Ideologie als eine logische Entwicklung zu sehen, als ein in einem kontinuierlichen Prozeß miteinander verwobenes Netz von Ideen. Gerade ein Brief wie dieser demonstriert, wie sporadisch die Versuche der Antisemiten waren, eine Ideologie und einen Referenzrahmen zu schaffen. In jedem Fall verrät der Brief das kulturelle Niveau des »neuen« Antisemitismus. Der gebildetere Antisemitismus wurde in den Hintergrund gedrängt – bzw. den Universitäten und studentischen Organisationen überlassen –, während auf einer niedrigeren intellektuellen Ebene Ignoranz und Primitivität in den Vordergrund rückten. Dieser Prozeß hätte vielleicht keine entscheidende Bedeutung erlangt, wäre damit nicht eine wachsende Aufmerksamkeit für die Vorrangstellung des organisatorischen Aspekts einhergegangen. Wenn man die Geschichte des politischen Antisemitismus betrachtet – von Nordmann, Marr, Böckel und Fritsch zu Hitler und Streicher –, fällt einem die zunehmende Simplifikation und Roheit der vorhandenen Ideologie auf. Dies ging Hand in Hand mit der Steigerung der organisatorischen Effizienz – einem Prozeß, der der Bewegung auf lange Sicht zum Erfolg verhelfen würde.

Die Hauptcharakteristika dieses Prozesses sind schon in Fritschs erstem Brief an Marr zu beobachten; der Brief verdient es daher, beinahe in voller Länge zitiert zu werden:[26]

> 8. Mai 1884
> »Wenn Sie dem ›*Bettelprincip*‹ nicht huldigen, so stehe ich ganz zu Ihnen. Die Geldschnorrerei von Schmeitzner & Cons. hat wesentlich zur Discreditierung des Antisemitismus mit beigetragen. Selbst wackere Gesinnungsgenossen sind durch dies Treiben kopfscheu geworden; sie kommen zu der Ueberzeugung, daß der Antisemitismus nur eine ›Passion‹ sei, für die man eine *Extra-Steuer* zahlen müsse, und da steckten sie diesen ›Sport‹ lieber auf.
> [...] Ich mache mir dieselben Gedanken wie Sie über die heutige Lage des Antisemitismus. Ich suche auch rastlos nach dem Hebelpunkt, an dem die Judenwelt aus den Angeln zu werfen wäre. Solange wir als Bettler kommen, gewinnen wir die

---

[25] Jochmann, a.a.O., S. 439.
[26] *Briefwechsel*, S. 1 f.

Liebe des Volkes nicht. Die Liebe will den Geliebten stolz, wie einen König, nicht wie einen kriechenden Bettler sehen. Die Macht und der *Erfolg* sind das Ausschlaggebende für die Sympathie der Masse und solange Macht und *Erfolg* auf Seiten der Juden sind, neigen sich ihnen auch die Herzen der Menge zu. Sie kennen ja die Redensart: ›Die Juden machen es klug, die kommen zu etwas; *so* muss man's auch machen‹. Die Juden sind heute für die Mehrzahl der Menschen das beneidenswerthe Muster. Wenn der Antisemitismus erst einmal einen wirklich großen durchschlagenden Erfolg d.h. ein positives – möglichst ein *klingendes* Resultat zu verzeichnen hat, wird auch alle Welt – aus bester Ueberzeugung! – antisemitisch werden.

[...] ›*Profit*‹ muss sein! – sonst beisst keiner am Antisemitismus an (Liefern doch die meisten heutigen Vordergefechtsantisemiten selbst den Beweis dafür; sie würden nicht halb so lärmen, wenn sie nicht dabei verdienen wollten; – sie sind ›Geschäfts-Antisemiten‹. –

Nun, aber, lieber Herr Marr, kommt das grosse Problem: zu verschenken haben wir nichts; wie können wir *allen geben*, ohne jemandem zu nehmen? Wenn Sie das erfinden, so ist die Judenfrage gelöst, eher nicht.– Und, bei Gott, ich glaube ›Heureka!‹ rufen zu dürfen. Ich trage mich seit längerer Zeit mit einem Plane – nebenbeigesagt von grosser Einfachheit – von dem ich mir das gehoffte verspreche. Die Quintessenz der Sache ist natürlich: *die Isolierung der Juden* aber nicht durch platonische Principien sondern durch praktische Thatsachen.

Ich will Ihnen von der Hand nichts davon verrathen, denn – ich bin etwas abergläubisch! – mir scheint es immer als ob man die Kraft zur *That* einbüße, wenn man eine Idee *in Worten* ausgiebt. Im übrigen gehöre ich in Judensachen zu den ›Radikalissimi‹. Ich betrachte es als kein Unglück wenn man ›mit roher Volksgewalt‹ den ›Blutegeln Salz auf den Schwanz‹ streut! Ich habe aber nichts dagegen, daß man in der Presse über solche Vorkommnisse einiges Bedauern – heuchelt. Es gibt Rücksichten weil es Misverständnisse giebt.

Wie ich mir heute ein Bild vom echten Judencharacter mache, kann ich den Juden nicht als *Menschen* anerkennen, denn alles echt menschliche vermiste ich an ihm. Ich halte es ein wenig mit der teleologischen Weltanschauung. Gott schuf das Ungeziefer, damit es ein Sporn sei. Wo sich Schmutz häuft mehrt sich's Ungeziefer; und um uns vom peinigenden Ungeziefer zu befreien, müssen wir den Schmutz beseitigen u. von uns fern zu halten suchen. So ist das Ungeziefer der Sporn zur Reinlichkeit und somit der Sporn zu aller culturellen Entwickelung und Veredelung. Der schiefe Judenverstand würde nun hieraus folgern, daß man das Ungeziefer als ›Träger der Cultur‹ besonders verehren und pflegen müsse. Der grade Menschenverstand schließt aber anders. Die Cultur entsteht ja nicht durch *Pflege* des Ungeziefers sondern sie *entsteht* und *besteht* in der *Bekämpfung* desselben. Hierin haben Sie mein ganzes Glaubensbekentniß: Es ist die Mission der Juden die Menschen (Völker) zu peinigen, und es ist die Mission der Menschen, den Juden zu zertreten. Daß nun Gott gerade dem Juden eine annähernde Menschengestalt gegeben, ist ja nicht verwunderlich. Den Thieren und Pflanzen gegenüber konnte sich die Schöpfung mit gewöhnlichem Ungezieferchor behelfen, aber der Mensch ist ein gar raffinirtes Subject und weiß sich gegen gewöhnliches Parasitenzeug auf mancherlei Weise zu schützen, deshalb bedurfte es eines ganz besonders *raffinirten Ungeziefers*, um den Menschen zur äussersten Anstrengung seines Verstandeskastens zu nötigen. Da mag sich der liebe Gott lange den Kopf zerbrochen haben; endlich erfand er den Juden: ein Ungeziefer als Mensch verkappt! Das ist entschieden einer der boshaftesten Witze, die die schaffende Allmacht jemals gerissen. Diesen göttlichen Witz zu begreifen, ist die heutige Generation noch lange nicht reif. Als der Mensch aber noch gar zu wenig Verstand hatte, um solche Dinge zu begreifen, da hatte ihm die weise Vorsicht ein ander Ding gegeben, das ihn vor Verirrungen bewahrte: das war der göttliche Instinkt. Früher fühlten es die Menschen instinktiv, daß zwischen Menschen und Juden ein tiefer Unterschied sei, daß im Juden etwas Falsches, Feindliches stecke, das zu seinem menschlichen Aeußeren im Widerspruch stand. Heute hat die superkluge Generation das bischen Instinkt eingebüßt, aber, wie gesagt, noch lange nicht Verstand genug, um den Instinkt ersetzen zu können. Es giebt heute noch eine kleine Zahl Instinktmenschen und die haben für die Judenfrage noch eher Verständniß, als die ›liberalen‹ und ›aufgeklärten‹ Verstandesmenschen. [...]«

Weitere Zitate aus Fritschs derber und primitiver »Philosophie« eines »gefährlichen Lebens«, von »Herausforderung und Reaktion«, sind unnötig; einige von ihnen fallen sogar noch vulgärer und blasphemischer aus als in diesem Brief. Wir sollten uns daher auf die organisatorische Kritik konzentrieren, die Fritsch gegenüber seinen Vorgängern und Gefährten in der Bewegung äußerte. Diese Kritik, auch wenn sie nicht besonders intelligent artikuliert war, verweist auf die Schwäche des Antisemitismus als Volksbewegung und Hetzorganisation in jener Zeit:[27]

7. April 1885
»[...] Unsere arme zerklüftete Antisemitenpartei hat durch die Uneinigkeit ihrer ›Führer‹ (richtiger ›Macher‹), die sich gegenseitig ansudelten, schon so sehr an Ansehen nach außen verloren, und auch im Inneren Zweifel und Mißtrauen geweckt, daß ein neues Vorgehen in dieser Richtung derselben – vielleicht! – den Rest geben würde. Vielleicht! – Vielleicht aber auch würde sie nachher zu einer *allmählichen* – aber nur sehr allmählichen Gesundung und Erstarkung gelangen – ? –
Ein großer Theil der feinfühligeren und anständigeren Antisemiten ist durch das Gebaren dieser Macher schon kopfscheu u. zurückhaltend geworden; wird es jetzt plötzlich öffentlich ausgesprochen, daß diese Kerle, – die doch bei der größeren naiven und ungebildeten Antisemiten-Masse noch einen gewissen Nimbus haben – alle *Gauner* sind, so ist bei diesen das letzte Vertrauen zum Antisemitismus verloren.– Wer wird denn glauben, daß die neuen ›Führer‹, die sich dann hervordrängen, die richtigen, die besseren und vertrauenswürdigeren sind? – Wird man nicht annehmen, daß Sie und – ich – oder wer sonst noch mitwirkt, aus purer Eifersucht die anderen verdrängen wollen?
Gewiß! Jene halbblütigen Juden-Antisemiten *müssen abgethan werden*; sie stehen der Entwicklung der Partei unbedingt im Wege und discreditiren dieselbe. Mir ist das plumpe, dumme und ungebildete Wesen von *Grousilliers*[28] u. *Pinkert*, wie seinerzeit das von *Schmeitzner*, schon lange zuwider (Simoniy hat noch am meisten Grütze, Kenntnisse u. Geschick; er hat mir seinerzeit auf dem Dresdener Congress recht gut gefallen!)«[29]

Es kann kein Zweifel daran bestehen – zumindest aus der Sicht eines Mannes wie Fritsch –, daß sich die antisemitische Bewegung spätestens Mitte 1885 in einer tiefen Krise befand:[30]

---

[27] Ebd., S. 17 f.

1. Juli 1885
»Äußerlich macht der Antisemitismus (oder wenigstens die Antisemiten) immer mehr bankrott. Stoecker ist abgenützt, die ›VolksZtg‹ [Volkszeitung] erloschen und Liebermann[31] damit vorläufig von der Bildfläche abgetreten; will auswandern; Otto Hentze[32] bietet mir seinen antisemitischen Verlag an; Schmeitzner legt sich auf ›Beleuchtungs-Wesen‹, nachdem ihm die geistliche *Er*leuchtung seines Jahrhunderts nicht geglückt; Pinkert scheint sich auch kaum noch halten zu können; er lässt die Reform vom 1. Juli ab bei Luckhardt in Berlin drucken; Glagau's[33] Culturkämpfer erscheint nur noch sporadisch – Henrici schweigt; Förster[34] ist nur zu einer Gastrolle hier; der ›alte Marr‹ redet von Sterben – da kann ich ja eines Tages als *einziger Antisemit* übrig bleiben und – den Letzten beißen die Hunde!–
[...] Trotz alledem würde ich – wenn ich könnte wie ich wollte – eine Wochenschrift gründen, zu der Sie mir schon wiederholt gerathen; denn ich muß gestehen, daß so etwas schon lange ein Lieblingsgedanke von mir ist, aber – ich gehöre nicht mehr zu den Leuten, die in die Luft bauen. Es muß hierzu erst ein breites sicheres Fundament gelegt werden und dazu gehören noch viele Vorarbeiten. Ich meine nicht nur ein *materielles* Fundament, sondern vor allem ein sicherer Stamm von Leuten (als Mitarbeiter wie als Leser!). Ich möchte mich erst einmal davon überführen, ob es überhaupt noch eine Anzahl überzeugungstreue, thatkräftige, kurz *handfeste* Antisemiten giebt. Vorläufig merkt man nichts von ihnen!–
Diese ›Entrepreneur-Antisemiten‹, die jetzt an der Oberfläche schwimmen, sind in der That sehr unsichere Cantonisten; sie zerplatzen wie Seifenblasen, wenn man ihnen einen kleinen Druck zumuthet, und verwehen ›wie Spreu vor dem Winde‹.«

Dieser Brief und die treibende Idee hinter der Veröffentlichung einer neuen Wochenschrift spiegeln Fritschs neue organisatorische Taktik: eine Führungselite für die antisemitische Bewegung. Die Frage, ob eine Partei gegründet werden sollte oder nicht, ist in diesem Zusammenhang irrelevant – für den radi-

---

[28] Hector de Grousilliers, einer der Mitbegründer der Antisemiten-Liga, Verfasser von *Nathan der Weise und die Antisemiten-Liga.*
[29] Der Kongreß, der im September 1882 tagte, brachte antisemitische Delegierte aus Deutschland, Österreich-Ungarn, Rußland und Frankreich zusammen; auf ihn folgten bis 1900 weitere Antisemitenkongresse.
[30] *Briefwechsel,* S. 23 f.
[31] Max Liebermann von Sonnenberg (1848-1911), Mitbegründer des *Deutschen Volksvereins* (1881); ein konservativer Antisemit, der zu den Hauptführern des deutschen Antisemitismus in seiner ersten Periode gehörte; Herausgeber der *Wahrheit,* Verfasser der *Beiträge zur Geschichte der antisemitischen Bewegung vom Jahre 1880-1885,* Berlin 1885. Später ein Mitglied des Reichstags (1890) als Abgeordneter der *Deutschsozialen Partei* und der *Deutschsozialen Reformpartei.*
[32] O. Hentze, Verleger der *Deutschen Wacht* (ab 1879) und anderer antisemitischer Publikationen.
[33] Otto Glagau (1838-1892), wie Marr und Wagner ein Antisemit, der in früheren Jahren ein Linksradikaler gewesen war. Acht Jahre lang, seit 1880, war Glagau Verleger des antisemitischen *Culturkämpfers.* Er reagierte in diversen Artikeln und Büchern unmittelbar nach der Krise von 1873 auf den »Börsenschwindel«, für den er die Juden verantwortlich machte.
[34] Ernst Henrici, Herausgeber der *Deutschen Volkszeitung* (1881), organisierte schon 1880 die *Soziale Reichspartei;* einer der extremsten Antisemiten in der »Berliner Bewegung« der frühen 1880er Jahre. Bernhard Förster (1843-1889), Mitbegründer des *Deutschen Volksvereins* (1881), Schwager Nietzsches, einer der Hauptorganisatoren der »Antisemitenpetition« von 1880; Verfasser von *Richard Wagner in seiner nationalen Bedeutung* (1882) und *Das Verhältniß des modernen Judenthums zur deutschen Kunst* (1889).

kalen Antiparlamentarier Fritsch hätte selbst eine erfolgreiche politische Partei nur ein Durchgangsstadium sein sollen. Worauf es ankam, war ein radikaler Wandel der gesellschaftlichen Normen, und zu diesem Zweck wollte Fritsch den Einfluß der bestehenden ideologischen Differenzen beseitigen. Die unterschiedlichen antisemitischen Gruppierungen mußten alle auf einen gemeinsamen Nenner gebracht werden:[35]

> 16. September 1885
> »Mein Princip ist es, die Gegensätze sich aneinander reiben zu lassen, damit sich die scharfen Ecken abschleifen und der gerundete goldene Mittelweg sich herausschält. Die Antipoden *Stöcker* und *Dühring* werden friedlich – oder unfriedlich nebeneinander in der ›Corresp.‹[36] sitzen! Und der *alte Marr* wird auch dafür sorgen, daß die Gluth nicht erkaltet! –
> Nur keine *Einseitigkeit*! Daran hat all unser antisem. Geplänkel bisher gekrankt. Jeder Antisemit bildete wieder eine Schattirung für sich. *Mir* sind sie all recht, ob *freigeistig* oder *fromm* ...«

Diese Meinungsgegensätze innerhalb der antisemitischen Bewegung sind als das große Hindernis auf dem Weg ihrer Entwicklung angesehen worden, weil sie ein Resultat der Widersprüche innerhalb der bürgerlichen Gesellschaft darstellten.[37] Fritsch verfügte nicht über das nötige Verständnis und die Fähigkeit, die Situation zu analysieren, sondern lediglich über die Intuitition, die einigende Kraft eines grundsätzlichen Antisemitismus und die Bedeutung einer gemeinsamen, umfassenden Organisation für den Umsturz des bestehenden Systems zu erkennen. In diesem Rahmen stellte Propaganda eine *conditio sine qua non* dar. Der Konflikt mit Marr zeigt, daß es der jüngere, weniger gebildete, weniger intelligente Anhänger des Antisemitismus war, der die Bedeutung effektiver Propaganda begriff:[38]

> 12. November 1885
> »Sie sagen: Das kennen alle Antisemiten schon auswendig! Was heißt denn das? Das heißt: *daß es von 10.000 Menschen Einer* kennt und die anderen nicht. *Ich schreibe nicht für Antisemiten, sondern für andre schlichte* unwissende Leute, für jene die man *Publikum* nennt! Und *die* wissen von alledem noch nichts [...]
> *Das* ist ja eben der große Fehler unsrer lieben antisem. Publicisten, daß sie seit Jahren *immer nur für Antisemiten schreiben* d.h. für ein *verschwindendes* Häuflein eingeweihter Seelen. Daran *krankt* unsre ganze antisem. *Journalisterei*! Für solche Leute, die schon *alles auswendig kennen*, braucht man überhaupt nichts zu schreiben!!! An den Antisemiten ist nichts mehr zu gewinnen; es gilt, die breitere blöde Masse ranzukriegen!
> Nun, Sie alter scharfer Logiker! Habe ich Recht oder habe ich *nicht* Recht!– Um nach dieser Richtung dem großen Mob etwas zu bieten, nehme ich mein Material, *wo ich es grade finde!* Ein bischen *bequem* muß ich es mir machen, sonst komme ich bei der Arbeitslast, die auf mir liegt, nicht durch!

---

[35] *Briefwechsel*, S. 29.
[36] Die *Antisemitische Correspondenz*, eine von Fritsch seit 1885 redigierte Monatsschrift; nach 1888 unter dem Namen *Deutsch-Soziale Blätter*.
[37] Jochmann, a.a.O., S. 417-419.
[38] *Briefwechsel*, S. 39 f.

Das ist ja eben der Fehler, daß Ihr immer denkt: ›Dies und jenes ist ja *alt*, das ist ja schon einmal oder oft genug gesagt‹ – Dabei *weiß es aber noch Niemand*! Weil Ihr immer blos ›*für Antisemiten*‹ schreibt, darum ist alles Geschreibsel so fruchtlos! [...]«

Das von Fritsch vorgeschlagene System hätte effektiv sein können, hätte es nicht an einer zentralen Führungsfigur gefehlt. Fritsch selbst gab dies zu.[39]

23. Februar 1887
»Ein Unglück ist es hoffentlich nicht, wenn er [Böckel][40] in den Reichstag kommt. Mein Einfluß ist nicht so anerkannt, als daß sich diese Leute nach mir richteten. Die kleinen Eigensinnigen müssen erst alle auf eigne Faust abwirtschaften; eher kommt's nicht zu gesunder Centralisation!«

Die Kerngedanken Fritschs – Zentralisierung; eine zentrale, elitäre Organisation; eine grobe, moderne Propaganda; eine primitive, simplifizierte Ideologie – erwiesen sich später als äußerst effektiv, als es wirkungsvollere Führer, eine effizientere Organisation und Offizielle gab. Aber am Ende des 19. Jahrhunderts fehlten diese Faktoren noch, und auch Fritsch selbst hatte geringen Erfolg. Vor dem Krieg durchlief die antisemitische Bewegung, nach zwei Perioden des Vormarschs, zwei schwere Krisen, und beide Male trat Fritsch mit einer Neuformulierung seiner alten Ideen hervor, angepaßt an die veränderte Situation. Es ist kein Wunder, daß Fritschs Ideen keine Entwicklung durchgemacht zu haben scheinen[41] – die Geschichte der antisemitischen Bewegung rechtfertigte seine Methoden, sie bedurften nur der weiteren Ausarbeitung: Fritsch war nicht zufrieden mit seiner Wochenschrift und seinem Verlag (Hammer), er druckte auch antisemitische Flugblätter (die *Hammer-Flugblätter*), die außergewöhnlich billig waren, und organisierte den Druck und die Verteilung von Klebezetteln wie »Kauft nicht bei Juden!«. Er rief seine Leser dazu auf, sich seinen »Hammer-Gemeinden« anzuschließen (1904 gab es vierzehn dieser Gruppen). Zwei Jahre vor Ausbruch des Ersten Weltkriegs war Fritsch die treibende Kraft hinter der Gründung des *Reichshammerbundes*, der später ein Teil des *Schutz- und Trutzbundes* wurde. Hier ebneten Fritschs Methoden der späteren Anti-Weimar-Stimmung und dem Erfolg des Nationalsozialismus den Weg.[42]

Es war nicht Marr, sondern Fritsch, der sich wegen seiner antisemitischen Aktivitäten mit einer organisierten jüdischen Attacke konfrontiert sah: zweimal wurde gegen ihn eine Beleidigungsklage wegen Verunglimpfung der jüdischen Religion erhoben. Fritsch wurde aufgrund einer Klage, die der *Centralverein deutscher Staatsbürger jüdischen Glaubens* (C.V.) gegen ihn einge-

---

[39] Ebd., S. 80.
[40] Otto Böckel (1859-1923), der »Bauernkönig«; Führer der hessischen Antisemiten; der erste, der mit einem rein antisemitischen Programm in den Reichstag gewählt wurde (1887); schloß sich mit Fritsch in der *Deutschen Antisemitischen Vereinigung* zusammen; gründete 1890 seine *Antisemitische Volkspartei*.
[41] Vgl. Levy, a.a.O., S. 37.
[42] Vgl. Reginald H. Phelps, ›Theodor Fritsch und der Antisemitismus‹, in: *Deutsche Rundschau*, 87. Jg. (1961), S. 442-449; vgl. auch Anmerkung 5 oben.

reicht hatte, sogar zu einer Gefängnisstrafe verurteilt.[43] Marr hätte es als Erfolg verbucht, wenn eine ähnliche Klage gegen ihn selbst angestrengt worden wäre, kämpfte er doch zeit seines Lebens gegen das an, was er als eine »Politik des Schweigens« seitens der Juden interpretierte. Wenn wir nach einem Vergleichskriterium suchen, um den relativen Erfolg von Fritsch und Marr einzuschätzen, dann könnten wir die Verbreitung ihrer jeweiligen Schriften heranziehen: Marrs populärstes Buch, *Der Sieg des Judenthums über das Germanenthum*, kam nicht über rund 20.000 Exemplare in elf Auflagen hinaus[44], während von Fritschs *Antisemiten-Katechismus*, später unter dem Titel *Handbuch der Judenfrage*, noch vor Hitlers Machtübernahme ca. 100.000 Exemplare verkauft wurden. Hitler selbst kommentierte in einem Vorwort zur 30. Auflage: »Das ›Handbuch der Judenfrage‹ habe ich bereits in früher Jugend in Wien eingehend studiert. Ich bin überzeugt, daß gerade dieses in besonderer Weise mitgewirkt hat, den Boden vorzubereiten für die nationalsozialistische antisemitische Bewegung.« Und Streicher stieß ins gleiche Horn: Mit der Lektüre des *Handbuchs* »war es mir ›wie Schuppen von den Augen gefallen‹. Ich war sehend geworden.«[45] Fünfzig Jahre zuvor hatte Fritsch Marr ein ähnliches Kompliment gemacht:[46]

> »Ihr ›Sieg des Judenthums‹ war die erste antisem. Schrift, die ich kennen lernte. Ich war bis dahin zwar schon ›Dämmerungs-Antisemit‹ gewesen, aber durch Ihre Schrift kam das volle Licht erst zum Durchbruch«.

Hier liegt ohne Zweifel eine genuine Traditionskette vor, die mit Marr begann und über Fritsch zu Hitler und Streicher führte. Diese Kette entspricht der hier erörterten Entwicklung der antisemitischen Bewegung – der Vereinfachung ihres ideologischen Systems und der Stärkung ihrer Organisation –, die sich in dem Briefwechsel so deutlich zeigt. Es ist charakteristisch für diese Tradition, wenn auch paradox, daß selbst das »wissenschaftliche« Grundkonzept im Laufe der Zeit seinen inneren Gehalt verliert: ein späterer Bearbeiter von Fritschs *Handbuch* kommentiert den Begriff Antisemitismus, der 1879 von Marr geprägt worden war, wie folgt:[47]

> »Diese Bezeichnung ist insofern unrichtig, als sich die Abwehr gegen die *Juden* und nicht gegen die semitischen Völker richtet, die nicht zum Judentum gehören.«

Zu dem Zeitpunkt, als dieser Satz geschrieben wurde, erreichte die Bewegung, die auf die von Fritsch ersehnte »Welt, frei von Juden«[48] hinarbeitete, gerade den Höhepunkt ihrer Wirksamkeit.

---

[43] *Sigila Veri*, Bd. II, Erfurt 1929, S. 580-582.
[44] Nachlaß Marr, A Nr. 68, Briefwechsel mit dem Verleger Fröben, 1879.
[45] Phelps, a.a.O., S. 442 und 449.
[46] *Briefwechsel*, S. 21 f., 19. Mai 1885.
[47] Theodor Fritsch, *Handbuch der Judenfrage*, 41. Aufl., Leipzig 1937, S. 514.
[48] F. Roderich-Stoltheim [T. Fritsch], *Die Juden im Handel und das Geheimnis ihres Erfolges*, 2. Aufl., Steglitz 1913, S. 266.

7. Antisemitismus im Kaiserreich zwischen Modernität und Antimodernismus: Intellektuelle und Renegaten

Der Antisemitismus vor dem Ersten Weltkrieg wird im allgemeinen für eine anti-moderne Ideologie einer gegen die Moderne gerichteten politischen Bewegung gehalten. Und mit Recht. Der Zuspruch, den der Antisemitismus seit dem ersten Auftreten der Bewegung, also seit den späten siebziger Jahren des 19. Jahrhunderts, bei dem niederen Mittelstand in Deutschland fand, scheint dies eindeutig zu belegen.

Die Begriffe »Moderne«, »Modernismus« und »Modernität« müssen für eine sinnvolle Diskussion geklärt werden. Dies gilt auch für die normalerweise vorgenommene Unterscheidung zwischen den Zielen einer Bewegung (die gegen die Moderne gerichtet sein mögen) und ihren Mitteln (die höchst modern sein können). Angesichts der Tatsache, daß der Begriffe »moderner Antisemitismus« – d.h. der Antisemitismus der neunziger Jahre gegenüber dem Antisemitismus der siebziger Jahre – bereits vor über hundert Jahren gebraucht wurde,[1] wird das Adjektiv »modern« nur um so problematischer. Nicht weniger problematisch für eine Definition von Modernismus und Anti-Modernismus im Antisemitismus ist die Differenzierung zwischen Erwartungen und ausdrücklich erklärtem Programm, zwischen Perspektiven und Slogans und zwischen dem Blick von innen nach außen und dem Blick von außen nach innen. Es besteht ein erheblicher Unterschied zwischen einer Politik, die auf einer nüchternen Analyse der herrschenden, logische Zukunftserwartungen mit sich bringenden Situation beruht, und einer Zukunftssicht, die diese Elemente ignoriert. Ein derartiger Unterschied existierte innerhalb der antisemitischen Bewegung als solcher.

Diese Punkte sollte man sich bei der Auseinandersetzung mit der umfangreichen antisemitischen Propaganda, die zu vielen Historikern als eine Hauptinformationsquelle gedient hat, unbedingt in Erinnerung rufen. Der deutsche Antisemitismus im Kaiserreich, wie er gerade von Intellektuellen vertreten wurde, schien sich, zumindest teilweise, auf vernünftige Zukunftserwartungen, konzentriert auf die sogenannte »soziale Frage« im Zeitalter der Moderne zu stützen. Um zu einem derartigen Ergebnis zu gelangen, muß man allerdings hinter die Pamphlete und Propagandaliteratur zurückgehen, die die antisemitischen Aktivisten den nachfolgenden Generationen hinterlassen haben. Doch ist zunächst auch hier zu klären, wer »die Intellektuellen« sind und was in diesem Zusammenhang als »vernünftig« zu gelten hat.

Es gibt zwei entgegengesetzte Kriterien für den Begriff »vernünftig« in diesem spezifischen Zusammenhang. Zunächst handelt es sich um die Perspek-

---

[1] Wilhelm Marr, »Testament eines Antisemiten«, in: Moshe Zimmermann, Wilhelm Marr. The Patriarch of Anti-Semitism, New York 1986, S. 136.

tiven der an dem zu verhandelnden Prozeß unmittelbar Beteiligten; daneben steht die Retrospektive des Historikers, der sich mit der zur Vergangenheit gewordenen Zukunft auseinandersetzt. Im folgenden soll auf beide Kriterien eingegangen werden. Zur Definition der Gruppe der Intellektuellen ist bereits Ausreichendes gesagt worden.[2] Es erfolgt daher in unserem Zusammenhang eine Beschränkung auf die Sub-Intellektuellen, die »zweitrangigen Intellektuellen«. Herangezogen werden also nicht die großen Repräsentanten wie Nietzsche oder Spengler, Dühring, Langbehn oder Lagarde, sondern jene, die gleichzeitig Ideologen und Politiker waren und sich nicht unbedingt durch außergewöhnliches Profil auszeichneten, aber zu ihrer Zeit einflußreich waren. Hierbei handelte es sich nicht notwendigerweise um Repräsentanten des Antisemitismus allgemein, sondern um Vertreter einer Tendenz, die die soziale Frage als das zentrale Problem ihrer Gegenwart und ihrer Zukunft erkannt und angegangen hatten, wobei sie bewußt mit der modernen Gesellschaft konfrontiert waren und eine moderne Lösung zumindest im Ansatz durchblicken ließen.

Bereits während des Kaiserreiches wiesen die Kritiker des Antisemitismus auf die Diskrepanz zwischen der offensichtlich konservativen und reaktionären Maske und den modernen bzw. revolutionären Inhalten einiger antisemitischer Redner und Gruppierungen hin (Rassismus als ein möglicher Charakterzug der Moderne sei hier im Augenblick ausgeklammert). Im folgenden werden ausführlich jene Antisemiten zitiert, die ihre Kenntnisse der Ideologie und der Prinzipien der Bewegung mit ihrer Enttäuschung über ihre führenden Persönlichkeiten und Politiker verknüpft und ihren Parteien den Rücken gekehrt haben. Diese abtrünnigen Antisemiten bieten eine hervorragende Quelle, gehören sie doch eher zu den Intellektuellen unter den Antisemiten – Marr, Lucko (Deutsch-Soziale Partei; *Neue Deutsche Zeitung*)[3], Erwin Bauer (Deutsch-Soziale Partei), Wilhelm Georg (Redakteur in Böckels *Reichsherold*), Helmut von Gerlach (der als Mitarbeiter Stoeckers seine politische Arbeit begonnen hatte und schließlich zur SPD kam). Sie, wie auch andere Verbreiter antisemitischer Ideen, die Erwähnung finden werden, sind Zeugen für die Tatsache, daß sich nicht nur eine streng anti-liberale Tendenz mit dem Antisemitismus verknüpfte, die nicht unbedingt anti- oder unmodern war, sondern sogar eine Mischung aus liberalen und radikal-demokratischen, nicht-elitären Elementen hier anzutreffen war, so daß die Klassifizierung des Antisemitismus als »anti-liberal ergo anti-modern« zu einer ausgesprochen problematischen wird. Es findet sich sogar ein Echo der Methodik Jakob Talmons (*Totalitarian Democracy*) in der Kritik, die von den eher Konservativen unter den Antisemiten gegen die Folgen der liberalen Ideolo-

---

[2] Zur umfassenden Definition des Begriffes siehe: E. Wiehn, Intellektuelle in Politik und Gesellschaft, Stuttgart 1971; sowie L. S. Feuer, »What is an Intellectuel?«, in: A. Gella (Hg.), Intelligentsia and the Intellectuals, London 1976, S. 51: »The mode of thought characteristic of intellectuals is: Ideology«; R. G. Brym, Intellectuals and Politics, London 1982, S. 12; Eva Etzioni Halevi, The Knowledge of Elite, London 1985, S. 9: »People professionally engaged in the pursuit of knowledge and ideas."

[3] H. Lucko, Ein Jahr im Centrum der Deutsch-Sozialen Partei, (ohne Ortsangabe) 1892.

gien gerichtet wird, die die Französische Revolution und die späten Liberalen begründet hatten. So kann man in der von dem abtrünnigen Antisemiten Erwin Bauer formulierten Zusammenfassung lesen: »Es ist ein trübseliges Bild, das das ausgehende Jahrhundert dem Beobachter vom deutschen Vaterlande entrollt! [...] die Grundsätze und Lehrmeinungen des 19. Jahrhunderts [...] haben sich nicht bewährt [...] Die ›Freiheit, Gleichheit und Brüderlichkeit‹, die die französische Revolution der abendländischen Culturwelt schenken wollte, ist auf der einen Seite in schrankenlose Tyrannei des internationalen Großkapitals und auf der anderen Seite in Zügellosigkeit der Socialdemokratie und des Anarchismus ausgeartet; die ›liberale Weltanschauung‹ und die ›manchesterliche Wirtschaftsordnung‹ haben elendiglich bankrott gemacht; (wir sehen), daß das Übermaß von Freiheit im wirtschaftlichen Leben zur häßlichsten und bedrückendsten aller Tyranneien [...] geführt« hat.[4] Die Wurzel des Problems für diejenigen, die den Antisemitismus für die Antwort der sozialen Frage hielten, steckte nicht in der »totalitären Demokratie«, sondern in der bedrückenden Liberalität. Jedoch läuft das Bemühen, eine derartige Bedrückung zu vermeiden, auf eine total-demokratische Lösung hinaus.

Der Ausgangspunkt in der Diskussion ist die »soziale Frage«, also das Bewußtsein für die Tatsache, daß sich die soziale Infrastruktur so radikal geändert hat, daß die einzige Möglichkeit, den drohenden Gefahren zu begegnen und sie zu bewältigen, in der Einführung eines völlig neuen Bezugsrahmens und keineswegs in der Wiederbelebung des alten besteht.

Daher ist das Problem der Modernität nicht allein auf die Ideengeschichte begrenzt oder auf die Ideen einiger »großer Geister«, sondern es erstreckt sich sehr wohl auf die Sozialgeschichte und die Sozialstrukturen. Die Gruppe der abgefallenen Antisemiten, von der hier die Rede ist, ist in diesem Zusammenhang außerordentlich bedeutsam, weil sie alle insgesamt ihr Interesse an dem organisierten oder aktiven Antisemitismus verloren haben, seit er, so behaupteten sie, seine Funktion, die soziale Frage zu lösen, verraten hat, oder weil er nicht in der Lage war, dieses Problem überhaupt anzugehen. (Die kleinlichen persönlichen Motive seien nicht vergessen.) Für einige der abgefallenen Antisemiten tendierte der Antisemitismus *zu sehr* zu einer Übernahme *moderner* Inhalte, wobei er sein anti-modernes Wesen aufgab, für andere war er zu zögernd vorgegangen und mußte folglich versagen, weil er sich *zu konservativ* verhalten hatte. Ein völliger Verzicht antisemitischer Ansichten und vorgefaßter Ideen war die Ausnahme, wie zum Beispiel bei zwei Gefolgsleuten von Stoecker: Helmut von Gerlach und Friedrich Naumann.

Es war Glagau, der in den späten 1870er Jahren den Slogan prägte »Die soziale Frage ist die Judenfrage«.[5] Deutschland stand am »take-off« des Industriezeitalters, und man wurde sich allmählich der Tatsache bewußt, daß aus dem alten Ständesystem eine moderne Gesellschaft entstand. So mußte die soziale Frage zum Angelpunkt in der Konfrontation mit der Moderne werden.

---

[4] E. Bauer, Der Untergang der antisemitischen Parteien, Leipzig, 2. Aufl., 1895, S. 8-9.
[5] Vgl. H. von Gerlach, Von Rechts nach Links, Zürich 1937, S. 110-111.

Die 1870er Jahre, insbesondere die Wirtschaftskrise von 1873, waren entscheidende Jahre, weil sie die Aufmerksamkeit genau auf das Problem lenkten, eben wie im Fall von Glagau selbst.[6] Der rein reaktionäre oder konservative Weg, sich mit dem sozialen Dilemma und mit der Moderne allgemein auseinanderzusetzen, hatte sich nicht durchsetzen können – und an diesem Punkte wird der Antisemitismus relevant. Sieht man die Tatsache, daß Industrie, Handel, Aktienmarkt und Kapital das Schicksal von Ökonomie und Gesellschaft entscheiden, und identifiziert man gleichzeitig »die Juden« mit diesen Faktoren, oder richtiger – mit deren negativen Aspekten, so gelangt man sehr rasch zu einer ganz einfachen Lösung der »sozialen Frage«: Wiederbelebung der alten »Ständegesellschaft« mit ihren eindeutigen Beschränkungen jüdischer Aktivität, Kampf für »Thron und Altar«, auf daß die Gesellschaft schon von ihrer Krankheit genesen werde. Die herrschende Situation führt »uns [...] wieder zu jenen Interessenvertretungen des Volkes zurück, die wir im Mittelalter in den ständischen Körperschaften [...] hatten [...] – natürlich auf modernen berufsständischen und erwerbsgenossenschaftlichen Grundlagen.«[7] Doch da die fortschrittlichen Kräfte sowohl in Gesellschaft als auch in Politik dominierten, konnten selbst Antisemiten ungeachtet ihres Kulturpessimismus (oder gerade seinetwegen) die modernen Antworten und modernen Lösungen der »sozialen Frage« nicht vollständig ignorieren. Die Bemühungen, zu modernen Lösungen oder wenigstens zu Lösungsvorschlägen für eine moderne Bewältigung des Problems zu gelangen, spielten in der Geschichte der antisemitischen Parteien bis in die 1890er Jahren hinein ein zentrale Rolle. Die neunziger Jahre des 19. Jahrhunderts waren überhaupt nochmals entscheidende Jahre in der deutschen Geschichte und besonders in der Geschichte des Antisemitismus. Daher steht dieser Zeitraum im Mittelpunkt dieser Erörterungen. Während der 1890er Jahre wurden die soziale Frage und ihre Zentralität so akut, daß die Antisemiten das politische Problem bereits für gelöst hielten, während man die soziale Frage Kräften jenseits jeglicher Politik und politischer Parteien zur Lösung überließ.[8]

Erwin Bauers Kritik, die seiner konservativen Einstellung entsprang, bietet uns eine anschauliche Illustration der Diskrepanz zwischen den modernen und konservativen Elementen des Antisemitismus. Bauer war der Herausgeber des konservativen Organs der Deutsch-Sozialen Partei (fast alle abgefallenen Antisemiten, die hier behandelt werden, waren entweder Herausgeber antisemitischer Zeitungen oder Mitarbeiter dieser Presseorgane gewesen – die sie wohl mit Einblick in die Machenschaften der Parteien versorgten). Als solcher hielt er die Grundsätze des Nationalismus und des »praktischen Sozialismus« für Prinzipien, die eine Lösung des Problems herbeiführen würden. Er beklagte sich heftig darüber, daß diese Grundsätze bei seinen antisemitischen Kameraden nichts anderes als Lippenbekenntnisse darstellten. Manchestertum und

---

[6] Vgl. J. Katz, »The Preparatory Stage of the Modern Antisemitic Movement«, in: S. Almog (Hg.), Antisemitism through the Ages, Oxford 1988, S. 282ff.
[7] Bauer, Untergang, S. 59.
[8] Ebd., S. 56.

Großkapital, gegen die der Antisemitismus doch vorgehen sollte, wurden vernachlässigt. »Es ist für die deutsch-nationale antisemitische Bewegung zum verderbenbringenden Verhängnisse geworden, daß die demokratische Weltauffassung und die sinnbethörenden Phrasen der französischen Revolution in sie eingedrungen sind und immer mehr begonnen haben, die Leitung an sich zu reißen.«[9] Er spricht von einer »Demokratisierung und Proletarisierung« der Bewegung, d.h. von ihrer nicht-elitären, nicht-aristokratischen und modernen sozialen Basis. Darüber hinaus seien die Anführer, angefangen bei Böckel und Ahlwardt bis zu Zimmermann, Hirschel und Koehler, »reine Demokraten«, die sich am verpflichtenden Feldzug der Antisemiten gegen »Freiheit, Gleichheit und Brüderlichkeit« nicht angeschlossen hätten.[10]

Bauers Enttäuschung über die antisemitischen Parteien war um so größer, als er glaubte, daß der anti-konservative und eher moderne Ansatz bei der Mehrheit der Bewegung begeistert aufgenommen werde! Diese Annahme verlangt eine nähere Betrachtung – zunächst der breiten Masse, dann der Führung des Antisemitismus.

In bezug auf die breite Masse zeigt eine Analyse der Wahlergebnisse deutlich, daß die Wählerschaft der Antisemiten nicht ausschließlich aus dem konservativen Lager kam. Gerlachs (nun zum National-Sozialen Verein gehörend) Übernahme des Wahlbezirks von Böckel im Jahre 1896 erhellt einiges in dieser Hinsicht. Zehn Jahre später, während des Wahlkampfes von 1907, wurden 7-11 der insgesamt 17 antisemitischen Mitglieder des Reichstages mit Unterstützung der Liberalen (gegen die SPD) gewählt. In der Ersatzwahl am 11. März 1911 nach dem Tode des antisemitischen Reichstagsabgeordneten Köhler erhielt sein Nachfolger, der Abgeordnete der christlich-sozialen (sprich: konservativen) Partei Werner, 8.000 Stimmen bei der ersten Wahlrunde. Bei der zweiten Wahlrunde erhielt er die absolute Mehrheit (12.500). Von diesen zusätzlichen 4.500 Stimmen kamen mindestens 2.500 von den Links-Liberalen.[11] Als die Antisemiten mit Siegen-Wittgenstein (Stoeckers Nachfolger) ungefähr 10 Prozent ihrer Wähler verloren, gingen diese wahrscheinlich an die Links-Liberalen und die SPD.[12]

Bauer hatte auch in seiner Einschätzung vieler führender Persönlichkeiten des Antisemitismus recht. Der ideologische Ursprung von nicht wenigen lag irgendwo links. Wilhelm Marr, einer der Gründerväter, war ein radikaler Linker aus der vorsozialdemokratischen Ära.[13] Böckel hatte einen sozialdemokratischen Hintergrund.[14] Der Antisemitismus stellte also nicht nur ein Bollwerk bereits Rechtsorientierter mit ihren altbewährten Glaubensgrundsätzen dar, sondern kennzeichnete in gewissem Maße auch eine Bewegung von Links nach Rechts, die nicht immer vollständig und mit ganzem Herzen vollzogen

---

[9] Ebd., S. 42.
[10] Ebd., S. 51.
[11] Vgl. L. Curtius, Der deutsche politische Antisemitismus von 1907 bis 1911, München 1911, S. 16.
[12] Ebd., S. 25.
[13] Vgl. Zimmermann, Patriarch of Anti-Semitism.
[14] W. Georg, Mein Austritt aus der antisemitischen Partei, Hannover 1895, S. 6.

wurde. Dies erklärt vielleicht auch, warum die Enttäuschung über die antisemitischen Aktivitäten nicht nur zu einer Hinwendung zu der konsequenteren und anti-modernen Rechten (wie im Falle von Bauer) führte, sondern auch zu einer Rückkehr ins linke Lager. Das beste Beispiel für einen derartigen Fall ist von Gerlach, der seiner Autobiographie den Titel *Von Rechts nach Links* gab. In dieselbe Kategorie fällt auch die Entwicklung von Naumann, Goehre und anderen, die zuvor Gesinnungsgenossen Stoeckers waren und sich dann den Parteien der Moderne zuwandten – den Freisinnigen und den Sozialdemokraten.

Ein Fall soll hier als Beispiel angeführt werden: das Beispiel Paul Försters, Bernhard Försters Bruder. Dr. Paul Förster, einer der Initiatoren des antisemitischen Bochumer Programms (1889), einer Mischung von modernen und anti-modernen Postulanten, kann als ein Intellektueller oder Sub-Intellektueller betrachtet werden. Als eine zentrale Figur des urbanen Berliner Antisemitismus galt er zugleich als »radikaler Demokrat«, der ein »Gemisch von freisinnig-demokratischen Schulmeisterideen und socialistisch humanitären Utopien« vertrat![15] Er trat für »Wahlkaisertum«, Nationalisierung der Großbetriebe, Versicherung gegen Arbeitslosigkeit u.a. ein. Den Worten seiner Gegner zufolge »athmet [sein Programm] den Geist des socialdemokratischen Zukunftsstaates«.[16] Förster hätte nicht als wirkliche Bedrohung der antisemitischen Bewegung in Berlin gegolten, wenn man in diesem Lager nicht zu befürchten gehabt hätte, daß »auf dem Boden der Försterschen Utopien [...] die Mehrzahl der Berliner Antisemiten« steht.[17] Nahe bei Förster stand eine weitere radikale Gruppe, der »Deutschbund«, angeführt von Fr. Lange. Diese Gruppe galt nicht nur als radikal-demokratisch oder sozialistisch-kommunistisch, sondern sehnte sich geradezu nach den Tagen der »großen« Französischen Revolution, nach einer Revolution für Demokratie und »Pöbelherrschaft«. Eine weitere Gruppe, der »sozialitäre Bund«, auch die »Antikraten« genannt, benutzte die Phraseologie der Französischen Revolution, war mit Slogans wie »Freie Gesellschaft« um sich und publizierte ihre Artikel in einer Zeitschrift mit dem Namen *Moderner Völkergeist*! Es wunderte nicht, daß derartige antisemitische Gruppen als der lebende Beweis dafür galten, »daß die demokratische Weltauffassung und die sinnbetörenden Phrasen der französischen Revolution in sie [die deutsch-nationale antisemitische Bewegung] eingedrungen sind und immer mehr begonnen haben, die Leitung an sich zu reißen.«[18] Man kann sogar wagen zu sagen, daß für diejenigen unter den Intellektuellen, die anti-modern und elitär waren – die antisemitische Bewegung eben die falsche Antwort war: Sie mochten nicht unbedingt die Juden, aber sie konnten gewiß nicht den antisemitischen Pöbel unterstützen.

Der Umstand, daß der Antisemitismus sich in bezug auf eine moderne Antwort der sozialen Frage zögernd verhielt, wird auch in der Art und Weise deut-

---

[15] Bauer, Untergang, S. 21-22.
[16] Ebd., S. 22.
[17] Ebd., S. 23; vgl. auch P. Förster, Wie stehen wir, wie siegen wir, Berlin 1893.
[18] Bauer, Untergang, S. 42.

lich, wie die entsprechenden Abgeordneten bei verschiedenen Gesetzesvorlagen im Reichstag votierten. Standen wichtige Gesetze mit sozialen Implikationen zur Debatte, und zwar nicht nur in bezug auf das allgemeine Wahlrecht, sondern auch in bezug auf die Bestimmungen des Aktienmarktes, das Vereinsgesetz, Finanzreformen u.a.m., so konnten die Antisemiten auch als Fraktion zu keiner einheitlichen Politik gelangen. Einige unterstützten die Konservativen, andere die Repräsentanten der Modernität, die SPD und die Freisinnigen.[19]

Die Haltung gegenüber der SPD und der Konkurrenzkampf mit dieser Partei bei der Lösung der sozialen Frage sind für die Lokalisierung des Antisemitismus zwischen modern und unmodern zentral.

Stoeckers Gruppierung war die erste antisemitische Bewegung, die versuchte, mit der SPD durch eine konservative Botschaft zu konkurrieren. Seit Stoecker und trotz der an dem Mittelstand orientierten Politik der Antisemiten war der Konkurrenzkampf mit der SPD die zentrale Angelegenheit. Gegründet auf der vernünftigen Erwartung, daß die Zukunft nicht den National-Liberalen noch den Freisinnigen, sondern den Massen gehören wird, die das Potential der SPD darstellten, versuchten die Antisemiten, sich mit ähnlichen Botschaften an die gleiche Öffentlichkeit zu wenden. Tatsächlich behaupteten die Konservativen, die vor der Annahme eines Antisemitismusparagraphen im Rahmen des Tivoli-Programms gewarnt hatten, daß »der Antisemitismus so revolutionär wie die Sozialdemokratie«[20] sei und im Gegensatz zum Konservatismus stünde. Es überrascht daher nicht zu hören, wie ein Antisemit zum Schrecken der konservativen »Mittelständler« ausruft: »Tausendmal lieber ist uns ein Sozialdemokrat, wie ein Konservativer.«[21] Aber selbst dieses Zugeständnis kann die eher radikal und an der Moderne orientierten Antisemiten nicht befriedigen. Diejenigen, die realisierten, daß keinerlei Anstrengung die Natur des Antisemitismus verändern und ihnen die Möglichkeit, mit Hilfe des Antisemitismus die soziale Frage zu lösen, in die Hände geben konnte, verließen den politischen Antisemitismus. Daher glaubte von Gerlach (1904), daß es »mit dem Antisemitismus als politischem Faktor [...] bei uns wirklich aus (ist) [...] (und daß ihm) jede Werbekraft in den zukunftsreichen und intelligenten Schichten des Volkes fehle.«[22] Er hatte recht – für diejenigen, die eine auf einer rationalen Analyse der Gegenwart beruhende Perspektive der Zukunft in Betracht zogen, bot die Sozialdemokratie, und nicht der Antisemitismus, eine mögliche Antwort auf die soziale Frage. Und nicht nur die Intelligenz, sondern auch das einfache Volk schien dieser Meinung zu sein: Georg schreibt 1895: »Auch nicht die radikalste Rede Böckels wird im Stande sein, die sozialdemokratischen Ideen eines einst gut konservativen Bauernstandes todt zu machen.«[23]

---

[19] Vgl. Die Antisemiten im Reichstag 1898-1903, Berlin 1903.
[20] R. Levy, The Dawnfall of the Antisemitic Political Parties in Emperial German, New Haven 1975, S. 138.
[21] Georg, Austritt, S. 7.
[22] H. von Gerlach, »Vom deutschen Antisemitismus«, in: Patria 1904, S. 156.
[23] Georg, Austritt, S. 31.

Der Patriarch des Antisemitismus, Wilhelm Marr, war zu der gleichen Schlußfolgerung schon Jahre vorher gelangt: »So sehr ich ein Feind der Socialdemokratie bin, ich kann mich der Tatsache nicht verschließen, daß der Socialdemokratie, wenn schon nicht die Zukunft, so doch zumindest die Gegenwart gehört.«[24] Das war das Ergebnis, das Marr in seiner nicht publizierten politischen Testament offenbarte. Marr, der den Rassismus als eine moderne Theorie eingeführt hatte, mußte den deutlicheren Prinzipien der globalisierenden Modernität erliegen: »Das Naturgesetz, das die Menschheit zu einer gemischten Rasse machen wird, kann nicht von dem unbeugsamen jüdischen Rabbinat, den Führern der protestantischen Kirche und auch nicht von den modernen Antisemiten aufgehalten werden. [...] Soll man die Dampfschiffe, die Eisenbahn, den Telegraphen, das Telefon abschaffen, die doch heute die Anstifter der Rassenvermischung sind! Es gibt keine Hoffnung.«[25] Niemand konnte es unverblümter sagen als Marr. »Wir Antisemiten lügen und betrügen uns selbst und andere, wenn wir darauf beharren, die Judenfrage zum A und O der Geschichte zu machen. [...] Im Vergleich zu dem sozialen Ansturm, auf den wir zuschreiten, werden alle bisherigen Revolutionen wie schwache Limonade, wie Tee dritten Aufgusses, aussehen.«[26] Dieses Bekenntnis eines Antisemiten angesichts des modernen Zeitalters mit seinen modernen Problemen stand nicht isoliert da: Wilhelm Georg zitiert eine private Bemerkung Otto Hirschels: »Wir dürfen uns keinen Moment darüber im Zweifel sein, daß wir den Ansturm der Sozialdemokratie nicht mehr aufhalten können. [...] Wir werden aufgerieben.«[27] Tatsächlich war der konservative Antisemitismus kein wirklicher Gegner für die SPD vor 1914, und es war nicht der Antisemitismus allein, der den Sieg des Nationalsozialismus über die SPD zwanzig Jahre später erklären kann. Die Antisemiten, die versuchten den Kreis zu quadrieren und den Antisemitismus mit einem modernen Ansatz zu verbinden, unterlagen, weil sie die Wählerschaft, die eine realistische, moderne Zukunftsperspektive hatte, nicht davon überzeugen konnten, *die* Lösung der sozialen Frage im Antisemitismus zu sehen. Was in den 1870er und 1880er Jahren eine mögliche Zukunftsperspektive gewesen sein mochte – nämlich die antisemitische Lösung der sozialen Frage –, erwies sich in den 1890er Jahren als Täuschung und Irrtum. Eine anti-moderne Analyse, verknüpft mit einer anti-modernen Agitation, konnte weder die breite Masse der Antisemiten befriedigen noch die führenden Köpfe oder die (Sub-) Intellektuellen, und ganz besonders nicht diejenigen, die aus der Linken kamen, von ihre beeinflußt oder beeindruckt wurden. Man sollte m.E. nicht so weit gehen und behaupten, die Betreffenden seien von Antisemitismus zum Philosemitismus übergewechselt. Sie verloren nur ihr Vertrauen in die antisemitische Politik und konnten an die simple Gleichsetzung von »Judenfrage« und »sozialer Frage« nicht glauben. Theodor Fritsch, der die Lektion sehr wohl gelernt hatte, aber dennoch den

---

[24] Marr, Testament, in: Zimmermann, Patriarch of Anti-Semitism, S. 136.
[25] Ebd., S. 149.
[26] Ebd., S. 155.
[27] Georg, Austritt, S. 21.

Antisemitismus am Leben erhalten wollte, suchte daher nach einem besseren, einem postmodernen Argument: In der Schrift *Die Juden im Handel* (die 1913 unter dem Pseudonym Roderich-Stoltheim erschien) wird der Antisemit zum Ökologen: Nur der Jude könne den Wald als potentiellen Holzhaufen für die ökonomische Ausbeutung betrachten; »aber nicht nur der Naturfreund wird über den Vorgang [die Zerstörung des Waldes] trauern – auch der ernste Volkswirt wird anders darüber denken müssen.«[28] Es ist nicht nur der Wald, das Herz deutscher Existenz, sondern alle Schätze, die die Natur dem Menschen gewährt, die durch die Juden gefährdet werden: Fritsch bringt seine Furcht zum Ausdruck, daß in ungefähr sechzig Jahren kein Eisen mehr vorhanden sein wird. »Was dann? [...] [solche Berechnungen] gewähren [...] einen besorgniserregenden Fernblick und lassen uns die Kulturherrlichkeit, deren wir uns heute so gerne rühmen, in einem recht zweifelhaften Lichte erscheinen.«[29]

Dieser postmoderne Ausbruch mag uns auch nach hundert Jahren sehr vertraut klingen – nur ohne die von Fritsch benutzte antisemitische Komponente. Ist das nicht ein weiterer Beweis dafür, daß der Antisemitismus im Deutschland der Wende von 19. zum 20. Jahrhundert durchaus das Potential gehabt hätte, die Fallgrube des Anti-Modernismus zu überwinden?

---

[28] F. Roderich-Stoltheim, Die Juden im Handel, Steglitz 1913, S. 11.
[29] Ebd., S. 13.

8. »Wie ist die Judenfrage zu lösen?«

Der Begriff »Antisemitismus« wird also heuer zirka 125 Jahre alt, und viel Zeit ist vergangen, seit er sich gegenüber dem historischen Begriff der »Judenfeindschaft« oder dem jiddischen Ausdruck »Risches« hat verselbständigen können.

In der historischen Literatur zum Thema Judenfeindschaft stand lange Zeit die Frage im Mittelpunkt, ob und wie sich Begriff und Phänomen des neuen, modernen Antisemitismus seit den späten 1870er Jahren von den althergebrachten Bezeichnungen »Judenfeindschaft« oder »Risches« inhaltlich unterschieden.[1] Heute wissen wir, daß der Hauptunterschied weniger im Begriffsinhalt zu suchen ist: Entscheidend war nicht unbedingt das Gewicht neuer inhaltlicher Elemente – vor allem die Unterscheidung zwischen Juden und Nichtjuden aufgrund ihrer »Rasse« –, es ging vielmehr in erster Linie um Form und Funktion des Phänomens.

Der Begriff »Antisemit« schuf vorweg einen respektablen Ersatz, eine neue Hülle, für die überholten, vulgär klingenden Bezeichnungen »Judenfeind« oder gar »Judenfresser«. Die Welt des Bürgertums benötigte eine neues, anständiges und wissenschaftlich anmutendes Etikett für ein Phänomen, das man als Überzeugung und als politische Einstellung an sich nicht aufgeben wollte. »Ich bin Judenfresser« – das war »out«; »Ich bin Antisemit« – das war »in« im Zeitalter der Emanzipation und Demokratie, im Zeitalter der Bürgerlichkeit und des Nationalstaates, wenn man mit der Judenemanzipation nicht einverstanden war. Zudem hatte die Wortkombination »anti-semitisch« zwei Vorteile: Sie klang fremd – »anti« ist kein deutsches, englisches oder französisches Wort – und »Semit« war ein neuer Terminus ohne eigentliche Konturen. Diese Kombination war also zunächst – im Gegensatz zu den altvertrauten Bezeichnungen des Phänomens – unbelastet. Darüber hinaus hatte der Begriff das Gütesiegel der Wissenschaftlichkeit: Die moderne Naturwissenschaft hatte begonnen, Lebensarten und Menschengruppen auf den Grundlagen der »Rasse« oder Sprache zu definieren – und konnte somit als angeblich objektive Legitimation für eine politische Position dienen. Diese »linguistischen Vorteile« erübrigten sich erst viel später, nachdem die nationalsozialistische Politik den Antisemitismus in seiner extremsten Form endgültig zu einem Horrorbild verwandelt hatte.

---

[1] Vgl. Shmuel Ettinger, Kontinuität und Diskontinuität im Antisemitismus unserer Zeit (hebr.), Jerusalem 1968; Helmut Berding, Moderner Antisemitismus in Deutschland, Frankfurt a. M. 1988; Donald L. Niewyk, »Solving the ›Jewish Problem‹. Continuity and Change in German Antisemitism, 1871-1945«, in: LBYB 35 (1990), S. 335-370; Till van Rahden, »Ideologie und Gewalt. Neuerscheinungen über den Antisemitismus in der deutschen Geschichte des 19. und frühen 20. Jahrhunderts«, in: Neue Politische Literatur 41 (1996), S. 11-29.

Es waren also zunächst die sprachlichen Assoziationen und Konnotationen, die den Umgang mit dem Phänomen der Judenfeindschaft neu beeinflussen und die antijüdische Haltung neu legitimieren konnten. Um die 1870er Jahre war die Judenemanzipation, d.h. die rechtliche und politische Gleichberechtigung der Juden, in West- und Mitteleuropa und nach der Reichsgründung von 1871 auch in Deutschland zum *Fait accompli* geworden. Die Grundregeln der Demokratie, des Liberalismus und der säkularen Gesellschaft prägten *mutatis mutandis* den Alltag und somit auch die Einstellung zur jüdischen Bevölkerung bis in die 1930er Jahre.[2] Juden wurden fortan nicht mehr als Angehörige einer mittelalterlichen Korporation, sondern als Bürger – eventuell mit zweitrangiger sekundärer religiöser Zugehörigkeit – auf individueller Basis angesprochen. Der Antisemitismus mußte auf diese neuen Verhältnisse reagieren. Er schuf in der Folge eine alternative Konfrontationslinie, indem er eine neue Korporation konstruierte, die nicht mehr auf religiösen Fundamenten, sondern auf Herkunft und »Rasse« beruhte und somit wieder einen kollektiven Angriff auf Juden ermöglichte. »Antisemitismus« konnte nun dort als legitim erscheinen, wo der altmodische »Judenhaß« unter den gewandelten Umständen zur Bezeichnung einer ideologischen Haltung versagte.

Symptomatisch ist in diesem Zusammenhang auch, daß ein respektabler Akademiker wie der Historiker und Parlamentarier Heinrich von Treitschke dem Begriff des Antisemitismus und der antisemitischen Bewegung eine Anerkennung verschaffen konnte, die sie unter der alten Bezeichnung nicht erlangt hätte. Sehr unakademische Beschimpfungen – wie »Die Juden sind unser Unglück!« oder »Schaar strebsamer hosenverkaufender Jünglinge [...] aus der unerschöpflichen polnischen Wiege« – konnte Treitschke in seinem Artikel »Ein Wort über unser Judenthum« sogar in den angesehenen »Preußischen Jahrbüchern« verbreiten.[3] Er sprach auch als Professor ganz offen im Namen des »Instinkts der Massen« und schuf somit die unheilige Allianz zwischen der Elite des Bürgertums und den Klein- und Spießbürgern; denn die Aufmerksamkeit, die den Aussagen Treitschkes zum Antisemitismus geschenkt wurde, resultierte nicht aus der Bedeutung einer innerakademischen Diskussion, sondern aus der Relevanz für die breite Öffentlichkeit. Der genannte Aufsatz Treitschkes war ungeheuer wirkungsmächtig, weil er den Weg von »oben« *ex cathedra* nach »unten« auf die Straße machen konnte.

---

[2] Vgl. Reinhard Rürup, »Die ›Judenfrage‹ der bürgerlichen Gesellschaft und die Entstehung des modernen Antisemitismus«, in: Reinhard Rürup (Hg.), Emanzipation und Antisemitismus, Göttingen 1975, S. 87-94; Hans-Joachim Bieber, »Anti-Semitism as a Reflection of Social, Economic and Political Tension in Germany: 1880-1933«, in: D. Bronson (Hg.), Jews and Germans from 1860 to 1933, Heidelberg 1979, S. 33-77; Alex Bein, Die Judenfrage. Biographie eines Weltproblems, Stuttgart 1980; Peter Pulzer, The Rise of Political Antisemitism in Germany and Austria, Cambridge, Mass., 1988; sowie ders., »Die Reaktion auf den Antisemitismus«, in: Deutschjüdische Geschichte in der Neuzeit, Bd. 3: Umstrittene Integration 1871-1918, hg. im Auftrag des Leo-Baeck-Instituts von Steven Lowenstein, Paul Mendes-Flohr, Peter Pulzer und Monika Richarz, München 1997, S. 244-277.

[3] Heinrich von Treitschke, »Ein Wort über unser Judenthum«, in: Preußische Jahrbücher Bd. 44/45, Berlin 1879, S. 1ff.

Dabei spielte der Antisemitismus im Alltag der oberen wie der unteren Schichten eine Rolle. Zwischen beiden Ebenen entwickelte sich im letzten Viertel des 19. Jahrhunderts eine gegenseitige Affinität. Treitschke blieb kein Einzelfall. Bereits vor der Jahrhundertwende entstand an den Universitäten eine »akademische Trägerschicht des modernen politischen und weltanschaulichen Antisemitismus«, die mittels Traditionen und Riten über Burschenschaften und Verbindungen ein wirksames soziales Netz warf.[4] Diese Schicht diente dann später im ersten Drittel des 20. Jahrhunderts in Sachen Antisemitismus als Vermittlerin zwischen Wissenschaft und breiten Bevölkerungsschichten und trug wesentlich dazu bei, den Antisemitismus »salonfähig« zu machen. Der antisemitische Schwarze Peter kann also keineswegs allein dem »Riff-Raff« zugeschoben werden.[5] Daß im »Dritten Reich« Gelehrte und Wissenschaftler einerseits unproblematisch zu Befürworter und Vollstreckern der antisemitischen Politik werden konnten und die »Radauantisemiten« andererseits auf die Leitlinien aus der Wissenschaft hörten, war auf dem Hintergrund der Geschichte seit den 1870er Jahren nicht anders zu erwarten.

Die Verwissenschaftlichung des Alltags und die Popularisierung der Wissenschaften bzw. der Pseudowissenschaften waren zwei durchgängige Merkmale der Gesellschaft und sich gegenseitig ergänzende Grundpfeiler des Antisemitismus in der Zeit von der Gründung des Kaiserreichs bis zum »Dritten Reich«. In diesem Umstand findet der nachhaltige Erfolg des von August Rohling, Professor für Exegese des Alten und Neuen Testaments in Münster, verfaßten und 1871 erschienenen Buches *Der Talmudjude*[6] seine Erklärung, aber auch der große Erfolg der von Houston Stewart Chamberlain angebotenen Mischung von Pseudowissenschaft und antisemitischen Vorurteilen in den 1899 publizierten »Grundlagen des 19. Jahrhunderts«.[7] Aber selbst ein äußerst umfangreiches, pseudowissenschaftliches Buch in großer Auflage reichte am Ende des 19. Jahrhunderts nicht mehr aus, um eine Ideologie zu verbreiten und zu popularisieren. Ein Mann, der in der fraglichen Zeit auf ganz anderer Ebene durch eine neue Form von Veröffentlichungen intensiv für die Verbreitung antisemitischen Gedankenguts sorgte, war der im September 1933 verstorbene Leipziger Ingenieur Theodor Fritsch. Seine Idee, den »kleinen Mann« bereits 1887 mit einem Kompendium zum Thema Juden zu versehen und darüber hinaus antisemitische Ideen durch zeitgemäße Mittel wie Plakate, Aufrufe, Flugblätter und dergleichen zu verbreiten, erwies sich als durchaus fruchtbar.[8] Fritsch wußte, daß sich Bürger und Kleinbürger beeindruckt zeigen, wenn ihnen ihre Vorurteile

---

[4] Norbert Kampe, Studenten und »Judenfrage« im deutschen Kaiserreich, Göttingen 1988, S. 205-212; Heike Ströhle-Bühler, Studentischer Antisemitismus in der Weimarer Republik, Frankfurt a. M. 1991.

[5] Werner Jochmann, Gesellschaftskrise und Judenfeindschaft in Deutschland 1870-1945, Hamburg 1988; Pulzer, Rise of Political Antisemitism, S. 240-251; Julius Schoeps, Joachim Schlör (Hg.), Antisemitismus: Vorurteile und Mythen, Frankfurt a. M. 1997.

[6] August Rohling, Der Talmudjude, Prag 1871.

[7] Houston S. Chamberlain, Grundlagen des 19. Jahrhunderts, München 1899.

[8] Vgl. Alexander Volland, Th. Fritsch und die Zeitschrift »Hammer«, Diss., Wiesbaden 1993; Thomas Frey [Th. Fritsch], ABC der sozialen Frage, Leipzig 1892.

8. »Wie ist die Judenfrage zu lösen?«   137

durch Wissenschaft und großen Namen bestätigt werden. In Schrift, Wort und Bild nutzen er und andere Antisemiten diesen Umstand aus. Zudem kannte Fritsch die Grundregel der modernen Werbung: kurze und prägnante Slogans, einprägsame Wiederholungen, kein Übermaß von Argumenten. Auf die Vorwürfe seines früheren Mentors Wilhelm Marr, seine Argumente enthielten nichts Neues, erwiderte Fritsch in einem während der ersten Krise der antisemitischen Bewegung verfaßten Brief aus dem Jahre 1885: »Du sagst: Jeder Antisemit kennt das auswendig. Was hat das zu bedeuten? [...] Daß einer von 10000 Leuten das kennt – die anderen nicht [...] Ich aber schreibe nicht für Antisemiten, sondern für die einfachen, unwissenden Menschen.« Es sei eben falsch, so Fritsch, bereits in diesem Brief, daß man jahrelang nur für Antisemiten geschrieben und gepredigt habe. Predigen für die bereits Überzeugten sei die falsche Taktik, wenn man Massen rekrutieren will, noch dazu, wenn man durchaus in der Lage sei, sie leicht zu erreichen.[9]

Voraussetzung für den Erfolg war vor allem zunächst die Markierung der Angriffsfläche. Um Unklarheiten von vornherein zu beseitigen, begann Fritsch in zahlreichen Auflagen erschienenes Kompendium – 1887 zunächst *Antisemiten Kathechismus*, später dann *Handbuch der Judenfrage* genannt – mit der Definition: ›Antisemit‹ ist identisch mit ›Judengegner‹.[10] Diese Definition machten sich auch die meisten Vertreter des Antisemitismus bishin zu Joseph Goebbels zu eigen. Andere »Semiten« wurden wegen ihrer geringen Präsenz im damaligen Europa nicht berücksichtigt – es blieb also bei der altbekannten Zielgruppe der Juden unter neuem Namen (Zu Beginn der 1930er Jahre und dann in der Zeit des Nationalsozialismus war man konsequenterweise wieder zunehmend bereit, den Begriff »Antisemitismus« zugunsten der Bezeichnung »Antijudaismus« oder »Judengegnerschaft« aufzugeben).[11] Darüber hinaus mußte das Problem treffend formuliert werden – und es hieß immer – bei Heinrich von Treitschke wie bei Theodor Fritsch oder später bei dem Theologieprofessor Gerhard Kittel,[12] dem Professor für Rassenkunde Hans Günther und auch bei Heinrich Himmler – »die Judenfrage«, nicht die »Semitenfrage«.[13] Diese »Judenfrage« hatte bereits Wilhelm Marr in seinen Veröffentlichungen seit Ende der 1870er Jahren unter dem Slogan »Finis Germaniae« oder »Sieg des Judenthums über das Germanenthum« subsumiert: Die Emanzipation der Juden öffne die Schleusen für ambitiöse Juden, und die Gesellschaft werde auf diesem Wege »verjudet«. Sie befinde sich im permanenten Kampf gegen diese »Verjudung«, gegen die »jüdische Dominanz«. Das so dargestellte Problem er-

---

[9] Moshe Zimmermann, siehe oben II, 6, S. 112-124, hier S. 122.
[10] Theodor Fritsch, Antisemiten-Katechismus, Leipzig 1893, S. 1.
[11] Theodor Fritsch, Handbuch der Judenfrage, Leipzig 1937, S. 18; Hans F. K. Günther, Rassenkunde der Judenfrage, München 1930, S. 315; vgl. auch Moshe Zimmermann, »Mohammed als Vorbote der NS-Judenpolitik? – Zur wechselseitigen Instrumentalisierung von Antisemitismus und Antizionismus«, in: Tel Aviver Jahrbuch für deutsche Geschichte XXXIII (2005), S. 290-305.
[12] Gerhard Kittel, Die Judenfrage, Stuttgart 1933.
[13] Vgl. Reinhard Rürup, »Kontinuität und Diskontinuität der ›Judenfrage‹ im 19. Jahrhundert«, in: Hans-Ulrich Wehler (Hg.), Sozialgeschichte heute, Göttingen 1974, S. 388-415.

fordete eine »Lösung«, und diese wurde dann – anders als noch beim pessimistischen Marr – rasch angeboten: die Aufhebung der Judenemanzipation oder die Abwanderung der jüdischen Bevölkerung. Beide Alternativen sollten zur »Trennung«, »Aussonderung«, »Verdrängung«, »Scheidung« und »Entfernung der Eindringlinge«, d.h. der nach Assimilation und Integration strebenden Juden, führen. Die wissenschaftliche »Lösung der Judenfrage« sollte jedoch mit der »instinktiven Lösung« aus den Volksmassen übereinstimmen, um Glaubwürdigkeit zu gewinnen und einen »geordneten« Weg zur Lösung einzuleiten.

Sowohl Assimilation und Integration der Juden, wie auch der entgegengesetzte Versuch der Separation und Trennung waren vor allem Alltagsangelegenheiten. »Wen laden wir zum Abendessen ein?« oder »Mit wem weilt man am Badeort?« – das waren die Schlüsselfragen. Bevor man zum politischen Antisemitismus, zu dramatischen Taten, voranschreiten konnte, galt es zunächst, stereotypes Denken und entsprechende Vorurteile aufzubauen, um im Anschluß die soziale Distanz zur Gruppe, die diskriminiert werden sollte, erzeugen zu können. Ohne diese Vorstufen wäre eine nahezu allgemeine, meistens latente Zustimmung für die antijüdischen Maßnahmen des »Dritten Reichs« nicht zu erwarten gewesen. Der bereits erwähnte Theologe Gerhard Kittel bezeichnete im Jahre 1933 zwar »Judenwitze über Vorhaut und Beschneidung [...] über die kleinen Betrügereien des ostjüdischen Hausierers«[14] als »harmlosen Antisemitismus«, und hielt die »gewaltsame Ausrottung« als Lösung der Judenfrage allein aus praktischen (nicht aber moralischen) Gründen für »unmöglich«.[15]

Im *Antisemiten Kathechismus* erschienen die »Zehn deutschen Gebote der gesetzlichen Selbsthilfe«, die auch als Flugblätter – für eine Mark auf Büttenpapier in Folio-Format mit schwarzem oder roten Druck – erhältlich waren. Dort hieß es unter anderem: »5. Scheide Dich vom Juden gesellschaftlich. 6. Scheide Dich vom Juden geschäftlich.« Nicht nur von oben, also über Politik und Legislative, sollte die »Trennung« oder »Entfernung« eingeführt werden, sondern gerade von »unten«, im Alltag aller Schichten. Und weil man sich bewußt war, daß Aufrufe zum Pogrom im modernen, bürgerlichen Staat das falsche Mittel waren, hieß das zehnte Gebot: »Keine Gewalttätigkeiten verüben an Juden«, höchstens Selbstwehr.[16]

Dabei war es nicht allein die Angst vor gerichtlichen Schritten von seiten der Juden, die diese Zurückhaltung verursachte (Ein entsprechendes Gerichtsurteil vom 30. November 1888 hatte zu Streichungen aus dem *Antisemiten-Katechismus* geführt, und Fritsch und andere Antisemiten waren öfter vor Gericht gebracht und wegen Beleidigung verurteilt worden.) Vielmehr spielte auch die Anerkennung der Tatsache eine Rolle, daß nicht nur die Staatsorgane, sondern die Gesellschaft überhaupt Landfriedensbruch, Unruhen oder Schlimmeres nicht in Kauf nehmen würde, selbst wenn sie allgemein für eine sogenannte »Lösung der Judenfrage« Verständnis aufbrachte.

---

[14] Kittel, Judenfrage, S. 33.
[15] Ebd., S. 14.
[16] Fritsch, Antisemiten-Katechismus, S. 358-360: »Ein wahrer Antisemit meidet sogar Wandschmierereien«, so Fritsch in seinem Beitrag »Antisemit – oder Judenschimpfer?«, in: Hammer, Dezember 1904, S. 542-544.

8. »Wie ist die Judenfrage zu lösen?«

Weil Antisemiten die Sprache der Zeit kannten und auf den ordnungsschützenden Staat Rücksicht nahmen, blieb die Formulierung von der »Lösung der Judenfrage« mit allen ihren Variationen zwischen 1880 und 1933 eher zurückhaltend im Vergleich zu dem, was in der späteren Phase des Nationalsozialismus zur »Endlösung« werden sollte. Und so konnte sich Wilhelm Marr 1889 erlauben, zum »Bochumer Programm« der führenden antisemitischen »Deutsch-Sozialen Partei«, das die »Judenfrage« in äußerst bedrohlichen Farben zeichnete, als »Lösung« jedoch allein die konventionellen Ansätze der Separation propagierte, zynisch zu bemerken, wenn die Judenfrage so radikal zu begreifen sei, wie von dieser Partei vorgetragen, dann wäre es eigentlich die konsequente Schlußfolgerung, »alle Juden – getaufte und ungetaufte – totzuschlagen.«[17] Marr bezeichnete in diesem Kontext die vorgeschlagene, aber in seinen Augen letztlich inkonsequente Lösung als »Betrug«. Dabei vergaß er allerdings den gesellschaftlichen Zwang, unter dem auch er stand: die bürgerliche Gesellschaft erlaubte es nicht, extremere Lösungen anzubieten.

Der *Antisemiten-Katechismus*, der ja keineswegs als Vorbild für eine kompromißbereite Haltung im Hinblick auf die »Judenfrage« gelten kann, darf hier als zusätzliches Beispiel angeführt werden: In den 1880er und 1890er wurde auf die Katechismus-Frage »Wie soll die Judenfrage nun gelöst werden?«[18] geantwortet: »Entweder haben die Juden irgendwo (am besten außerhalb Europas) ein eigenes Länder-Gebiet zu erwerben und (... binnen 10 Jahren) auszuwandern, oder [...] Die Juden dürfen nur Ackerbau oder produktive Handwerke [...] betreiben«, wobei die zweite Alternative unter Antisemiten weitgehend als irreal galt. Weiter hieß es im *Katechismus*: »Die Emancipation der Juden ist aufzuheben« (mit gesetzlichen Mittel). Es ging also letztlich um den territorialen Transfer von Juden – eine Idee, die die Zionisten gegen Ende des Jahrhunderts aufgriffen – oder die Rückkehr zur gesetzlichen Diskriminierung – Gastrecht statt Bürgerrecht. Dies war der inhaltliche Aspekte einer »Lösung der Judenfrage«. Was die Methode betraf, beschränkte sich der Katechismus auf die Forderung, »aufklärend zu wirken«.

Als sich kurz vor dem Ersten Weltkrieg die antisemitischen Parteien bereits in einer Flaute befanden, fiel die Anwort des *Handbuches der Judenfrage* auf die Frage »Wie ist die Judenfrage zu lösen?«[19] noch zurückhaltender aus: »Es ist nicht darauf zu zählen, daß in absehbarer Zeit von Staats wegen eine Lösung [...] erfolgt.« Der »geniale Geist«, »der eigentliche Drachentöter« der »wahre Siegfried«, der »Erlöser« war noch nicht in Sicht (bzw. war ein 21 Jahre alter Unbekannter in Wien),[20] also sprach man nicht offen von der Auswanderung oder totalen Aufhebung der Emanzipation der Juden, sondern nur vom »Einsetzen der Gesetzgebung«, und davon, methodisch »Aufklärung ins Volk zu tragen«; aber: keine Gewalttätigkeiten.

Ein deutlicher Einschnitt war der Erste Weltkrieg. Nicht nur die Niederlage von 1918, sondern das gesamte Kriegsgeschehen, die vom Krieg verursachte Um-

---

[17] »Testament eines Antisemiten«, Kap. VI, in: Zimmermann, Wilhelm Marr, S. 133-155.
[18] Fritsch, Antisemiten-Katechismus (1893), S. 23-25.
[19] Fritsch, Handbuch der Judenfrage (1910), S. 236-240.
[20] Vgl. Brigitte Hamann, Hitlers Wien. Lehrjahre eines Diktators, München Zürich 1996.

wertung der bürgerlichen Werte und die zunehmende allgemeine »Brutalisierung« hatten nicht nur die deutsche Gesellschaft an sich erschüttert. Der Krieg war auch für die Verbreitung anti-jüdischer Vorurteile, für die Vertiefung der Diskrepanz zwischen Juden und Nichtjuden – gerade wegen der intensiven Begegnung im Schützengraben – ein Katalysator gewesen. Die zentrale und schockierende Erfahrung in den gegenseitigen Beziehungen war die sogenannte »Judenzählung« von 1916, in der Militär und Politik feststellen wollten, ob Juden – wie das Vorurteil es seit jeher darstellte – tasächlich »Drückeberger« seien. Die Zahl der für Deutschland gefallenen jüdischen Soldaten (zirka 12.000) wurde von Antisemiten ignoriert, denn Fakten spielten in der Diskussion nur eine marginale Rolle.[21] Der Krieg ging jeden an, und weil die »Judenfrage« mit dem Krieg assoziiert war, wurde sie intensiver und in breiteren Kreisen diskutiert.

So formulierte Fritschs *Handbuch* nach dem Ersten Weltkrieg im Sog der völkischen Stimmung und unter dem Schock von Niederlage und Revolution die Anwort auf die Frage »Wie ist die Judenfrage zu lösen?«[22] im Jahre 1923 erwartungsgemäß radikaler: »Es gilt in der Arbeiterklasse das Zusammengehörigkeits-Gefühl mit den übrigen Volksschichten wieder zu erwecken [...] wir als Brüder eines Volkes«. Die Radikalisierung der Lage führte zur Radikalisierung der »Lösung«: »völlige Ausscheidung aller Juden aus dem arischen Völkerleben [...] Ein Kompromiß ist ausgeschlossen.« Sogar die gesetzmässige »Trennung« wurde nicht mehr erwogen: Man hielt es für falsch, Juden »noch länger Gastrecht in unserem Hause zu gewähren«. Von der Methode her änderte sich jedoch wenig: »Wir wollen die Juden nicht totschlagen und ihnen nirgend Gewalt antun [...] Also: reinliche Gedeihung! [...] sei es in Palästina« oder anderswo. Noch immer pochte man auf »Aufklärung«, »Verbreitung neuer Einsichten«, vor allem auf eine »gründliche Schul- und Erziehungs-Reform«, noch immer war Gewaltanwendung bei der Durchführung der »Lösung« ein Hindernis, um hierbei die breite Unterstützung der Massen zu erhalten. Bekanntlich entsprachen auch das Programm der Nationalsozialisten vom Februar 1920 (Artikel 4-8) und ihre Politik der Jahre 1933-1938 im wesentlichen dieser Tendenz und waren – gleichermaßen aus Rücksicht auf die Adressaten aus dem bürgerlichen Lager als auch auf die bürgerlichen Positionen zu Gesetz, Ordnung und Minderheiten – in mancher Hinsicht weniger radikal als der von Fritsch 1923 im *Handbuch* gemachte Lösungsvorschlag.

Antisemiten waren sich bewußt, daß weder Gesetz noch Obrigkeit die antisemitische Alltagsaktivität ersetzen konnte. Der Begriff »Privat-Initiative« findet sich im *Katechismus* oder *Handbuch* zwischen 1887 und 1933 wiederholt im Abschnitt über die »Lösung der Judenfrage«: Man müsse die Psyche beeinflussen; man solle die Juden »geschäftlich und gesellschaftlich« isolieren, hieß es 1893. »Mit der fortschreitenden Aufklärung wird es schließlich ein jeder als beschämend empfinden lernen, in irgend welchen Beziehungen zu Juden zu stehen.«[23] Im Jahre 1910 wurde dann weiter nach »einer gesellschaft-

---

[21] Vgl. Moshe Zimmermann, Die Geschichte der deutschen Juden, 1914-1945, München 1997, S. 2-8.
[22] Fritsch, Handbuch der Judenfrage (1923), S. 472-484.
[23] Fritsch, Antisemiten-Katechismus (1893), S. 24.

lichen Isolierung« der Juden verlangt, und mehr noch: »Nicht wie ein Jude sein zu wollen!«[24] 1923 ging man schließlich ins Detail: Isolierung im Geschäft bedeutete zum Beispiel die Bekämpfung der jüdischen Banken, die private Initiative zielte fortan vor allem darauf, »den Einfluß der Juden (in Theater, Presse, Kino etc.) nach Möglichkeit zu brechen.«[25] In diese Richtung wiesen Pamphlete, Reden, Aufkleber, Zettel und Bild-Postkarten, die das breite Publikum, das wenig lesen wollte, erreichen sollten.

Was den Antisemitismus zwischen Kaiserreich und »Drittem Reich« u.a. charakterisierte, war also die durchaus gesellschaftliche – nicht nur die obrigkeitsbezogene – Präferenz für eine »ordentliche«, wissenschaftliche und mit Traditionen zu vereinbarende »Lösung der Judenfrage« (Ausschreitungen blieben zwar nicht aus, waren jedoch nicht das eigentliche Kennzeichen des Antisemitismus in Deutschland). Antisemiten versuchten hier eher in breitem Umfang, Unterstützung und Wähler für antisemitische Organisationen und Parteien zu gewinnen. Aus diesen Zusammenhängen heraus erklärt sich dann fünfzig Jahre nach der ersten Publikation des *Antisemiten-Katechismus* – der auch Hitler beeinflußt hat[26] – die Akzeptanz der »Nürnberger Rassengesetze«[27] von 1935 als angeblich endgültige und gewaltlose Regelung des »Problems«. Und entspechend akzeptabel und einleuchtend wurde auch den Zuschauern des Films »Jud Süß« im Jahre 1940 die Empfehlung für die gesetzmässige Aufhebung der Aufenthaltsrechte von Juden in Deutschland vermittelt. Das war eine »gutbürgerliche Regelung«, die nicht nur von rabiaten Antisemiten als akzeptabel und legitim beurteilt werden konnte.

Bevor Antisemiten aber die Bevölkerung von der Notwendigkeit und Richtigkeit einer mehr oder weniger radikalen »Lösung der Judenfrage« überzeugen konnten, war es erforderlich, das genannte 5. und 6. Gebot aus Fritschs Katechismus im Unterbewußtsein einzuprägen und als bürgerliche Tugend zu legitimieren. Dieses Bestreben, Antisemitismus zum »kulturellen Code«[28] zu machen, hieß im Jargon der Antisemiten »Aufklärungsarbeit«. So nannte es Eugen Dühring,[29] und so hieß es auch bei Theodor Fritsch: »Worte helfen nicht mehr, nur die Tat kann uns noch retten, und diese heißt: Aufklärung. Also müssen wir unsere Volksgenossen überzeugen, aufklären« – in dieser Form brachte es die Werbeseite für das *Handbuch der Judenfrage* knapp auf den Punkt, die zugleich eine Werbung für die antisemitische Zeitung *Hammer* war. Wie Aufklärung zu praktizieren war, hatte Theodor Fritsch in einer besonderen Broschüre unter dem Titel *Die Kunst des Aufklärens und Werbens* zusammengefaßt. Diese »Aufklärung« erhielt in der Weimarer Republik immer krassere

---

[24] Fritsch, Handbuch der Judenfrage (1919), S. 240.
[25] Fritsch, Handbuch der Judenfrage (1923), S. 476.
[26] Reginald H. Phelps, »Theodor Fritsch und der Antisemitismus«, in: Deutsche Rundschau 87 (1961), S. 442-449.
[27] Uwe Adam, Judenpolitik im Dritten Reiche, Düsseldorf 1972; Saul Friedländer, Nazi-Germany and the Jews. The Years of Persecution, 1933-1939, New York 1997; Peter Longerich, Politik der Vernichtung, München 1998.
[28] Shulamit Volkov, »Anitsemitism as a Cultural Code«, in: LBYB 23 (1978), S. 25-46.
[29] Eugen Dühring, Die Judenfrage als Rassen-, Sitten- und Kulturfrage, Karlsruhe 1880, S. 135.

und vulgäre Züge und wurde aufgrund des allgemeinen Wandels moralischer Werte immer mehr akzeptiert. Zusätzlich förderten moderne technische Mittel diese Entwicklung, die schließlich in die Propaganda Goebbels'scher Manier mündete.

Was aber kann die steigende öffentliche Resonanz antisemitischer Agitation seit der Reichsgründung erklären, also die zunehmend verbreitete Bereitschaft, den Antisemitismus als Antwort auf die zentrale Frage der Zeit – die »soziale Frage« – zu erkennen?[30] Es wurden unterschiedliche Erklärungsversuche vorgeschlagen: die neue Qualität der Argumentation, die Verschärfung der »sozialen Frage« an sich oder die Suche nach nationaler Integration, die Angst vor Modernität und Revolution oder der Übergang vom geschriebenen zum gesprochenen Wort in der Agitation.[31] Der Grund ist aber vor allem in den sich rasch entwickelnden technischen Multiplikationsinstrumenten zu sehen – Litfaßsäulen, Zeitungsvitrinen, Bahnhofsliteratur, Transparente, Zink-Klichees (die Fotos statt Worte vermittelten), Schreibmaschinentexte, Aufkleber, Postkarten, und dann auch Lautsprecher und natürlich das Radio. Entscheidend war in diesem Zusammenhang die politische Dimension der neuen Medien: Sie boten raschen Zugang zu breiten Schichten.

Gegen Ende des 19. Jahrhundert wurde die Honoratiorenpolitik vom »politischen Massenmarkt« abgelöst. Dies zeigte sich ganz besonders deutlich auf dem rechten Flügel und war unter anderem bei antisemitischen Vereinen klar zu erkennen.[32] Familienzeitungen, Witzblätter, Karikaturen[33] erwiesen sich als produktive Multiplikatoren von Stereotypen. Massenversammlungen, die neuerdings durch gute Bahnverbindungen bequem erreicht werden konnten, hatten Zulauf wie nie zuvor.[34] Dies galt selbstverständlich nicht nur für den Antisemitismus – derartige Multiplikatoren spielten bei allen Arten politischer und kommerzieller Werbung eine entscheidende Rolle. Daß der Antisemitismus sich zwischen 1880 und 1945 starke Resonanz durch diese Medien verschaffte, ist unbestreitbar. Allerdings muß man hier die Frage stellen, ob der Antisemitismus sich im Wettbewerb mit konkurrierenden politischen Richtungen dieser Mittel besser und effektiver zu bedienen wußte, und wenn ja – warum?

---

[30] Werner Jochmann, »Antisemitismus im deutschen Kaiserreich 1871-1914«, in: Werner Jochmann (Hg.), Gesellschaftskrise und Judenfeindschaft, S. 30-98; Moshe Zimmermann, »Die ›Judenfrage‹ als die ›Soziale Frage‹«, in: Christof Dipper (Hg.), Faschismus und Faschismen im Vergleich. Wolfgang Schieder zum 60. Geburtstag, Köln 1998, S. 149-165.

[31] Shulamit Volkov, »Kontinuität und Diskontinuität im deutschen Antisemitismus«, in: Vierteljahreshefte für Zeitgeschichte 33.2 (1985), S. 241-242.

[32] Vgl. Hans Rosenberg, Große Depression und Bismarckzeit, Berlin 1967; Geoff Eley, Reshaping the German Right, New Haven, 1980.

[33] Henry Wassermann, Juden, Bürgertum und »bürgerliche Gesellschaft« in Deutschland – 1840-1880 (hebr.), Diss., Jerusalem 1979.

[34] Vgl. Jacob Borut, »Die jüdischen Abwehrvereine zu Beginn der neunziger Jahre des 19. Jahrhunderts«, in: Aschkenas 7.2 (1997), S. 468-476; David Blackbourn, »The Politics of Demagogy in Imperial Germany«, in: David Blackbourn (Hg.), Populists and Patricians, Boston 1987; George L. Mosse, »The Image of the Jew in German Popular Culture – Felix Dahn und Gustav Freytag«, in: LBYB 2 (1957), S. 218-227.

8. »Wie ist die Judenfrage zu lösen?« 143

Es ist nicht nachzuweisen, daß der Antisemitismus bis 1914 oder 1933 populärer als andere vergleichbare Denkrichtungen war: Sozialismus, Bellizismus, Pazifismus oder auch andere Erscheinungen des Zeitgeistes hatten Hochkonjunktur und benutzten die genannten Mittel sehr effektiv zur Eigenwerbung. Der Antisemitismus war nur ein Element des allgemeinen Trends, hatte aber den Vorteil, daß er auf tiefwurzelnden Traditionen, auf weitverbreiteten Vorurteilen sowie auf der Erziehung aufbauen und als Modeerscheinung die Wellen der Konjunktur und die »brennenden Fragen« der Zeit vorteilhaft ausnutzen konnte.

Religion und Wirtschaftsleben lieferten Bausteine judenfeindlicher Traditionen. Die Sonntagspredigt oder der alltägliche Sprachgebrauch konnten ebenso vor wie nach der Judenemanzipation als Mittel gegen die Gleichberechtigung von Juden bzw. deren Integration aktiviert werden.[35] Eine Studie über Bayern im 19. Jahrhundert zeigt, daß es das Volk, nicht die Obrigkeit war, das sich gegen die jüdische Bevölkerung aussprach.[36] Und die Schwäche des »gemeinen Volkes«, an den Schablonen und Stereotypen (z.B. »des Ostjuden«) gerade in einem Zeitalter des Wandels festzuhalten, wurde von antisemitischen Agitatoren ausgenutzt. So erschien im *Handbuch* eine Reihe von Sprüchen, darunter der Luthersatz »Trau' keinem Fuchs auf weiter Heid, trau' keinem Jud' bei seinem Eid«, die auch als Zetteln verbreitet und als Parolen genutzt wurden – entgegen jeglicher rationaler, aufgeklärter Haltung, wie sie der Zeit eigentlich entsprochen hätte.[37] Auch Postkarten waren ein wirksames Element der Popularisierung und Vrebreitung antisemitischer Positionen und des Rufes nach »Trennung«.

Im technischen Zeitalter konnten sich darüber hinaus konfessionelle, lokale und regionale Traditionen weit über die ursprüngliche Bezugsgruppe hinaus verbreiten. Die Nation meldete sich als Integrationsfaktor zu Wort und schuf durch die Verallgemeinerung besonderer Traditionen gleichzeitig den »inneren Feind« und einen gemeinsamen nationalen Nenner. Mehr noch – diese Entwicklung machte an den Staatsgrenzen keinen Halt. Im Zeitalter internationaler Organisationen und Kongresse bildete der Antisemitismus keine Ausnahme: Seit 1882 trafen sich Antisemiten zu internationalen Kongresse und verbreiteten auf diesem Wege ihre Ideen und ihre Politik.[38]

Gerade in einem Staat wie Deutschland dürfen die regionalen Unterschiede antisemitischen Verhaltens zwischen 1880 und 1933 natürlich nicht unbe-

---

[35] Zwi Bacharach, Vom Kreuz zum Hakenkreuz (hebr.), Tel Aviv 1991; Olaf Blaschke, Katholizismus und Antisemitismus im deutschen Kaiserreich, Göttingen 1997; James Retallack, »Antisemitism, Conservative Propaganda and Regional Politics in Late Nineteenth Century Germany«, in: German Studies Review 1988, S. 377-403.

[36] James F. Harris, The People Speak! Antisemitism and Emancipation in Nineteenth Century Bavaria, Ann Arbor 1994.

[37] Fritsch, Antisemiten-Katechismus (1893), S. 357-358; vgl. Wolfgang Mieder, »Proverbs in Nazi Germany: The Promulgation of Antisemitism and Stereotypes through Folklore«, in: Journal of American Folklore 95 (1982), S. 435-464.

[38] Schmeitzners Chemnitzer Internationale Monatsschrift, Zeitschrift für die Allgemeine Vereinigung zur Bekämpfung des Judentums, Bd. 1, 1882.

rücksichtigt gelassen werden.³⁹ Trotzdem gilt auch in diesem Fall die Regel von der überregionalen Verbreitung durch neue Kommunikationsmittel und Multiplikatoren. Als illustratives Beispiel kann uns der altbekannte Ritualmordvorwurf gegen Juden dienen: Als typisch für das Spätmittelalter und frühe Neuzeit war der Vorwurf des Ritualmordes eigentlich gegen Ende des 19. Jahrhunderts überholt; und auch aufgrund seines eher katholischen Ursprungs und seiner jeweiligen Beschränkung auf bestimmte katholische Regionen hätte er in einem überwiegend protestantischen Land eigentlich nicht besonders aussichtsreich sein sollen. Und doch: in allen Ritualmord-Affären des späten 19. Jahrhunderts – von Tisza Eszlar (1882) über Xanten (1891) bis Konitz (1900) – konnte sich diese »altmodische« Anschuldigung über regionale Grenzen hinaus ausbreiten. Die internationale Diskussion um die Damaskus-Affäre von 1840⁴⁰ oder um die Beilis-Affäre in Rußland im Jahre 1911 zeigen den Unterschied, der durch die verbesserte Kommunikation und die effektiveren Multiplikatoren auf dem Hintergrund der sich revolutionierenden und verunsicherten Gesellschaft des 19. Jahrhunderts ergab. Die Bildpostkarten, die im Laufe der Konitz-Affäre produziert und verbreitet wurden – der ermordete Ernst Winter wird als Opfer des jüdischen Ritualmords dargestellt, das Publikum gewarnt »Achtet also auf Eure Geschwister, die da ledig sind; hütet eure Kinder« – erreichten Briefträger und Adressaten weit über den Tatort oder der unmittelbaren Aktionsradius des antisemitischen Agitators hinaus.⁴¹

Deutlich wird, daß politische Konjunkturen ein wichtiger Faktor in diesem Zusammenhang waren. Entsprechende Anschuldigungen erreichten ebenso wie die Wahlerfolge der Antisemiten ihre Höhepunkte in Deutschland am Anfang der »Neuen Ära« der 1890er Jahre, dann wieder um 1907 im Zusammenhang des harten Wahlkampfs zwischen »Sammlungspolitik« und Sozialdemokraten und nochmals, wie bereits erwähnt, nach dem Ende des Ersten Weltkrieges, als die deutsche Gesellschaft durch Niederlage und Revolution erschüttert wurde, die völkische Bewegung einen großen Zulauf erlebte und die »Judenfrage« als akute Alltagsangelegenheit, nicht als fernes und theoretisches politisches Thema dargestellt werden konnte.⁴²

Kindermord und Kinderschändung sind nun allerdings Delikte, die bis heute nicht aus der Welt verschwunden sind. Doch am Anfang des 21. Jahrhunderts können derartige Vorfälle in Deutschland (oder Belgien) nicht mehr mit Juden in Zusammenhang gebracht werden, und zwar nicht nur, weil die Fakten an sich dagegen sprechen – Fakten haben auch in den 1920er Jahren die Vorurteile nicht widerlegen können –, sondern weil eine entsprechende Un-

---

[39] Vgl. Oded Heilbronner, »The Role of Nazi Antisemitic Propaganda in the Party's Activity and Propaganda. A Regional Historical Study", in: LBYB 1990, S. 397-439.

[40] Jonathan Frankel, The Damascus Affair: »Ritual Murder«. Politics and the Jews in 1840, Cambridge 1997.

[41] Stefan Rohrbacher, Michael Schmidt, Judenbilder. Kulturgeschichte antijüdischer Mythen und antisemitischer Vorurteile, Reinbek 1991, S. 346-354.

[42] Uwe Lohalm, Völkischer Radikalismus. Die Geschichte des deutschvölkischen Schutz- und Trutzbundes, 1919-1923, Hamburg 1970.

terstellung auf dem Hintergrund der heutigen »sozialen Frage« keinerlei Plausibilität mehr besitzt, und auch diejenigen, die solche Vorurteile aufwärmen möchten, kaum auf ein Echo aus der Bevölkerung hoffen dürfen. Sogar im »Dritten Reich« war es klar, daß bei einem breiten Publikum mit einer Ritualmordanschuldigung wenig zu erreichen war. Julius Streicher hat dies selbstverständlich in seinem antisemitischen Hetzblatt *Der Stürmer* versucht. Aber die Produzenten des Films *Jud Süss* setzten ihrerseits ein glaubhafteres und zeitgemäßeres Vorurteil ein, um ihre Botschaft effektiv an die Zuschauer zu bringen: der Jude als Mädchenschänder. Der »verderbliche Einfluß auf die Frauenwelt« hatte bereits im *Handbuch* von 1923 als Reizthema Präferenz erhalten.[43] Das weitverbreitete Bild von den Juden, die Susanna heimlich im Bade betrachten[44] oder stets und überall auf die Gelegenheit warten, die blonde deutsche Frau zu überfallen,[45] war im Zeitalter des Sommerurlaubs im Bade- und Kurort »nützlicher« und verwendbarer, weil es sich um ein Stereotyp handelte, das im Kontext der bürgerlichen Sorge um den Schutz der hilflosen Weiblichkeit im Kopf des Durchschnittsdeutschen verankert war. Artikulation und Akzeptanz bestimmter bestimmter antisemitischer Vorurteile waren in der Zeit zwischen dem Kaiserreich und »Dritten Reich« immer Schwankungen unterworfen – wenn auch nicht immer so radikal wie in der Frage der Ritualmordanschuldigungen –, doch stieg die Akzeptanz derartiger Vorurteile allgemein an. Erst recht gilt dies für die Zeit nach 1933, als gar der Staat selbst für die Verbreitung der Vorurteile durch Erziehung und Propaganda sorgte.[46] Daß selbst nach dem Zweiten Weltkrieg antijüdische Vorurteile und Stereotypen in hohem Maße – allerdings ihrer politischen Funktion beraubt – verbreitet blieben,[47] beweist, wie effektiv die Multiplikatoren und ihre Technik gewesen sind.[48]

Einen unaufhaltsamen Siegeszug hatte die antisemitische Bewegung vor 1933 allerdings nicht verzeichnen können. Sie wies zahlreiche Schwächen auf, die potentielle Anhänger der Ideologie durchaus abschrecken konnten. Dazu gehörte die von Wilhelm Marr als »Geschäftsantisemitismus«[49] bezeichnete Haltung manches kleinen Politikers, den Antisemitismus als Mittel zum persönlichen Vorteil in Partei und politischer Karriere auszunutzen oder als Vorwand für politischen Aktionismus zu benutzen. »Unter den antisemitischen Führern habe ich nur wenig wirklich anständige Leute kennengelernt,« schrieb

---

[43] Fritsch, Handbuch der Judenfrage (1923), S. 481; Thomas Frey [Th. Fritsch], Brennende Fragen: Jüdische Mysterien, Juden und Weiber, Leipzig o.J.
[44] Dazu die Karikaturensammlung Eduard Fuchs, Die Juden in der Karikatur, München 1921.
[45] Vgl. Adolf Hitler, Mein Kampf, München 1924, S. 357.
[46] Vgl. Ursula Büttner (Hg.), Die Deutschen und die Judenverfolgung im Dritten Reich, Hamburg 1992; Michael Kater, »Everyday Anti-semitism in Pre-war Nazi Germany. The Popular Bases«, in: IVS 16 (1984), S. 129-154.
[47] Anna J. Merritt, Richard L. Merritt, Public Opinion in the Occupied Germany: The OMGUS Surveys 1945-1849, Urbana 1970.
[48] Vgl. Gerhard Paul, Aufstand der Bilder. Die NS-Propaganda vor 1933, Bonn 1990; Jüdisches Museum der Stadt Wien (Hg.), Die Macht der Bilder. Antisemitische Vorurteile und Mythen (Ausstellungskatalog), Wien 1995.
[49] Zimmermann, Wilhelm Marr, S. 146/149.

ein Politiker, der dem Antisemitismus den Rücken gekehrt hatte.[50] »Vom Antisemitismus haben mich weniger die Juden als die Antisemiten abgebracht,« fügte er hinzu, als er, wie andere antisemitische Politiker, aus dem antisemitischen »Geschäft« ausstieg. Nur war es ein zweigleisiger Weg. Antisemiten, die doch »anständig« wirken und das richtige Publikum mit den richtigen modernen Mitteln erreichen konnten, waren sicherlich erfolgreich. Im Zeitalter des Films und des Radios war eine Bewegung, eine Strömung, eine Partei durchaus in der Lage, antisemitische Traditionen und Vorurteile effektiv zu aktivieren, um sich selbst zu profilieren, um eine Lösung der »sozialen Frage« glaubhaft zu präsentieren und am Ende die Lösung *ad absurdum* grausam zu implementieren. Solange der Antisemitismus nicht zur Staatsdoktrin erhoben wurde, konnte er in Deutschland wie in anderen Staaten zurückgedrängt oder in seinem Effekt eingeschränkt werden. Nachdem alle staatlichen Organe und Institutionen in Deutschland in den Dienst der »Lösung der Judenfrage« gestellt worden waren, fielen sämtliche Schranken und der Weg vom Vorurteil über die Technik zur radikalsten Tat war frei.

---

[50] Hellmut von Gerlach, Von Rechts nach Links, Zürich 1937, S. 114.

III.

Die jüdische Auseinandersetzung mit dem deutschen Judenhaß

1. Aufklärung, Emanzipation, Selbstemanzipation

Prinzipiell stellt sich die Frage, ob die drei Begriffe – Aufklärung, Emanzipation und Selbstemanzipation – tatsächlich Meilensteine in *einem* Kontinuum der jüdischen Geschichte gewesen sind. Die These, die hier vertreten wird, lautet: Die drei genannten Begriffe bilden ein Kontinuum, das sich auf dialektische Weise entwickelt hat und mit der Selbstemanzipation nicht sein endgültiges Stadium erreicht hat. Die selbstemanzipatorische, also nationaljüdische Phase der Entwicklung hat sich so entfaltet, daß das Kontinuum durch eine Wende auf einen spiralartigen Gang der modernen jüdischen Geschichte hindeutet: Die Hyperselbstemanzipation führte zur Reaktion nicht nur gegen Aufklärung und Emanzipation, sondern auch gegen die Selbstemanzipation. Bereits Franz Grillparzer formulierte trefflich die zu seiner Zeit gefürchtete Tendenz »von der Humanität über die Nationalität zur Bestialität«, eine Tendenz, die sich *mutatis mutandis* vielleicht auch in der jüdischen Geschichte anbahnte. Wohlgemerkt: ein deutscher Zionist, Richard Lichtheim, hatte diesen Satz im Zusammenhang mit der Geschichte des Zionismus erstmals zitiert.[1]

Die zusätzlich zu stellende Frage wäre deshalb, in welchem Maße die kontinuierliche Entwicklung bis zur Selbstemanzipation bereits die Vorzeichen der Wende – der Hyperselbstemanzipation – beinhaltet hat. Das folgende Kapitel wird sich auf die deutsche Szenerie beschränken und nicht auf die Frage der gesamteuropäischen oder allgemein-zionistischen Geschichte eingehen.

In diesem Rahmen wird erkennbar, daß die Entwicklung, die angeblich spezifisch jüdisch ist, grundsätzlich eine Widerspiegelung des Prozesses in der deutschen bzw. mitteleuropäischen Gesellschaft, eine Reaktion und Nachahmung zugleich war.

Daß die Aufklärung die Emanzipationsbestrebungen und die Emanzipation, also auch die Gleichberechtigung der Juden, zur Folge hatte, wird für selbstverständlich gehalten, wenn auch die historischen Interpretationen in diesem Fall keine monokausale Richtung mehr einnehmen. Anders verhält es sich bei der Interpretation des zweiten Übergangs von der Emanzipation zur Selbstemanzipation. Hier scheint das Resultat, die selbstemanzipatorische, nationaljüdische Tendenz, die Abkehr von dem vorherigen Zustand der Emanzipation zu sein. Der Grund für die unterschiedlichen Interpretationen der beiden Übergänge liegt vor allem im konzeptuellen Bereich: Die Verfechter und Nutznießer der Judenemanzipation befanden sich bewußt unter der Ägide der Aufklärung und betrachteten diese als ihr ideologisches und politisches Fundament, während sich die Verfechter der Selbstemanzipation bzw. des jüdischen Nationalismus nicht nur als postemanzipatorische Juden (Kurt Blumenfeld) im zeitlichen Sinne, sondern zugleich Anti-Assimilationisten, d.h. als Gegner der in ihren Augen aufgrund der Aufklärung und Emanzipation

---

[1] Richard Lichtheim, Rückkehr. Lebenserinnerungen aus der Frühzeit des deutschen Zionismus, Stuttgart 1970, S. 49.

entstandenen Miseren betrachtet wissen wollten. Diese post-, propter-, angeblich antiemanzipatorische Haltung erzeugte eine Fehlinterpretation dieses Übergangs, darf aber nicht darüber hinwegtäuschen, daß die Selbstemanzipation auch als postemanzipatorische Tendenz eine Fortsetzung und nicht ein Abbruch der aufklärerischen und emanzipatorischen Vergangenheit war.

Die Krise innerhalb des selbstemanzipatorischen Prozesses entstand, als sich eine neue Kategorie, die Kategorie der Hyperselbstemanzipation herauskristallisierte, wogegen die Aufklärung, die Emanzipation und die Selbstemanzipation trotz aller Unterschiede zu einer anderen Kategorie gehörten.

Es stellt sich die doppelte Frage, inwiefern einerseits bereits die Aufklärung und die Ideologie der Judenemanzipation die kommende Selbstemanzipation signalisierten und ob sich andererseits die selbstemanzipatorische, nationaljüdische Bewegung als Erbin der beiden früheren Strömungen betrachtet hat.

Im zionistischen Schrifttum finden sich häufig Bemerkungen zur Bedeutung der Aufklärung für die sich anbahnende Gefahr der Assimilation. Dadurch wird die Aufklärung als rein negative Erscheinung dargestellt. Vereinzelt wird der Versuch unternommen, hiergegen Sprüche von »Maskilim« bzw. Emanzipationskämpfern als präzionistisch umzuinterpretieren. Die Art der Bemerkung hängt davon ab, ob man als nationalgesinnter Jude mit der jüdischen Geschichte brechen oder sich auf sie stützen möchte. Eine neutrale Betrachtungsweise zeigt jedoch, daß der von Zionisten so oft verschmähte Kosmopolitismus der Aufklärung Begriffe wie Patriotismus oder Nation (im Sinne des 18. Jahrhunderts) nicht abgelehnt hat. So könnte Mendelssohns Einstellung zur jüdischen »Nation« zum Beispiel trotz allem auch für die Selbstemanzipation akzeptabel sein. Daß er die Rückkehr nach Palästina ablehnt, hängt eher mit seiner orthodoxen Vorstellung vom Judentum zusammen (»Nicht rege machet die Liebe [zu Zion] bis es ihr gefällt«, d.h. »ohne außerordentliche Zeichen nicht den geringsten Schritt zu tun, der [die] [...] Wiederherstellung der Nation zur Abischt hätte«)[2] als mit seiner aufklärerischen Auffassung. Dabei sollte auch betont werden, daß die Selbstemanzipation in der Theorie und in ihrer Anfangsphase nicht unbedingt mit der Rückkehr nach Palästina verbunden war.

Deutlicher zeigt sich dies beispielsweise bei dem berühmten Emanzipationskämpfer Gabriel Riesser. Obwohl es überzogen wäre, Riesser als Vorläufer des jüdischen Nationalismus darzustellen (wie es ein historiker Mitte der sechziger Jahre des 20. Jahrhunderts versuchte)[3], ist die Tatsache nicht zu leugnen, daß seine Definition der Juden als historische Gemeinschaft, sogar als Stamm – wenn auch keineswegs als Nation – bis zu einem bestimmten Grad für selbstemanzipatorische Denker eine Ausgangsposition bedeuten konnte. Wie sonst wäre der Versuch zu erklären, den im Jahre 1846 der junge B. Behrend unternahm, Riesser für die Gründung einer Judenkolonie zu gewinnen?[4]

---

[2] Moses Mendelssohn, Der Mensch und das Werk, Berlin 1929, S. 113.
[3] Moshe Rinott, Gabriel Riesser – Fighter for Jewish Emancipation«, in: Leo Baeck Institute Yearbook VII (1962), S. 11-38.
[4] B. Behrends Brief an Rothschild und Riessers Stellungnahme, in: Orient Nr. 2, 1846, außerordentliche Beilage.

1. Aufklärung, Emanzipation und Selbstemanzipation

Nur wenn man jüdische Aufklärung, wenn man Haskala und Emanzipation von der gleichzeitigen Entwicklung in der europäischen Gesellschaft isoliert, scheint die Zugehörigkeit zu einer spezifischen Volksgruppe oder das Bekenntnis zu einer religiös-politischen Verfassung (der Thora im Falle der Juden) im Widerspruch mit dem Kosmopolitismus bzw. dem Universalismus zu sein. Erst vom späteren nationalistischen Standpunkt aus, der auf Kosten des Weltbürgertums entstand, schien dieser Widerspruch absolut zu sein. Eben weil der Kontrast *nicht* absolut war und weil selbstemanzipatorische semi-nationale Elemente ebenfalls in der jüdischen Aufklärung und Emanzipation beinhaltet waren (so entstand etwa der Begriff der Selbstemanzipation), konnten auch einige Theoretiker unter den deutschen Zionisten diese Elemente, zumindest teilweise, als Vorstufe der Selbstemanzipation würdigen.

»Die staatsrechtliche Emanzipation der Juden innerhalb der anderen Völker hat, wie die Geschichte zeigt, nicht *genügt*, um ihre soziale und kulturelle Zukunft zu sichern«, so formulierte Bodenheimer in den *Thesen der national-jüdischen Vereinigung Cöln* die Beziehung der Selbstemanzipation zur Emanzipation.[5] Bis 1933 galt eindeutig die Maxime, daß die Selbstemanzipation eine Ergänzung und *kein* Ersatz für die Emanzipation und ihre grundlegende Ideologie sei. »Es soll zu den erworbenen Rechten [der Juden] lediglich ein neues hinzu erworben werden [...]. Der nationale Gedanke soll [...] durch die Möglichkeit der Aussonderung spezifisch national empfindender Elemente die Versöhnung der Völker mit dem jüdischen Propfreis anbahnen«, war Bodenheimers Vorschlag an Herzl, als er mit ihm die Gründung der zionistischen Organisation im Jahre 1897 besprach.[6] Noch deutlicher formuliert der deutsche Zionismus sein Beziehungen zur Emanzipation und Aufklärung zehn Jahre später im *Zionistischen A-B-C-Buch*:

> »Die Modernisierung des Judentums ist genau so die Voraussetzung der nationalen Wiedergeburt, wie die Emanzipation und die Kämpfe um dieselbe eine Voraussetzung und Vorbedingung des Zionismus bilden. Das gegenwärtige National-Judentum und seine politische Konsequenz, der Zionismus, bedeuten, vom Standpunkt der immanenten Teleologie der jüdischen Volksseele aus, keineswegs eine Abkehr von der seit Mendelssohn eingeschlagenen Entwicklun, sondern vielmehr ihre Vollendung auf dem Wege einer konsequenten Erfassung ihrer von Anbeginn wirksamen Motive, die, wie bereits bemerkt, auf die äußere und innere Befreiung gerichtet waren.«[7]

Auch an anderen Stellen der deklarativen Darstellung des deutschen Zionismus wird diese These der Kontinuität vertreten. Es wird zugegeben, daß »die Keime des neuen Positiven« bereits in Mendelssohns und Wesselys Engagement für die »Bereinigung der Hebräischen Sprache«, in den »jüdisch-wissenschaftlichen Bestrebungen« (d.h. die Wissenschaft des Judentums) und im »In-

---

[5] Nach: Henriette H. Bodenheimer, Im Anfang der zionistichen Bewegung, Frankfurt a. M. 1965, S. 22.
[6] Ebd., S. 42, Brief an Herzl, 3. Juni 1897.
[7] Zionistisches A-B-C-Buch, Berlin 1908, »Moderne Kultur und ihr Einfluß auf die Juden«, S. 150f.

teresse an der Geschichte des Judentums« liegen.⁸ Es wird sogar betont, daß »die Juden durch die Emanzipationskämpfe und später durch den Kampf um die Erhaltung und praktische Durchführung der Gleichberechtigung zusammengehalten haben.«⁹

Ähnlich, wenn auch mit einem sehr kritischen Unterton, beurteilte 1919 der radikale Zionist Jacob Klatzkin die Aufklärung und die Emanzipation in einer Würdigung Hermann Cohens: »Die große Ironie der Auflösung des Judentums« (womit er die »naive Aufklärung« und den »Lohn« der Aufklärung, die Emanzipation, meint) war »zur Hälfte nationale Überhebung im Bewußtsein der Auserwähltheit.«¹⁰

Darüber hinaus wird wenigstens andeutungsweise auch die Beziehung der Selbstemanzipation zum Patriotismus und Kosmopolitismus von der Aufklärung und vom emanzipatorischen Denken hergeleitet. »Warme Teilnahme am nationalen Leben [...] muß gerade vom Standpunkt eines vernünftigen und moralisch haltbaren Kosmopolitismus gefordert werden. [...] der moderne jüdische Nationalismus hält [...] an der Idee der Einheit des Menschengeschlechts fest, ist fern von allem Chauvinismus und weiß die europäische Kultur gebührend zu schätzen.«¹¹ Diese und andere Aussagen sind jedoch kein Beweis für ein zweifelfreies Selbstverständnis der Selbstemanzipation als Glied in der Kette, die mit der Aufklärung und der Emanzipation beginnt. Vielmehr ist es der Versuch eines nationalen Judentums, sich als modernes Phänomen zu postieren und zu legitimieren, und die Zukunft auf der Basis der neuen und nicht der mittelalterlichen Geschichte zu bauen. Dieser Versuch hatte zwei große Schwächen, die die Wende herbeigeführt und den Weg von der Selbstemanzipation zur Hyperselbstemanzipation geebnet haben:

1. Die deutsch-jüdische Selbstemanzipation mußte die Entwicklung des gesamteuropäischen, vor allem aber des osteuropäischen Judentums berücksichtigen. Dort baute die Selbstemanzipation hauptsächlich auf die Frustration der *nicht*emanzipierten Juden und auf die vom deutschen Judentum diskreditierte präemanzipatorische, orthodoxe Tradition.
2. Im deutschen Kaiserreich und nach dem Ersten Weltkrieg verlor der deutsche Nationalismus im großen und ganzen seine liberalen und emanzipatorischen Attribute und erhielt mehr und mehr den romantischen, völkischen, irrationalen Charakter. Der jüdische Nationalismus, der in Deutschland als selbstemanzipatorische Reaktion auf die unvollendete Emanzipation begann, gestaltete sich mit der Zeit nach dem Vorbild der deutschen Umwelt.

Diese beiden Schwächen komplementieren einander und haben wechselseitig die nationaljüdische Tendenz unter einen kaum erträglichen Druck gesetzt und vom selbstemanzipatorischen Kurs abgebracht.

---

[8] Ebd., »Aufklärungsepoche«, S. 18.
[9] Ebd., »Moderne Kultur«, S. 147f.
[10] Jakob Klatzkin, »Hermann Cohen«, in: Der Jude 1918/1919, S. 39f.
[11] A-B-C-Buch, »Aufklärungsepoche«, S. 18.

Eine Analyse der Aussagen im bereits zitierten *A-B-C-Buch* der deutschen Zionisten deutet auf die Entwicklung dieser Schwächen im Laufe der Entfaltung der jüdischen selbstemanzipatorischen Ideologie in Deutschland hin. Ein deutscher Jude, der von der selbstemanzipatorischen Ideologie ergriffen wurde, also wahrscheinlich kein orthodoxer Jude, mußte sich um Rationalismus und zur Distanzierung vom »abergläubischen Judentum« bekennen. So konnte die Aufklärungsepoche als »nützlich« bezeichnet werde, weil sie »die Juden aus der geistigen Enge und Abgeschlossenheit und aus der Erstarrung der polnischen Periode« gerettet hat; weil sie »ein wachsendes rationelles Verständnis für [...] die Notwendigkeit des Zusammenschlusses [der Juden]« erzeugte; weil sie »die Ehr- und Freiheitsgefühle« der Juden steigerte.[12] Man glaubte weiterhin daran, da man sowohl Jude – ja sogar Zionist – als auch Deutscher sein konnte, daß man im Zustand der Selbstemanzipation nicht unbedingt nach Palästina emigrieren mußte. Es ist »ganz gleichgültig«, wurde des öfteren betont, »ob einzelne von uns beabsichtigen, in Zukunft nach Palästina auszuwandern oder nicht.«[13] Diese liberalen Aussagen waren für die Bewegung, die nur ein Teil einer internationalen Bewegung war und sich dazu auch im deutschen Judentum profilieren sollte, keine ausreichende Kampfansage. Somit sickerten andere Elemente in die Ideologie der Selbstemanzipation, Elemente, die die Phase der Hyperselbstemanzipation signalisiert haben. Auf diese Weise war der Übergang möglich von der Selbstemanzipation als Emanzipation durch *eigene* statt durch äußere Kraft zur Emanzipation als *eigennütziges* Interesse eines Volkes mit wenig Rücksicht auf die Menschheit.

Eine weitere Entwicklung erfolgte durch den messianschen Glauben, der für die Erörterung dieses Komplexes von ausschlaggebender Bedeutung ist. Der Zionismus identifizierte sich keineswegs mit dem Messianismus, meinte Nordau im Jahre 1902.[14] »Der Zionismus hat mit dem Messianismus nichts zu tun«, so wiederholte 17 Jahre später ein anderer deutscher Zionist diese These.[15] Wenn der Messiasglaube der Glaube an die wunderbare göttliche Erlösung des jüdischen Volkes und seine Rückkehr nach Zion sein sollte, dann hat der säkulare Zionismus tatsächlich keine Verwandtschaft mit dem Messianismus. Wenn aber Messianismus die universale Erlösung der Menschheit ist, die von den Juden initiiert sein sollte, dann ist die Selbstemanzipation als Fortsetzung der aufklärerischen Vorstellung der jüdischen Sendung mit dem Messianismus vereinbar. Der geistige Zionismus in Deutschland versuchte, den Messianismus universalistisch und mit großer Vorsicht zu behandeln. Buber zum Beispiel betonte mehrmals, daß »die Rettung des Volkstums« als messianische Aufgabe im Vergleich mit der »Verkündung einer Heilswahrheit an die Menschheit« geringere Bedeutung habe.[16] Nur wenn von Zion wieder die *Lehre* ausgeht, hat sich, nach Buber, der Zionismus eine echte messianische Auf-

---

[12] Ebd., »Moderne Kultur«, S. 149.
[13] Ebd., »Staatsbürgertum und nationale Bestrebungen«, S. 241.
[14] Max Nordau, Zionistische Schriften, Berlin 1923, S. 18.
[15] S. Bernstein, Der Zionismus, sein Wesen und seine Organisation, Kopenhagen 1919, S. 29.
[16] Martin Buber, »Zion und die Jugend«, in: Der Jude 1918/1919, S. 100.

gabe auferlegt: Als »Teil der Menschheitsrevolution« werde der Zionismus zum »Grundstein des messianischen Menschheitsbaus«.[17] Die Frage Bubers aus dem Jahre 1919, »ob aus Palästina die Mitte der Menschheit oder ein jüdisches Albanien wird, das Heil der Völker oder ein Spiel der Mächte«, klingt heute aktueller als damals.[18] In seinen Überlegungen zur Geschichte des jüdischen Nationalismus hielt es auch Hans Kohn für positiv, daß die messianische Verantwortung den Begriff des Nationalismus erfülle, weil er so, wie es auch Buber verlangt hat, ein »Glied der *Welt*erlösung« sein werde.[19]

Diese universalistische Art der messianischen Vorstellung, diese Art von Selbstemanzipation beruhte eindeutig auf der Basis der Aufklärung und der Emanzipation und hat sich auch dazu bekannt. Hans Kohn verlangte gerade als Vertreter der Selbstemanzipation »eine historisch richtige Würdigung der Aufklärung« als Grundlage der Erneuerung des Judentums und des jüdischen Nationalismus. Der Nationalismus, meinte er weiter, sollte nicht bloß Produkt der »kritischen Prüfung, die das Wesen der Aufklärung war«, sondern aus der aufklärerischen Sicht als natürlicher Verbündeter des Weltbürgertums verstanden werden.[20]

Diese vorsichtige, umsichtige und kosmopolitische Einstellung zum Messianismus machten sich die meisten Verfechter des jüdischen Nationalismus im Kaiserreich aber nicht zu eigen. »Erst seit den Tagen Mendelssohns ist infolge der allmählich eintretenden Emanzipation der nationalmessianische [!] Glaube ins Wanken geraten«, behauptete das *A-B-C-Buch*.[21] Der Messianismus wird als national, d.h. als Bestandteil der Selbstemanzipation ohne universalistische Attribute verstanden, und für seine Schwächung werden die Aufklärung und die Emanzipation verantwortlich gemacht. Der Verfasser führt sein Argument in extremis fort und schließt mit der m.E. typischen Bemerkung: »Da der Zionismus ganz anders als das bloße Emanzipationsideal mit der jüdischen Tradition nirgends im Widerspruch steht, so vermochten sich auch die orthodoxen Juden auf seinem Boden zum gemeinsamen Werke zusammenzufinden.« Aufklärung und Emanzipation sollten aufgeopfert werden, um ein präemanzipatorisches Judentum ansprechen zu können. Dieses Vorgehen fügt sich in die allgemeine Theorie ein, daß »die Aufklärungszeitalter die großen Pausen in der historischen Produktivität des Menschengeistes« sind.[22]

Nicht weniger klar erkennbar als die eine Schwäche, die in der Einengung der messianischen Vorstellung der Selbstemanzipation zum Ausdruck kam, war die andere Schwäche: die Entliberalisierung des jüdischen Nationalismus, die auf die Einflüsse des deutschen Nationalismus zurückzuführen war. Romantische, organische, irrationale Begriffe und Motive ersetzten immer mehr die früheren, eher aufklärerischen Begriffe. Die Untrennbarkeit des Nationa-

---

[17] Ebd,. S. 102.
[18] Ebd., S. 106.
[19] Hans Kohn, »Zur Geschichte der zionistischen Ideologie«, in: Der Jude 1923, S. 333.
[20] Hans Kohn, »Nationalismus«, in: Der Jude 1922, S. 678.
[21] A-B-C-Buch, »Messianischer Glaube«, S. 139.
[22] Julius Levinson, »Moses Mendelssohn«, in: Der Jude 1919/1920, S. 471.

len vom Religiösen sowie die transzendentale Macht der Geschichte wurden unterstrichen. Physiognomie und Rasse flossen mehr und mehr in die Überlegungen der deutschen Zionisten ein. Sogar Klatzkin sprach vom »nationalen Instinkt«, der durch die »angebliche Menschheit« verwirrt worden sei.[23] Robert Weltsch sprach die repräsentative Behauptung aus, daß durch die »Bejahung überindividueller Zusammenhänge« aus dem Chaos eine »sinnvolle Ordnung« für die Seele entstehen werde.[24] Emil Cohn, Rabbiner und Zionist, predigte von der Notwendigkeit, die Individualität zugunsten des Willens des gesamten Volkes – der »höheren Individualtität« aufzugeben.[25] Hier wurde Fichte, der mutatis mutandis als Prophet des jüdischen Nationalismus akzeptiert wurde, noch übertroffen. Bezeichnend für Weltsch und Gleichgesinnte ist, daß für sie die »blutbestimmte, mythosbestimmte, veräußerlichte [...] Verbundenheit« entscheidend war, Assimilation und Kosmopolitismus dagegen eine Lüge darstellten. Durch diese Aussage von Weltsch wurde der Nationalismus durch einen Sozialismus ergänzt, der rein national war und keine Beziehung mehr zum emanzipatorischen Hintergrund des internationalen Sozialismus besaß.

Der Versuch, diesem Trend zu widerstehen, wurde selbstverständlich gemacht, und die Gefahr, sich ihm anzuschließen, wurde erkannt. Buber, der selbst quasi völkische Begriffe benutzt hatte, nannte die Sympathisanten dieses Trends »Angepaßte, die für die Heimat jeden Götzendienst zu billigen bereit [seien], wenn die Götzen nur jüdische Namen haben.«[26] Und Hans Kohn warnte vor »nationalen Scheinwerten« und vor der »nationalen souveränen Unabhängigkeit«, die er als »tödliches Rauschgift« verurteilte.[27]

Diese Schwäche wurde der jüdischen Selbstemanzipation zum Verhängnis. Angesichts der nationalsozialistischen Drohung wurden gerade die hyperselbstemanzipatorischen, antiaufklärerischen Elemente hervorgehoben. Weltsch schrieb in der *Jüdischen Rundschau* im Jahr 1932: »Der das jüdische Volkstum bejahende Jude wird auch für jedes andere Volkstum und überhaupt für die ›überindividuellen‹ Wesenheiten ein echtes Empfinden haben.«[28] Es ist eindeutig, welche Tendenz hier unterstützt wird. Im Januar 1933 fügte Weltsch folgendes hinzu: »Die antiliberale Welt im Deutschtum begegnet sich mit der antiliberalen Stellungnahme des Zionismus, und wir stehen hier vor der Chance [...], die Basis einer Auseinandersetzung gefunden zu haben.«[29]

---

[23] Klatzkin, »Hermann Cohen«, S. 40.
[24] Robert Weltsch, »Nationalismus und Sozialismus«, in: Der Jude 1919/1920, S. 195.
[25] Emil Cohn, »Nation und Individuum«, in: Der Jüdische Student, Dez. 1904, S. 98ff.
[26] Martin Buber, »Wege und Weg«, in: Der Jude 1918/1919, S. 366.
[27] Kohn, »Nationalismus«, S. 682, 686.
[28] *Jüdische Rundschau* vom 27. Mai 1932.
[29] Kurt Löwenstein, »Die innerjüdische Reaktion auf die Krise der deutschen Demokratie«, in: Werner E. Mosse, Entscheidungsjahr 1932, Tübingen 1965, S. 388. – Typisch ist auch die Feststellung von Adolf Böhm, Der Jud ist schuld?, Basel, 1932, S. 375: »Denn unsere Zeitepoche ist durch Strömungen charakterisiert, die auf Tat gestellt sind, auf Tat, die nicht oder nicht nur auf intellektuelle Überlegung gegründet ist, sondern aus den irrationalen Urquellen unseres Seins quillt. Selbst in der Philosophie, die ja den Sinn der Zeit erfassen und aussprechen will, herrscht heute ein Abwenden vom Intellekt, eine gewisse Geistfeindlichkeit, ein Überschätzen des Be-

Diese zionistische Anschauung steht klar im Schatten der historischen Auseinandersetzung *im* deutschen Judentum zwischen Nationalismus und Liberalismus, deren Semantik instrumental war, um eine antiliberale Politik der nichtjüdischen Umwelt zu »verstehen«, ja, zu begrüßen. Am deutlichsten taucht diese Verquickung von Semantik und Realitätsbezogenheit bei Gustav Krojanker, Zionist und Direktor des Jüdischen Verlags, auf:

> »Gerade bei Zionisten [...], die die Volksgemeinschaft erlebt haben und bereit waren, die kleine Vernunft relativer Sicherheit, dies Fanal alles liberalen Judentums, der höheren Vernunft ihres vom Blut getriebenen Willen zu opfern – sollte ein tiefes Verständnis für diesen politischen Vorgang (»wie ein neuer Nationalismus als treibe Kraft unsere Umwelt ergreift«) herschen [...].
> Der liberale Staat liegt in seinen letzten Zuckungen und herauf kommt ein neuer Staatsbegriff geistiger und mythologischer Art [...]. Wir sollten das [...] als Bestätigung eigener Erkenntnis hinnehmen [...]. Vielleicht ist es ein großes Glück für uns, daß das alles so kommt.«[30]

So entwickelte sich in dieser fatalen Phase der jüdischen Bewegung der Selbstemanzipation eine deutlich antiliberale und antiaufklärerische Strömung, die konsequent dazu führte, daß man sogar bereit war, für die Selbstbestätigung der Bewegung auf die Emanzipation, auf die bürgerliche Gleichberechtigung zu verzichten. In einer Denkschrift der ZVfD vom 21. Juni 1933, also einem halben Jahr nach Hitlers Machtübernahme, aber lange vor der Proklamierung der Nürnberger Gesetze, stehen folgende Sätze: »[...] weil auch wir gegen Mischehe und für Reinerhaltung der jüdischen Art sind [...], glauben wir an die Möglichkeit eines ehrlichen Treueverhältnisses zwischen einem artbewußten Judentum und dem deutschen Staat.«[31] Es war klar, daß sich Zionisten mit dem Minderheitenstatus für die Juden, also mit dem Verzicht auf die Emanzipation abfinden, ihn sogar begrüßen würden.

So schließt sich der Kreis der jüdischen Selbstemanzipation in Deutschland. Die Schwäche der Entartung der Selbstemanzipation unter dem Einfluß des deutschen Nationalismus wurde ad absurdum geführt. Die andere Schwäche, die Zugeständnisse, die die selbstemanzipatorische Bewegung gemacht hat gegenüber Kräften, die präemanzipatorischer und antiaufklärerischer Natur waren, wurde dann zu einer späteren Zeit unter unvorhergesehenen demogra-

---

griffs des Lebens und eine sich schon bei Bergson angkündigende Existenzialrichtung, für die das Sein nicht ›vorhanden‹ ist, sondern praktisch ausgeführt sein will. In einer solchen Zeit wird niemand eine Rechtfertigung einer Bewegung verlangen, die aus den Urtiefen quillt, eine Volksrenaissance nach Jahrtausenden anstrebt und eine völlige Umkehr bedeutet.«

[30] Gustav Krojanker, Zum Problem des neuen deutschen Nationalismus, Berlin 1932, S. 32f. – Aufgrund dieser Anschauung konnte er sogar daraus schließen, daß der Nationalismus nichts wesentliches in den deutsch-jüdischen Beziehungen ändere, »nichts als dies: daß die dünne Hülle gefallen ist, unter der [...] auch vordem schon der gleiche Gegensatz zweier Welten lebte.« Die nationalsozialistische Bewegung war trotz ihrer »Mißbräuche« für ihn »echt und groß« (S. 30f.). Andererseits ist aber die Distanzierung vom *sacro egoismo* der Nationen ein Beweis für den trotz allem noch grundlegenden Liberalismus hinter dem demonstrativen Antiliberalismus Krojankers. (Allerdings wanderte er bereits vor der Machtergreifung nach Palästina aus.)

[31] In: Hans Tramer (Hg.), In zwei Welten, Tel Aviv 1962, S. 120ff.

phischen Entwicklungen unabhängig vom deutschen Judentum zur Ursache des Übergangs des jüdischen Nationalismus von der selbstemanzipatorischen zur hyperselbstemanzipatorischen Phase. Dabei soll aber die Tatsache unterstrichen werden, daß diese Schwächen regional von unterschiedlicher Bedeutung waren und daß sie die aufklärerischen Komponenten des nationalen Judentums in seiner gesamten historischen Entwicklung nicht überschatten konnten.

2. Jüdischer Nationalismus und Zionismus in deutsch-jüdischen Studentenorganisationen

Der jüdische Nationalismus gilt als Antwort auf die Herausforderung des Nationalismus in Europa im 19. Jahrhundert. Die Wiege des jüdischen Nationalismus stand also nicht in Zion, sondern in Europa. Jüdischer Nationalismus und Zionismus in ihrem weiteren Sinne sind daher nicht notwendigerweise identische Strömungen, weder heute noch in der Vergangenheit. In der Rückschau gab es viele, die aus dem sehnsüchtigen »Nächstes Jahr in Jerusalem« ein hartnäckiges zionistisches Verlangen herauslesen wollten. Von diesem Blickwinkel aus betrachtet ist jede vorherrschende Definition des Nationalismus als unverzichtbarer Bestandteil des Zionismus bedeutungslos. Wir könnten dies noch weiter ausführen und sagen, daß diese spezifische Spielart des Zionismus sich auf einen engen, rituell-zeremoniellen Rahmen beschränkt und keine weitere Zutat erfordert. Selbst in solchen Fällen, wo der Zionismus durch Kolonisierung in Zion in die Tat umgesetzt wurde, bedeutete das noch keinen wirklichen Schritt vorwärts. Auf der anderen Seite erhielt die jüdische Nationalbewegung nicht automatisch den Stempel des Zionismus; man braucht in dieser Hinsicht nur den Autonomismus zu erwähnen, wie ihn der größte jüdische Historiker des 20. Jahrhunderts, Simon Dubnow, vertrat. Die historische Entwicklung des 20. Jahrhunderts – das zionistische Unternehmen, der Holocaust, die Gründung des Staates Israel – hat jüdischen Nationalismus und Zionismus nach und nach zu Synonymen werden lassen, aber bis heute besteht immer noch keine vollständige Deckungsgleichheit zwischen den beiden Termini.

Die Konfrontation zwischen diesen Begriffen begann mit der Formulierung des Konzepts »Zionismus« durch Nathan Birnbaum, 1892 in Wien, und wenn wir Birnbaums Gedankengang folgen, können wir bereits die Spannung zwischen Zionismus und jüdischem Nationalismus spüren. Dieser Konflikt war kein künstlicher, sondern den historischen Ursprüngen der Bewegungen, die diese Begriffe benutzten, inhärent und direkt mit dem Feld ihrer Tätigkeiten verknüpft. Unsere Hauptaufgabe wäre es demnach, a) die Charakteristika dieser Bewegungen und die Unterschiede zwischen ihnen aufzuzeigen sowie b) einzuschätzen, in welchem Maße die Ideologie jeder Bewegung durch die spezifische Gesellschaft bestimmt wurde, innerhalb derer sie tätig war. Diese Fragen wecken erneutes Interesse, insbesondere nach 1948 (der Gründung des jüdischen Staates), dem Testjahr für alle Vorhersagen und Kämpfe, die zu dieser Gründung führten. Die Periode, die meines Erachtens die Umrisse dieses Problems am besten zeigt, ist die Zeit vor dem Ersten Weltkrieg, und ich werde versuchen, diese Periode im vorliegenden Kapitel zu analysieren.

Ein näherer Blick auf die gedankliche Struktur der zwei Bewegungen würde sofort zeigen, daß wir es nicht mit einem einzigen System von Beziehungen zwischen jüdischem Nationalismus und Zionismus zu tun haben, sondern mit einer Komplexität von Systemen, die europäischen Nationalismus, jüdischen Nationalismus, jüdische religiöse Traditionen und Zionismus miteinander verbinden und voneinander trennen. Diese Verflechtung entwickelte sich in den verschiedenen Ländern auf unterschiedliche Art und Weise, so daß die Bewegungen in Deutschland nicht denen in Rußland oder in Österreich-Ungarn glichen – um die drei Staaten zu nennen, die das größte Reservoir für das Wirken des Zionismus bildeten.

In den Augen der deutschen Zionisten war der Begriff *Nationaljudentum* nichts anderes als ein verschleierter Versuch, eine Bindung an den Zionismus zu vermeiden. Andererseits ist sehr klar, daß der Begriff Zionismus innerhalb der deutsch-jüdischen Nationalbewegung als ein Mittel benutzt wurde, das jüdisch-nationale Element zu verbergen, um Kritik und Angriffen von jüdischer wie auch von nichtjüdischer Seite vorzubeugen.[1] Nicht weniger bedeutsam ist die Unterscheidung, die einer der Väter des deutschen Zionismus schon 1897 traf: daß nämlich das nationale Erwachen der Juden zwei Formen angenommen habe, »Rassejudenthum im Westen, [...] Zionismus im Osten Europas«.[2] Das erstere kämpfte für individuelle und nationale Rechte in den westlichen Ländern, während letzterer die Gründung eines unabhängigen Staates in Palästina anstrebte, weil er seinen Ursprung in Ländern hatte, in denen das Leben für die Juden unerträglich war. Diese zwei Beispiele für das theoretische Umfeld des Nationaljudentums verweisen bereits auf das Thema, das dieses Kapitel zu akzentuieren beabsichtigt: den Einfluß des deutschen Nationalismus auf den Zionismus sowie auf die jüdisch-nationalen Bewegungen in Deutschland. Es versteht sich von selbst, daß der deutsche Nationalismus in seinen unterschiedlichen Aspekten von entscheidender Bedeutung für die Ausformung des entstehenden jüdischen Nationalismus und die Schaffung des deutschen Zionismus war. Der wichtigste Weg, auf dem die deutsche Form von Nationalismus die jüdisch-nationalen Bewegungen in Deutschland erreichte, war zweifellos der Antisemitismus. Wir könnten also theoretisch annehmen, daß die letztliche Versöhnung von Zionismus und jüdischem Nationalismus aus dem Bedürfnis herrührte, die dialektische Antwort auf den Kampf zwischen Emanzipation und Antisemitismus zu liefern.

Auf den folgenden Seiten werde ich versuchen, die Rolle zu analysieren, die die jüdischen Studentenbewegungen in Deutschland in diesem Prozeß spielten. Ungeachtet der leicht belegbaren Tatsache, daß der Studentenanteil in der jüdischen Bevölkerung und der zionistischen Bewegung zahlenmäßig gering war[3], ver-

---

[1] Henriette Bodenheimer, *Toldot Tochnit Basel* (hebr.), Jerusalem 1947, S. 41, Schapira an Bodenheimer; Ismar Schorsch, *Jewish Reactions to German Anti-Semitism, 1870-1914*, New York-London-Philadelphia 1972, S. 179 f.; vgl. Yehuda Eloni, ›Die umkämpfte nationaljüdische Idee‹, in: *Juden im Wilhelminischen Deutschland 1890-1914*. Ein Sammelband herausgegeben von Werner E. Mosse unter Mitwirkung von Arnold Paucker, Tübingen 1976 (Schriftenreihe wissenschaftlicher Abhandlungen des Leo Baeck Instituts 33), S. 648 f.

[2] Eirenander [Adolf Friedemann], ›Nationaljudenthum und Zionismus‹, in: *Die Kritik* vom 7.8.1897, S. 275-280, Zitat S. 280.

[3] Weniger als 5 % der Schekel-Zahler in Deutschland. Vgl. Eloni, a.a.O., S. 684.

dient dieser Personenkreis besondere Aufmerksamkeit. Erstens zeigt eine nähere Betrachtung der Mitgliederlisten dieser Vereinigungen aus der Rückschau die spätere Elite und Führung des deutschen Zionismus. Hinzu kommt, daß studentische Bewegungen allgemein als die Avantgarde neuer Tendenzen und Ideale angesehen werden, und dies trifft auf Deutschland ganz besonders zu. Wie wir sehen werden, ähnelten die Organisations- und Verhaltensmuster der deutsch-jüdischen Studenten sehr denen der anderen deutschen Studenten. Und weil die historische Untersuchung studentischer Bewegungen in Deutschland immer erhebliches Interesse geweckt hat, müssen wir die Position der Studenten auch da analysieren, wo es um die Interaktion zwischen Juden und Nichtjuden in Deutschland geht. Drittens, und das ist der entscheidende Punkt, war der Status des jüdischen Studenten innerhalb der deutsch-jüdischen Gesellschaft ein anderer – und weit höherer – als der seines nichtjüdischen Pendants:

> »Das Akademikertum hat für die deutschen Juden eine das normale Maß weit übersteigende Bedeutung. Zunächst gehören die Juden Ständen an, in denen es schon allgemein Sitte ist, die Söhne einer höheren Bildung teilhaftig werden zu lassen. Die allgemeinen Gesetze des sozialen Auftriebes, die hierbei ihre Rolle spielten, sind aber für die Juden noch ganz besonders wirksam, denn erstens sind sie als emporstrebendes Element noch lange nicht zu der Stabilität des deutschen Bürgertums gelangt, und zweitens sind ihnen andere Möglichkeiten des sozialen Aufstieges, z.B. die Beamtenlaufbahn und die Staatskarriere, völlig verschlossen. ... Demzufolge spielt das Akademikertum nicht nur quantitativ, sondern auch qualitativ im jüdischen Leben eine überragende Rolle. Es ... dominiert im geistigen Leben völlig; es stellt aber auch die anerkannte soziale Oberschicht dar; der jüdische Doktor vertritt ungefähr die Stelle des deutschen Reserveoffiziers.«[4]

Die *Jüdische Rundschau* drückt dieselbe Idee auf eine ähnliche Weise aus:

> »Der fertige Akademiker aber nimmt gerade bei uns Juden ... in der Regel eine bevorzugte soziale Stellung ein; er wird ... nach so vielen Richtungen hin als maßgebend angesehen«.[5]

Viertens spiegelt der numerische Aspekt nicht das wirkliche Gewicht der jüdisch-nationalen oder zionistischen Studenten wider. Arthur Ruppin, 1904 noch ein Außenseiter, machte die folgende scharfsinnige Beobachtung:

> »Es ist kein Zufall, daß in Deutschland die Akademiker zu den Zionisten ein so überwiegend großes Kontingent stellen ... Es ist nur die Folge der Tatsache, daß auf den Universitäten und in den akademischen Berufen der Antisemitismus besonders stark, und der akademisch Gebildete in der Regel für Zurücksetzungen und Beleidigungen besonders feinfühlig ist.«[6]

---

[4] Hans Bloch, ›Die Lage des jüdischen Akademikers an den deutschen Universitäten‹, *Mitteilungen des Kartells Zionistischer Verbindungen (K.Z.V.)*, April 1913, S. 15-20, Zitat S. 15; vgl. Arthur Pelz, ›Über die Herkunft und den sozialen Aufstieg der jüdischen Akademiker‹, *Der Jüdische Student*, No. 5/6 vom 20.9.1911, S. 157-167, hier S. 161: »Die Zahl der akademisch gebildeten Väter ist also bei der Gesamtheit [der Bevölkerung] dreimal so groß als bei den Juden allein.« (25.5 % gegenüber 8 %).
[5] ›Zehn Jahre B.J.C.‹, *Jüdische Rundschau*, Nr. 51 vom 23.12.1910.
[6] Arthur Ruppin, *Die Juden der Gegenwart*, Berlin 1904, S. 281.

Diese Aussage erklärt, warum die Führung des deutschen Zionismus hauptsächlich aus dieser Gruppe hervorging. Sie erklärt auch das Selbstbewußtsein dieser Gruppe innerhalb der organisierten jüdischen Gemeinschaft. Es war so stark, daß Arthur Hantke, einer der führenden Köpfe des deutschen Zionismus, den Enthusiasmus des jungen Kurt Blumenfeld einmal bändigen und ihn daran erinnern mußte, daß Gewerbetreibende und andere Nicht-Akademiker ebenfalls in der Bewegung vertreten waren. Dieses Selbstvertrauen beruhte auf dem grenzenlosen Glauben an die Jugend, wie er im damaligen Deutschland vorherrschte. In den Worten eines Mitglieds im *Verein Jüdischer Studenten*:

»Die Jugend schuf den Zionismus und trieb ihn vorwärts, sie brachte und bringt immer wieder Opfer ...«[7]

Die Mitglieder dieser Verbindungen machten wiederholt den Anspruch geltend, daß sie zu einer »Kadettenanstalt« gehörten und die potentiellen Offiziere der jüdischen Nationalbewegung verkörperten.[8] Diese Theorie basierte auf der Annahme, daß die Universität den Menschen mit neuen Werten und neuen geistigen Anlagen ausstattet (in jedem Fall), so daß sie auch die Bekehrung zu national-jüdischem oder bewußt-jüdischem Denken leichter macht. Es wurde auch der Gedanke nahegelegt, daß man von Akademikern eine intensivere Beschäftigung mit abstrakten Themen erwarten könne, weil sie frei von wirtschaftlichen Sorgen seien. Dies widerspricht freilich der Idee, die in einem der oben zitierten Artikel zum Ausdruck kommt[9], wonach nämlich gerade an der Jahrhundertwende ein Teil des Interesses für den Zionismus aus *materiellen* Ursachen heraus entstand (Wettbewerb um Arbeitsplätze, Entstehung eines akademischen Proletariats).

Wie dem auch sei, die europäische Erfahrung hat uns gelehrt, daß die Studenten die »natürliche Avantgarde« der nationalen Bewegung ausmachen. Egon Rosenberg, einer der Gründer der zionistischen Studentenverbindung *Hasmonaea* in Berlin, war sich dieses Faktums bewußt – vor allem im Licht des deutschen und slawischen Beispiels – und hoffte auf entsprechende Erfolge im jüdischen Bereich. Er war sich allerdings auch der damit verbundenen Schwierigkeiten sehr bewußt: das Problem war, den jüdischen Studenten vom deutschen Nationalismus oder der üblichen Alternative der sozialistischen Tätigkeit und des »Die-Welt-in-Ordnung-Bringens« loszulösen, so daß er beim jüdischen Nationalismus ankommen konnte.

Dies war in der Tat ein großes Problem, und die Geschichte der jüdisch-nationalen Studentenbewegungen belegt es: sowohl *Jung Israel* (1892) als auch *Hasmonaea* (1902), die beiden Bewegungen, die einer national-jüdischen Studentenbewegung den Weg bereiteten, hatten ihre Wurzeln in Österreich und nicht in Deutschland. Wie Egon Rosenberg erklärte, war es im multinationalen Österreich den Juden möglich, sich als »national« zu bezeichnen; in

---

[7] Max Jungmann, *Erinnerungen eines Zionisten*, Jerusalem 1959, S. 18.
[8] Richard Lichtheim, *Rückkehr. Lebenserinnerungen aus der Frühzeit des deutschen Zionismus*. Veröffentlichung des Leo Baeck Instituts, Stuttgart 1970, S. 90.
[9] Bloch, a.a.O.

Deutschland, wo der Begriff »national« in so hohem Maße mit »Nationalität« (d.h. Staatsbürgerschaft) verbunden wurde[10], barg sein Gebrauch eine echte Gefahr in sich. Letztlich blieb dieser Begriff aber nur vom Namen her ein Hindernis: der nationale Trend unter den jüdischen Studenten war unvermeidbar, als Gegengewicht zum antisemitischen *Verein Deutscher Studenten* (V.D.St.) und zu dessen Denkweise, wie auch als Schritt im Assimilationsprozeß innerhalb des Begriffs- und Normensystems der deutschen Gesellschaft im allgemeinen.[11] Anders gesagt, die studentische Bewegung war ein führender Faktor in der jüdischen Reaktion auf die deutsche Umgebung, nicht allein in einem negativen Sinne, sondern auch, dialektisch, in einem positiven: durch die Übernahme der Kultur-, Verhaltens- und Kommunikationsmuster, die dieser Umwelt zu eigen waren. Der letztgenannte Prozeß war oft eher ein unterbewußter und soll hier relativ ausführlich betrachtet werden.

Ein Aspekt der Reaktion der jüdischen Studenten auf ihre Umgebung lag in ihrer Organisation, wie auch in ihrem Programm und der Spannweite ihrer Aktivitäten. In dieser Hinsicht könnte man sagen, daß die national-jüdische oder die zionistisch-jüdische Bewegung nichts anderes als eine Kopie der parallelen deutschen Organisation war. Der einzige Unterschied bestand im Gebrauch des Begriffs »jüdisch« anstelle von »deutsch« seitens der jüdischen Studenten, und umgekehrt. Ich werde mich hier mit den zwei Bewegungen beschäftigen, die im Laufe der Jahre etabliert wurden, dem *Bund Jüdischer Corporationen* (B.J.C.) und dem *Kartell Zionistischer Verbindungen* (K.Z.V.), beide auf dem Prinzip der »Korporationen« aufgebaut. Dies bedeutete, wie einer der Studenten es später ausdrückte, »das Hineintragen des militärischen Kadavergehorsams in ein automatisiertes Studentenleben«.[12] Der Gründer der *Hasmonaea* meint gar, es reiche aus, Heinrich Manns Beschreibung des studentischen Lebens in *Der Untertan* zu lesen, um ein Bild von der jüdischen Studentenschaft zu haben. Richard Lichtheim, ein Mitglied des K.Z.V., gibt ebenfalls eine einigermaßen ironische Beschreibung des organisierten jüdischen Studenten: auch seine Aktivitäten konzentrieren sich auf die Kneipe, auch er lebt für Konvente und Mensuren, auch er trägt Abzeichen und Farben zur Schau. Es waren vielleicht die osteuropäischen Studenten, die ihre deutschen Brüder auf die Unangemessenheit hinwiesen, farbige Abzeichen zu tragen, sich zu duellieren, deutsche Lieder zu singen und übermäßig viel Bier zu trinken (für Juden).[13] Lichtheim selbst, ein Bewunderer Bismarcks, meinte dagegen, »daß ein wenig deutsche Robustheit ... dem Judentum ganz gut

---

[10] Egon Rosenberg, ›Vom Burschenschafter zum K.Z.Ver‹, *Der Zionistische Student. Flugschrift des K.Z.V.*, Berlin o.J. [1912], S. 1-12, hier S. 8.

[11] Vgl. Norbert Kampe, *Studenten und »Judenfrage« im Deutschen Kaiserreich*, Göttingen 1988.

[12] Egon Rosenberg, ›Jahrgang 1902‹, in: *30 Jahre V.J.St. Hasmonaea*, Berlin 1932, S. 1-5, Zitat S. 4.

[13] Lichtheim, a.a.O., S. 87 f. – Kurt Blumenfeld, der darauf hinweist, daß jüdische Studenten relativ wenig tranken, erwähnt hierzu »den Witz eines Korpsstudenten: Worin besteht eigentlich der Beitrag der Juden zur deutschen Kultur? Das kleine Bier haben sie erfunden.« *Erlebte Judenfrage. Ein Vierteljahrhundert deutscher Zionismus*. Veröffentlichung des Leo Baeck Instituts, Stuttgart 1962, S. 43 f. Vgl. Martin Rosenblüth, *Go Forth and Serve*, New York 1961, S. 166-170.

tue. ... So richteten wir uns ohne viel Bedenken nach dem deutschen ›Komment‹.«[14]

In den Anfangsphasen der Organisation – so der spätere Knessetabgeordnete Benno Cohn – sei »das gesamte Material an Menschen ... durchschnittlich schlecht«[15] gewesen; selbst in diesem Punkt unterschied man sich nicht von der durchschnittlichen nichtjüdischen Studentenverbindung. Es trifft zu, daß die jüdischen Bewegungen die verschiedenen Arten von Kritik zur Kenntnis nahmen, die sie für ihre große Ähnlichkeit mit den deutschen Organisationen ernteten. Aber während die Reaktion des B.J.C. sachlich ausfiel – »er [der V.J.St.] soll seinen teutschen [sic] Charakter weniger betonen«[16] –, war die des K.Z.V. arrogant: »Wir nehmen ... das für uns Brauchbare [die Form der deutschen Studentenverbindungen] ... solange wir es nicht durch etwas besseres Jüdisches ersetzen können«, oder bestenfalls ausweichend: »Den schwarz-weiß-roten Zionismus gibt es bei uns nicht.«[17]

Wir können die kulturellen Aktivitäten der jüdischen Organisationen gewiß nicht außer acht lassen, insbesondere die des B.J.C., die recht intensiv waren, und die über Essen und Trinken hinausgingen. Wenn wir allerdings die Diskussionen und Beschlüsse dieser Gruppen (z.B. auf den Kartelltagen) betrachten, dann müssen wir zugeben, daß Fechten und »Satisfaktion geben« ihre Hauptsorge gewesen zu sein scheinen. Auf diese Weise suchten sie vielleicht ihr Deutschtum zu beweisen – die Neigung zu Sport, Fechten und Duell, die den Standard des Verhaltens unter den deutsch-nationalen Studenten ausmachte. Das Ergebnis war, daß diese äußerlichen Verhaltensmuster einen größeren Eindruck machten als ihr Programm, selbst auf diejenigen Juden, die außerhalb der Korporationen standen. Wir können dies aus der Zeitungsberichterstattung über die Feiern anläßlich des zehnjährigen Bestehens des B.J.C. in Berlin 1910 ableiten: selbst diejenigen, denen »die national-jüdische Grundtendenz« des Bundes »nicht sympathisch« erschien, erfreuten sich an der Disziplin, den Uniformen, den Farben und allem, was damit verbunden war.[18] Egon Rosenberg sah auf die paritätischen (gemischt jüdischen und nichtjüdischen) Studentenorganisationen herab: »Ein Name aus der teutschen Vergangenheit, 3 mehr oder weniger geschmackvoll zusammengestellte Farben, und das Ideal ist fertig.«[19] Aber der B.J.C. und die *Hasmonaea* (K.Z.V.) gingen de facto genauso vor: ersterer trug Blau und Weiß, weil jedoch noch eine dritte Farbe nötig war, fügte man Gelb hinzu, unter dem ideologischen Vorwand, dies symbolisiere die Erniedrigung der Juden in der Vergangenheit; letztere

---

[14] Lichtheim, a.a.O., S. 88 f. Eine etwas abweichende Beschreibung bei Percy Zadik, ›K.Z.V. – B.J.C.‹, *Der Jüdische Student*, No. 7, November 1907, S. 184: »Wir sind jetzt einmal ein regelrechter Studentenverein mit einem gut Teil germanischer Rauf- und Saufassimilation«.
[15] [Benno Cohn], *Geschichte des B.J.C.*, S. 12. Central Zionist Archives, Jerusalem (CZA), A231/1/1.
[16] Erich Rosenkranz, *Der Jüdische Student*, No. 1 vom 20.4.1911, S. 21.
[17] Walter Fischer, ›Der Erziehungswert des K.Z.V.‹, *Mitteilungen des K.Z.V.*, April 1913, S. 7-10, Zitat S. 8; Friedrich Loewenthal, ibid., Nr. 2, Februar 1910, S. 3.
[18] *Israelitisches Gemeindeblatt* (Köln), 6.1.1911, S. 8 f., Zitat S. 8 (CZA A231/1/8, Zeitungsberichte).
[19] Rosenberg, ›Vom Burschenschafter zum K.Z.Ver‹, S. 4.

benutzte Gold-Schwarz-Gold (wofür man ebenfalls eine poetisch-ideologische Begründung hatte).[20]

Auf die eine oder andere Art, wenn es um allgemeine Phänomene ging und nicht nur um Abzeichen und Farben, äußerten beide Bewegungen ihren Stolz darüber, das deutsche Modell kopiert zu haben: »wir erblicken in dem Korporationsleben, wie es das deutsche Studententum geschaffen hat, die idealste Form der Erziehung.«[21] Es ist offensichtlich, daß diese äußeren Formen ein Symptom für innere Sehnsüchte und mentale oder politische Dispositionen darstellten, die allen Verbindungsmitgliedern, jüdischen wie nichtjüdischen, gemeinsam waren. Später wurde ein Versuch unternommen, diese Schlußfolgerung zu entkräften. Aber Moses Calvary, ein Aktivist des B.J.C., betont in seinen Memoiren, daß noch Mitte der ersten Dekade des 20. Jahrhunderts die in der (jüngeren) Generation von Studenten und Zionisten spürbare zunehmende Tendenz in Richtung eines jüdischen Nationalismus nicht, wie allgemein angenommen, auf den Einfluß von Ahad Ha'am zurückzuführen war (d.h. auf Strömungen innerhalb des Zionismus), sondern auf die damalige Atmosphäre in Deutschland.[22] Man muß die Kritik an dem verstehen, was in den Korporationen nicht geleistet wurde[23], und das, was von ihnen erwartet wurde: Fichte hätte sich im Grabe herumgedreht (oder sich selbst gratuliert?), wenn er die folgenden Zeilen gelesen hätte, die die Vorteile einer jüdischen Korporation deutschen Stils hervorheben sollten: »Wert aber wird nicht durch eigene Schätzung erworben, sondern nach dem Grade bemessen, in dem der Einzelne sich leistungsfähig in den Dienst einer Gesamtheit zu stellen vermag. ... Sie [die Juden im 19. Jh.] wollten Menschen sein, freie Weltbürger ... Sie mußten Schiffbruch erleiden, einfach deswegen, weil die Kräfte des Individuums einzig und allein auf dem Wege über das Volkstum der Allgemeinheit zugeführt werden können, weil nicht die Einzelnen, sondern die geschlossenen Volkskörper die Faktoren darstellen, aus denen sich unsere Weltkultur zusammensetzt.«[24]

Wir werden den Einfluß des deutschen Hintergrunds und der Normen der bürgerlichen Gesellschaft auf die Ziele und Wege der jüdisch-nationalen Bewegung unter den Studenten später erörtern. Zunächst geben wir einen Überblick über die Entwicklung dieser studentischen Organisationen, ihre Zielsetzungen und ihre wechselseitigen Beziehungen.

---

[20] Siehe das ›Farbenlied der Verbindung in [sic] K.Z.V. Hasmonaea‹ (Hans Bloch) und das ›Bundeslied des B.J.C.‹ (Heinrich Loewe), in: *Festkommers der Verbindung im K.Z.V. Hasmonäa*, S. und 7, CZA A231/1A.

[21] Walter Hirschfeld, ›Korporation und Individualität‹, *Der Jüdische Student*, No. 11 vom 29.2.1912, S. 344-349, Zitat S. 346.

[22] Moses Calvary, *Beyn zera le-katzir* (hebr.), Tel-Aviv 1947, S. 81 (50 Jahre mit jüdischer Jugend). Selbst Ahad Ha'Am griff dieses äußere Gebaren der deutsch-jüdischen Studenten an: *Nationalism and Jewish Ethic*, New York 1962, S. 21.

[23] Dr. Unna, ›Nationale Erziehung im K.Z.V.‹, *Mitteilungen des K.Z.V.*, Nr. 3, März-April 1909, S. 6-9, hier S. 9: »meine Ansicht, dass in unseren Korporationen wieder mehr gefochten werden sollte«; »stramme Kerle heranzubilden«; keine »gar zu einseitig[e]« Betonung der geistigen Erziehung.

[24] Hirschfeld, a.a.O., S. 348.

Die Geschichte der jüdisch-nationalen Studentenbewegung in Deutschland ist weder lang noch kompliziert.[25] Der ursprüngliche Anstoß kam, wie oben schon erwähnt, aus dem Ausland, aus Österreich-Ungarn. Dies geschah 1882, in dem Jahr, als unter dem Eindruck der russischen Pogrome die neuzeitliche jüdische Ansiedlung in Palästina begann. Damals wurde von Nathan Birnbaum, der die folgenden 25 Jahre lang in der jüdischen Nationalbewegung aktiv sein sollte, eine Wiener Studentengruppe namens *Kadimah* gegründet.[26] Sieben Jahre später gründeten russische Juden in Berlin eine Studentenorganisation, den *Russisch-jüdischen wissenschaftlichen Verein*. In seinen Reihen fand sich nur ein einziger Vertreter des deutschen Judentums – Heinrich Loewe, eine zentrale Figur der deutschen zionistischen Bewegung in den folgenden Jahren.[27] Es mußten sechs weitere Jahre vergehen, bis eine jüdische Studentenvereinigung entstand, am 4. Juli 1895 durch den Zusammenschluß zweier Berliner Organisationen, *Jung Israels* (1892) und der *Jüdischen Humanitäts-Gesellschaft* (1893). Bis zum Beginn des 20. Jahrhunderts vermied die Vereinigung den Namen *Verein Jüdischer Studenten* (V.J.St.), aus Angst, als Gegenpol des antisemitischen V.D.St. angesehen zu werden. Ihre Angst war wohlbegründet: Heinrich Loewe blieb mit seiner Forderung dieses Namens, eben weil er auf diese Weise einen nationalen Kontrast zum V.D.St. schaffen wollte, allein.[28] Neben Loewe wurde die Namensliste der Vereinigung von Arthur Hantke und Theodor Zlocisti angeführt, die führende Persönlichkeiten des deutschen Zionismus werden sollten. Ende des Jahrhunderts, 1899 (also nach der Gründung der Zionistischen Organisation), wurden weitere Studentenvereinigungen gegründet – in Leipzig, in Breslau und ein Jahr später in München. Am 16. Januar 1901 fusionierten alle diese Vereine zum *Bund Jüdischer Corporationen* (B.J.C.). Wenig später löste sich die Leipziger Verbindung auf, aber in Charlottenburg, Straßburg und Freiburg entstanden 1902 und 1903 neue Zweige. Ab März 1902 publizierte die Organisation ihre eigene Zeitschrift, *Der Jüdische Student*, und seit Januar 1907 hatte sie ein Präsidium als Exekutivgremium. Dies war ein Schritt vorwärts im Prozeß der Zentralisierung, Kodifizierung (die Kartellordnung vom 30.12.1907) und in Richtung eines einheitlichen Handelns. Ungefähr zur selben Zeit kam auch die Periode der ideologischen Konflikte innerhalb der Bewegung allmählich zu einem Ende, und der Zionismus wurde einmütig angenommen.

Die Entwicklung des B.J.C. wurde von einem langen inneren Kampf um seinen ideologischen Charakter begleitet. Das Hauptproblem war »bewußtes Judentum« und seine Definition. Wir verfügen über ein seltenes Dokument, das Licht auf die Anschauungen der B.J.C.-Mitglieder in der Entstehungsphase der Bewegung wirft: eine Umfrage, die im Wintersemester 1900/01 durch-

---

[25] Vgl. Walter Gross, ›The Zionist Students‹ Movement‹, in: *LBI Year Book IV* (1959), S. 143-165; Joachim Doron, *The Impact of European Ideologies on German Zionism*, Diss. Tel Aviv 1977, Kap. 5.
[26] Siehe dazu den Essay von Julius H. Schoeps, ›Modern Heirs of the Maccabees. The Beginnings of the Vienna Kadimah, 1882-1897‹, in: *LBI Year Book XXVII* (1982), S. 155-170.
[27] Jehuda Louis Weinberg, *Aus der Frühzeit des Zionismus. Heinrich Loewe*, Jerusalem 1946.
[28] Heinrich Loewe, *Erinnerungen*, Kap. 53, S. 9 (CZA A176/6/16).

geführt wurde. Bei dieser Gelegenheit wurden den Mitgliedern fünf Fragen gestellt:²⁹

	Ja	Nein	Un-schlüs-sig
1. Sind die Juden ein Volk, d.h. eine durch Abstammung und historische Entwicklung geeinte Gemeinschaft?	22	5	1
2. Bist Du Nationaljude, d.h. bist Du Dir des nationalen Charakters des Judentums bewußt (ohne Beeinträchtigung des darin eingeschlossenen religiösen Charakters)?	22	5	1
3. Bist Du Zionist, d.h. siehst Du in der Schaffung einer öffentlich-rechtlichen Heimstätte für das jüdische Volk die Lösung der Judenfrage?	19	8	1
4. Beruht der V.J.St. auf nationaler Grundlage, d.h. wird er durch das in 1 genannte Band verbunden?	14	11	3
5. Wenn ja, soll er seinen national-jüdischen Charakter mehr betonen?	13	14	1

Diese Fragen zielten darauf ab, die Unterscheidung zwischen bewußtem Judentum, Nationaljudentum und Zionismus zu schärfen. Die Antworten zeigen in der Tat eine gewisse Differenzierung, aber keine ausreichend deutliche. Einer der Gründe dafür war die Tatsache, daß nur 28 von 56 Befragten antworteten. Diejenigen, die sich weniger in nationaler Tätigkeit engagierten – das erfahren wir durch die Blume aus den Antworten selbst –, nahmen an der Umfrage nicht teil, so daß wir im wesentlichen über die Antworten derjenigen verfügen, die interessiert und direkt beteiligt waren. Allerdings wurden die Fragen nicht bloß mit »ja« oder »nein« beantwortet, so daß ich die Antworten klassifizieren mußte, um das obige Diagramm zu erhalten.

Die Antworten auf die dritte Frage belegen, daß die Bindung an den Zionismus schwächer war als die an den jüdischen Nationalismus, und die Antworten auf die Fragen 4 und 5 zusammengenommen verraten, daß die Bindung an »bewußtes Judentum« noch nicht mit der Bindung an Nationaljudentum identisch war. Ungeachtet der Tatsache, daß es statistisch gesehen keine klare Unterscheidung zwischen den beiden Termini gibt, spiegelt das Ergebnis der Umfrage gleichwohl das reale Problem, mit dem sich die B.J.C.-Mitglieder konfrontiert sahen. Zuallererst mußten sie sich auf eine Definition von »Volk« und »Nationalismus« einigen (ein Problem, auf das wir an einem späteren Punkt zurückkommen werden), zweitens mußten sie sich auf diese Begriffe in ihrem jüdischen Kontext beziehen. Selbst hier ist offensichtlich, daß ihre Terminologie durch den deutschen Gebrauch geformt wurde.

Ein genauerer Blick auf den von A. Biram ausgefüllten Fragebogen (Biram wurde später Rektor des Realgymnasiums in Haifa) zeigt, daß sich seine Ant-

---

²⁹ ›Eine Tendenz-Rundfrage vor zehn Jahren‹, *Der Jüdische Student*, No. 1 vom 20.4.1911, S. 3-21, hier S. 5.

worten auf Belege gründen, die ausschließlich der deutschen Geschichte entnommen sind. Eine andere Antwort ist die von Wilhelm Majerczik, dessen positive Replik auf Frage 3 den Wunsch der europäischen Juden verrät, die »Achtung ihrer Mitbürger« zu erwerben. Eine gegenläufige Meinung, die aber gleichwohl auch eine direkte Reaktion auf die von der deutschen Gesellschaft diktierten Normen darstellt, findet sich in Martin Bubers Antwort auf die fünfte Frage:

> »Betont der Verein dies nicht, so wird er mit der Zeit auf weniger ehrenvollem Wege zu einer solchen Betonung gelangen: durch die Entwicklung der Dinge im Deutschen Reiche.«[30]

Wir erkennen also, daß selbst affirmative Antworten letztlich doch nicht so positiv sind, und auf diese Weise endet das erste Kapitel dieser ideologischen Zusammenstöße, mit der Zurückweisung der zwei im folgenden zitierten Vorschläge:[31]

> »Der B.J.C. steht auf national-jüdischer Grundlage.«

und

> »Der B.J.C. hält für das einigende Band zwischen seinen Mitgliedern und den übrigen Juden die Gemeinsamkeit der Abstammung und der Geschichte.«

Und obwohl Buber den Verband verließ, erwies sich seine Prognose als zutreffend: für die folgenden acht Jahre war die nationale Definition des Verbands weiterhin ein Gegenstand offener Debatte, bis schließlich auf dem Kartelltag in Breslau im Februar 1910 der Vorschlag der Berliner Verbindung *Maccabaea*[32] angenommen wurde:

> »Es ist die Aufgabe des B.J.C., ... den Kampf für die Zukunft des jüdischen Volkes zu führen.«[33]

Sein Erfolg war partiell die Folge eines Wechsels in der Führung des B.J.C. sowie der Aktivität von Kurt Blumenfeld, der in jenen Tagen der »Revolutionär« des deutschen Zionismus war.[34] Aber er war auch die Konsequenz des von den Entwicklungen im Deutschen Reich auferlegten Drucks, den Martin Buber prophezeit hatte. Es versteht sich von selbst, daß auch zu diesem späten Zeitpunkt nicht alle Mitglieder mit der Entscheidung einverstanden waren, und diejenigen, die es nicht waren, setzten ihren Kampf gegen die starke national-jüdische Tendenz fort.[35]

Jüdische Studentenvereine, die sich selbst von Anfang an als zionistisch bezeichneten, d.h. als Teil der zionistischen Bewegung, tauchten in Deutschland

---

[30] Ebd., S. 10.
[31] *Der Jüdische Student*, No. 1, April 1902, S. 18.
[32] Gegründet in Berlin (Oktober 1906) als Resultat einer Spaltung im dortigen V.J.St. Siehe Felix Rosenblüth, ›Verein jüdischer Studenten Maccabaea‹, *Der Jüdische Student*, No. 1, April 1907, S. 21.
[33] *Geschichte des B.J.C.*, S. 20.
[34] Vgl. Kurt Blumenfeld, *Erlebte Judenfrage*, op.cit., und Jehuda Reinharz, *Fatherland or Promised Land. The Dilemma of the German Jew, 1893-1914*, Ann Arbor 1975, S. 144 ff.
[35] Beispielsweise Theodor Zlocisti, einer der Gründer des V.J.St.

erst 1902 auf. In diesem Jahr wurde die *Hasmonaea* in Berlin gegründet. Drei Jahre später entstand die Verbindung *Jordania* in München und schloß sich mit der erstgenannten 1906 im *Kartell Zionistischer Verbindungen* (K.Z.V.) zusammen. Im folgenden Jahr schloß sich die Freiburger Verbindung *Ivria* ihren Reihen an, und nur sechs Jahre später, 1913, wurde die *Zephira* in Breslau gegründet. Die von diesen Verbindungen gewählten Namen weisen schon auf ihr Engagement für zionistische Projekte hin, und in ihrem Programm hieß es klar:

> »Die Verbindungen im K.Z.V. verfolgen den Zweck, die Idee des Zionismus zu fördern ...«[36]

Von einem ideologischen Blickwinkel aus betrachtet, scheint eine Kluft zwischen denjenigen jüdischen Studenten, deren Nationalismus mit Selbstbestimmung und Rejudaisierung[37] gleichbedeutend war (B.J.C.), und denen, für die Nationalismus die Beförderung zionistischer Ziele bedeutete (K.Z.V.), bestanden zu haben. In der Praxis schrumpfte diese Kluft jedoch im Laufe der Jahre zusammen.

Wie bereits angemerkt, wandte sich der B.J.C. mehr und mehr dem Zionismus zu, während das K.Z.V. anerkannte, daß die Tätigkeit des B.J.C. für die zionistischen Interessen von erheblichem Nutzen war. Freilich behauptete der Historiker des B.J.C., daß die beiden Organisationen in den zehn Jahren ihrer Koexistenz nie dieselbe Sprache gesprochen hätten.[38] Aber die öffentlichen Aussagen ihrer Mitglieder zu diesem Thema verraten eher Zweifel und die Betonung unwesentlicher Angelegenheiten[39] als Zusammenstöße über zentrale Fragen. Gespräche über eine Fusion fanden bereits 1907 statt, wenn auch ohne Ergebnis. Zlocisti und andere waren davon überzeugt, daß der Vorteil des B.J.C. in der Tatsache lag, daß er nicht in die internen Kämpfe der zionistischen Bewegung verwickelt und doch zugleich zionistischer als das K.Z.V. sei.[40]

Im anderen Lager behauptete Lichtheim, eben dies sei gerade die Schwäche des B.J.C:

> »Der B.J.C.er fühlt sich in der Korporation zum Zionismus hingedrängt – braucht sich aber nicht offiziell als Zionist zu bekennen. Daher die Lauheit und Gleichgültigkeit so vieler A.H.A.H. [Alter Herren] des B.J.C. im zionistischen Leben.«[41]

---

[36] Statuten des K.Z.V., Berlin 1911, § 2. CZA A231/1A.
[37] Theodor Zlocisti, eine Rede zum 25. Jubiläum des V.J.St., CZA A48/36, S. 10.
[38] *Geschichte des B.J.C.*, S. 38 f. Der Versuch einer Fusion war schon 1907 gescheitert, siehe Lichtheim an Hantke über ein Treffen zum Thema Zusammenarbeit oder Fusion zwischen B.J.C. und K.Z.V., CZA A11/32/9.
[39] Etwa Reibereien zwischen V.J.St.-Mitgliedern und Zionisten in Breslau: ›Interne B.J.C.-Berichte. Sommer-Semester 1901‹, S. 5, CZA A231/1/4. Auf der anderen Seite ein K.Z.V.-Mitglied, das eher »gegen den bereits nationalbewußten alten B.J.C.« kämpfte: Egon Rosenberg, ›Jahrgang 1902‹, S. 5.
[40] Zlocisti, a.a.O., S. 10 und 14.
[41] Richard Lichtheim, ›K.Z.V. und B.J.C.‹, *Mitteilungen des K.Z.V.*, Nr. 10, Dezember 1910, S. 3-5, Zitat S. 3 f.

Letztlich versuchte aber auch er, seine Angriffe auf den »großen Bruder« B.J.C. zu mäßigen[42], und viele andere folgten ihm darin. Aus ideologischer Perspektive war es mithin nicht überraschend, daß sich B.J.C. und K.Z.V. letztlich entschlossen, ihre Reihen in einem national-jüdischen und zionistischen Verband zusammenzuschließen, dem *Kartell Jüdischer Verbindungen*. Der Zusammenschluß ereignete sich in einer für die gesamte Welt entscheidenden Stunde: am 19. Juli 1914. Dies verleiht dem Jahr 1914 eine besondere Bedeutung in der Periodisierung des hier untersuchten Gegenstands.

Angesichts der oben geschilderten Abfolge der Ereignisse liegt auf der Hand, daß die Jahre des Konflikts, des Mißverstehens und der ideologischen Konfrontation innerhalb und zwischen den beiden studentischen Bewegungen die signifikanteste Zeitspanne für unsere Untersuchung ausmachen. Der Fokus muß also auf dem ersten Jahrzehnt des 20. Jahrhunderts liegen, von der Gründung des B.J.C. bis zu seiner offiziellen Anerkennung des Zionismus. Bevor wir auf die Komplexität der Tendenzen innerhalb der jüdisch-nationalen Studentenbewegung während dieses Jahrzehnts näher eingehen, müssen jedoch zunächst einige der mit den Verbänden zusammenhängenden grundsätzlichen Aspekte erwähnt werden, über ihr oben skizziertes Programm hinaus.

Der erste Aspekt ist ihre Größe. Wir müssen im Auge behalten, daß die jährliche Zahl jüdischer Studenten an deutschen Universitäten rund 2000 betrug[43], während die Zahl der B.J.C.- und K.Z.V.-Mitglieder zu keinem Zeitpunkt über einige Hundert hinausging, die »alten Herren« eingerechnet. Die folgende Übersicht listet die Proportionen auf:[44]

Jahr	1901	1904	1906	1907	1910
Mitglieder im B.J.C.	171	205	392	460	497

Die steigenden Zahlen sind auf den Anstieg im Durchschnittsalter der »alten Herren« sowie bei den »inaktiven« Mitgliedern zurückzuführen. Die wirkliche Steigerung bei den *studentischen* Mitgliedern belief sich daher nur wie folgt:[45]

Jahr	1901	1904	1906	1907	1910
Studentische Mitglieder	83	72	135	170	118

Diese Statistik zeigt, daß es keinen konstanten Anstieg der studentischen Mitgliederzahl gab, entweder wegen der Auflösung von Zweigen wie der Leipzi-

---

[42] Ebd., S. 5. Vgl. Rosenberg, ›Vom Burschenschafter zum K.Z.Ver‹, S. 8-10.
[43] Davon allein in Berlin ca. 1000. Vgl. Ruppin, a.a.O., S. 206 ff. Die Zahl der jüdischen Studenten an preußischen Universitäten (die zwischen der Hälfte und zwei Drittel der gesamten Studentenschaft im Deutschen Reich ausmachten) betrug 1900: 1464 und 1903: 1761, von denen 12-20 % nicht-deutsche Juden waren. Siehe: *Der Anteil der Juden am Unterrichtswesen in Preußen*, Berlin 1905, und *Zeitschrift für Demographie und Statistik der Juden*, Nr. 9, 1905, S. 13. Im Jahre 1905 gab es 1665 deutsch-jüdische Studenten in Preußen, im Jahre 1906 waren es 1904: Hans Meseritz, ›Jüdisch-studentische Monatsübersicht‹, *Der Jüdische Student*, No. 7/8 vom 23.11.1908, S. 165 ff.
[44] Erstellt nach den B.J.C. Präsenzlisten, CZA A231/1/6.
[45] Ibid.

ger Verbindung 1902 oder aus anderen administrativen Gründen. Sie belegt ferner, daß die registrierten Studenten, die anfangs etwa die Hälfte aller Mitglieder ausmachten, am Schluß nur noch ein Drittel repräsentierten.[46] Diese Zahlen haben eine doppelte Bedeutung: zum einen den Rückgang, oder die Stagnation, in der Anwerbung für die V.J.St. – zum anderen die erfolgreiche Weiteranbindung von Universitätsabsolventen an die jüdisch-nationale Tätigkeit. Tatsächlich sahen manche der Verbindungsgründer[47] die Beteiligung der alten Herren, nicht die der neuen Mitglieder, als den Maßstab ihres Erfolgs an. Auf der anderen Seite gab es Stimmen, die die Errungenschaften der Vereine nicht anhand ihrer Mitgliederquote messen wollten, sondern an der Zahl der Sympathisanten der jüdischen Sache in den Universitäten, wie beispielsweise in den Wahlen zu den »Lesehallen« erkennbar.[48] Von dieser Seite aus betrachtet, kann man die Aktivitäten des B.J.C. als Erfolg bezeichnen.

Wenn man die Mitglieder ins Auge faßt, sollte man auch die regionale Verteilung der Studenten berücksichtigen. Etwa 35 % kamen aus den östlichen Provinzen (Ost- und Westpreußen, Posen und Schlesien), 5 % aus osteuropäischen Ländern[49], und es kann ohne weiteres angenommen werden, daß auch unter den übrigen etliche waren, deren Eltern oder Großeltern aus Osteuropa gekommen waren.[50] Daher werden wir, wenn wir die Formung der Ideologie des B.J.C. analysieren, auch den Zusammenstoß zwischen den »Ostjuden« und der deutschen Kultur innerhalb der deutschen Studentenschaft in Rechnung zu stellen haben. Man sollte freilich den Stellenwert des Konflikts zwischen den deutschen und den jüdischen Elementen nicht überschätzen; die »Ostjuden« waren lediglich schneller und sensibler als ihre deutschen Kommilitonen, wenn es darum ging, die Kluft zwischen ihrem Streben nach Assimilation in der deutschen Gesellschaft und ihrer tatsächlichen Entfremdung von dieser wahrzunehmen.

Ein weiterer Aspekt, der die vom B.J.C. eingeschlagene Richtung beeinflußt haben mag, ist die Verteilung seiner Mitglieder nach Fakultäten[51]: rund 40 % studierten eine der medizinischen Disziplinen und rund 33 % Jura, nur etwa 10 % Geisteswissenschaften. Diese Verteilung bewirkte einen größeren Einfluß der populären Strömungen und Schlagworte auf die ideologische Formung der Bewegung, als es bei einem systematischen Studium verwandter Disziplinen wie Philosophie, Geschichte oder Soziologie der Fall gewesen wäre.

---

[46] 118 von 497 sind 24 %, aber mindestens 50 der alten Herren und inaktiven Mitglieder erscheinen auf mehr als einer Liste. Die tatsächliche Mitgliederzahl ging nicht über ca. 430 hinaus.
[47] Zlocisti, a.a.O., S. 11. Er beklagt allerdings Versäumnisse der Veteranen bei den Aktivitäten der Vereinigung.
[48] 1910 erhielt die *Vereinigung jüdischer Korporationen* in Berlin 202 Stimmen, doppelt so viele wie die Zahl ihrer organisierten Mitglieder.
[49] Zu jüdischen Studenten aus Osteuropa in Deutschland siehe den Artikel von Jack Wertheimer, ›The »Ausländerfrage« at Institutions of Higher Learning. A Controversy over Russian-Jewish Students in Imperial Germany‹, *LBI Year Book XXVII* (1982), S. 187-215.
[50] Heinrich Ichenhäuser, ›Ein Beitrag zur Statistik des B.J.C.‹, *Der Jüdische Student*, No. 8, November 1907, S. 206 f.; ders., ›Zur Statistik des B.J.C.‹, *Der Jüdische Student*, No. 5, 24.8.1910, S. 130-132.
[51] Ichenhäuser, ›Ein Beitrag‹, S. 207.

Auf der anderen Seite stand das *Kartell Zionistischer Verbindungen.* Als Körperschaft war es ebenso lautstark wie der B.J.C., zahlenmäßig jedoch kleiner. In den ersten Jahren, als nur die *Hasmonaea* aktiv war, hatte diese 15-20 Mitglieder.[52] Im Jahre 1909, gegen Ende der hier erörterten Periode, weisen die Akten für die drei damals im K.Z.V. zusammengeschlossenen Verbindungen insgesamt 115 Mitglieder aus (zwei Drittel davon in Berlin). Mit anderen Worten, die numerische Stärke des K.Z.V. betrug lediglich ein Drittel oder ein Viertel der Stärke des B.J.C.[53] Das »Alterungsphänomen«, das oben für den B.J.C. zu beobachten war, gab es hier ebenso – von den 115 Mitgliedern waren nur 36 Studenten vor dem ersten Abschluß, d.h. rund 32 %.[54] Leserinnen und Leser, die mit den Ergebnissen der Forschung über die Anfänge des deutschen Zionismus vertraut sind, sollte es nicht überraschen, daß die »östliche Tendenz« im K.Z.V. stärker war als im B.J.C. In den ersten Jahren ihres Bestehens konnte beispielsweise die *Hasmonaea* in Berlin nicht ein einziges dort geborenes Mitglied vorweisen.

Der Prozentsatz der in den zwei national-jüdischen Verbänden mitwirkenden Studenten erreichte also vor 1910 zu keinem Zeitpunkt 10 % der gesamten jüdischen Studierendenschaft. Dies zeigt, daß die jüdischen Studenten in ihrer Mehrheit deutschen Nationalismus klar dem jüdischen Nationalismus vorzogen. Gleichwohl war selbst dieser niedrige Prozentsatz noch weit höher als der Anteil der Zionisten unter den deutschen Juden im allgemeinen.

Wir kehren nun zu den Schlußfolgerungen und Verallgemeinerungen zurück, die auf den oben dargestellten Fakten beruhen. Was die Unterschiede zwischen den beiden Verbänden im Hinblick auf Größe und Sozialstruktur anbetrifft, so lassen sich für sie leicht Gründe anführen. Der herrschende Konsens ist, daß die Erklärung in den ideologischen Programmen der zwei Bewegungen gefunden werden kann. Dieser Theorie zufolge verlangten die Zionisten Anerkennung und Engagement für den Zionismus, während der B.J.C. höchstens eine »eifrige Anteilnahme am jüdischen Leben«[55] voraussetzte. Studenten, deren jüdisches Bewußtsein infolge des Antisemitismus geweckt war, schlossen sich somit dem B.J.C. an. Diejenigen, denen die Selbstverwirklichung in Palästina als einzig geeignete Lösung ihres Problems erschien, optierten für das K.Z.V. Erstere waren die Mehrheit, letztere die Minderheit. Ich meine jedoch, daß man diese Erklärung nicht vorbehaltlos akzeptieren sollte, zumal sie in den Reihen des K.Z.V. als Rechtfertigung für die geringere eigene Mitgliederzahl ziemlich populär war.[56]

Im Gegensatz zu dem, was man aus dieser Erklärung ableiten könnte, nahmen auch die Leute vom B.J.C. keineswegs jeden Kandidaten in ihren Verband auf, und wenngleich ihr Kodex weniger anspruchsvoll war, so war doch

---

[52] Lichtheim, *Rückkehr*, S. 82 ff.
[53] In diesem Fall gab es keine Doppelmitgliedschaft von alten Herren und Passivmitgliedern.
[54] *Mitgliederverzeichnis des KZV*, Dezember 1909.
[55] *Bund Jüdischer Corporationen. Kartellstatuten*, Berlin 1911, S. 5, § 3.
[56] Lichtheim, ›K.Z.V. und B.J.C.‹, loc.cit.; *Rückkehr*, S. 83.

die Last auf den Schultern der Mitglieder schwer genug.⁵⁷ Ihr Kurs war schon auf dem Kartelltag vom Dezember 1903 abgesteckt worden: Ziel war es nicht, so viele Kandidaten wie möglich zu gewinnen, sondern diejenigen mit der besten Grundlage. Das Zulassungskriterium war die Annahme der Ideologie des B.J.C. durch den Bewerber, und dies bedeutete Studium und harte Arbeit – gleich, was die zionistischen Konkurrenten darüber zu sagen haben mochten. Der B.J.C. war nicht mit einer latenten Hinneigung zum jüdischen Nationalismus zufrieden: er bestand darauf, daß seine Mitglieder in ihrem ersten Studiensemester Kurse zur jüdischen Geschichte besuchten und Prüfungen in Volkswirtschaftslehre, Sozialismus sowie zu Fragen des Volkstums und des Nationalismus ablegten.⁵⁸

Der B.J.C. war sich bewußt, daß seine Anforderungen für eine selektive korporative Struktur und intensive Vorbereitung die Verwirklichung eines anderen Ziels nur erschweren konnten, nämlich das Bemühen, »weiteste jüdische Kreise« anzuziehen.⁵⁹ Wenn das K.Z.V. mit seinen Behauptungen recht gehabt hätte, dann wäre der B.J.C. nicht gezwungen gewesen, nach zehn Jahren Tätigkeit (in einem streng vertraulichen Rundbrief) das Scheitern dieses Bemühens einzugestehen: die Zahl der neuen Studenten, die sich dem Verband anschlossen, war verglichen mit der Zahl der jüdischen Studienanfänger insgesamt »beschämend gering«.⁶⁰ Aber selbst nachdem man zu diesem schmerzhaften Eingeständnis gelangt war, sah man die Lösung nicht in einer Mäßigung der Anforderungen, sondern in einer Ausdehnung der eigenen Aktivitäten, um die bislang ablehnend zum Zionismus und jüdischen Nationalismus eingestellten jüdischen Massen zu erreichen.

Die K.Z.V.-Vertreter suchten zur gleichen Zeit nach weiteren Erklärungen für den Unterschied in Größe und Struktur zwischen ihrer Bewegung und dem B.J.C. Jahre später mußte Egon Rosenberg einräumen, »Der geistige Besitz der Hasmonaea war an jüdischen Werten sicherlich nicht reicher, wahrscheinlich ärmer, als der des jüdisch fundierten B.J.C.«.⁶¹ Vor dem Hintergrund des oben Dargestellten sollte uns Rosenbergs Schlußfolgerung nicht erstaunen: der B.J.C. legte einen stärkeren Akzent auf eine wissenschaftliche Herangehensweise und auf Objektivität im jüdischen Denken als das K.Z.V., wie aus dem Prüfungsprogramm für neue Studenten ersichtlich. Das K.Z.V. rühmte sich

---

⁵⁷ Der folgende Satz mag die Bedeutung anzeigen: »Sollten gewisse Formen des Korporationslebens – z.B. Bierjungentrinken, Salamanderreiben etc. – bei uns eine grössere Präzision der Ausführung und eine veredeltere Linienführung aufweisen als im B.J.C., so bin ich ebenfalls zur freudigsten Anerkennung bereit.« Lichtheim, ›K.Z.V. und B.J.C.‹, S. 4.

⁵⁸ Wie weit er dabei zu gehen bereit war, ersieht man aus der Berliner »Fuchsenprüfungsordnung«. Erste Prüfung: »a) Geschichte der Juden bis Mendelssohn. b) Referat über ein gelesenes Werk. c) Komment, Statuten, Geschäftsordnung, Korporationswesen. d) Vereinsgeschichte und Tendenz.« Zweite Prüfung: »a) Geschichte der Juden im 19. Jahrhundert. b) Soziale und kulturelle Lage der Juden (Die Judenfrage). c) Tendenzfragen. d) Studentisches.« Zitiert nach: Bruno Kirschner, ›Ernste Worte über den Stand der V.J.St.ersache‹ (Teil 2), *Der Jüdische Student*, No. 2, Mai 1907, S. 50-57, hier S. 54 f.

⁵⁹ *BJC Kartellstatuten*, op. cit., S. 5, § 3.

⁶⁰ Rundschreiben an die Alten Herren und Inaktiven vom 20. Januar 1913, S. 3, CZA A231/1/12.

⁶¹ Rosenberg, ›Jahrgang 1902‹, S. 5.

demgegenüber, den weniger rationalistischen Aspekt zu betonen: »Das Willensmoment tritt also scharf in den Vordergrund.«[62] Ich werde später auf das Element des »Willens« zurückkommen, das eine so wichtige Rolle spielt. Ein anderer Slogan des K.Z.V. lautete: »der Zionismus des Dreinschlagens kann mitunter besser wirken als die gehaltvollste und geschickteste Tendenzrede«.[63] Und auf der Grundlage solch vager, subjektiver Kriterien für Zionismus und jüdischen Nationalismus versuchte das K.Z.V. studentische Sympathisanten anzuwerben – kein Wunder, daß die Söhne einer von Liberalismus und Rationalismus durchdrungenen jüdischen Generation nicht in Scharen herbeigelaufen kamen. Ein weiteres Hemmnis (nach Darstellung seiner Gegner) lag darin, daß das K.Z.V. darauf bestand, als Mitglieder nur Personen mit einer gewissen Kultiviertheit und Distinktion, »vornehme Leute«, zu akzeptieren. Die Gegner des K.Z.V. interpretierten diese Anforderung als Versuch, ausschließlich Angehörige der höheren bürgerlichen Schichten anzulocken (während die Zionisten darin eine Norm für zionistische Haltung sahen). Wie dem auch sei, diese Anforderung wurde bald fallengelassen, als die geringe Zahl der Bewerber das K.Z.V. dazu zwang, seine Maßstäbe zu senken und auch Kandidaten zuzulassen, die nicht dem gewünschten Milieu entstammten. Außerdem machte es die begrenzte Zahl von K.Z.V.-Ortsvereinen für Angehörige anderer Universitäten technisch schwierig, sich dem Verband anzuschließen.

Wir könnten also das Fazit ziehen, daß sich der Unterschied zwischen den beiden Verbänden nicht allein auf ihre Größe beschränkte, sondern auch auf ihre Zulassungsverfahren, ihre deklarierten Ziele, ihr Bildungsprogramm und ihre Schulung erstreckte. Zeit und äußere Zwänge brachten jedoch eine allmähliche Verringerung der Kluft und eine Zusammenarbeit zwischen den beiden mit sich. Schließlich war das K.Z.V. gezwungen, zuzugeben, daß sich in den Reihen des B.J.C. in der Tat die »gefährlichsten Vorkämpfer« des Zionismus fanden (das war die Selbstdefinition des B.J.C.).[64] Man unterstrich dies, indem man während des Hamburger Zionistenkongresses 1909 an einem gemeinsamen Konvent mit dem B.J.C. teilnahm. Außerdem machte man sich die Feiern zum zehnjährigen Bestehen des B.J.C. 1910 selbst zu eigen.[65]

Ein Blick aus der Rückschau würde ferner zeigen, daß es die junge Generation des B.J.C. war (Kurt Blumenfeld, Felix Rosenblüth), die die neuen Kennzeichen des jüdischen Nationalismus entwarf; Kriterien, die nicht nur den Studenten, sondern dem deutschen Zionismus in der Periode unmittelbar vor dem Ersten Weltkrieg im allgemeinen dienten. Zudem avancierten die Vertreter sowohl der ersten wie auch der zweiten Generation des B.J.C. zu wichtigen zionistischen Führungsfiguren in Deutschland – unter ihnen Arthur Hantke und Kurt Blumenfeld.

Ein weiterer Grund für die Annäherung zwischen den beiden Verbänden, wie auch eine Rechtfertigung dafür, sie aus einer historischen Perspektive als

---

[62] *Geschichte des B.J.C.*, S. 39.
[63] *Mitteilungen des K.Z.V.*, Nr. 8, September-Oktober 1908, S. 8 (Hans Levy, ›Zur Satisfaktionsfrage‹).
[64] Rundschreiben vom 20.1.1913, S. 1, CZA A231/1/12.
[65] *Jüdische Rundschau*, Nr. 51 vom 23.12.1910, ›Zehn Jahre BJC‹.

ein einziges Phänomen zu betrachten, war ihre Stellung innerhalb der jüdischen Studentenschaft und der Studentenschaft insgesamt. Die Mehrheit der organisierten jüdischen Studenten war einem *Kartell-Convent der Verbindungen deutscher Studenten jüdischen Glaubens* (K.C.) angeschlossen, der wiederum dem *Centralverein deutscher Staatsbürger jüdischen Glaubens* (C.V.) sehr nahe stand. Andere versuchten der Sackgasse, in die der Antisemitismus sie getrieben hatte, dadurch zu entrinnen, daß sie entsprechenden liberalen Vereinen beitraten, wie etwa der *Freien Wissenschaftlichen Vereinigung*, die seit 1882 bestand und Juden wie Nichtjuden gleichermaßen einschloß. Daher sahen sich die zwei jüdischen Korporationen, K.Z.V. und B.J.C., vor eine zweifache Aufgabe gestellt: a) gegen den V.D.St. und die Antisemiten zu kämpfen, b) das Hauptgefecht gegen ihre »assimilatorischen« Brüder zu führen – und all dies noch zusätzlich zu den eigenen internen Konflikten. Zlocisti, einer der Führer des B.J.C., brachte dies sehr klar zum Ausdruck:[66]

> »Wir waren ein Kampfverein ... aber unsere Gegner sassen nicht in den Reihen derer, durch die der Hass schritt ... Unsere Gegner waren die eigenen Brüder ... war die Rotte der jüdischen Antisemiten«.

Die »Brüder« gaben mit gleicher Münze zurück:[67]

> »Der V.J.St. streitet um Phantome. Der Zionismus ist eine Wahnidee, für welche es keine wissenschaftliche Grundlage gibt. Er ist deutschfeindlich und will eine religiöse Genossenschaft zum Unglück für unser Vaterland zu einer besonderen Nation umbilden.«

Der letzte Satz stellt die Testfrage im Streit zwischen den jüdischen Studenten, und sie wurde als eine solche 1905 von außen aufgeworfen. Zu dieser Zeit wurde die Legitimität einer katholischen Studentenverbindung in Zweifel gezogen, im Rahmen einer weiteren Debatte über das Existenzrecht konfessioneller Studentenverbindungen. Auch die *Vereine Jüdischer Studenten* waren gezwungen, Stellung zu beziehen. Sie wußten nur allzu gut, daß auch ihr Verband in Gefahr war, wenn die katholischen Verbindungen aufgelöst würden. Auf der anderen Seite wagten die V.J.St. es nicht, die katholischen Verbindungen als eine konfessionelle Bewegung selbst offen zu verteidigen – war es doch ein wesentliches Element ihres Programms, daß ihr Judentum nicht auf Religion gegründet war.[68] Der leichteste Ausweg wäre eine Erklärung im Geist eines »Wir sind eine nationaljüdische Körperschaft« gewesen. Theoretisch hätte sie dies von der Debatte ausgenommen. In der Praxis war jedoch offensichtlich, daß sie eine Partei in diesem Streit waren, erstens, weil eine solche Proklamation in ihrem Programm nicht enthalten war, und zweitens aus Angst vor den Antisemiten, die nur auf eben eine solche Erklärung lauerten. Letztlich kam man mit einer ausweichenden liberalen Resolution heraus:

---

[66] Zlocisti, ›Wo steht der B.J.C.‹ (Skizze), Dezember 1910, S. 3, CZA A48/35.
[67] Wahlaufruf der Freien Wissenschaftlichen Vereinigung (undatiert), CZA A231/1/12.
[68] Die Antworten auf den oben erwähnten Fragebogen verraten eine ausgeprägt anti-religiöse Ideologie. Z.B. Richard Mayer: »Der Verein soll niemals konfessionell sein, er darf niemals antinational sein. Warten wir übrigens ein paar Jahre, dann werden wir klarer sehen.« (a.a.O., S. 19).

2. Deutsch-jüdische Studentenorganisation

»Der ›Bund Jüdischer Korporationen‹... ist seiner ganzen Tendenz nach nicht konfessionell ... [aber] auf jeden Fall ist die gewaltsame Unterdrückung der katholischen Korporationen ein Unrecht«.[69]

Taktisch gesehen war das eine gute Antwort. Aber mit der Zeit mußten sie ihre Karten auf den Tisch legen. Dies geschah, als die jüngere Generation die Arena betrat, eine Generation, die in der wilhelminischen Ära aufgewachsen war. Wie Buber neun Jahre zuvor prophezeit hatte, führte der Druck von außen (und sei es nur, indem die Frage gestellt wurde) eine unmißverständliche Erklärung des zionistischen jüdischen Nationalismus herbei. Es gab, wie üblich, manche, die der Frage ausweichen wollten; etwa der Bundesbruder Ludwig Mayer, der 1910 eine Resolution vorschlug, die den unabhängigen und politisch neutralen Charakter des B.J.C. betonte – und dies nach so vielen Teilnahmen des B.J.C. an den zionistischen Kongressen.[70] Aber zu diesem Zeitpunkt war es unvorstellbar, daß irgendjemand noch hätte annehmen können, wie Rabbi Heinemann Vogelstein vom V.J.St. Königsberg, daß die V.J.St. »auf demselben Boden« stünden wie der *Centralverein*.[71]

Nachdem wir uns mit dem Hintergrund und den organisatorischen Aspekten der national-jüdischen Studentenbewegungen beschäftigt haben, kommen wir nun zur Analyse ihres tatsächlichen Inhalts. Es sollte an diesem Punkt herausgehoben werden, daß man die Bedeutung des Absorbierens von »klassischen« jüdischen Mustern durch den modernen Nationalismus und Zionismus nicht unterschätzen kann. Sie wurden vor allem durch die osteuropäischen Studenten in die Bewegung eingebracht, unter dem Einfluß der jüdischen Elternhäuser und der religiösen Tradition. Andererseits sollten wir die Bedeutung dieser Elemente aber auch nicht überschätzen, wenn wir uns mit diesen Gruppen befassen. Wie schon angemerkt, waren anti-konfessionelle und anti-orthodoxe Strömungen ausgesprochen stark, und die Zahl der Juden mit ursprünglich liberaler Tendenz war sehr groß. Selbst in den Fällen, wo die alte Tradition eine Rolle spielte, wurde sie je nach den Normen und Gebräuchen der Umgebung transformiert. In einigen Fällen brachte dies eine merkwürdige Mischung aus jüdischen, deutschen und sogar osteuropäischen Vorstellungen hervor. Dies zeigte sich hauptsächlich in der benutzten Terminologie, wie man etwa am Beispiel des Studenten Martin Buber deutlich sehen kann. In der ersten seiner *Drei Reden über das Judentum* meinte Buber, daß in den Juden eine Kombination von zwei entgegengesetzten Einflüssen am Werk sei: Blut (Substanz) und Umwelt. Buber optierte nicht für eine der beiden Alternativen, sondern zog eine Mischung aus beiden vor. Seine Worte seien hier nur deswegen angeführt, weil sie (zehn Jahre nach Bubers Bruch mit der Bewe-

---

[69] *Protokoll des V. Kartelltages* (2.-7. Juli 1905), S. 4, CZA A231/1/7. Die *Berliner Post* interpretierte diese Resolution vom 7. Juli 1905 als Beweis für die nationale Definition der jüdischen Gruppierung und betonte die Diskrepanz zwischen dieser Definition und der Forderung nach Gleichberechtigung für die Juden. *Der Jüdische Student*, No. 3, September 1905, S. 86 f.
[70] Anträge für den 10. Kartelltag, CZA A231/1/7.
[71] *Monatsberichte der Vereine Jüdischer Studenten*, Januar 1906, S. 12, CZA A231/1/5.

gung) in einer Studentenzeitschrift zitiert wurden, mit der Begründung, daß Bubers Rede »eine gute Vorstellung von dem vermittelt, was auch wir V.J.St.-er unter einem ›lebendigen Judentum‹ verstehen – nämlich ein Judentum, das seine Vergangenheit liebt, weil es seiner Zukunft sicher und froh ist«.[72] Das ist keine übertriebene Neuinterpretation von Bubers Worten, sondern nur eine Neuformulierung von Bubers eigener Antwort (im Alter von 22 Jahren) auf den oben erwähnten Fragebogen. So lautete seine Replik auf die Frage nach seiner Definition eines Nationaljuden:

> »Aber ich bin auch Nationaljude in dem Sinne, daß ich die Fortdauer und Höherentwicklung des nationalen Charakters des Judentums wünsche ... Und dieses Nationaljudentum hat in mir Irreligiösem eine heiße Liebe zu den volkstümlichen, ›religiösen‹ Bräuchen geweckt und entfaltet.«[73]

Hier finden wir auch eine Andeutung einer weiteren romantischen Mischung von Begriffen, die aus den Quellen deutschen Denkens schöpfte.[74] Wir werden die Worte des jungen Buber als Ausgangspunkt nehmen, um die Bereiche zu analysieren, in denen die Restbestände des deutschen nationalen Erbes sich am stärksten anhäuften und sogar zu einem integralen Bestandteil der jüdischen Studentenkultur in Deutschland wurden.

Zuerst wäre das Konzept der »Nation« zu nennen. Buber verwandte den Ausdruck »nationaler Charakter« (wie oben erwähnt) und stellte ihn in einen historischen Prozeß der Entwicklung in Richtung Ewigkeit und Vollkommenheit. Hierin, wie auch in anderen Äußerungen Bubers und seiner Anhänger, können wir den Einfluß Fichtes erkennen.[75] Seitens der zionistischen Studenten wurde allerdings nie eine klare Definition von jüdischem Nationalismus in dieser Art formuliert, hätte dies sie doch in einen offenen Konflikt mit ihrem deutschen Nationalismus oder Patriotismus gebracht. Ein gutes Beispiel für die Existenz eines solchen Konflikts findet sich in einer Rede von Alfred Klee (einem deutsch-jüdischen Politiker und Mitbegründer des V.J.St. in Leipzig); er zeigt sich in der Art, wie Klee einer Definition von Nationalismus ausweicht: Er bezeichnet Religion, soziale Hilfsarbeit für notleidende Juden und Selbsterhaltungstrieb als die Wurzeln des Zionismus, während er auf der anderen Seite Patriotismus als »Liebe zum Staat« (lies: zum deutschen Staat) definiert. Diese Definitionsbemühungen führten zu dem Ergebnis, daß der Terminus Nationalismus unter dem jüdischen »Volkstum« auf der einen, der Loyalität gegenüber dem deutschen Staat auf der anderen Seite begraben wurde.[76] Es kann daher nicht überraschen, wenn Klee zu der paradoxen Schluß-

---

[72] Martin Buber, ›Das Judentum und die Juden‹, *Der Jüdische Student*, No. 11 vom 29.2.1912, S. 353-357, hier Fußnote S. 353 f.
[73] ›Eine Tendenz-Rundfrage‹, a.a.O., S. 10.
[74] Siehe George L. Mosse, ›The Influence of the Volkish Idea on German Jewry‹, in: *Germans and Jews. The Right, the Left, and the Search for a »Third Force« in Pre-Nazi Germany*, New York 1970, S. 85 ff.
[75] Vgl. Manfred Voigts, »*Wir sollen alle kleine Fichtes werden!*«. *Johann Gottlieb Fichte als Prophet der Kultur-Zionisten*, Berlin 2003.
[76] Alfred Klee, ›Zionismus und Vaterland‹, *Das Jüdische Echo*, Nr. 3, März 1914, S. 28-30.

folgerung gelangte, der Zionismus in Deutschland habe Tausende Juden zu besseren deutschen Patrioten gemacht! Er habe dies bewerkstelligt, indem er sie zu Gegnern der »Gleichmacherei« und zu Anhängern der »Harmonie der schaffenden Stände« als der Grundlage des Staates habe werden lassen. Er habe zudem ihr »Verständnis für die Gedanken kolonialer Expansion und die modernen Machtmittel, deren der Staat in Heer und Flotte bedarf«, geweckt. Gerade dieser Versuch, durch eine auffällige Vermeidung des Begriffs »Nationalismus« für die deutsche Seite die wirkliche Kernfrage zu umgehen, verriet in der Tat, in welchem Maße dieses Wort – mit seiner deutschen konservativen Konnotation – den Zionismus im Kaiserreich affiziert hatte. (Klees Zugehörigkeit zur Nationalliberalen Partei war keine Ausnahmeerscheinung im deutschen Zionismus.)

Klees Freund und Mitbegründer der Leipziger Verbindung, Heinrich Loewe, war in seinen Einschätzungen direkter, aber zugleich vorsichtiger. Er versuchte die traditionellen Merkmale einer »Nation« systematisch zu untersuchen: »Sprache, Territorium, Sitten und Gebräuche, Staatsangehörigkeit, Religion, gemeinsame Abstammung, Rasse und gemeinsame politische Zukunft«.[77] Und um nicht in die Sackgasse zu geraten, eine Definition des deutschen Nationalismus zu geben, die mit der des jüdischen Nationalismus kollidiert wäre, senkte er das Profil *all* dieser Komponenten.[78] Letztlich ließ er nur einen quasi liberalen Nenner übrig – das historische Bewußtsein der Nation: »Ihr Wesen beruht nicht in Sprache, Territorium etc., sondern in der gemeinsamen Vergangenheit, die sie durchlebt.«[79] Diese Definition ist eher im Geist Bubers (»Die Nation muss, wie jede andere Gruppe, socialpsychologisch definiert werden«) als im Geist Klees gehalten, aber zugleich vorsichtiger als sie beide; sie überläßt die Bestimmung des jüdischen Nationalismus und des Weges dorthin dem einzelnen Juden bzw. seinem jüdischen »Bewußtsein«, auch dies ein beliebter Begriff unter den jüdischen Studenten.

Eine ähnliche Definition wurde von Elias Auerbach geprägt, einem Mitglied des B.J.C., der später ein Pionier der Selbstverwirklichung und der Auswanderung nach Palästina wurde: »Der Nationalismus ist also eine Art Idealismus, also Bewusstsein und Streben in eins.«[80]

Erhielt der junge jüdische Nationalismus je eine liberale Interpretation? Allgemein gesagt lautet die Antwort nein, jedenfalls was die Studenten betraf. Nicht nur der oben erwähnte Fragebogen und die Antworten darauf verraten den Akzent auf einer »gemeinsamen Vergangenheit und gemeinsamer Abstammung«; auch sonst erhielten rationale liberale Konzepte hier eine emotionale

---

[77] Heinrich Loewe, ›Nation und Nationalismus‹, *Der Jüdische Student*, No. 7/8, Oktober/November 1902, S. 110-122, Zitat S. 111.
[78] Der Artikel war eine Reaktion auf diverse Publikationen, die 1902 in Deutschland zum Thema Nationalismus erschienen waren. Loewe bezieht sich auf die Thesen von Richard Böckh und Alfred Waldenburg, er erwähnt auch Alfred Kirchhoffs ›Was ist national?‹.
[79] Ebd., S. 122; Martin Buber, Entwurf für ein Referat »Über Begriff und Wesen der Nationalität« in Wien am 27.11.1902, Martin-Buber-Archiv der Jewish National and University Library, Jerusalem, Ms. Var. 350 / 24 C.
[80] ›Ideale Werte‹, *Der Jüdische Student*, No. 5, August 1902, S. 67, gezeichnet ›Sanctus‹.

Dimension, als Folge der romantischen Tendenz im deutschen und europäischen Nationalismus. Dies sind die Worte eines B.J.C.-Mitglieds:[81]

> »Es kann heute nicht darauf ankommen, das Wesen des nationalen *Bewusstseins* zu analysieren, aber es wird so allgemein zugegeben werden, dass es ein nicht näher zu umgrenzendes *Gefühl* ist, das einen zu seiner Nation hinzieht, ein Gefühl, dem man sich absolut nicht entziehen kann.«

Das »Bewußtsein« hat hier einen spürbaren Beigeschmack von »völkisch«. Eine noch gewichtigere Definition schlugen Moses Calvary und Emil Cohn vor; sie scheinen Fichtes Theorie des Nationalismus übernommen und auf die jüdische nationale Frage angewandt zu haben. Calvary meint, »auch für uns haben Kant und Fichte nicht umsonst gelebt«[82], denn sie hätten die Nach-Emanzipations-Generation gelehrt, »die Todsünde des schrankenlosen Individualismus« zu überwinden. Calvary zufolge bot der Nationalismus einen überindividuellen Gehalt ebenso wie einen nahezu religiösen Enthusiasmus. Daher glaube der jüdische Nationalist »an sein Volkstum ... in einer religiösen Inbrunst, die nicht erst vom Verstande die Bestätigung erwartet«.[83] Im selben Geist des Widerspruchs zu Liberalismus und Judenemanzipation schrieb Emil Cohn, der Nationalist wisse,

> »dass er arbeiten muss im Dienste der Nation ... wo er eben seine ganze Individualität verleugnen muss um der höheren Individualität des gesamten Volkes willen ... Jetzt ist der einzelne nicht mehr der *Mensch*, der alleinstehende, ... sondern er ist der *Jude*, der *Deutsche*, der *Engländer*. Hinter ihm steht ein Volk von Millionen«.[84]

Individualismus verliert hier ebenso wie der Kosmopolitismus (ein weiteres »rein in der Luft schwebendes Ideal«, so Cohn) an Wert, während die Definition des Nationalismus schärfere Konturen erhält. Und so wird die von den Vertretern dieser Definition auf der anderen Seite der Barrikade – den Antisemiten – getroffene Unterscheidung zwischen der deutschen und der jüdischen Nation bestätigt. Die ideologische Tendenz macht es möglich, daß ein Ausdruck wie »das nackenstolze Bewusstsein der Macht«[85] in Emil Cohns

---

[81] Bruno Kirschner, ›Ernste Worte über den Stand der V.J.St.ersache‹ (Teil 1), *Der Jüdische Student*, No. 1, April 1907, S. 28-39, Zitat S. 33. Kursivierungen im Original.

[82] Moses Calvary, *Die Aufgabe des deutschen Zionismus*, Sonderdruck aus *Der Jüdische Student*, Berlin s.a. [1913], S. 9.

[83] Ebd., S. 10 und 12 f.

[84] Emil Cohn, ›Nation und Individuum‹, *Der Jüdische Student*, No. 4, Dezember 1904, S. 96-105, hier S. 98-100 (Kursivierungen im Original). Eine weitere Aussage à la Fichte erscheint, wie oben schon zitiert, in Hirschfelds ›Korporation und Individualität‹, S. 348: »Sie [die Kosmopoliten] mußten Schiffbruch erleiden, einfach deswegen, weil die Kräfte des Individuums einzig und allein auf dem Wege über das Volkstum der Allgemeinheit zugeführt werden können, weil nicht die Einzelnen, sondern die geschlossenen Volkskörper die Faktoren darstellen, aus denen sich unsere Weltkultur zusammensetzt.« Auch der Geist Jahns ist zu erkennen: »Wir V.J.St.-er ... sollen uns doch nur nicht schämen, noch mehr vom Fremden zu lernen; nicht nur wissen, dass man Jahn den Turnvater genannt hat, sondern auch, dass er die Deutschen der Freiheitskriege gemacht hat.« (Felix Danziger, ›Zur Fechtfrage‹, *Der Jüdische Student*, No. 5, August 1907, S. 132).

[85] Cohn, ›Nation und Individuum‹, S. 100.

2. Deutsch-jüdische Studentenorganisation

Schriften auftaucht, während andere Gedichte zum Lobpreis des »Willens«, des »Kampfes« etc. verfaßten (Buber: »Ich will, also bin ich«). Man muß allerdings zugeben, daß Ausdrücke dieses Genres eher für die Mitglieder des K.Z.V. charakteristisch waren:

> »Der Zionismus ist der Wille zum Leben in einem kranken Judentum. ... Wir freuen uns dieses Kampfes, der Leben bedeutet.«[86]

> »Es ist ein wunderbares Gefühl, im Kampfe zu stehen ... Falscher Konservatismus, Indifferenz und Kurzsichtigkeit stehen gegen den einen und einzigen jüdischen Willen unserer Zeit. Und der heisst Zionismus.«[87]

> »Der Zionismus ist der zum Bewußtsein und zur Herrschaft gelangte Lebenswille des jüdischen Volkes.«[88]

Diese Definition des jüdischen Nationalismus reißt eine Kluft zwischen sich und dem traditionellen jüdischen Liberalismus auf. Auf der anderen Seite schloß sie eine unheilige Allianz mit den nichtjüdischen Gegnern des Liberalismus, d.h. mit den Anhängern der romantischen und »völkischen« Strömungen und dem Antisemitismus. Der Gipfel dieses Paradoxons ist erreicht, wenn man sich mit einem weiteren dominanten Konzept der wilhelminischen Welt beschäftigt – dem Konzept der Rasse.

Die ersten Jahre des 20. Jahrhunderts, um die es in diesem Kapitel geht, waren vom Einfluß des Rassenmythos geprägt. Chamberlains Buch *Die Grundlagen des 19. Jahrhunderts* war eben erschienen (1899) – vielleicht das bekannteste Exemplar einer bunt gefächerten Literatur, wissenschaftlich ebenso wie scharlatanesk, zum Thema der Rasse und rassischen Aspekten der Judenfrage.[89] Es war nur natürlich, daß die deutsch-jüdischen Studenten ebenso wie ihre Kommilitonen großes Interesse für das Thema zeigten und daraus neue Elemente für die zionistische oder die jüdisch-nationale Bewegung abzuleiten versuchten. Auf den folgenden Seiten werde ich mich auf die Meinungen beziehen, die Mitglieder der Studentenverbindungen artikulierten, nicht auf Veröffentlichungen der deutschen zionistischen Bewegung als ganzer.

Der Fragebogen von 1900 enthüllt bereits die Tatsache, daß für die befragten Studenten die Herkunft den Kern der Definition der jüdischen Nation bzw. des jüdischen Volkes ausmachte. Ein Student erklärte wie folgt:

> »Wenn ich unter Nationaljudentum das Bewußtsein von der Zusammengehörigkeit nur auf Grund gemeinsamer Abstammung verstehe, *dann bin ich Nationaljude.*«[90]

---

[86] Gustav Krojanker, ›Wesen und Ziel des Zionismus‹, *Mitteilungen des K.Z.V.*, April 1913, S. 1-6, Zitat S. 5 f.
[87] Ders., ›Wille und Kampf‹, *Der Zionistische Student*, S. 21-32, Zitate S. 21 und 27.
[88] Fischer, a.a.O., S. 7.
[89] Z.B. J.M. Judt, *Die Juden als Rasse*, Berlin 1903; eine Bibliographie bei Ruppin, a.a.O., S. 271. In Verbindung mit den folgenden Seiten siehe auch einen Aufsatz von Walter Zwi Bacharach, der sich mit jüdischen – zionistischen wie nicht-zionistischen – Reaktionen auf den deutschen Rassismus beschäftigt, ›Jews in Confrontation with Racist Antisemitism, 1879-1933‹, in: *LBI Year Book XXV* (1980), S. 197-219.
[90] Max Berlowitz, a.a.O., S. 7 (Kursivierung im Original).

Der Grund für diese Einengung der Definition lag entweder im Fehlen diverser Charakteristika einer Nation (Sprache, Territorium, Staat) oder in der Zurückweisung einiger anderer Kriterien durch die Studenten (Religion, gemeinsame Geschichte, gemeinsames Erbe). Sie versuchten daher, aus dieser engen Definition heraus den breitesten Ausweg zu finden.

Die technische Frage, die hier diskutiert wurde, war, ob man Abstammung tatsächlich mit einer jüdischen Rasse in Verbindung bringen konnte – und wenn ja, um was für eine Art von Rasse es sich handelte: eine reine oder eine Mischung? Die oben genannte Literatur diente den Diskussionsparteien dabei, eine Definition der jüdischen Rasse zu entwerfen und eine Korrelation zwischen Rasse und Nation aufzustellen.

Einige der Studenten hatten von Anfang an keinen Zweifel daran, daß die Juden eine Rasse darstellten. Im Gegenteil, sie erklärten auch den Kampf für die Rechte der Juden als »unter dem Panier der Rassengemeinschaft« geführt.[91] Ein Student im B.J.C. war schon 1902 davon überzeugt, daß die Juden »ein klassisches Beispiel für ein in gleichem Masse rassenreines wie unvermischtes Volk« seien.[92] 1904 finden wir eine etwas anders geartete Definition:

> »die überwiegende Mehrzahl der in allen Ländern der Erde zerstreuten Juden fühlen sich durch gemeinsame Abstammung, körperliche und seelische Eigenart als zusammengehörig«.[93]

Selbstverständlich mußten diese Aussagen »wissenschaftlich« bewiesen werden, so daß wir zwischen 1904 und 1907 vier umfangreiche Artikel aus der Feder von Mitgliedern der Studentenverbindungen finden, die sich mit dem Problem beschäftigten. Einer von ihnen befaßte sich direkt mit der Frage, ob die Juden reine Semiten seien oder nicht, und warum Brachycephalie unter ihnen so vorherrschend sei.[94] Er kam zu dem Schluß:

> »Der heutige Judentypus weicht weit von dem semitischen ab ... Er zeigt aber auch keine Assimilation an die eingeborene Bevölkerung«.

(Diese Auffassung wurde, nebenbei bemerkt, von Chamberlain geteilt.) Der Verfasser des zitierten Artikels resümierte seine Befunde in der Aussage: »Die Juden sind eine nationale Rasse«. Der Beweis dieser Aussage gehe über bloße Wissenschaft hinaus – es handele sich um ein »instinktive[s] Gefühl, und das Gefühl ist immer das primäre«.

Aron Sandler aus Breslau bot eine weitere »wissenschaftliche« Erklärung.[95] Er war überzeugt davon, daß die jüdische Individualität einer Rassenmischung

---

[91] Friedemann, a.a.O., S. 278.
[92] E. Rosenkranz, ›Volkstum und Volkskultur‹, *Der Jüdische Student*, No. 6, September 1902, S. 81-92, Zitat S. 84.
[93] Julius Jacobsohn, ›Das Wesen des Judentumes‹, *Der Jüdische Student*, No. 3, September 1904, S. 75.
[94] Arnold Kutzinsky, ›Zur jüdischen Rassenfrage‹, *Der Jüdische Student*, No. 1, April 1904, S. 10-19, Zitate S. 14 und 18.
[95] Aron Sandler, *Anthropologie und Zionismus*, Brünn 1904, die folgenden Zitate S. 17 und 14.

2. Deutsch-jüdische Studentenorganisation

widerspreche und daß es in der Tat jüdische »Rassenmerkmale« gebe; die »jüdische Rasse«, entstanden »aus Semiten, Ariern und Armenoïden« oder aus anderen Bestandteilen, »wird in Europa eher als eine andere die Bezeichnung ›Rasse‹ verdienen«.

Für den Fall, daß sich jemand über eine solch widersprüchliche Erklärung verwundern sollte, wartet Sandler bereitwillig mit einer beschwichtigenden Antwort auf: »Rasse« unterscheide sich von einer »Urrasse« dahingehend, daß sie keine »absolut reine Blutmischung« sei.

Ein anderer Student, der großes Interesse an diesem Thema zeigte (und Vorträge darüber auf Versammlungen der Studentenverbindungen zu halten pflegte), vermochte sogar einen historischen Beweis für die Reinheit der Rasse anzuführen:[96]

> »Die jüdische Rasse unterlag ausserdem fast seit ihrem Bestehen einer sehr strengen Zuchtwahl, die zur Folge hatte, dass alles, was nicht ganz auf der Höhe stand, unterging oder aus der Rassengemeinschaft ausschied ...«[97]

Hier findet der subtile Übergang von einer Definition von »Rasse« zum Rassismus statt. Es wäre interessant herauszufinden, in welchem Maße Annahmen, die in der deutschen Gesellschaft verbreitet waren – über die Möglichkeiten der Rassenmischung, über den Charakter von Rassen, über ihre Überlegenheit bzw. Unterlegenheit –, auch von den national-jüdischen Studenten im Rahmen ihrer quasi-anthropologischen Studien übernommen wurden.

Betrachten wir zunächst die Möglichkeit der Vermischung mit der bzw. Anpassung an die Mehrheitsgesellschaft. Buber rühmte das Judentum dafür, trotz des langen Aufenthalts in Europa orientalisch geblieben zu sein; selbst die sogenannte Assimilation konnte seines Erachtens dieses Charakteristikum nicht trüben. Obwohl er Begriffe wie »Denken« und »Geist« benutzte, verband er sie mit anderen Begriffen wie Blut, Boden und Vaterland (ohne allerdings an eine reine Rasse oder an Rasse als eine konstante Dimension zu glauben).[98] Moses Calvary war derselben Meinung, drückte sie nur kräftiger aus. Ihm zufolge ignorierten die Verfechter der »Assimilation« lediglich die »Geschichte [ihres] Blutes«; »sie wollen nicht sehen, daß der Rhythmus der jüdischen Seele eben ein besonderer ist«.[99] Eine solche geistige Charakterisierung des Judentums ergänzte seine rassische und physische Charakterisierung, und sie wurde in der Tat zu diesem Zweck benutzt.

---

[96] Richard Asch, ›Zur jüdischen Rassenfrage‹, *Der Jüdische Student*, No. 1, März 1905, S. 6.
[97] Der Arzt Elias Auerbach nahm eine ähnliche Analyse aus anthropologischer Perspektive vor: Die Juden seien eine Rasse, die sich nur in vorgeschichtlicher Zeit in einem Prozeß der Vermischung befunden hätten. Bis zum 19. Jahrhundert seien sie dann eine reine Rasse geblieben. ›Die jüdische Rassenfrage‹, in: *Archiv für Rassen- und Gesellschafts-Biologie*, Mai/Juni 1907, S. 332-361. Auerbach bezieht sich in erster Linie auf Luschans *Anthropologische Stellung der Juden*, Braunschweig 1892.
[98] ›Der Geist des Orients und das Judentum‹, in: *Vom Geist des Judentums*, Leipzig 1916, S. 22 und 42; Bubers Referatentwurf, a.a.O., S. 7.
[99] Calvary, *Aufgabe*, a.a.O., S. 6.

Während Buber zu zeigen versuchte, daß eine orientalische Denkweise nicht getrübt werden konnte, bemühten sich andere zu beweisen, daß dies vom physischen Standpunkt (notwendigerweise mit dem mentalen verbunden) ebensowenig möglich wie wünschenswert sei. Zwei Teilnehmer an der Diskussion der Jahre 1904-1907 meinten[100], daß die Mischung die »Individualität einer Rasse« nicht beeinträchtige und daß die Wissenschaft keine reinen Rassen gelten lasse. Sie betonten jedoch mit Befriedigung die Tatsache, daß diese wissenschaftlichen Einschätzungen keine Bedeutung für den Rassencharakter der Juden hätten; dieser sei von der Diaspora nicht beeinflußt worden, weder durch Hybridisierung noch durch soziale Prozesse.[101] Die Vertreter dieser Sichtweise waren nicht erpicht darauf, die Existenz von Vermischung innerhalb einer Rasse zu akzeptieren, aber da sie unter dem Einfluß von Driesmans‹ *Kulturgeschichte der Rasseninstinkte* standen, mußten sie diese Existenz auch für die jüdische Rasse zugeben. Während sie dies taten, manipulierten sie den Begriff der »Mischung« so, daß er ihrer Aussageabsicht diente: Inzucht innerhalb der jüdischen Rasse wird dabei als eine Methode der »Säuberung« eingeschätzt, durch die die ungesunden Rasseelemente eliminiert worden seien. Einer der Schreiber gab zu, daß dies nach ethischen Maßstäben grausam erscheinen möge, aber er betonte die Unvermeidbarkeit dieses Phänomens im »Kampf ums Dasein«.[102] Ihm zufolge lag die Ursache für das Scheitern der Assimilation ebenso wie die Chancen des Zionismus in der Anerkennung der »echten Rassenmerkmale«, die in jedem Juden zu finden seien. Jegliches Leugnen dieser Wahrheit war demnach nur sterile »Assimilation«.

Den seiner eigenen Analyse immanenten Schlußfolgerungen ausweichend, teilte Sandler die Rassen in zwei Kategorien auf: die Juden gehörten demnach der Kategorie von Rassen an, die nicht zur Hybridisierung neigten. Er ging sogar noch weiter und setzte die Merkmale der reinen Rasse zu sozio-politischen Aspekten in Beziehung:

> »Gewiss steckt im Zionismus wie in jeder Richtung, die die Erhaltung der Rassenindividualität durch Inzucht befürwortet, ein beträchtliches Stück Conservatismus, denn gewiss ist es in hohem Grade conservativ, wenn man die Reinerhaltung einer alten Rasse wünscht, eine Rückkehr in die alte, vor zwei Jahrtausenden verloren gegangene Heimat, die Lossagung eines Teiles des jüdischen Volkes von seinem zweiten Heimatsboden...«

Sandler hielt diesen Konservatismus für liberal; liberal-konservativ war, in seinen Augen, die »Verpflanzung der degenerierenden östlichen [jüdischen] Massen auf einen neuen, gesunden Boden ... eine körperliche Regeneration«. Seine Idee, liberalen Konservatismus und Rasse miteinander zu verbinden, ist nicht nur zukunftsorientiert, sondern zugleich eine Lehre aus der Vergangenheit:

---

[100] A. Kutzinsky und E. Auerbach.
[101] Kutzinsky, a.a.O., S. 14 und 17.
[102] Sandler, a.a.O., S. 27 f.

»Ist nicht die Inzucht der Juden schon an sich dem Liberalismus förderlich, mit anderen Worten, ist nicht das jüdische Blut an sich liberal?« [oder sogar sozial?][103]

Die nächste Frage, die hätte gestellt werden sollen, ist die, wie man die Vorstellung einer nationalen jüdischen Rasse mit einem ununterbrochenen Aufenthalt in Deutschland, unter den Deutschen, innerhalb des deutschen Volkes, vereinbaren sollte? Für den jungen Sandler, ebenso wie für die gesamte ältere Generation deutscher Zionisten, war die Lösung einer Auswanderung nach Palästina nur den Juden des Ostens zugedacht. Der offenkundige Widerspruch zwischen dem rassischen Bewußtsein der Juden und ihrem Leben als Angehörige des deutschen Gemeinwesens wurde mit intellektueller Akrobatik verdunkelt. Adolf Friedemann, ein »alter Herr« der Studentenverbindung, meinte vor der Jahrhundertwende: Wenn ein Jude ungeachtet seiner Religion ein treuer deutscher Staatsbürger sein könne, dann könne er dies auch ungeachtet seiner Rasse sein.[104] Paul Michaelis drückte dieselbe Idee weniger sarkastisch aus, zugleich vor »falschem Patriotismus« (d.h. deutschem Hurrapatriotismus) warnend. Seines Erachtens war die Auswanderung nach Palästina nur für »die Elite des jüdischen Volkes« gedacht.[105] Ein anderer Student des B.J.C. kam zu einem Kompromiß, indem er zwischen Rasse und Kultur unterschied: der Semit könne die deutsche Kultur erwerben, aber nicht die physischen Merkmale des Deutschen.[106] Ein echter Rassist hätte diese Erklärung nicht akzeptiert, und als Lösung des Problems taugte sie in keinem Fall.[107]

Die Suche nach einer Lösung nahm bemitleidenswerte Züge an, als die Juden im nichtjüdischen Lager nach Hilfe suchten. So finden wir in einer zionistischen Zeitschrift Zitate von Ricarda Huch (»Kaum ein geschichtliches Ereignis würde so überwältigend für die Macht des Blutes und des Gedankens zeugen, wie die Gründung eines Gemeinwesens von Juden auf ihren altheimischen, ihnen heiligen Stätten«), Emanuel von Bodmann (eine »Blutsvermischung« zwischen christlichen Deutschen und deutschen Juden wäre »wegen der zu schroffen Rassenverschiedenheit keineswegs wünschenswert«) und Michael Georg Conrad (Zionismus als Vereinigung von »Rassejudentum, Nationalismus und Patriotismus ... wodurch der Wille zur Macht in einem jüdisch-völkischen Staate ... verwirklicht wird«).[108]

---

[103] Ebd., S. 43-46; vgl. Joachim Doron, ›Rassenbewusstsein und naturwissenschaftliches Denken im deutschen Zionismus während der wilhelminischen Ära‹, *Jahrbuch des Instituts für deutsche Geschichte*, IX, Tel Aviv 1980, S. 408 f.
[104] Friedemann, a.a.O., S. 278.
[105] Paul Michaelis, ›Jüdischer Nationalismus‹, *Mitteilungen des K.Z.V.*, April 1913, S. 10-14, hier S. 14.
[106] Max Fabian, ›Hebräisch als Sprache‹, *Der Jüdische Student*, No. 10, Januar 1908, S. 256 f.
[107] Für die jüdischen Liberalen war dieses Prinzip einer »doppelten Loyalität« inakzeptabel. Aus diesem Grund schlug Ludwig Geiger vor, den Zionisten die Bürgerrechte in Deutschland zu entziehen. ›Zionismus und Deutschtum‹, in: L. Schön (Hrsg.), *Stimme der Wahrheit*, Würzburg 1905, S. 165 ff.
[108] *Das Jüdische Echo*, Nr. 3, März 1914, S. 26 (Huch, v. Bodmann), und Nr. 4, April 1914, S. 42 (Conrad). Vgl. *Hervorragende Nichtjuden über den Zionismus*, hrsg. von Hugo Hoppe, Königsberg 1904.

Dies war keine annehmbare Lösung für einen nationalen Juden, der noch in Deutschland lebte. Einige der national-jüdischen Studenten suchten daher nach einer anderen Antwort auf die Situation, einer emotionalen Antwort, die in Begriffen ausgedrückt wurde, wie sie auch die Vertreter des deutschen Rassismus benutzten. Ihre Reaktion war eine verzweifelte, ein Versuch, die gegen die Juden ins Feld geführten rassistischen Argumente auf den Kopf zu stellen: die Deutschen, nicht die Juden, seien die minderwertige Rasse. Der oben zitierte Autor, der Liberalismus und jüdische Rasse zueinander in Beziehung setzte, merkte zugleich an, daß die reaktionären Deutschen und Alldeutschen auf einer niedrigeren Ebene stünden als die Juden.[109] Ein ebenfalls bereits zitierter Student betonte die Tatsache, daß die Juden, mindestens in der Vergangenheit, eine Herrenrasse gewesen seien, eine Rasse von Eroberern und Bauern.[110] Diese Terminologie wurde selbst von Franz Oppenheimer verwandt:

»Und die Juden, die das gelobte Land eroberten, waren eine aktive, eine Herrenrasse und sind es geblieben!«[111]

Das extremste Beispiel für diese Art von Reaktion seitens der jüdisch-nationalen Studenten findet sich im Fall des Münchners Richard Asch. Seiner Meinung nach war die Existenz einer Rasse nur dann berechtigt, wenn sie das »Niveau« der anderen erreichen oder übertreffen konnte. Die Juden seien eine Rasse mit großem Potential: sie stammten aus einem warmen Klima und besäßen mehr Energie als die nordischen Rassen; außerdem gehörten sie zu den dunkleren Typen, was ebenfalls auf ein hohes Potential hindeute:

»Es siegt also ... bei der Mischung fremder Rassen immer die dunklere als die stärkere Rasse.«; »Die blonde Harfarbe [sic!] und der weisse Teint sind Degenerationserscheinungen.«

Für ihn wurden die blonden Juden (die üblicherweise als Beleg für den arischen Ursprung der Juden dienten, oder alternativ als Beweis für die Unrichtigkeit des Rassismus) zum Ärgernis. Und so, wie blond für ihn gleichbedeutend war mit Degeneration, meinte Asch, daß »die fremde Kultur, in der wir leben, unserer intellektuellen Eigenart und damit einer der wesentlichsten Grundlagen unserer Rasse schadet«. Die Lösung war:

»Die Rasse bedarf ... eines Konzentrationsgebietes im Süden. Sie muss vor der beständigen Infektion minderwertiger arischer Elemente bewahrt bleiben, um die etwa noch vorhandenen in Ruhe ausscheiden zu können. Die degenirierten [sic!] blonden, jüdischen, Elemente werden unter der warmen Sonne der Heimat neue Energie aufspeichern können. Als Postulat der jüdischen Rasse würde sich also der Zionismus ergeben.«[112]

Es handelt sich hier zweifellos um eine krampfhafte, verzweifelte Reaktion auf die neuen Normen der Integration und des politischen Lebens, die den Stu-

---

[109] Sandler, a.a.O., S. 46.
[110] Michaelis, a.a.O., S. 3.
[111] ›Der Kommers‹, *Mitteilungen des K.Z.V.*, Nr. 1, Januar 1910, S. 4-20, Zitat S. 19.
[112] Asch, a.a.O., S. 7-10.

denten von der wilhelminischen Gesellschaft aufgezwungen wurden, in der sie eine so traumatische Entfremdung erlebten.[113]

Diese Sätze zeigen, wie radikal die Anpassung an das Begriffssystem der Mehrheitsbevölkerung sein konnte. Nichtsdestotrotz sollte man ihre Bedeutung nicht überschätzen: dieses Ventil eines »fotografischen Negativs« von einem irrationalen und emotionalen Begriffssystem kann man nicht für repräsentativ halten. Ein Student im B.J.C. verglich die beiden Elemente Rasse und Bildung und kam zu der vernünftigeren Schlußfolgerung, daß zwölf Jahre deutscher Schulbildung »nicht spurlos in der Entwicklung eines Menschen an seiner Seele« vorübergehen könnten. »Darüber hilft und tröstet keine noch so wissenschaftliche Aufdeckung von Rassenunterschieden auch in psychologischer Hinsicht hinweg...«[114]. Dieser Student empfand es als eine Tragödie, andere als einen Vorteil. Jedenfalls versuchten viele Studenten, ihre Aufmerksamkeit auf den kognitiven, bewußten Aspekt der Anpassung an nationale Normen der Mehrheitsbevölkerung zu konzentrieren – in erster Linie derjenigen durch das Bildungssystem.

Wir haben bereits angemerkt, daß die Verbindungsstudenten Erziehung im deutschen Stil als die beste betrachteten. Für die Studenten, die die jüdische Tradition des »Geistes« kritisierten, war die Betonung von Disziplin, Ordnung, Wandern etc. ein nachahmenswertes Ideal.[115] Diejenigen, die gegen Mensuren oder allgemein gegen Verbindungen waren, kamen in der Regel von einem traditionellen Hintergrund her[116] und stellten keineswegs die Mehrheit. Diese positive Einstellung zu deutscher Erziehung war ein Gemeinplatz, so daß ich lediglich einige weniger übliche Gedanken anführen werde, die der bereits erwähnte Emil Cohn äußerte. Er ging so weit, die jüdische Erziehung völlig zu verurteilen, und wollte sie durch deutsche Erziehung ersetzt sehen:

> »Dass die einzige Erziehung, die nicht blos [sic] dem einzelnen, sondern auch dem Judentum als Ganzem heute gedeihen kann, in nichts anderem bestehen darf als in dem, was die altdeutschen Sänger ›Zucht‹ nannten.«[117]

Das ist der Ausgangspunkt: ein Vater solle seine Autorität über seinen Sohn ausüben; Eltern, die ihre Kinder auf Universitäten schickten, sollten sie »Ver-

---

[113] Die jüdisch-nationalen Studenten waren natürlich nicht die einzigen, die das Begriffssystem der »Rasse« im Rahmen des jüdischen Nationalismus benutzten. Ein Außenseiter gegenüber diesen Studentenverbindungen und später ein prominenter Zionist, Arthur Ruppin, ist ein gutes Beispiel: ›Die Auslese des Menschenmaterials‹ (*Der Jude* 1919), in: Artur [sic] Ruppin, *Dreißig Jahre Aufbau in Palästina*, Berlin 1937, S. 90-105; *Erinnerungen*, Bd. 1, Tel-Aviv 1945, S. 136.

[114] Kirschner, ›Ernste Worte‹ (Teil 1), S. 36.

[115] Beispielsweise Eugen Täubler, der Ausdrücke wie »Volk des Geistes«, »Finsternis aussen und Licht im Innern« oder »das ganze Volk Priester« gründlich satt hatte: ›Gedanken aus der Geschichtsfuxenstunde‹, in: *Der Zionistische Student*, S. 39-42, hier S. 40.

[116] Elias Auerbach, *Pionier der Verwirklichung*. Veröffentlichung des Leo Baeck Instituts, Stuttgart 1969, S. 135 und 141.

[117] Emil Cohn, ›Jüdische Erziehungsprobleme‹, *Der Jüdische Student*, No. 11/12 vom 24.3.1910, S. 270-280, hier S. 277.

eine[n] mit straffer Organisation« anvertrauen. »All diese Vereine vollbringen heute in unserem Vaterlande ein grösseres Kulturwerk unter uns als irgend eine andere Organisation«; dort lerne man, »dass man einer Idee nur dienen kann, indem man sich ihr unterwirft ... dass den Mann nicht der Mund macht, auch nicht der Geist, auch nicht die Moral, sondern die Zucht.«[118] Cohn erklärte seine Präferenz für die deutsche Erziehung so:

> »Der eine Zuchtmeister, der Staat, hat uns zweitausend Jahre lang gefehlt und fehlt uns noch heute zur Hälfte, der andere, die Gesellschaft, hat uns vernachlässigt. ... Was leistet heute die jüdische Familie in der Erziehung des Juden zur Selbstzucht? – Und nur eine Antwort: Nichts.«

Die Hauptverantwortung liege bei der jüdischen Gesellschaft, der es an Selbstdisziplin fehle. Was Cohn sagte, konnte von jedem Antisemiten freudig aufgegriffen werden:

> »Wir sind ein Körper ohne Gerippe ... Der soziale Brei, den wir darstellen ... Der Jude kennt keine Autorität in der Judenheit, und sobald sich eine Autorität geltend macht, sträubt er sich und verteidigt sich mit falschen demokratischen Begriffen.«

Er fügte eine Bemerkung über die politische Bildung des deutschen Juden hinzu:

> »Hätten wir alle Rechte im Staate, wir wären konservativ bis zur Intoleranz. Wir sind demokratisch, weil wir die Wildlinge der Gesellschaft sind.«[119]

Emil Cohn war gleichwohl kein Pessimist; er glaubte, daß ein Ausweg aus dem Erziehungsversagen der jüdischen Gesellschaft und der jüdischen Familie gefunden werden konnte: durch die Übernahme des deutschen Erziehungssystems für jüdische Zwecke. Dies war seine Schlußfolgerung, auch wenn er sie nicht explizit zum Ausdruck brachte. Diese Schlußfolgerung erscheint bizarr, aber sie enthält ein wichtiges Element: daß die jüdischen Fehler der Gegenwart »nicht, wie unsere Feinde behaupten, Erb- und Racefehler, sondern Erziehungsfehler sind«.[120] Es handelt sich um eine Konklusion, die, auch wenn sie antiliberale Elemente enthält, von der Perspektive ihres Systems her liberal ist: Nationalcharakter wird auf der kognitiven Ebene durch Bildung beeinflußt. Dies widerspricht natürlich Annahmen, wie sie der Schule des deutschen Rassismus entstammten.

Die Diskussion über den Einfluß von Umweltnormen auf die Formung des Nationaljuden in Deutschland beschränkte sich nicht auf das Thema der formalen Bildung. Jeder Bereich, wo deutsche und jüdische Normen miteinander in Kontakt kamen und wo eine wechselseitige Beeinflussung zu erkennen war, wurde in diese Debatte hineingezogen.

---

[118] Ebd., S. 277 f.
[119] Ein Argument, das vom »Erfinder« des Wortes Antisemitismus, Marr, ziemlich oft gegen die Juden angewandt wurde.
[120] E. Cohn, ›Jüdische Erziehungsprobleme‹, Zitate S. 275, 276 und 273.

2. Deutsch-jüdische Studentenorganisation

Wenn wir in die Anfangstage der jüdischen Studentenverbindungen zurückgehen, können wir diese weitreichende Äußerung finden:

»Der Jude hängt instinktiv dem Deutschthum an.«[121]

Auf der anderen Seite gibt es Versuche, sich zu wehren:

»Alle Hochachtung vor dem Deutschtum und deutscher Kultur! Aber von unserm Judentum werden wir zu gunsten des deutsch-nationalen Gedankens ... auch nicht ein Titelchen aufgeben!«[122]

Zwei Artikel bemühten sich um eine systematische Behandlung dieser Problematik: ›Ernste Worte über den Stand der V.J.St.ersache‹[123] sowie ›Sollen wir deutsche Kulturwerte in uns pflegen?‹[124]. Die Verfasser bemühten sich verzweifelt, einen Weg zu finden, wie sie Deutschtum und Judentum im Kontext eines jüdischen Bewußtseins und Nationalismus zusammenfügen konnten, und waren sich doch zugleich ihrer Entfremdung von der deutschen wie auch von der jüdischen Gesellschaft nur allzu bewußt. Diese Artikel sind einerseits ein Treueschwur gegenüber der deutschen Gesellschaft, die die Gedanken ihrer Verfasser formte, andererseits ein Eingeständnis des Scheiterns der Assimilation. Beide betonen die Tatsache, daß das Los der Juden in Deutschland nicht das glücklichste war, und erinnern an die lange Geschichte wechselseitiger Abneigung. Und doch räumen beide offen ein: wir haben kein anderes Vaterland. Beide sprechen, sehr typisch, über deutsche Wälder, deutsche Erde und deutsche Sitten mit einer Art von Gegenwartsnostalgie. Beide sind stolz auf ihre Abhängigkeit vom deutschen Land, und der eine von ihnen (Bruno Kirschner) macht eine symptomatische Aussage:

» ... es ergreift mich noch tief in der Brust, wenn ich in einer grossen Versammlung ... Nationallieder wie ›Ich bin ein Preusse‹ oder ›Heil Dir im Siegerkranz‹ oder ›Deutschland, Deutschland über alles‹ höre.«

Das beliebte Lied der jüdisch-nationalen Studentenverbindung, »Dort, wo die Zeder...«, macht keinen Eindruck auf ihn, ist ihm doch die Zeder fremd – eine Variation des berühmten Themas Tannenbaum versus Palme. Die Artikel verraten auch einen weit entwickelten Minderwertigkeitskomplex: die deutsche Sprache wird von Siegfried Weitzmann als »eine der ausdrucksfähigsten und innerlich reichsten überhaupt« beschrieben, das »germanische Volk« als »eins der genialsten, die je gewesen sind«, und so weiter. All dies beglaubigt eine andere tragische Aussage, die in Kirschners Text enthalten ist: »zwei Seelen wohnen, ach, in meiner Brust«. Oder in Weitzmanns Worten,

» ... die alte Form ist zertrümmert, eine neue noch nicht gefunden. Wir fühlen im Germanen das Fremde, ewig Ferne; im Juden nicht die Heimat. ... das Jüdische bleibt uns allerhöchstens ebensoviel wie das Deutsche.«

---

[121] Friedemann, a.a.O., S. 278.
[122] ›Zur Verwahrung‹, *Der Jüdische Student*, No. 3, Juni 1902, S. 34 f.
[123] Kirschner, ›Ernste Worte‹ (Teil 1), S. 34-39.
[124] Siegfried Weitzmann, *Der Jüdische Student*, No. 3, Juni 1907, S. 78-81.

Wenn er eine Lösung im Geist Herzls vorschlägt – Taufe oder Zionismus –, dann klingt er gekünstelt und kläglich. Es ist daher kein Wunder, daß er erst von seinen Enkeln die Übernahme dieser Aufgabe erwartet.

Kurt Blumenfeld und seine Anhänger gedachten den gordischen Knoten durch die »Verwirklichung« des Zionismus, d.h. Auswanderung nach Palästina, zu zerschneiden. Und obgleich diese Einstellung Rückhalt unter den V.J.St. und im offiziellen deutschen Zionismus fand, gelang es ihr nicht, das tatsächliche psychologische und emotionale Problem zu überwinden, ebensowenig wie die deutschen nationalen Elemente und Einflüsse von der jüdischen Nationalbewegung auszuschließen.

Die recht häufig getroffene Unterscheidung zwischen einer jungen radikalen Generation von Zionisten und der alten Garde ist in diesem Fall weniger erhellend. Hier haben wir es ausdrücklich mit einer jungen Generation zu tun, die zwischen Deutschtum und Judentum hin- und hergerissen war, einer Generation, die auch nach Kurt Blumenfelds »Staatsstreich« keine Lösung für ihr Problem finden konnte. So faßte Moses Calvary die Lage zusammen, nachdem Blumenfeld der deutschen zionistischen Bewegung seine Denkweise aufgenötigt hatte:[125]

> »... diese [deutsche] Welt hat unsere Seele ergriffen, und wir deutschen Zionisten, die wir Bürger deutscher Kultur sind, können und wollen nicht darauf verzichten, an ihren Werten mitzuarbeiten. [...] Wir werden einerseits, auch wenn wir rein jüdische Fragen behandeln, beeinflußt sein von der hundertjährigen Teilnahme am deutschen Leben.«

«So sind wir dem Deutschtum in uns schuldig, wieder Juden zu werden.«

Und eine letzte scharfe Beobachtung:

> »Wie sehr Deutschland unser eigenstes schaffendes Dasein befruchtet, dafür haben wir ja den lebendigsten Beweis: der politische Zionismus ist ein Geschenk Europas an das Judentum.«

---

[125] Calvary, *Aufgabe*, op.cit., S. 7 f.

3. Zionismus als Ablenkungsmanöver: Die »Ostjuden«

Das Jahr 1891 markierte einen Wendepunkt sowohl vom Standpunkt der deutschen Geschichte als auch vom deutsch-jüdischen Selbstverständnis her gesehen. Es war der Beginn einer »neuen Ära«: Deutschland hatte seit 1888 einen neuen Kaiser, Wilhelm II, und seit 1890 einen neuen Kanzler, Caprivi, der Bismarck ablöste. Im Jahr von Bismarcks Entlassung wurden die Sozialistengesetze aufgehoben; bei den Wahlen, die im selben Jahr abgehalten wurden, erhielten die Sozialisten fast ein Fünftel der Stimmen, und die Linksliberalen beinahe ebenso viele. Gleichzeitig rüsteten die Konservativen und die Antisemiten sich zum Angriff. 1891 wurde ein antisemitischer Paragraph ins Parteiprogramm der Deutsch-Konservativen eingefügt, und die Antisemiten versuchten, ihre Krise nach der Bochumer Tagung von 1889, auf der eine gemeinsame Front der antisemitischen Parteien scheiterte, zu überwinden, als Stoecker, Böckel und Ahlwardt die Bühne eroberten. Für die Juden in Deutschland kündigte diese Situation neue Möglichkeiten und Gefahren an. Caprivi setzte eine neue Wirtschaftspolitik in Gang, die vor allem auf die Förderung der Industrie zielte, und schloß neue Meistbegünstigungs-Zollabkommen mit Österreich und Rußland, die unter anderem die nahezu freie Einwanderung nach Deutschland aus diesen Ländern ermöglichten. Angesichts dieser Wirtschaftspolitik Caprivis gründeten sich Interessenverbände von Grundbesitzern und Bauern. In ganz Deutschland entwickelte sich ein neuer Organisationstyp politischer Gruppierungen wie der ›Bund der Landwirte‹ oder der ›Alldeutsche Verband‹. Auch die Juden nahmen an der Schaffung neuer Organisationen teil: der ›Verein zur Abwehr des Antisemitismus‹, geführt von dem Linksliberalen Heinrich Rickert, war ein Beispiel für die neue Zusammenarbeit von Juden und Nichtjuden angesichts der neuen Welle des Antisemitismus, deren erschreckender Höhepunkt die Xanten-Affäre im selben Jahr 1891 war. In diesen Rahmen fügt sich die neue Welle jüdischer Einwanderung aus dem Osten ein, und aus ihm erklärt sich auch die jüdische Reaktion.

Schon früher hatte es jüdische Einwanderungswellen aus dem Osten nach Deutschland gegeben: die Welle von 1868 infolge der Choleraepidemie (zu einer Zeit, als die Juden des Norddeutschen Bundes im Begriff standen, von der allgemeinen Emanzipationsgesetzgebung zu profitieren); die Welle von 1881 aufgrund von Pogromen und den Erlassen der zaristischen Regierung vom Mai 1881. In beiden Fällen mischte sich allgemein der Wunsch, verfolgten Glaubensbrüdern zu helfen, mit dem Bestreben zu verhindern, in Deutschland von der ›Flut‹ aus Osteuropa überschwemmt zu werden. Das unvorteilhafte Bild des ›Ostjuden‹, das unter den deutschen Juden selbst verbreitet war, war eine Waffe in den Händen der Antisemiten auch ohne irgendeine Massenimmigration – die Bemerkung v. Treitschkes aus dem Jahr 1879 über ostjüdische Hosenverkäufer ist ein treffender Beleg für dieses Klischee. Die gemischte Reaktion der Juden auf diese Einwanderungen war daher zu erwarten.[1] Dabei erzeugte gerade die einzigartige Kombination der Ereignisse des Jahres 1891 besondere Resultate: auf der Suche nach einer neuen Selbstdefinition waren deutsche Juden im Begriff, den bedeutenden ›Centralverein‹ zu gründen, und die Einwanderung aus dem Osten stellte bei dieser Suche nach Identität zwischen der Betonung der Einigkeit der jüdischen Gruppe und der Betonung der Verbundenheit deutscher Juden mit dem allgemeinen deutschen Schicksal einen wichtigen Faktor dar. Es überrascht nicht, daß sich hier die Anfänge zionistischer Organisationstätigkeit in Deutschland finden, bzw. der Beginn nationaljüdischer Aktivität. Wie schon gesagt befinden wir uns hier an einem interessanten Wendepunkt der Geschichte, der es eben aufgrund der sich vollziehenden Veränderung ermöglicht, die Variablen zu isolieren und ihre Bedeutung im Verhältnis zueinander zu bewerten. Hier können wir vielleicht eine Antwort auf die Frage erhalten, was eine Gruppe von Juden – das deutsche Judentum – in der Stunde der Konfrontation mit der Diskriminierung und Verfolgung ihrer Glaubensbrüder tatsächlich bewegte.

Als zu Beginn des Jahres 1891 die neuerliche Welle von Edikten und Vertreibungen in Rußland einsetzte, wandte sich auf den Seiten der *Allgemeinen Zeitung des Judenthums* ein russischer Jude (offenbar aus dem Kreis des Rabbi Spektor) mit dem Aufruf »Rettet und helfet!« an »die Einflußreichen und Großen in Israel aller Länder«.[2] Der Text des Aufrufs versicherte sowohl den russischen als auch den deutschen Lesern, daß die Juden keine »Revolutionäre« oder »Nihilisten« seien. Diese Versicherung war in Deutschland angesichts des erbitterten Kampfes gegen den ›Umsturz‹ (d.h. die Sozialdemokratie) und des Argwohns der deutschen Polizei eben hinsichtlich sozialistischer und revolutionärer Elemente unter den Einwanderern sicherlich angebracht.

Von ihren deutschen Glaubensbrüdern wurden die Einwanderer als »eine Fluth jüdischen Proletariats«[3] bezeichnet, und wenn auch dieser Begriff nicht zutreffend war, so sagt er doch einiges über den Zusammenhang zwischen dieser Einwanderung und dem revolutionären Sozialismus aus, der sich hier ergibt. Während dieses Jahres und auch später noch lastete auf den deutschen Juden zweifellos nicht nur die Furcht vor dem ›unkultivierten ostjüdischen Schnorrer‹, sondern auch die vor dem jüdischen Revolutionär. Diese Besorgnis erklärt ausgezeichnet die Vorsicht im Umgang mit den Juden aus dem Osten, abgesehen von dem, was schon die Fremdheit und Rückständigkeit dieser Juden, wie sie in den Augen der Juden Deutschlands und des Westens erschienen, verlangte.

Warum also fühlten sich die deutschen Juden zum Handeln verpflichtet? Erstens waren, wie sie wiederholt betonten, die Regierungen nicht bereit, Druck auf Rußland auszuüben, da dies unter außenpolitischem Aspekt »in-

---

[1] Vgl. Jack L. Wertheimer: *German Policy and Jewish Politics: The Absorption of East European Jews in Germany (1868-1914)*. New York, Columbia University, Dissertation 1978, Kap. 1 und 2.
[2] *Allgemeine Zeitung des Judenthums*, 1. Januar 1891, T.Z.: »Unsere Lage«.
[3] Gustav Cahen: *Die Judenfrage und die Zukunft*. 1891. Als Manuscript gedruckt. [Hamburg 1896], S. 5.

opportun« erschien.⁴ Sogar ›anständige Leute‹ rieten davon ab, unnötige Aufregung zu verursachen. Sympathiebekundungen halfen ebenfalls nicht weiter, wenigstens nicht in Anbetracht der Lage der Juden in Rußland selbst (so argumentierte beispielsweise gar die deutsche christlich-konservative *Kreuzzeitung*,⁵ die die Verfolgung der Juden in Rußland offenbar deswegen verurteilte, weil die Deutschen dort ebenfalls verfolgt wurden).

Die russische Regierung war nicht bereit, ihre antijüdische Politik zu ändern, wie die Vertreibung aus Moskau bezeugte, die nach Beginn der übereilten Auswanderung einsetzte, und so blieb das Problem bestehen. Man konnte nicht unbedingt die Gleichgültigkeit der Juden Deutschlands und des Westens erwarten angesichts der Vertreibungen und ihrer besorgniserregenden praktischen Konsequenz – der Massenmigration. Als der Strom der Auswanderer zu einer Flut anschwoll, mußten diejenigen deutschen Juden, die nahe der russischen Grenze im Transitgebiet nach Westen lebten, Maßnahmen ergreifen, umso mehr vor dem Hintergrund der bereits angesprochenen Befürchtungen. Darüber hinaus hatte man seit 1882 schlechte Erfahrungen gesammelt: zu viele Auswanderer waren aus Amerika nach Europa zurückgekehrt.⁶

Wenn man die Einwanderung nicht verhindern konnte und das Eindringen der Migranten nach Deutschland selbst befürchten mußte, und wenn zudem die begründete Sorge vor einer Rückwanderung bestand, dann verstand sich die Notwendigkeit einer systematischen Beschäftigung mit der Migration von selbst. Die deutschen Juden erstellten dementsprechend ihre Prioritätenliste. Selbst in einem Moment, in dem im Reichstag unter der Wortführerschaft der Antisemiten⁷ heftige Debatten über das Recht der deutschen Juden, Regierungsämter zu bekleiden, geführt wurden, und zum Zeitpunkt der Ritualmordbeschuldigung von Xanten,⁸ war es klar, daß das Problem der Auswanderer für die deutschen Juden von erstrangiger Bedeutung war – vielleicht weil es notwendigerweise mit Antisemitismusbekundungen von deutscher Seite zusammenhing. Erst zu diesem Zeitpunkt, und nicht schon zu Beginn des Jahres, noch nicht einmal sofort nach der Vertreibung aus Moskau, begann man, organisiert zu handeln.

Am 28. Mai 1891 wurde ein besonderer Ausschuß ins Leben gerufen, das »Deutsche Centralkomitee für die russischen Juden«, das sich mit der Migration befassen sollte, und im Juni 1891 tagte die erste Versammlung von Delegierten aus ganz Deutschland, um das Problem zu behandeln. Was die Organisation anging, war dies eine höchst schwierige Aufgabe. Subkomitees sollten im Auftrag des Zentralkomitees die Aktivitäten in den Grenzregionen beaufsichtigen, hauptsächlich an den Grenzen Schlesiens und Ostpreußens, die für Einwanderer offen waren (anders als die polnische Grenze). Es war erforder-

---

4 *AZJ*, 15. Mai 1891: »Eine Erinnerung.«
5 *Kreuzzeitung*, 25. Mai 1891.
6 *AZJ*, 3. Juli 1891: »Die Auswanderung der russischen Juden.«
7 Siehe Anm. 4.
8 Am 29. Juni 1891.

lich, den Grenzübertritt in einer Weise zu steuern, daß er möglichst wenig Aufsehen und Irritation erregte, und es mußte schnell geschehen, ohne jede Möglichkeit, die Anzahl derjenigen festzustellen, die Rußland verlassen wollten.

Von den Beweggründen der Organisatoren zeugt die Debatte über den Transit in Charlottenburg. Dieser Eisenbahnknotenpunkt nahe bei Berlin verwandelte sich im Juli 1891 in einen Magneten für Immigranten; zumindest zeigten dies die Zahlen. Das Zentralkomitee für die russischen Juden suchte nach einer Erklärung und fand heraus, daß das für diesen Transitpunkt zuständige lokale Komitee den dort eintreffenden Juden wirtschaftliche Hilfe gewährte. Dem Bericht eines der Leiter des Berliner Komitees, Kommerzienrat Goldberger[9], zufolge kamen in den Monaten Juli bis September zirka 35 000 Juden auf diesem Bahnhof an.[10] Man nahm an, die Nachricht von der großzügigen Unterstützung habe sich schnell bis nach Rußland verbreitet, und dementsprechend wachse der Strom der Einwanderer. Dies war genau, was das Zentralkomitee zu verhindern suchte.

Das Thema wurde zum Gegenstand öffentlicher Diskussion, und in der Presse wurde die Vermutung des Zentralkomitees in Zweifel gezogen. Man argumentierte, der Grund für die hohe Anzahl von Immigranten sei einfacher: Charlottenburg lag in unmittelbarer Nachbarschaft Berlins, weswegen die Berliner Juden um diesen Ort besonders engagiert waren; und außerdem war Charlottenburg der unumgängliche Umsteigebahnhof auf dem Weg nach Hamburg. Auch die Erklärung, daß das Gerücht sich mit derartiger Geschwindigkeit in Rußland verbreitet hätte, schien nicht plausibel. So oder so, das lokale Komitee wurde jedenfalls ersucht, die wirtschaftliche Unterstützung der Migranten einzustellen, und in der Tat sanken die Zahlen, wenn sich auch nicht sagen läßt, ob das aufgrund dieses Schritts geschah.[11] Ein anderes Gerücht besagte, daß die gestiegene Einwandererzahl in Zusammenhang mit dem Landerwerb des Barons Hirsch in Argentinien stehe. Um die Verbreitung des Gerüchts zu unterbinden, wandte sich das Zentralkomitee an die Rabbiner und die Gemeinden in Rußland mit der Bitte, eine so motivierte Migration zu verhindern.[12]

Die Art, in der die Organisatoren sich selbst im Laufe des Jahres lobten, zeugt auch von ihren Zielsetzungen. Mehr als einmal versicherten sie, daß die Auswanderung und der Transit über die deutschen Häfen Stettin, Hamburg und Bremen »glatt und ohne Störung verläuft.«[13] Sowohl in der ersten als auch in der zweiten Plenarsitzung des Delegiertentreffens wurde der folgende Satz wiederholt: es sei »nunmehr gelungen, den Strom der Auswanderung in geordnete Bahnen zu lenken.«[14] Die erklärte definitive Absicht war es, die Ju-

---

[9] AZJ, 6. November 1891: »Die Delegirten-Versammlung«.
[10] Die Zeitung *Selbstemancipation* vom 17. Juni 1891, S. 6, spricht von 55 000 Juden bis zum 10. Juni des Jahres, von denen 1 500 den Weg über Charlottenburg genommen hätten.
[11] *AZJ*, 21. August 1891: »Zur russischen Auswanderung«.
[12] Vgl. Anm. 9. – 6. November 1891, Bericht Goldbergers.
[13] *AZJ*, 31. Juli 1891: *Der Gemeindebote. Beilage zur »Allgemeinen Zeitung des Judenthums«*. Bericht aus Berlin, 26. Juli 1891.
[14] *AZJ*, 10. Juli 1891: *Der Gemeindebote*, Bericht aus Berlin, 4. Juli 1891.

3. Zionismus als Ablenkungsmanöver: Die »Ostjuden« 193

den »zielbewußt« weiterzubefördern, weg von den Grenzen Deutschlands. Diese Intention wurde später in einem detaillierten Memorandum Bodenheimers an die deutsche Regierung dargelegt, das die Position der Juden in Deutschland und Westeuropa sehr treffend wiedergab.[15]

Die angewandte Strategie war zweigleisig: sie bestand einerseits in einer Auswahl der Juden an der russischen Grenze, andererseits in der Wahl ihres Bestimmungsortes bzw. »Endziels«. Was die Auswahl angeht, so war klar, daß sich um jeden, der tatsächlich vertrieben worden war, gekümmert werden mußte. Migranten jedoch, die lediglich auf Verfolgung und Not verwiesen, wurden nicht automatisch der Unterstützung bei der Auswanderung für würdig erachtet; man legte ihnen nahe, dorthin zurückzukehren, woher sie gekommen waren. Dies war die Politik der Regierung, wenn sie sich auch offiziell nicht allein gegen die Juden richtete,[16] und dies war auch die Linie der jüdischen Komitees. Ein ums andere Mal wiederholten die Organisatoren die Regel, die als logische Konsequenz aus den früheren Migrationen folgte: ausschließlich jungen Männern, Handwerkern und Oberhäuptern kleiner Familien Hilfestellung zu leisten. Alte und Kranke wurden »natürlich« gebeten, an den Ausgangsort ihrer Reise zurückzukehren, ebenso Familien mit mehr als sechs Kindern. Mit allein reisenden Kindern oder Frauen befaßte man sich nur, wenn es einen Verwandten gab, der sie aufnehmen konnte. Die Angst, daß junge Frauen sich der Prostitution zuwenden könnten, war sehr groß, und in dieser Angelegenheit ergriff die jüdische Gemeinde die Initiative, um nicht etwa die Antisemiten mit Munition zu versorgen, die aus jüdischer Kriminalität herrührte. Tatsächlich belegen etwa Dokumente der Hamburger Polizei, daß der Prozentsatz der Juden sowohl unter den Zuhältern als auch unter den Prostituierten im letzten Jahrzehnt des 19. Jahrhunderts höher war als der jüdische Anteil an der Gesamtbevölkerung, und die Namen zeugen von ihrer Herkunft aus Osteuropa. In der zweiten Generalversammlung der deutschen Gemeindevertreter, die sich der Angelegenheit der Unterstützung russischer Juden widmete, hieß es ausdrücklich: »Wir haben mit schwerem Herzen, aber mit starker Hand, namentlich in Memel und an der österreichischen Grenze alle nicht vollkommen geeigneten Elemente repatriirt.«[17]

Großer Zorn richtete sich gegen jene Einwanderer, die zwischen den Fingern der Organisatoren hindurchschlüpften. Diese wurden als ›Schnorrer‹ bezeichnet und galten nicht nur als jeglicher Hilfestellung unwürdig, sondern geradezu als Saboteure. Der Hamburger Vertreter auf diesem Treffen verteidigte sich offenbar gegen die zahlreichen Angriffe, die sich wegen der Unterstützung vieler ›Schnorrer‹ gegen sein Komitee richteten: er ersuchte die Beschwerdeführer, stets die vom Hamburger Komitee ausgestellten Dokumente zur Einsicht zu fordern, anstatt sich auf die bloßen Aussagen der betreffen-

---

[15] *AZJ*, 28. August 1891: »Die russische Frage«. Vgl. Denkschrift Bodenheimer (o.J.) in den *Central Zionist Archives* A 13/I/4, S. 2ff.
[16] *Selbstemancipation*, 1. Juni 1891: »Zurücktransportiert«. Der Aufruf zur Hilfe ist in der Annahme begründet, daß es im Interesse der deutschen Juden sei, »sie [die Auswanderer] ferne zu halten«.
[17] *AZJ*, 6. November 1891: »Die Delegirten-Versammlung«.

den ›Schnorrer‹ zu verlassen, daß diese in der Tat vom Hamburger Komitee an sie verwiesen worden seien. Sogar Gustav Cahen, der den Migranten wirklich wohlwollend gegenüberstand (und mit dessen Schlußfolgerungen wir uns später ausführlicher befassen werden), übte nicht wenig Kritik an ihnen:

> Auch viele schlimme Erfahrungen haben wir gemacht. Lüge und Betrug der raffiniertesten Art, Leute, welche ihr Geld in ihre Kaftans eingenäht hatten, und sich als mittellos ausspielten, Handel mit Pässen und Adressen in Amerika, Stehlen von Löffeln in der Küche in der ihnen ihr Mittagessen gratis verabfolgt wurde. – Alleinreisende Kinder oder andere Unerfahrene von Reisegefährten beschwindelt, in einigen, glücklicherweise aber sehr seltenen Fällen, die Frau vom Mann, die Kinder von den Eltern im Stich gelassen.[18]

Das ist die Nachtseite der Geschichten. Auch der bekannte jiddische Schriftsteller Scholem Alejchem beschreibt in seinem Roman *Mottl der Kantorssohn* ähnliche Szenen aus dem Erfahrungsschatz der Auswanderer in Deutschland – Eheleute, die sich auf offener Straße streiten, so daß die Polizei eingreifen muß, oder ein Junge, der auf dem Markt eine Brezel stiehlt.

Vor dem Hintergrund dieser Erfahrungen insgesamt wird natürlich auch die Art und Weise verständlich, in der das Problem jüdischer Emigration, auch der aus Deutschland selbst, vierzig Jahre später, in den dreißiger Jahren des 20. Jahrhunderts, angegangen wurde. Das soll keine Kritik an den Organisatoren der jüdischen Auswanderung sein. Ihre Strategie war im Lichte langfristiger Überlegungen gerechtfertigt. Es handelte sich in der Regel nicht um eine Frage auf Leben und Tod. Unkontrollierte Migration hätte Schwierigkeiten sowohl mit der deutschen Regierung als auch mit den Regierungen der Länder, die die Auswanderer aufnehmen, verursacht. Darüber hinaus spielte natürlich noch eine weitere Überlegung eine Rolle – die Konfrontation mit antisemitischen Argumenten, während die Emanzipation in Deutschland und den anderen westeuropäischen Ländern an einem seidenen Faden hing.

Was die Wahl des Aufnahmelandes anbetraf, so war es angesichts der Unmöglichkeit, die Tore für die Einreise ins ›Gelobte Land‹ – Deutschland – zu schließen, notwendig, die Möglichkeiten des Transits zu prüfen. Über eines war man sich zweifellos einig und wiederholte es noch und noch: Deutschland und die Länder Westeuropas kamen nicht in Frage. Wenn sich auch trotz dieser Politik, Einwanderer aus dem Osten nicht aufzunehmen, etwa 70 000 von ihnen in der Generation vor dem Ersten Weltkrieg in Deutschland niederließen,[19] war die Linie dennoch klar: »Europa bleibt als Endziel völlig ausgeschlossen.«[20] Die englischen Einwanderungsbehörden waren sehr streng, und nur unter großen Schwierigkeiten gelang es, jüdische Migranten zu englischen Häfen als Transitstationen auf dem Weg nach Amerika zu schicken. Was die anderen Länder Europas anging, so war es schwierig, die Migration zu kontrollieren. Nicht nur die ›Schnorrer‹, die sich den jüdischen Komitees entzogen, sondern auch andere waren geschickt genug, ihr bewegliches Hab

---

[18] Cahen, *Die Judenfrage und die Zukunft*, a.a.O., S. 33.
[19] Wertheimer, *German Policy and Jewish Politics*, a.a.O., S. 43 ff.
[20] *AZJ*, 23. Oktober 1891: *Der Gemeindebote*, Bericht aus Berlin, 21. Oktober 1891.

und Gut nach Frankreich zu senden, schon bevor sie eine Einreiseerlaubnis in das Land erhielten. Außerhalb Europas war das Angebot natürlich nicht allzu groß – drei Möglichkeiten gab es: Südamerika mit den Unternehmungen des Baron Hirsch, Nordamerika und Palästina. Die Siedlungen des Baron Hirsch waren für eine begrenzte Zahl ausgesuchter Einwanderer vorgesehen und stellten keine wirkliche Option für eine Massenemigration dar. Es blieben also nur zwei reelle Alternativen. In der ersten Phase, bis zur Mitte des Jahres 1891, wurde auch die Alternative Palästina nicht in Betracht gezogen, so daß de facto die ganze Zeit nur von der Auswanderung in die Vereinigten Staaten die Rede war. In Rußland selbst existierte die Annahme, daß die deutschen Juden die Immigration der russischen Juden nach Amerika unterstützten, während die Juden Frankreichs und Englands die palästinische Alternative bevorzugten. Es stellte sich jedoch heraus, daß dies nicht stimmte. Das belegen die Worte von Karl Emil Franzos, der Schriftführer des Zentralkomitees war.[21] Zudem legte das deutsche Komitee auch im weiteren Verlauf der Entwicklung fest, daß Palästina nicht geeignet sei, da es keinen Firman (Dekret) seitens der osmanischen Regierung gab, das Land teuer war und diese Sorte von Migration eine Art Erklärung jüdischer Nationalität impliziere. Zweifellos waren die Statuten und Regeln für die Politik der Auswahl an der russischen Grenze daran orientiert, daß man vom ›Endziel‹ USA ausging. Hätte man erwogen, Juden nach Palästina zu schicken, wären diese Kriterien nicht so wichtig gewesen.

Mit der Frage ›Wohin?‹ ging auch die Frage ›Wie?‹ einher, und eine interessante Idee war ›Kolonisation‹. Es handelte sich nicht nur um die Auswanderung und die Zerstreuung der Juden, die an diversen Orten umherzogen, sondern darum, sie zusammenzufassen und somit den Ablauf zu rationalisieren. Die Rede war also von verschiedenen Möglichkeiten der Kolonisierung, und Erez Israel war zu diesem Zeitpunkt nicht die einzige Lösung. Selbstverständlich brauchte man, dem Bericht Franzos' zufolge, »nicht die Gründe anzuführen, warum wir nicht in Deutschland, Oesterreich-Ungarn, Frankreich, England kolonisieren.« Dies entsprach dem Grundsatz, Juden nur an Orte mit »möglichst geringe[r] antisemitische[r] Strömung« zu befördern.[22] Vereinzelt wurden abwegige Ideen vorgebracht, darunter Spanien, die italienische Campania, Zypern, Australien, der Kongo und Brasilien;[23] schließlich jedoch kehrten alle, deren Empfehlungen ausschlaggebend waren, zur Idee der Einwanderung in die USA zurück, indem sie die Nachteile Palästinas als eines möglichen Siedlungsortes darlegten. Man kann also zusammenfassend sagen, daß die Hilfe der deutschen Juden für ihre Glaubensbrüder im Osten darin bestand, die Auswanderung aussichtsreicher Kandidaten aus Rußland auf dem Weg über die deutschen Häfen mit größtmöglicher Geschwindigkeit in die Vereinigten Staaten zu kanalisieren. Natürlich sollte man nicht die materielle

---

[21] *AZJ*, 20. November 1891, K.E. Franzos: »Die Kolonisationsfrage.«
[22] Ebd. Vgl. *Selbstemancipation*, 2. November 1891; Motzkins Ansicht.
[23] *AZJ*, 3. Juli 1891: »Die Auswanderung der russischen Juden.« Vgl. *CZA*, A/15/II/6 (Toch-Bodenheimer).

Unterstützung übersehen, die gleichzeitig gewährt wurde – Nahrung, Unterkunft, Kleidung (Henrichsen berichtete, daß innerhalb von weniger als vier Monaten Kleidung für 3000 Kinder, 2000 Frauen und 1000 Männer zur Verfügung gestellt wurde). Darüber hinaus war, wenn wir dem Zeugnis Shmarya Levins – eines in Berlin studierenden russischen Juden, der später einer der Führer des »geistigen Zionismus« werden sollte – vertrauen, die Reaktion der deutschen Juden auf die Not der osteuropäischen Juden wirklich ›wundervoll‹, und nicht bloß von der Notwendigkeit diktiert.[24]

Die Alternative Palästina, wenn sie auch weder praktikabel noch besonders populär war, blieb dennoch die meistdiskutierte, nicht nur aufgrund der neuen Kolonisierungsversuche, die bereits im Jahrzehnt zuvor dort begonnen worden waren, sondern weil dieses ›Endziel‹ mit einem Bewußtseinswandel in Zusammenhang stand, der sich in eben diesen Jahren bei den deutschen Juden vollzog. Er war verbunden mit der Suche nach einem Selbstverständnis, das man im jüdischen Nationalismus fand. Shmarya Levin ging gar so weit festzustellen: »Wäre Palästina in jenen Tagen ein mögliches Zentrum für Einwanderung gewesen, hätten wir leicht das deutsche jüdische Komitee davon überzeugen können, einen Teil des Auswandererstroms in diese Richtung abzulenken.«[25] Das heißt: für einen Juden, der nicht nur einen Ausweg aus der Bedrängnis suchte, sondern auch zur jüdischen nationalen Erneuerung beitragen wollte, war Palästina die wirkliche Gelegenheit, die nur wegen der internationalen Gegebenheiten nicht genutzt wurde.

Die Frage: »Was soll aus den russischen Juden werden?« wurde schon zu Beginn des Jahres 1891 von einem Antisemiten gestellt, der ein Pamphlet mit diesem Titel veröffentlichte.[26] Bekannter sind die Publikationen Max Bodenheimers, eines der Vorkämpfer des deutschen Zionismus, und P. Dimidovs, die später im selben Jahr erschienen und in der Presse breit diskutiert wurden.[27] Die Idee entstand nicht aufgrund der Migration, sondern existierte bereits zuvor. Schon im Februar 1891 verfaßte Gustav Cahen, ein Kaufmann und angesehenes Mitglied der Hamburger jüdischen Gemeinde, eine Abhandlung mit dem Titel *Die Judenfrage und die Zukunft*, der die Auswanderung nur als Aufhänger für die Idee diente, daß, um die Juden aus ihrem beklagenswerten Zustand zu erheben und um ihnen »Selbstachtung« zu geben, der nationale Weg gewählt werden müsse, der sein Zentrum in Palästina finden werde.[28] In gewisser Hinsicht kündigte sich hier der praktische Zugang an, die nationaljüdische Idee, den gebeugten jüdischen Rücken in Deutschland aufzurichten, mit der Auswanderung der Juden aus dem Osten – nicht aus Deutschland – in ein nationales Zentrum in Palästina zu verbinden. Gustav Cahen polemisierte mit seinen Gegnern: Er erklärte, die Großmächte würden sich nicht ge-

---

[24] Shmarya Levin: *Forward From Exile*. Philadelphia 1967, S. 279.
[25] Ebd., S. 280.
[26] *Was soll aus den russischen Juden werden*, Berlin 1891.
[27] Max Bodenheimer: *Wohin mit den russischen Juden*, Hamburg 1891; P. Dimidov (Israel Turoff), *Wohinaus*, 1891; *AZJ*, 24. und 31. Juli 1891; *Selbstemancipation*, 18. August und 19. September 1891.
[28] Cahen, *Die Judenfrage und die Zukunft*, a.a.O., S. 9, 18 und 21 ff.

gen den Plan stellen, und die geringe Größe des Landes sei kein Problem, da das Judentum auch in der Vergangenheit zwischen dem Land Israel und der Diaspora aufgeteilt gewesen sei! Dies war sein Standpunkt schon zu Beginn der Auswanderung. Zum Ende des Jahres hin, nachdem er den Strom der Migranten durch Hamburg selbst erlebt hatte, wurde er in seiner Auffassung bestärkt. Er hatte die Juden gefunden, die eine Siedlung in Palästina errichten und das jüdische Rückgrat stärken würden. Seine Bekanntschaft mit den osteuropäischen Auswanderern lehrte ihn, daß gerade diese verfolgten Juden den Stolz und die Selbstsicherheit besaßen, an denen es deutschen Juden so sehr mangelte. Sie hatten ein Ziel – eine jüdische Existenz –, das seiner Meinung nach den Juden, die im Zeichen der Reform lebten, fehlte. Für Gustav Cahen also bedeutete das Kolonisationsprojekt in Palästina nicht gerade eine humanitäre Lösung für seine Glaubensbrüder, sondern eher ein geeignetes Mittel zur Stärkung des jüdischen Bewußtseins bei den deutschen Juden, für die keine Notwendigkeit bestand, auszuwandern, sondern lediglich die, anderen dabei zu helfen.

Die meisten Teilnehmer an der Diskussion um diese Frage waren jedoch eher praktisch orientiert: sie wollten wissen, ob tatsächlich die Aussicht bestand, daß die Einwanderer nach Palästina dort Wurzeln schlagen und nicht etwa nach Europa zurückkehren würden. Bernard Traubenberg wiederholte in der *Allgemeinen Zeitung des Judenthums* mehrmals seine Warnung vor Illusionen, was Palästina betraf, vor der absolutistischen Regierung dort, unter der die jüdische Gemeinde nicht anders leben und sich entwickeln könne als auch in Rußland.[29] Karl Emil Franzos zählte, wie oben bereits erwähnt, die Nachteile Palästinas auf; und selbst wer die Idee akzeptierte, erinnerte Bodenheimer daran, daß Syrien keineswegs frei von Antisemitismus war, zumindest für niemanden, der sich an das Jahr 1840, also die Damaskus-Affäre – erinnerte.[30] Diesen Vorbehalten standen positive Stimmen gegenüber: Es sei nicht zu befürchten, daß etwa Rußland die Türkei erobern und damit die in Palästina investierte Anstrengung zunichte machen werde, meinte Willy Bambus. Er betonte jedoch nicht die Einzigartigkeit Palästinas für die Juden, sondern seinen praktischen und taktischen Wert, und er unterstrich sein Argument mit der Frage: »Können unsere Großen wirklich die Verantwortung übernehmen, eine Rückströmung wie 1882 hervorzurufen, die aber jene an Umfang ebenso überragen würde, wie die jetzige Auswanderung die von 1882 übertrifft?«[31] Das bedeutete: Amerika war keine Lösung, weil die Juden von dort nach Europa, nach Deutschland, zurückkehren würden. Selbst Bodenheimer, in Verteidigung des in seiner Abhandlung vorgebrachten Vorschlags, erklärte, daß er nicht die Absicht habe, Menschen, die nach Amerika auswandern wollten, dazu zu bringen, ihre Pläne zu ändern und nach Palästina zu gehen. Er wolle lediglich das Interesse des deutschen Judentums am Unternehmen Palästina befördern.

---

[29] *AZJ*, 4. September 1891.
[30] Ebd., S. 350.
[31] Ebd., 31. Juli 1891, Willy Bambus: »Wo hinaus?«.

Das geistige und materielle Problem des deutschen Judentums wird hier als Motivation für die palästinische Lösung offenkundig. Palästina würde die jüdischen Einwanderer aufnehmen, ohne sie wieder auszuspucken, und die deutschen Juden hätten ein Objekt für die praktische Verwirklichung jüdischen Selbstbewußtseins. Gustav Cahen, der sich durch die Migrationswelle in seiner Meinung vom Beginn des Jahres bezüglich der Notwendigkeit der Kolonisation in Palästina bestärkt sah, sagt deutlich:

> Es fällt mir oft auf, wie bemüht man hier zu Lande und auch anderswo ist, sich die Freundschaft selbst der kleinsten, fremden Macht zu erwerben. Der Besuch [...] irgend eines unbekannten afrikanischen Häuptlings gilt als ein Ereigniss [sic] und man sucht bei den fremden Gästen einen möglichst günstigen Eindruck hervorzurufen. Das kleine Ländchen kann ja den Interessen des mächtigen Reiches dienen, oder ihm auch Schwierigkeiten bereiten. – Welche andere Rolle würde ein Judenthum in unabhängiger Stellung im Osten spielen!

Ein unabhängiges Siedlungsprojekt, ein jüdischer Staat, auf den er hoffte, würde die Lebenserfahrung der Juden verändern, was selbstverständlich auf alle Juden ausstrahlen würde.[32] (Wie recht er hatte, davon zeugt heute das Verhalten der US-amerikanischen Juden.) Dieser Lösung war in seinen Augen wie auch in den Augen anderer selbstverständlich der Vorzug zu geben vor einer Migration, die nur den Antisemitismus auch an Orte tragen würde, die von ihm bisher wenig betroffen waren, wie etwa die Vereinigten Staaten. In jedem Fall war Leo Motzkin zum damaligen Zeitpunkt konsequent, als er in seinem Bericht über die Versammlung der Rettungskomitees in Berlin ausführte, daß die gesamte Rettungspolitik darauf abzielte, die Juden auf der ganzen Welt in kleine Gruppen an jedem einzelnen Ort zu zerstreuen, um das Erwachen von Antisemitismus zu verhindern. Die Furcht davor, irgendwo eine größere Ansammlung von Juden zu schaffen, die dem Antisemitismus Nahrung geben würde, war Motzkin zufolge die grundlegendste Erklärung für die ganze Migrationsaktivität, und die palästinensische Lösung mußte in diesem Sinne verstanden werden.[33]

Wäre es möglich gewesen, wie Justizrat Makower seinen Glaubensbrüdern in Rußland empfahl, die Bräuche des modernen Juden bzw. des modernen Menschen anzunehmen und sich damit selbst zu helfen, dann hätten sich die deutschen Juden die Mühe, sich um die unwillkommenen Einwanderer zu kümmern, selbstverständlich sparen können.[34]

Da aber diese Einwanderer aus der Sicht der deutschen Juden Wasser auf den Mühlen des deutschen Antisemitismus zu sein schienen, versuchte man, die vermutlichen Schäden zu begrenzen, indem man die Auswanderer aus dem Osten so reibungslos wie möglich Richtung Amerika oder aber Richtung Palästina beförderte. So kann man die palästinische Lösung, ja sogar den Zionis-

---

[32] Cahen, *Die Judenfrage und die Zukunft*, a.a.O., S. 38.
[33] *Selbstemancipation*, 2. November 1891.
[34] AZJ, 25, September 1891, H. Makower: »Die russischen Juden«. – Vgl. Jehuda Reinharz: »East European Jews in the *Weltanschauung* of German Zionists, 1882-1914«, in: *Studies in Contemporary Jewry*, 1984, Bd. 1, S. 58.

mus in Deutschland teilweise als Ablenkungsmanöver interpretieren, der die Steigerung des Antisemitismus in Deutschland verhindern sollte. An und für sich ist eben das ein Erfolg des Antisemitismus, weil man so seiner Grundposition zustimmte, wonach Juden und ihr Verhalten für den Antisemitismus verantwortlich seien.

4. Das Gesellschaftsbild der deutschen Zionisten vor dem Ersten Weltkrieg

Allzu oft wird der deutsche Zionismus nur als Ableger einer internationalen politischen Organisation oder nur als eine ideologische Strömung behandelt. Ziel des vorliegenden Kapitels ist es hingegen, den deutschen Zionismus als soziale, in einer deutschen Umgebung wirkende Bewegung vor dem Ersten Weltkrieg zu verfolgen. Es handelt sich also sowohl um eine regional bezogene Betrachtung der zionistischen Bewegung als auch um die Behandlung einer wenig bekannten Peripherie ihrer Aktivität.[1]

Bedingt wurde die Aktivität des deutschen Zionismus als sozialorientierte Bewegung vor allem durch ihre soziale Gliederung: In den Vorkriegsjahren lag das Hauptgewicht der Organisation bei den Kräften, die von den derzeitigen wirtschaftlichen Vorgängen in Deutschland betroffen waren. Hierbei handelte es sich einerseits um aufstrebende Kleinkaufleute und die von ihnen abhängigen Akademikter. Diese beiden frustrierten Gruppen arbeiteten zusammen, wenn auch nicht immer in gegenseitiger Achtung, und bestimmten die soziale Tendenz der Organisation. Die wenigen Kaufleute an der Spitze der Organisation bildeten nur eine unrepräsentative Ausnahme. Sie wurden zum Teil auf Grund eines erwachenden jüdischen Bewußtseins und aus der Bestrebung heraus, die Probleme der Ostjuden zu lösen, zu zionistischer Aktivität bewegt.

Über den Zusammenhang zwischen den sozialen Motiven und der Zusammensetzung der zionistischen Organisation läßt sich aus Äußerungen auf verschiedenen Ebenen schließen. Der »meisterbrachte« Beleg ist der der zionistischen Landesorganisation, nur daß gerade diese sehr wenig aufschlußreich ist, da das Hauptproblem, mit dem sie sich auseinandersetzte, politisch war und sich auf die Diskussion innerhalb der internationalen zionistischen Organisation bezog – praktischer, politischer und geistiger Zionismus (außerdem fehlt uns aus objektiven Gründen ein Großteil des Materials). Weitere Belege ergeben sich aus Gruppenaktivitäten wie den Studentenvereinigungen, dem Herzl-Bund, dem Verein zur Förderung von Bodenkultur u.a.m.

Belege, die bisher nicht hinreichend genutzt wurden, bestehen in den innergemeindlichen Aktivitäten der zionistischen Vereinigungen. Hier entdecken

---

[1] Vgl. Jehuda Reinharz, Fatherland or Promised Land. The Dilemma of the German Jew, Ann Arbor 1975; Stephen Poppel, Zionism in Germany 1897-1933, Philadelphia 1977; Yehuda Eloni, »Die umkämpfte nationaljüdische Idee", in: Werner F. Mosse (Hg.), Juden im Wilhelminischen Deutschland 1890-1914. Ein Sammelband, Tübingen 1976, S. 633-688; ders., Zionismus in Deutschland – von den Anfängen bis 1914 (Schriftenreihe des Instituts für Deutsche Geschichte der Universität Tel Aviv Bd. 10), Gerlingen 1987; ders., »Die zionistische Bewegung in Deutschland und die SPD 1897-1914«, in: W. Grab (Hg.), Juden und jüdische Aspekte in der deutschen Arbeiterbewegung 1848-1918, Tel Aviv 1977, S. 85-112; Joachim Doron, The Impact of European Ideologies on German Zionism 1885-1914 (hebr.), Diss., Tel Aviv 1977; Marjorie Lamberti, »From Coexistence to Conflict«, in: Leo Baeck Yearbook XXVII (1982), S. 53-86.

4. Das Gesellschaftsbild der Zionisten vor dem Ersten Weltkrieg   201

wir den direkten Zusammenhang zwischen der Neuanwerbung und den gesellschaftlichen Zielen des deutschen Zionismus. Selbst wenn diese Belege den Zusammenhang nicht direkt erklären, so zeigen doch die in ihnen enthaltene Kritik sowohl an der jüdischen als auch an der deutschen Gesellschaft und die in ihnen enthaltenen Prognosen der jüdischen Zukunfte, die soziale Grundlage des deutschen Zionismus.

Der deutsche Zionismus soll, wie bereits angedeutet, im folgenden getrennt von zionistischen Organisationen anderer Länder betrachtet werden, obwohl bis 1914 Zentrum und Führung des Zionismus in Deutschland lagen. Auf der Führungsebene mag Richard Lichtheim, einer der prominentesten deutschen Zionisten, mit seiner Behauptung, der deutsche Zionismus sei ein sich nur in einigen spezifischen Charakteristika unterscheidender Teil des globalen Zionismus, recht gehabt haben.[2] Auf der Ebene der Schekelzahler oder der Organisationsmitglieder ist dies eine etwas ungenaue Feststellung. Ohne Zweifel lokalisierte die damals heftig diskutierte scharfe Trennung zwischen Ost- und Westzionismus[3] den deutschen Zionismus im Westzionismus und verlieh ihm einen vom russischen Zionismus vollkommen verschiedenen Charakter. Aber wegen der geographischen Lage und Zusammensetzung Deutschlands ist der westliche Charakter nicht so eindeutig wie zum Beispiel in Frankreich oder in Holland. Bezeichnend ist die Lage des Jahres 1910, als Wolfssohn, der Präsident der zionistischen Bewegung, in der *Jüdischen Rundschau*, dem Organ des deutschen Zionismus, angegriffen wurde. Wolfssohn vertrat die Meinung, daß die dem ostzionistischen Geist verbundene Opposition nicht den deutschen Zionismus repräsentiere. Das war tatsächlich das Problem. Die meisten deutschen Zionisten waren zwar politische Zionisten im Wolfssohnschen Sinn, aber es gab auch Kräfte (Feiwel, Trietsch, Weizmann), die den östlichen Zionismus nach Deutschland gebracht und damit ein schweres Problem der Selbstbestimmung geschaffen hatten.[4] Sollte die zionistische Vision die Lösung der Probleme des Ostjudentums, wie dieses sich verstand, sein oder sollte sie sich aus der Kultur des Westjudentums ergeben?

Zu Beginn dieser Auseinandersetzung in den neunziger Jahren des 19. Jahrhunderts war der deutsche Zionismus Angelegenheit einer Gruppe von kleinstem Umfang. Seine Hauptmotivation war ziemlich eindeutig jüdisch-philanthropisch, verbunden mit dem Versuch, den Assimilationsprozeß des deutschen Judentums zu verteidigen. Je mehr wir uns jedoch dem Ersten Weltkrieg nähern, um so vielschichtiger wird die Motivation. Theoretisch haben wir jetzt die Mittel zur Verfügung, den Zusammenhang zwischen der die Bewegung tragenden Gesellschaftsstruktur und ihren erklärten Bestrebungen zu verfolgen, wobei der Zusammenhang aus der spezifisch deutschen Realität, in der jene Zionisten sich befanden, abzuleiten ist.

---

[2] Richard Lichtheim, Geschichte des Zionismus in Deutschland, Jerusalem (hebr.), Jerusalem 1951, S. 11
[3] Franz Oppenheimer, Die Welt, 18. Februar 1910; ders., Zweifacher Zionismus, in: Jüdische Rundschau, 25. März 1910; Adolf Friedemann, in: Jüdische Rundschau, 1. April 1910; vgl. Reinharz, Fatherland, S. 92.
[4] Central Zionist Archives (CZA) A 11/7/1, Wolfssohn an Hantke, 7. April 1910, 28. Mai 1910.

Das soziale Thema drückt sich im deutschen Zionismus einerseits in der Gesellschaftskritik und andererseits in der Vision der Zukunftsgesellschaft aus. Die Äußerungen und Pläne der Zionisten Deutschlands auf gesellschaftlichem Gebiet lassen sich in vier Themenkreise einteilen: Kritik an deutscher Politik und Gesellschaft, Kritik und Evaluation der Juden in Deutschland, Prognosen zur Lösung des Problems der Juden in Deutschland und in der Welt, Abschätzung über den spezifischen Wert der palästinensischen Territoriallösung für die Gesellschaftskrise. Selbstverständlich soll hiermit das nationalpolitische oder nationalideologische Element nicht der Diskussion entzogen, sondern vielmehr in den Rahmen des Problems des Gesellschaftsbildes gestellt werden.

Erst auf dem Delegiertentag in Posen (1912) setzte sich der deutsche Zionismus konkret die Einwanderung nach Palästina zum Ziel. Dieser Beschluß wurde allerdings von den meisten deutschen Zionisten nicht besonders ernst genommen; der Beweis hierfür: nur Einzelne machten sich auf den Weg nach Palästina.[5] Es kann also behauptet werden, daß der Großteil der Zionisten Deutschland entgegen der national-jüdischen Äußerung seinen Wohnsitz in Deutschland beibehalten wollte. Nordau, Herzl, Bodenheimer und Oppenheimer betonten wiederholt, daß der Zionismus daran interessiert sei, das Problem eines Zufluchtsortes für die bedürftigen Juden zu lösen. Das Programm des 3. Delegiertentages in Frankfurt drückte dies beinahe explizit aus, ebenso die zionistische Presse. Ein Antrag, dieses eindeutig als Teil des offiziellen Programms zu formulieren, wurde zwar auf dem 4. Delegiertentag abgelehnt, aber das konnte die wahren Absichten der Zionisten Deutschlands nicht verheimlichen.[6] Das dritte Flugblatt der deutschen Zionisten stellte ausdrücklich fest: »Der Zionismus will niemandem sein Vaterland rauben«,[7] und damit ist hier das deutsche Vaterland und nicht das der Araber gemeint. Natürlich bemühte sich der deutsche Zionismus um eine Neudefinition der jüdischen Bevölkerungsgruppe in Deutschland. Obwohl es sich hierbei um eine nationale Definition handelte, erwartete man von der deutschen Gesellschaft, nun mit mehr Vertrauen aufgenommen zu werden. Welchen Sinn hätten sonst die von allen Seiten kommenden, hartnäckig wiederholten Äußerungen deutscher Zionisten, daß der Zionist ein guter deutscher Patriot sei, vielleicht sogar ein besserer als der Jude, der sich noch nicht dem Zionismus angeschlossen habe?[8]

Der deutsche Zionist erwartete keine Revolution sozialer oder politischer Art, noch wünschte er sie herbei. Das Deutschland, in dem er sich in Zukunft in-

---

[5] Vgl. Poppel, Zionism in Germany, S. 92.
[6] »Heimstätte für die Bedrückten des jüdischen Volkes« statt »für das jüdische Volk« (Antrag Moser, Dortmund), Protokoll des 4. Delegiertentages, 19. März 1899.
[7] Flugblatt ZVfD, »Was erstrebt der Zionismus« (1898); vgl. Max Nordaus Vortrag vom 17. April 1899, in: Zionistische Schriften, Berlin 1923, S. 289.
[8] Flugblatt 2 der ZVfD, »Der Nationaljude als Staatsbürger« (1898); Max Besser, Der Kampf um das Nationaljudentum, Hamburg o.J., S. 9; M. Kollenscher, Zionismus und Staatsbürgertum, Berlin 1910; A. Klee, Zionismus und Vaterland«, in: Das jüdische Echo 3 (1914), S. 28; Franz Oppenheimer, Erlebtes, Erstrebtes, Erreichtes, Berlin 1931, S. 214.

tegrieren wollte, war ein liberal-konservatives Deutschland und vor allem eines ohne Antisemitismus. Das Thema des Antisemitismus war es auch, das die offizielle Einstellung in ihrer Kritik gegenüber der deutschen Politik und Gesellschaft bestimmte. Diese Tatsache führt den historischen Forscher in die Irre, da er kaum unterscheiden kann, wann die Kritik an einer gewissen politischen Richtung durch Weltanschauungsüberlegungen und wann durch taktische und konjunkturelle Erwägung bestimmt war. Es war Lichtheim, der über die Gesamtheit der Juden sagte, daß sie »bis auf die Knochen konservativ wären«, wenn sie die volle Gleichberechtigung hätten. Nur wegen deren Fehlens werden sie zu Anhängern der Sozialdemokraten und Freisinnigen.[9] Meines Erachtens nach trifft dies ebenso auf die Zionisten zu. In gewisser Weise widerspricht der Artikel von Eloni[10] dieser Ansicht, indem er unter Betonung der pro-sozialdemokratische Äußerungen der Zionisten behauptet, daß die Haupttendenz des damaligen deutschen Zionismus pro-freisinnig war. Seine weitere Annahme, daß der deutsche Zionismus am Anfang eigentlich keine Zeit für deutsche Innenpolitik hatte, entstammt der Beschäftigung mit den Aktivitäten auf Landesebene und dem Lesen der beiden von ausdrücklichen Anweisungen der Führung gelenkten Landeszeitungen des deutschen Zionismus. So entsteht tatsächlich der Eindruck, der sich bei Eloni bildete.[11] Dieser Eindruck ist jedoch m.E. falsch: der deutsche Zionismus nahm durchaus Bezug auf deutsche Innenpolitik und zwar nicht nur um der Beziehungen zwischen Deutschland und der Türkei willen (Palästina war Teil des osmanischen Reiches; Herzl: »Wir schwächen die Umsturz-Parteien«), sondern auch auf Grund alltäglicher und lokaler Überlegungen, was sich hauptsächlich daraus ergab, daß Palästina nicht das einzige Thema war, das die Aufmerksamkeit des deutschen Zionismus auf sich zog.

Die wirtschaftlichen Probleme, mit denen der deutsche Zionist sich auseinanderzusetzen hatte, machten ihn, wie gesagt, nicht zum sozialistischen Revolutionär, sondern verlangten von ihm den Versuch einer Korrektur derjenigen Fehler, die ihn betrafen. Daher gab es sowohl einige Anhänger der Sozialdemokraten (hauptsächlich unter den Jüngeren) als auch solche, die eine liberale Reform befürworteten. Deshalb wurde die Tatsache bedauert, daß sich einige Juden zum Umstürzlertum hinreißen ließen. Der Widerstand gegen die Sozialdemokratie entstammte nicht der Oppositioin zu irgendeiner Gesellschaftsreform, sondern war die Reaktion auf das antinationale Programm der Sozialdemokraten, auf ihr Unvermögen, das jüdische Problem zu lösen oder auf das, was als sozialistischer Antisemitismus galt.[12] Immer wieder wurde die Aussage wiederholt, daß eigentlich kein Widerspruch zwischen der zionistischen und der universalen Idee des Sozialismus bestünde.[13] Bereits Nordau wies auf die eigenartige Kombination von Sozialismus und Zionis-

---

[9] Richard Lichtheim, Das Programm des Zionismus, Berlin 1911, S. 23.
[10] Jehuda Eloni, Zionistische Bewegung in Deutschland und die SPD, S. 85-87.
[11] CZA A 11/30, Auerbach an Hantke, 7. Februar 1907 (für die offizielle Haltung).
[12] Heinrich Loewe, »Zwischen Wahl und Stichwahl«, in: Jüdische Rundschau, 1. Februar 1903; »Vor der Majestät«, in: Welt, 30. März 1900; »Umsturz«, in: Welt, 27. April 1900.
[13] Max Besser, »Nochmals: Wir und die Sozialdemokratie«, in: Jüdische Rundschau, 12. April 1907.

mus hin. Er bedauerte, daß sich jüdische Proletarier (wieviele gab es in Deutschland?) nicht dem Zionismus anschlossen, und er sagte ausdrücklich, daß Juden, solange sie noch nicht in Palästina lebten, am Klassenkampf teilnehmen dürften, solange das Gesetz dies nicht verbietet.

Unzufriedenheit mit den gesellschaftlichen Verhältnissen war zwar vorhanden, sozialistisch oder revolutionär war dies jedoch nicht.[14] Der treffendste Artikel in dieser Angelegenheit findet sich in einer jüdischen Studentenzeitung aus dem Jahre 1908 unter dem Titel *Über Zionismus und Sozialismus*, ein für nicht aus dem Proletariat oder aus marxistisch-ideologischen Kreisen stammender typischer Artikel. Der Sozialismus, so heißt es dort, muß zum Zionismus führen, aber radikal-sozialistische Revolutionen sind nicht jüdisch. Lebten Juden nach dem »sozialen« Alten Testament, würden die Veränderungen von selbst stattfinden, und nur in Europa, wohin soziale Ideen noch nicht vorgedrungen seien, müßten »sich Juden radikal ausnehmen.«[15] Dieses ideologische Durcheinander beweist eines: In den Augen der den Zionismus tragenden Schichten hatte die deutsche (oder europäische) Gesellschaft die notwendigen Reformen nicht vollzogen. Daher müßten die zionistischen Juden, die an einer gründlichen Reform der Lage der Juden interessierte waren, an einer Art sozialer Reform, einem undefinierten Sozialismus, teilnehmen. Diese Art Kritik an der deutschen Gesellschaft lief parallel zu der der progressiv-bürgerlichen Parteien, verbunden mit einem dem Proletariat geleisteten Lippendienst.[16] In der bürgerlich-jüdischen Gesellschaft und ihrem Zionismus wäre es erstaunlich, eine andere Art von Kritik vorzufinden. Die betroffene Gruppe der jüdischen Gesellschaft übte Kritik an der deutschen Gesellschaft, nicht an wirtschaftlicher Ungleichheit, sondern an der Chancenungleichheit, nicht an der Art der Urbanisierung, sondern an der Urbanisierung selbst. Gut 82 Prozent der Juden lebten in den Städten, 43 Prozent in Großstädten. Von seiten der jüdischen Kritiker wurde hier eine gründliche Lösung angestrebt, und der Zionismus schloß sich diesem Bestreben an. Das Schlagwort »Zurück zum Dorf« erlangte große Popularität; Bodenreform im Stile Damaschkes wurde kräftig unterstützt. Beispiele eines deutschen Versuchs standen in jener Zeit vor Augen (»Landordnung in Kiaschou«, »Obstbaukkolonie in Eden«).[17] Was könnte für Juden und Zionisten passender sein, als im Stile einer Bodenreform in der Bibel zu sprechen.[18] Deshalb waren die Zionisten sogar bereit, für den Urheber dieser Schriften zu stimmen, obwohl ihn auch Antisemiten bei den Reichstagswahlen unterstützten.[19] Diese Handlung stand im Gegensatz zu jeglichen bisherigen parteilichen Überlegungen der Zionisten.

Die sich aus bürgerlichen Motiven ableitende Reform wurde also unterstützt, während die Unterstützung der marxistisch-doktrinären linksgerich-

---

[14] Nordau, Vortrag vom 17. April 1899.
[15] J. Horowitz, »Über Zionismus und Sozialismus«, in: Der Jüdische Student, Januar 1908, S. 216ff.
[16] Der zionistische Sozialismus tritt in Deutschland erst später auf. – F. Theilhaber, »Die sozialistisch-zionistische Arbeiterpartei«, in: Das deutsche Judentum, Berlin Münchuen, 1919.
[17] Adolf Damaschke (Hg.), Jahrbuch der Bodenreform, Jena 1905, S. 66ff.; 1906, S. 305 ff.
[18] Adolf Damaschke, Bodenreform in der Bibel, Berlin 1906.
[19] Jüdische Rundschau, 18. Januar 1907; CZA A 11/30, Auerbachs Brief vom 7. Februar 1907.

teten Parteien nur Taktik gegen die Tendenz der liberalen Parteien, antisemitische Kandidaten zu unterstützen,[20] war. Äußerst interessant sind die politischen Richtlinien für die zionistischen Juden im zionistischen ABC-Buch,[21] wonach nicht für die Rechtsparteien gestimmt werden durfte. Dieses nicht nur wegen ihres Antisemitismus, wegen des Problems der russischen Juden und wegen ihrer in Palästina auf die christlichen Kirchen beschränkten Unterstützung, sondern darüber hinaus, weil es Verrat gewesen wäre, wie es dort ausdrücklich heißt, wenn der Zionist nicht für die Linksparteien (Bassermann und links von ihm) stimme, da die Zionisten »die Interessen des Handelsstandes und die freie wirtschaftliche Entwicklung Deutschlands unterstützten.« Trotz dieser ausdrücklichen Richtlinie gab es Vertreter unter den Zionisten, die offen den Konservativismus vertraten: Die Demokratisierung Deutschlands nütze den Juden nichts (oder schade ihnen sogar). Da sie das Problem der Juden nicht über die Grenzen Deutschlands hinaus lösen könne und das zionistische Unternehmen stören würde, sollte für die Rechtsparteien gestimmt werden.[22] Bei den alteingesessenen deutschen Zionisten war dieses natürlich bedeutend eindeutiger zu vernehmen: Adolf Friedemann: »Los von Rickert und Richter«;[23] Loewe stimmte mit dem freikonservativen Delegierten überein, weil dieser den preußischen Modernismus vertrat;[24] A. Klee deutete auf Lehren hin, die der Zionismus von Deutschland ziehen könnte: daß »das Wohl des Staates in der Harmonie der schaffenden Stände« läge, daß »Flotte, Herr und koloniale Expansion viel Wert« hätten.[25] Um diese Art Kritiklosigkeit gegenüber der deutschen Gesellschaft zu vervollständigen, seien die Empfehlungen des Rabbiners Emil Cohn an die national denkenden Juden erwähnt, sich die deutsche Erziehung anzueignen, – Erziehung durch Zucht anstatt der klassisch jüdischen Erziehung, die seiner Meinung nach versagt habe.[26]

Dieser Punkt führt uns zu der zweiten Art der Gesellschaftskritik der Zionisten Deutschlands, der Kritik an der deutsch-jüdischen Gesellschaft und ihrer Politik. Das Scheitern der Emanzipation und auch das des gesamten deutschen Judentums lag nach Meinung vieler Zionisten an einer verfehlten Erziehung. Das Schlagwort des »Muskeljudentums«, das Nordau formuliert hatte, ist das berühmteste, aber es ist nur ein Beispiel der Kritik an der jüdischen Erziehung. Der aktive deutsche Zionismus machte sich die Erziehungswerte der bürgerlichen deutschen Gesellschaft, aber nicht gerade die des liberalen Bürgertums zu eigen. Dies kam zum Ausdruck in den Wendungen an

---

[20] Jüdische Rundschau, 5. Januar 1912; 12. Januar 1912.
[21] » Zionismus und deutsche Politik«, in: Zionistisches A-B-C-Buch, hg. v.d. Zionistischen Vereinigung für Deutschland, Berlin 1908, S. 274ff. Die offizielle Stellung war neutral: CZA 72/401, Hantke, 26. September 1906.
[22] Dr. Landau, »Zu den Wahlen«, in: Jüdische Rundschau, 12. Januar 1912; »Die Reichstagswahlen und wir Juden«, in: Frankfurter Israelitisches Familienblatt, 2. Februar 1912.
[23] »Stimmungen unter den deutschen Juden«, in: Welt 21 (1902).
[24] »Parität und Gesinnungslosigkeit«, in: Welt 20. März 1903.
[25] Klee, Zionismus und Vaterland, S. 29.
[26] Emil Cohn-Kiel, »Jüdische Erziehungsprobleme«, in: Der Jüdische Student Jg. 7, Nr. 12, 20. März 1911, S. 339f.

die Jugendlichen und ihre Organisationen, in der Erziehungsmethode der Studentenkorporationen (Bund Jüdischer Corporationen, Kartell Zionistischer Verbindungen) und sogar in den Methoden einer sogenannten neutralen Körperschaft, der des »Herzl-Bundes«, einem Verein von Kaufleuten. Dieser machte sich auch die Einstellung des »unpolitischen Menschen« zu eigen,[27] und zwar nicht nur inbezug auf Stellungnahmen in der deutschen Politik (wie das auch die zionistische Führung verlangte), sondern sogar in der jüdischen und zionistischen Politik.

Zum Glück setzte sich diese apolitische Einstellung nicht in allen zionistischen Richtungen und vor allem nicht in der Presse und den persönlichen Verhandlungen durch, und somit haben wir die Möglichkeit, Einstellungen zur deutschen Politik und zum jüdischen Leben zu finden. Vortragsverzeichnisse der lokalen zionistischen Vereinigungen, der Studentenkörperschaften oder des »Herzl-Bundes« weisen auf ein reges Interesse an diesem Thema hin. Die Jahresberichte der Jahre 1906-1908 der zionistischen Vereinigung in Hamburg zum Beispiel zeigen, daß nur ein kleiner Teil der Vorträge über Palästina gehalten wurde, die Mehrzahl – über zionistisch interne oder jüdisch interne Angelegenheiten: »Judenpolitik und Tagespolitik«, »Jüdische Volkspolitik«, »Zionismus und deutsche Landespolitik«. Vorträge, die die »Vereinigung für junge jüdische Kaufleute« organisiert hatte (damals noch vor Bestehen des »Herzl-Bundes«), waren Themen gewidmet wie jüdische Sozialpolitik, Lage der Juden in Deutschland u.a.m.[28] Typisch für den »Herzl-Bund« war das Thema des »wirtschaftlichen Niedergangs der deutschen Juden«.[29]

Lichtheim hat den Komplex der Gesellschaftsprobleme, die die Juden bedrückten, sehr treffend zusammengefaßt: Abfall von der Tradition, Häufung von »Mischehen«, Zweikindersystem, die wirtschaftlichen Ergebnisse der Umsiedlung vom Dorf in die Stadt, von Osteuropa nach Amerika, fehlendes Zukunftsvertrauen.[30] Hier soll zunächst der wirtschaftliche und nicht der kulturellen Aspekt, auf den bei der Behandlung der Zukunftsprognosen und der vom deutschen Zionismus vorgeschlagenen Lösungen eingegangen werden wird, betrachtet werden.

Das demographische Problem war eines der populärsten, und die Furcht vor dem Untergang der Juden beschäftigte die Zionisten in weitem Umfang.[31] Dieses Thema war mit der beinahe obsessiven Behandlung der Themen »Rasse«, »geistige und körperliche Gesundheit« verknüpft.[32] Dennoch drehte sich die konstruktive Kritik auch der deutsch-jüdischen Gesellschaft vor allem um den beruflichen Aufbau, der von je her anomal war, aber sich im Verlauf der Industrialisierung und Urbanisierung noch verschlimmert hatte. Die oben genannte Erziehung sollte vor allem diese Struktur änder. Dieses Thema war ein

---

[27] Herzlbund Blätter 18/19 (1914), S. 136.
[28] StA Hamburg JG 823, Jahresberichte der Ortsgruppe Hamburg-Altona 1906-1908.
[29] Herzlbund Blätter 6/7 (1913), S. 44.
[30] Lichtheim, Geschichte, S. 120.
[31] »Der Untergang der deutschen Juden«, in: Welt, 29. März 1912, 12. April 1912.
[32] M. Jungmann, »Rassenhygiene der Juden«, in: Jüdische Rundschau, 22. März 1907.

4. Das Gesellschaftsbild der Zionisten vor dem Ersten Weltkrieg 207

konstanter Bestandteil in den Diskussionen über jüdische Fragen, und besonders die Antisemiten betonten es. Nordau spürte schon in einem früheren Stadium, daß das Judentum die Konfrontation zu vermeiden suchte (und damit erklärt er auch die Abnahme des Antisemitismus) und zwar mittels Wiedereinreihung der Juden »auf ihre Plätze« durch den Verzicht auf neue Bestätigungen, sei es im Militär (Offiziersstand), im Beamtentum (Rechtsprechung) oder in der Landwirtschaft. Dadurch stellte es sich selbst wieder auf den Rang von »Bürgern der dritten oder vierten Klasse«.[33] Der Zionismus, so meinte Nordau, müsse das Doppelproblem (die anomale Wirtschaftsstruktur und die antisemitischen Vorwürfe) positiv lösen.

Die Kritik an der jüdischen Gesellschaft bediente sich von Anfang an (Birnbaum, Bodenheimer, Nordau) der üblichen Terminologie: Kapitalismus, Industrialisierung, Urbanisierung, Sozialismus. Es war nur die Frage, was die jüdische Gesellschaft traf und erschütterte; die Antwort darauf lautete eigentlich – alles. Theoretisch wurde diese Frage nicht nur als die der Juden in Deutschland, sondern als die der gesamten europäisch-jüdischen Gesellschaft behandelt. Ziel der Fragestellung aber war hauptsächlich die Analyse und Lösung der deutsch-jüdischen Gesellschaft. Die Tatsache, daß die Juden in Rußland aus dem erstarkenden Kapitalismus den Schluß zogen, ins revolutionäre Lager überzuwechseln, störte weniger. Als deutsche Juden zu der Folgerung kamen, durch Teilnahme am Proletariat statt an den zionistischen Aktivitäten (Bürgertum) in die Gesellschaft integriert zu werden, bewerteten dies zionistische Kreise als Geistlosigkeit.[34] Zwar wurde das Problem der Juden und ihrer Stellung im deutschen Kontext unter den deutschen Zionisten häufig behandelt, aber meistens bestand eine Neigung zu Oberflächlichkeit und Paranoia. Eine Ausnahme bildet eine Analyse, die in einer pro-zionistischen Frankfurter Zeitung erschien[35] und die einen tiefen Einblick in den Zusammenhang zwischen Kapitalismus, Proletarisierung, Antisemitismus und dem gesellschaftlichen und wirtschaftlichen Status der Juden ermöglicht: Der Autor geht von der Polarisierung zwischen Großkapital und Proletariat aus und weist auf die besondere Lage des deutschen Bürgertums hin, das in den Augen der Kapitalisten als Proletariat angesehen wurde, sich selbst hingegen aber als über dem Proletariat stehend betrachtete. Auf Grund dieser Lage, die er eine Lage der politischen Unentschlossenheit nennt, bleibt das deutsche Bürgertum als politische Partei nicht organisiert, und so bleibt auch der Wirtschaftsantisemitismus ohne Organisation. Die Gefahr, die er voraussieht, ist die folgende: »Wenn also der wirtschaftliche Antisemitismus noch nicht gefährlich wird und gegenüber dem Kampfe zwischen Besitzenden und Besitzlosen in den Hintergrund tritt, so sind die Juden doch in eine gefährliche Stellung zur sozialen Bewegung geraten.« Eine verfehlte Realitätseinschätzung könnte, nach Meinung des Autors, diese Gefahr noch verschärfen (die Juden

---

[33] Nordau, »Zionismus und seine Gegner (1898)«, in: Zionistische Schriften, Berlin 1923, S. 238.
[34] »Von den Juden in Deutschland«, in: Welt, 19. Januar 1900.
[35] Dr. S. Eisenstadt, »Über die wirtschaftliche Stellung der deutschen Juden«, in: Frankfurter Israelitisches Familienblatt, 11. Dezember 1908.

werden sowohl von der Bourgeoisie als auch vom Proletariat mit Kapitalisten- und Unternehmertum identifiziert, obwohl sie ein riesiges (Akademiker-) Proletariat darstellen). Die jüdischen Organisationen selbst, verschärfen noch die Gefahr, da ihre plutokratische Führung darauf besteht, daß die Gemeinden Kultus- und nicht Sozialgemeinden seien, damit sie (die Führung) sich ungestört in der nichtjüdischen Gutsbesitzerbevölkerung integrieren kann (und praktisch dem Judentum verlorengeht), während die meisten Juden ihrem wirtschaftlichen und politischen Schicksal überlassen werden. Dazu meinte Blumenfeld: In Berlin, wo »Snob und Parvenü den Stil des Lebens bestimmen«, wollten die Juden »mit an der Spitze marschieren«[36]; – dieser Versuch, sich in der bürgerlichen, deutschen Gesellschaft der Kaiserzeit zu assimilieren, schafft, statt ein Problem zu lösen, ein neues. Er bezieht sich dabei auf eine sehr dünne Schicht der jüdischen Bevölkerung, bestätigt aber das populäre Empfinden, daß die Juden zu »den Kapitalisten« gehören und vertuscht damit die Tatsache, daß die meisten in einem Quasi-Proletariat aufgegangen waren.

Die besondere Methode oben genannter Analysen war zwar nicht Allgemeingut, aber das Zentralproblem wurde von der gesamten Bewegung akzeptiert: die Proletarisierung der jüdischen Bevölkerung unter dem Druck der Monopolisierung, der Urbanisierung und der Zentralisierung, Arbeitslosigkeit von Ärzten und Rechtsanwälten, strukturelle Disproportion im jüdischen Mittelstand.[37] Ebenso akzeptierte sie die Darstellung des Problems als eines, das sich nicht nur aus der deutschen, sondern auch aus der jüdischen Gesellschaft selbst durch fehlendes Verständnis für die ablaufenden sozioökonomischen Vergäng ergab. (Von zionistischer Sicht aus hatte die Sache auch eine andere Seite: die Proletarisierung und vielleicht in stärkerem Maße das Bewußtsein für die Proletarisierung unter den Juden selbst war nicht stark genug (zumindest zu Beginn dieser Periode), und daher bewirkte der relative wirtschaftliche Wohlstand der Juden eine zahlenmäßige Schwächung des Zionismus, dessen Kräftegrundlage gerade in den sozioökonomischen Problemen bestand.)[38]

In Anbetracht dieses Problems ist es nicht verwunderlich, daß Sombarts Schriften unter den Zionisten positiv aufgenommen wurden und die zionistische Organisation sogar an ihm persönlich für Vorträge interessiert war. Sombart vereinigte die Analyse des Kapitalismus der jüdischen und deutschen Gesellschaft mit dem Problem der nationalen Treue (»Ein Zionist in Deutschland bedeutet nicht, kein Deutscher zu sein.«[39]) und mit der palästinischen Lösung zur vollen Zufriedenheit der Zionisten. Hierin fanden diese Unterstützung für die schärfste Kritik an dem, was in ihren Augen der Hauptgrund für die sich verschlechternde wirtschaftliche Lage der Juden, für den Antisemitismus und für die anomale Struktur der jüdischen Gesellschaft war: die Konzentration in den Städten. Die Kritik am Stadtleben war die Hauptkritik an der jüdischen

---

[36] Kurt Blumenfeld, Erlebte Judenfrage, Stuttgart 1962; vgl. Lichtheim, Geschichte, S. 22.
[37] »Prozeß Nadenkötter«, in: Jüdische Rundschau, 20. Februar 1903, S. 58.
[38] Dr. Jeremias, »Das deutsche Judentum und der Zionismus«, in: Welt 46 (1902).
[39] Werner Sombart, zitiert in: Frankfurter Israelitisches Familienblatt 9. Februar 1912.

4. Das Gesellschaftsbild der Zionisten vor dem Ersten Weltkrieg 209

Gesellschaft, und eben diese stellte die Grundlage für die vieldiskutierte Rückkehr zur Landwirtschaft, die im folgenden behandelt wird, dar. (Interessehalber sei hier angemerkt, daß die Erkenntnis des Judenproblems in Deutschland als gesellschaftliches Problem auch zu einer neuen historiographischen Auffassung führte: der Zionismus forderte eine jüdisch-nationale Geschichte, aber darüber hinaus auch eine Sozialgeschichte. Graetz wurde angegriffen, weil er eine Geschichte der großen Persönlichkeiten und nicht die des jüdischen Volkes geschrieben hatte, denn:[40] »Volksgeschichte [...] ist mehr als die Geschichte von Ideen und Personen. Die Geschichte eines Volkes [...] muß auch die Geschichte seines Rechtes, seiner Wirtschaft, seiner Sitten [...] umfassen.«)

Die Lösungen und Visionen, die sich aus der Kritik ergaben, lassen sich in zwei Richtungen aufteilen, die in engem Zusammenhang stehen: eine Zukunft der Juden in Deutschland und eine die zukünftige jüdische Bevölkerung in Palästina betreffende Lösung. Für die meisten deutschen Zionisten war der Ausgangsunkt der, Deutschland nicht zu verlassen, »nicht Separation, sondern Differenzierung«,[41] d.h. eine autonomistische, nicht territoriale Lösung. In diesem Rahmen trugen die Bestrebungen und Visionen dem Katalog der schon genannten Probleme Rechnung. Im »jüdischen-sozialen Komitee«, das in Berlin im Jahre 1908 gegründet wurde, standen folgende Themen auf der Tagesordnung: Berufswahl, Gewerkschaften, Reform der Ehehygiene, gesellschaftliche Erziehung, die Gefährdung der Juden in den Großstädten, landwirtschaftliche Gemeinschaften.[42] Das weitere Schicksal dieses Komitees ist nicht deutlich belegt, aber das Programm reicht aus, Lösungsrichtungen anzuzeigen. Seit Birnbaum, der »bessere sociale Zustände«[43] forderte (und damit hauptsächlich den Übergang von der Stadt zum Dorf, zu den »alten gewohnten Berufen« meinte) und seit der »National-Jüdischen Vereinigung Köln«, die die »Verbesserung der socialen Lage der Juden« anstrebte,[44] bis zu Herzls *Altneuland* wurde die neue jüdische Gesellschaft und nicht nur die nationale Lösung als zentrales Ziel dargestellt. »Arbeit und Brot für die Armen, geistige und sittliche Gesundung für uns alle« fordert der deutsche Zionismus im Jahre 1898.[45] Mehr noch: die Folgerung, daß die Emanzipation im 19. Jahrhundert den Juden keinen wirtschaftlichen Nutzen gebracht hatte, wurde als Grund zur Errichtung einer neuen Wirtschaftseinheit für die Juden genommen, eine sozioökonomische Organisation für die Juden Deutschlands.[46]

Es besteht kein Zweifel daran, daß für die Gesamtheit des Zionismus das Objekt der gesellschaftlichen Reform vor allem das Judentum Osteuropas war,

---

[40] »Über jüdische Geschichtsschreibung«, in: Frankfurter Israelitisches Familienblatt, 20. November 1908.
[41] Besser, Nationaljudentum, S. 14.
[42] Frankfurter Israelitisches Familienblatt, 18. September 1908, S. 2.
[43] Nathan Birnbaum, »Die Wiedergeburt des jüdischen Volkes als Mittel zur Lösung der Judenfrage: Ein Appell an die Guten und Edlen aller Nationen«, Wien 1893, S. 22.
[44] Correspondenz der Nationaljüdischen Vereinigung in Köln 1 (1987).
[45] Flugblatt, »Was erstrebt der Zionismus«.
[46] Frankfurter Israelitisches Familienblatt, 11. Dezember 1908.

und auch das deutsche Judentum strebte dies aus vollem Herzen an. (Eine gründliche Untersuchung und nicht nur Schlagwörter des sozioökonomischen Themas finden wir erstmalig unter dem ausländischen Einfluß österreichischer und russischer Zionisten in der Zeitung *Welt*.[47] Sogar die Redaktion der Zeitung distanzierte sich von der »Aufnahme der ökonomischen Tätigkeit in das zionistische Programm«.[48]) Dennoch aber wollte der deutsche Zionismus wirklich die Mißstände der jüdischen Gesellschaft Deutschlands im Lande selbst korrigieren. Nicht alle Lösungen, die sich die Zionisten zu eigen gemacht hatten, waren mit nationalen Schlagworten verbunden. Der größte Teil basierte vielmehr auf Ideen, die auch außerhalb des Zionismus akzeptiert wurden, besonders was die Produktivierung und die Rückkehr zum Dorf anbelangte. Die Diskussion dieser Frage ergab sich mehr aus der wirtschaftlichen Struktur der zionistischen Konstituenten als aus der internationalen jüdischen Ideologie. Selbiges läßt sich eher den Gemeindeaktivitäten, die nicht etwa nebensächlich waren, als der offiziellen Presse oder den Diskussionen auf den Delegiertentagen entnehmen. Die Gemeinde war als Grundlage des gesamten zionistischen Unternehmens anerkannt: »Die erste Etappe ist die jüdische Gemeinde.« Diese wollte man erobern.[49] Nur ein Beispiel: Als die Zionisten zum ersten Mal bei den Wahlen zur Repräsentantenversammlung in Berlin auftraten, nannten sie ausgleichende soziale Gerechtigkeit vor den nationalen Zielen. Sie forderten die Gemeinde auf, sich von einer Wohltätigkeitsinstituion zu einer Institution der umfassenden sozialen und volkserzieherischen Tätigkeit umzuwandeln. Sie verlangten die Errichtung einer Volkshalle zur Unterhaltung der Juden nach der Arbeit und die Einrichtung einer Vorschußkasse für Handwerker und Gewerbetreibende, die unter den wirtschaftlichen Bedingungen zur Zeit des Hochkapitalismus litten.[50]

Kurz gefaßt: die meisten lokalen zionistischen Pläne konzentrierten sich auf Gesellschaftsprobleme. Die Beispiele, auf die sie aufbauten, waren der Umgebung entnommen. Die Zionisten waren an einer Parallele zum »praktischen Christentum« als Antwort auf die soziale Aufgabe des Zionismus interessiert, da diese de facto dieselbe Kombination von alten (aus der Bibel) und neuen Einrichtungen darstellte, die ein Jude, der Tradition und Reform kombiniert, mit Freude akzeptiert.[51] Diese Kombination enthielt nach Meinung der Radikalen zuviel Tradition und nach Meinung der orthodoxen Jduen zuviele Neuerungen und stieß daher auf Schwierigkeiten. So beschwerte sich einer der Autoren in der *Welt*, die Notwendigkeit, die Armut zu bekämpfen und die sozialen Verhältnisse zu verbessern, werde selbst von den Rabbinern anerkannt, aber sie scheuten sich davor, diese Aufgabe den Zionisten aufzuerlegen (Es

---

[47] Welt 46ff. (1902), Volkswirtschaftlicher Teil.
[48] Ebd., 44.
[49] Flugblatt 4 der ZVfD, »Unser Programm« (1898).
[50] Central Archives of the History of the Jewish People (CAHJP) Kge 2/148, Wahlen zur Repräsentanten Versammlung 1901. Zum Problem der »Volksgemeinde« und der Gemeindepolitik in der »jüdischen Volkspartei« siehe M. Kollenscher, »Aufgabe«, 1905; sowie »Jüdische Gemeindepolitik«, 1909, und auch Reinharz, Fatherland, S. 121ff.
[51] »Unser Verhältnis zum Judentum«, in: Jüdischer Student 3 (1902), S. 35ff.

handelt sich hier nicht um eine Verallgemeinerung, sondern um ein akutes Problem des Mädchenhandels, das vor allem Jüdinnen, die aus dem Osten aussiedelten, betraf.)[52] Die praktischen Ergebnisse waren letzten Endes schwach, die Bemühungen um die Lösungen sozialer Probleme waren nicht stark genug.

Oppenheimer zog daraus eine persönliche Folgerung: »Ich muß erst abwarten, ob die wirtschaftlich-politische, praktische Richtung vorwärts kommt; die Betonung des Nationaljudentums kann ich je länger je weniger mitmachen.«[53] Das Gebiet, auf das sich Oppenheimer spezialisiert hatte, war der wichtigste Teil der Theorie zur Verbesserung der jüdischen Gesellschaft – die Rückkehr zum Boden. Es muß betont werden, daß diese Idee dem Zionismus nicht mehr als auch dem restlichen Judentum angehört: indem Herzl feststellte, daß sich die Lösung für das jüdische Problem erst dann abzeichnen würde, wenn die Juden selber den Pflug in den Händen hielten,[54] wiederholte er nur, was Juden schon während des ganzen 19. Jahrhunderts als Verbesserungsmittel akzeptiert hatten. Hierbei ist es natürlich verwunderlich, weshalb sie am Ende des 19. Jahrhunderts, als der Industrialisierungsprozeß sich auf dem Höhepunkt befand, nicht die Produktivierung durch Industriearbeit empfohlen. Eine direkte Antwort gibt uns der Artikel einer Studentenzeitung: Es bestehe Übereinstimmung darüber, daß ohne produktive Arbeit »die psychische Integrität unseres Stammes« gefährdet sei. Die psychische Belastung, unter der einfache Kaufleute lebten, zerstöre die Gesundheit; aber man könne den Juden nicht raten, sich der Fabrikarbeit zuzuwenden, wegen des »Triebes nach oben zu kommen und selbständig zu werden.« Eine Feststellung, die mit Sicherheit auf die bürgerliche Berufsgruppe zutraf, zu der Juden gehörten. Von daher war die einzige Alternative zur bürgerlichen Existenz die Landwirtschaft.[55]

Der Vorschlag, auf die Landwirtschaft überzugehen, beschränkte sich also nicht auf die Erziehung zum Kollektiv, sondern suchte auch nach Möglichkeiten für die private Landwirtschaft. Im Jahre 1903 wurde der »Verband der Vereine zur Förderung der Handwerke und Bodenkultur unter den Juden Deutschlands«[56] für die handwerklichen, technischen und landwirtschaftlichen Berufe gegründet. Erst jetzt, mehr als fünf Jahre nach Ausgabe der Schlagworte über die Verbesserung der jüdischen Gesellschaft durch den Übergang zur Landwirtschaft, wurde die Idee im zionistischen Rahmen mit Inhalt und Organisation gefüllt. Im Jahre 1902 wurde Franz Oppenheimer zu der Sache hinzugezogen. Dieser Mann, der der vordersten Reihe der sozial-liberalen Deutschen angehörte, entsprach natürlich den Bestrebungen der Zionisten, die sich von den sozialdemokratischen Ideen distanzierten. Die Einstellung Oppenheimers (»Wer das Land hat, hat die Macht«[57], »Die Industrie [...] ist eine sekundäre Thatsache [...] der Volkswirtschaft; die Agrikultur ist ihre primäre

---

[52] J. Auerbach, »Mädchenhandel«, in: Welt 30 (1902).
[53] CZA A 11/32/1, Oppenheimer an Hantke, 5. April 1907.
[54] »Was erstrebt der Zionismus«.
[55] A. Strauss, »Die Juden und die Landwirtschaft«, in: Jüdischer Student 9 (1908), S. 14.
[56] Welt 14 (1903), S. 132.
[57] Oppenheimer, Erlebtes, Erstrebtes, Erreichtes, S. 149.

Thatsache.«[58]) diente als moderne theoretische Deckung für die traditionelle Einstellung der Rückkehr zum Boden und für das Unvermögen, die Produktivierung der jüdischen Gesellschaft durch Industrialisierung und Proletariat zu erreichen.

Wie erwähnt, war die Agrarlösung auch von Nichtzionisten akzeptiert und organisiert worden, noch bevor die Zionisten hier aktiv wurden. Der »Verein zur Förderung der Bodenkultur unter den Juden Deutschlands« existierte schon seit 1898, d.h. zu einer den zionistischen Aktivitäten parallellaufenden Zeit (und es ist nicht ausgeschlossen, daß der Grund für diese Nähe in einer Reaktion auf dasselbe Problem bestand). Die Mitgliederzahl erreichte bis 1901 die respektable Zahl von 1.400, bemerkenswert auch im Vergleich zu der zionistischen Bewegung. An der Spitze befanden sich Oppenheimer und Warburg, die später auch zu den Führungspersönlichkeiten des deutschen Zionismus gehören sollten. Das Ziel war, ebenso wie das der Zionisten, die Lösung der jüdisch-sozialen Frage,[59] der Grund dafür war derselbe, der in der zionistischen Literatur auftrat: die Lage des Handelsstandes und der Druck, der durch die bedrängte Existenz entstand, die harte Konkurrenz im Mittelstand, die Einschränkungen des Zwischenhandels, die Auflösung des Kleinhandels, Proletarisierung der jüdischen Handwerker. Die zu Hilfe gezogene Theorie war dieselbe romantische, antimoderne und national-jüdische Theorie: Ohne den Bauernstand könne die Nation oder »Rasse« nicht bestehen, das Volk werde »mit dem zunehmenden Abstand vom Ackerbau vernichtet« werden.[60] Der Verein sah sich als Regenerationsfaktor des Judentums und er strebte als gesellschaftliches Ziel die »Entlastung des Handelsstandes und der Gelehrtengruppe« an. Der einzige Unterschied zu den Zionisten lag in der Wahl des vorgesehenen Territoriums: waren die Zionisten primär an einem jüdischen Bauernstand in Palästina interessiert, so wollte ihn dieser Verein in Deutschland angesiedelt sehen. Genaugenommen war er gegen die Auswanderung der Juden, die Agrikultur studiert hatten, aus Deutschland (die Auswanderung nach Palästina eingeschlossen). Nur ihr gescheiterter Versuch verstärkte den parallelen Trend unter den Zionisten. (Einer der genannten Gründe des Scheiterns bestand in der Entsendung von sogenannten Idioten, Neurotikern etc. auf die landwirtschaftlichen Schulen.) Der Bodenkulturverein scheiterte besonders deshalb, weil in Deutschland Geld für den Erwerb von Boden für Juden fehlte, was in Palästina nicht so kompliziert war. Ungeachtet der Tatsache, daß der Bodenkulturverein versuchte, den Zionismus zu ignorieren oder aber mit ihm in Konkurrenz zu treten, ergibt sich der Eindruck, daß letzterer auf einen Erfolg des Vereins eingegangen wäre, hätte es sich nur um deutsche Juden gehandelt. (Selbstverständlich besteht darin kein Gegensatz zu dem Bestreben, die Ostjuden zur Landwirtschaft in Palästina zu bringen.)

Eine weitere Korrelation ist zu beachten. Nach Angaben des Vereins gab es im Jahre 1907 insgesamt 3.727 Juden, die sich mit Landwirtschaft und Gärt-

---

[58] »Das soziale Wachstum«, in: Neue Deutsche Rundschau, November 1899, S. 1143.
[59] 3. und 4. Jahresbericht, CAHJP Mge 2/84.
[60] 9. und 10. Jahresbericht, ebd.

nerei beschäftigten (hauptsächlich private Landbesitzer und deren Familien). Die meisten befanden sich im Rheinland (546), Hessen-Nassau (600) und Nordbayern (551), d.h. in den Gebieten, in denen der Zionismus verhältnismäßig schwach vertreten war. In einer, von den Zionisten stark vertretenen Gegend, war die Anzahl der jüdischen Bauern klein (Posen: 137). Sollte die Tatsache, daß sich in den oben genannten Gebieten das Problem des Übergangs zur jüdischen Landwirtschaft leichter lösen ließ, den Anschluß an den Zionismus und seinen Weg von der Stadt auf das Dorf verhindert haben? Kann dies als weiterer Beleg für den Zusammenhang zwischen der wirtschaftlichen Struktur des Judentums und dem Anschluß an die zionistische Bewegung gelten?

Die Visionen von Palästina als Lösung des deutsch-jüdischen Gesellschaftsproblems sind also nur ein Sektor des Gesamtbildes: erstens – Palästina als Anziehungspunkt für Juden aus dem Osten (statt einer Auswanderung nach Deutschland oder Amerika[61]) als Grundlage für eine gesündere Gesellschaft, die ein Kulturzentrum für das restliche Judentum darstellen sollte (und somit auch eine Art Nationalzentrum, das die Stellung der Juden in der Diaspora stärken sollte); zweitens – (und das ist weniger wichtig) als Auswanderungsziel für zionistische Juden aus Deutschland und drittens – als Platz, an dem Gesellschaftslösungen praktiziert werden könnten, die in Deutschland nicht möglich waren (also ein Art Versuchsstation für die Bildung einer neuen Gesellschaft). Das, was Oppenheimer und Warburg mit dem Bodenkulturverein in Deutschalnd nicht erreichen konnten, versuchten sie mit Hilfe des Zionismus in Palästina für die Ostjuden in die Tat umzusetzen.

Im folgenden sollen nur kurz die wichtigsten Züge der Vision der Zionisten Deutschlands im Rahmen der palästinischen Lösung charakterisierte werden. Es ist unnötig, hier die Schlagworte von Palästina als Zufluchtsort für das Ostjudentum, der die gesellschaftliche Struktur dieses Judentums ändern werde, zu wiederholen. »Den Juden des Ostens [...] eine Heimstätte zu bereiten [...] ist der sozialpolitische Gedanke des zionistischen Programms.«[62] Über die praktische Bedeutung dieses Gedankens waren die Meinungen geteilt: 12-15 Millionen Juden in Palästina (so Nordau) oder nur eine Million Juden innerhalb von 50 Jahren (Lichtheim).[63] Beachtenswert ist allein der Plan, in Palästina eine Gesellschaftsverbesserung, die in Deutschland entwickelt wurde, in die Tat umzusetzen. Hier war natürlich die landwirtschaftliche Ansiedlung eine conditio sine qua non, aber ihr wurden im Unterschied zum klassisch europäischen Dorf Ideen der kollektiven und modernen Ansiedlung hinzugefügt. Es ist interessant, daß die Verbesserung selbst teilweise auf deutscher Erfahrung beruhte. (Die Gründung der *Palestine Land Development Com-*

---

[61] A. Hausmann, in: Welt 5. Oktober 1900, S. 1-3, fürchtete, daß die jüdische Auswanderung nach West-Europa dort den Antisemitismus stärken werde, und verlangte deshalb die Weiterleitung der Auswanderer nach Palästina. Siehe auch III, 3.
[62] Lichtheim, Programm, S. 12; vg. Nordau, Vortrag vom 17. April 1899, S. 342-363.
[63] Nordau, Vortrag vom 17. April 1899, 252; Lichtheim, Programm, S. 41.

pany wurde mit dem preußischen Beispiel der Ansiedlung von 125.000 Menschen in den östlichen Provinzen begründet. »In Palästina gelinge, was in Preuße möglich war«, wurde offiziell mitgeteilt.)⁶⁴ Franz Oppenheimer, Otto Warburg, Arthur Ruppin und andere schlugen ein Experiment der Ansiedlung und des landwirtschaftlichen Anbaus vor, das sich auf die Lehren, die aus der Lage in Deutschland gezogen worden waren, stützte. So lautete der Vorschlag Oppenheimers, kein Land in Privatbesitz zu überführen, die Bildung von Großgütern oder Monopolen in den Städten zu verhindern und statt dessen Siedlungsgenossenschaften zu errichten.⁶⁵ Warburg regte die »Cultur von Handelspflanzen« etc. an. Neben diesesn beiden beschäftigten sich Trietsch und Nossig, die zusammen mit Oppenheimer und Warburg die Zeitungen *Palästina* und *Altneuland* herausgaben (1902-1906) und gemeinsam die Kommission zur Erforschung Palästinas organisierten, intensiv mit der Ansiedlerlösung in Palästina. Auch sie versuchten deutsche Erfahrungen in die Tat umzusetzen (Ansiedlungen in Amerika oder in Afrika) und verstanden darunter Ansiedlungen nicht nur Palästina, sondern in Großpalästina, das den größten Teil des Nahen Ostens umfassen sollte.

Trotz der unterschiedlichen Pläne bestand darin Übereinstimmung, daß die palästinische Landwirtschaft einen intelligenten Bauern und nicht den blindlings der Tradition Verhafteten hervorbringen sollte.⁶⁶

In bezug auf Palästina wagte man auch über Industrialisierung und eine neue jüdische urbane Gesellschaft zu sprechen. Im Gegensatz zu Deutschland würde die Wirtschaft Palästinas mit Sicherheit jüdische Fabrikbesitzer und Arbeiter benötigen. So wurde entsprechend den Empfehlungen Sombarts, in Palästina einen Agrarstaat zu errichten, und ohne das Thema der Landwirtschaft (einschließlich der Mechanisierung der Landwirtschaft) zu vernachlässigen, die Notwendigkeit von Industrie und Handwerk betont; dies allerdings in Städten mit menschlicherem Charakter im Sinne der deutschen Versuche der Errichtung von »Gartenstädten«.⁶⁷ Bei der Organisierung des Kapitals war die Denkart begrenzt kapitalistisch: »Palästina braucht nicht nur Pioniere der Arbeit, sondern auch des Kapitals.«⁶⁸ Bereits Loewe meinte ausdrücklich, daß nur Kapitalismus das Land Israel entwickeln könne, obgleich er ebenso wie andere davor warnte, die Fehler Deutschlands zu wiederholen (aber ist vielleicht der Vorschlag, ein Industriesyndikat zur Verwaltung und Finanzierung der Industrie in Palästina zu errichten, nichts anderes als die Nachahmung des fortgeschrittenen Stadiums deutscher kapitalistischer Ver-

---

⁶⁴ CZA Z2/402 Rundschreiben (März 1910?), Köln an Ortsgruppen.
⁶⁵ F. Oppenheimer, »Jüdische Siedlungen«, in: Welt 50-52 (1901), 4 (1902); ders., »Ansiedlung«, in: Jüdische Rundschau, 25. September 1903; Otto Warburg, in: Welt 6 (1902); Arthur Ruppin, Philanthropie oder Kolonialpolitik (1908); Siedlerkredite (1909); Die Schaffung eines jüdischen Landarbeiterstandes (1912), in: ders., Dreißig Jahre Aufbau in Palästina, Berlin 1937.
⁶⁶ H. Loewe, »Die Dorfschule in Palästina«, in: Altneuland 1904, S. 71ff.
⁶⁷ D. Trietsch, »Zwei Aufsätze«, in: Jüdische Rundschau, 29. März und 3. Mai 1912; »Zionistische Arbeit in Palästina«, in: Jüdische Rundschau, 5. Januar 1912; D. Trietsch, »Die Gartenstadt«, in: Altneuland 1906, S. 349ff.
⁶⁸ CZA Z2/402, Rundschreiben unterzeichnet von Bodenheimer, Auerbach, Friedemann u.a.

4. Das Gesellschaftsbild der Zionisten vor dem Ersten Weltkrieg 215

waltung?).[69] Nur an einer Stelle findet sich eine analytische Behandlung der Frage, in welchem Ausmaß die jüdische Gesellschaft in Palästina vor 1914 kapitalistisch war. Der Autor, ein Berater Oppenheimers, der die Gesellschaft in Palästina wohl kannte, gab die Antwort, daß es keinen Kapitalismus und kein Proletariat im marxistischen Sinne gebe, und obwohl er die freie Initiative der Wirtschaft befürwortete, warnte er vor einer Lage, die zu Klassenkämpfen in Palästina führen könnte.[70]

Die Visionen von Palästina behandelten auch die Wiederherstellung des jüdischen Handelsprestiges, das von den Antisemiten so stark angegriffen worden war. Friedmann erklärte bereits in einem frühen Stadium, daß man ein Volk nicht ausschließlich in Arbeiter und Bauern umwandeln könne. In der Diaspora war es ein Volk von Kaufleuten und daher verhaßt, aber in Palästina werde eine normale Proportion von Kaufleuten entstehen. Dann würden palästinische Kaufleute, Juden, zwischen Ost und West vermitteln und damit dem verachteten Begriff »Zwischenhändler« neue Ehre verleihen können (beiläufig erwähnt: diese Idee wurde auch von Sombart geäußert).[71]

Unter den Visionen der Zukunftsgesellschaft in Palästina tauchten auch »hochtrabende« Ideen konservativer oder fortschrittlicher Art auf: »die Herrschaft des geistigen Adels« statt der Geldherrschaft;[72] die Vermittlung westlicher Kultur an die Ostjuden durch Palästina;[73] Kulturvermittlung an die Völker Asiens und Afrikas durch die Ansiedlung in Palästina;[74] als »geistiger Mittler zwischen Ost und West dem friedlichen Fortschritt der Menschheit ihre Kräfte weihen«;[75] die Errichtung eines Zentrums, das dem Judentum in der Diaspora neuen Inhalt verleiht[76] oder eine »Heimat ohne Kanonen und Flotte, ohne Luxus und hinaustönenden Ruhm.«[77] Manchmal traten auch eigenartige Äußerung auf: Cecil Rhodes wurde als »unser großer Wegweiser« für eine nutzbringende Ansiedlung dargestellt,[78] und der Zionismus schien manchmal, ob zu Recht oder nicht, der verlängerte Arm der deutschen Kolonialpolitik zu sein.[79]

---

[69] »Gegenwartsarbeit in Palästina«, in: Jüdische Rundschau, 26. Juli 1907; »Palästina-Industrie-Syndikat«, in: Jüdische Rundschau, 15. März 1907.
[70] S. Dyk, »Zur sozialen Frage in Palästina«, in: Hamburg Jüdische Nachrichten 4 (April 1916), S. 2.
[71] A. Friedemann, »Zwischenhandel«, in: Welt, 26. Januar 1900.
[72] Neue Kolonialpolitik, in: Welt, 5. Januar 1900.
[73] Jüdische Rundschau, 1. April 1910, S. 148.
[74] Birnbaum, Nationale Wiedergeburt, S. 21,
[75] CZA Z 2/402, Flugblatt 1910, »Was will der Zionismus«.
[76] Lichtheim, Programm, S. 35.
[77] Flugblatt, »Unser Programm« (1898).
[78] Dr. N. W., »Cecil Rhodes als Colonialpolitiker«, in: Welt 13 (1902); Imperialismus als positive Politik: Kollenscher, Zionismus, S. 6.
[79] »Zionismus und deutsche Politik«, in: Zionistisches A-B-C-Buch, S. 275-276; CZA Z 3/37, Times article, 28. September 1912 and answer; Isaiah Friedman, »The *Hilfsverein der deutschen Juden*...«, in: Leo Baeck Yearbook, 1979, S. 302ff.

5. Zukunftserwartungen deutscher Juden in der Geburtsstunde der Weimarer Republik

Historiker befassen sich in der der Regel mit einer dreifachen Frage – was warum wie geschehen ist. Aus der sicheren Perspektive der Gegenwart wird mittels dieser Fragen die Vergangenheit dargestellt, analysiert und evaluiert. Die Dimension der Zukunft wird meistens vom Standort des Historikers aus betrachtet – die Vergangenheit soll über die Gegenwart hinaus für die Zukunft des Historikers und seiner Leser eine Bedeutung erhalten. Der einzige in der Vergangenheit bereits verankerte Aspekt der Zukunft, den man zuweilen als Gegenstand der historischen Arbeit versteht, sind Planungen. Ideologische und politische Pläne oder Utopien werden analysiert und hier und dort mit der späteren Wirklichkeit verglichen. Kritisiert wird entweder das allzu Rationale eines Plans oder die Kurzsichtigkeit des Konzepts. Nur selten wird die Zukunft als integraler Teil der Vergangenheit betrachtet und dargestellt, um eine bessere Einsicht in die Geschichte selbst zu gewinnen.

Es gibt jedoch m. E. keinen besseren Ansatz, um das Selbstverständnis vergangener Gesellschaften und Persönlichkeiten zu erschließen, als deren Zukunftsvorstellungen und Erwartungen zu untersuchen. Diese Erwartungen zeigen, was für vergangene Gesellschaften bedeutend oder marginal war; sie erklären die Handlungen der Angehörigen dieser Gesellschaften oft besser als direkt gegenwartsbezogene Erklärungen, die meist als historische Hauptquellen benutzt werden. Pläne und Utopien sind nur ein Teilaspekt der vergangenen Zukunftsvorstellungen; nur ein Bruchteil der zu Geschichte gewordenen Zukunftshoffnungen und -erwartungen.

Die Vergangenheit hinterläßt eine Fülle verschiedenartiger Aussagen, die sich direkt oder indirekt auf die erwartete Zukunft beziehen. Auch Handlungen implizieren die Zukunftsvorstellungen der jeweiligen Gesellschaft und ermöglichen einen Vergleich zwischen Erwartung und Verwirklichung in der Vergangenheit. Die Rekonstruktion der Zukunftserwartungen einer vergangenen Gesellschaft und ihrer Veränderungen in der Konfrontaton mit der tatsächlichen Entwicklung eröffnet einen neuartigen und originellen Zugang zur Analyse der Geschichte. Die folgende Darstellung möchte dafür ein Beispiel geben. Um die gesellschaftliche und politische Situation der deutschen Juden zu Beginn der Weimarer Republik näher zu beleuchten, soll im folgenden eine Rekonstruktion der Zukunftsvorstellungen der deutsch-jüdischen Gesellschaft in den Jahren 1918/19 gewagt werden.

Die Weimarer Republik galt den Zeitgenossen als »Judenrepublik«. Noch im Rückblick schienen die 1920er Jahre den Betroffenen und Beteiligten quasi ein »goldenes Zeitalter« der deutschen Juden gewesen zu sein. So wurde die Weimarer Zeit oft mit dem »goldenen Zeitalter« der spanischen Judenheit des 12. Jahrhunderts als eine Epoche verglichen, in der Juden führende Rollen in Wirtschaft und Politik, aber auch im kulturellen Bereich einnehmen konnten.

Die meisten der seit dem Zweiten Weltkrieg publizierten wissenschaftlichen Arbeiten, die weder in apologetischer Absicht noch mit antisemitischer Tendenz verfaßt wurden, bewiesen freilich, daß dieses Bild des »goldenen Zeitalters« für die Juden der Weimarer Republik nicht zutrifft. Sie widerlegen zum Beispiel eindeutig die Annahme, »die Juden« in Deutschland hätten »die (sozialistische) Revolution« erhofft oder gar herbeigeführt, um sie als Hebel der »jüdischen Sache« zu instrumentalisieren.[1] Es waren die pauschalen Vorstellung von »den Juden« einerseits und die undifferenzierte, eindimensionale Betrachtung ihrer Interessen andererseits, die eine so vereinfachte kausale Verbindung zwischen »den Juden« und »der Revolution« ermöglichten. Beide Elemente müssen aber angesichts der Tatsache, daß sogar die Beziehung zwischen »den deutschen Proletariern« und »der deutschen Revolution« nicht ohne eingehende Differenzierung sinnvoll analysiert werden kann, um so gründlicher betrachtet werden.

Wer war »der deutsche Jude«, mit dem sich der Historiker bei der Bearbeitung dieses Themas auseinandersetzen muß? Jenseits der Frage einer Definition von »Judentum« allgemein (Religion, Ethnie, Schicksalsgemeinschaft oder Volk) steht die Frage »Was war das *deutsche* Judentum?« Gehörten nur die deutschen Staatsangehörigen oder auch die in Deutschland lebenden ausländischen Juden dazu? Nur die Juden im Deutschen Reich oder alle Juden im gesamten deutschen Sprachraum? Wohin gehörten in Deutschland lebende oder Deutsch sprechende Juden? Hinzu kommt, daß die deutsch-jüdische Bevölkerung, gleich welche Definition des »deutschen Judentums« benutzt wird, äußerst heterogen war. Gershom Sholem zum Beispiel versuchte, zwischen mehreren Gruppen zu differenzieren: Das Spektrum reicht für Sholem von total »eingedeutschten« oder getauften Juden, von »jüdischen Antisemiten« über die Mehrheit eines liberalen Mittelstands, der im wesentlichen die Verbindung zur jüdischen »Substanz«, also in erster Linie zur Religion, verloren hatte, bis hin zu den Zionisten und einer orthodoxen Minderheit.[2] Aber auch eine einfachere Dreiteilung wird in der Forschungsliteratur benutzt; »Kulturjuden« (oder »Bekenntnisjuden«), säkularisierte Juden, allein ethnische Juden.[3] Oder: »normale« Juden, »nicht-jüdische« Juden (die nicht in die Kategorie von Juden aufgenommen werden wollten) und »Uninteressierte«.[4] Für unsere

---

[1] Hier stehen die von Hitler in *Mein Kampf* entwickelten Ideen nur stellvertretend für die im antisemitischen Lager geläufigen Vorstellungen über den Zusammenhang »Juden und Novemberrevolution«. – Vgl. dazu im Detail Moshe Zimmermann, Die deutschen Juden 1914-1945, München 1997; Jacob Katz, Vor Vorurteil bis zur Vernichtung. Der Antisemitismus 1700 bis 1933, München 1989; Helmut Berding, Moderner Antisemitismus in Deutschland, Frankfurt a.M. 1988, S. 195ff.; Heinrich August Winkler, »Die deutsche Gesellschaft der Weimarer Republik und der Antisemitismus – Juden als Blitzableiter«, in: Wolfgang Benz, Werner Bergmann (Hg.), Vorurteil und Völkermord. Entwicklungslinien des Antisemitismus, Freiburg 1997, S. 341-362.

[2] Gershom Scholem, »Zur sozialen Psychologie der Juden in Deutschland 1900-1930«, in: Rudolf von Thadden (Hg.), Die Krise des Liberalismus zwischen den Weltkriegen, Göttingen 1978, S. 260-266.

[3] Carolyn S. Blackwell, German Jewish Identity and German Jewish Response to National Socialism, 1933/1939, Ann Arbor 1988.

[4] Eva G. Reichmann, »Der Bewußtseinswandel der deutschen Juden«, in: Werner E. Mosse, Arnold Paucker (Hg.), Deutsches Judentum in Krieg und Revolution 1916-1923, Tübingen 1971, S. 513.

Analyse sollen zunächst die Subgruppen Orthodoxe, Liberale, Indifferente, Assimilierte, Zionisten sowie »West- und Ostjuden« zugrunde gelegt werden. Die Menschen, die man als »Getaufte« oder als »Mischlinge« bezeichnete, und auch die aus der jüdischen Gemeinde ausgetretenen Personen wollen wir aus praktischen Gründen zunächst in diesem Rahmen nicht in Betracht ziehen. Allerdings darf nicht vergessen werden, daß die Mehrheit der deutschen Juden religiös liberal, »assimiliert« und »westjüdisch« war. Orthodoxe, zionistische und »ostjüdische« Menschen – drei Kategorien, die sich zum Teil überschnitten – stellten nicht mehr als ein Viertel des deutschen Judentums zu Beginn der Weimarer Zeit.

Diese heterogene deutsche Judenheit konzentrierte sich in ihren Erwartungen und Perspektiven keineswegs nur auf den diffusen Bereich der »jüdischen Angelegenheiten« oder »jüdischen Interessen«. Die großen Themen waren 1918/19 in diesem Rahmen zunächst die Zukunft Deutschlands, dann die Frage der wirtschaftlichen Entwicklung und drittens die Zukunft der Juden und des Antisemitismus. Bei genauerer Betrachtung lassen sich noch weitere zukunftsbezogene politische Probleme unterscheiden, mit denen sich deutsche Juden gegen Ende des Krieges intensiv befaßten: 1. die Frage, ob das bevorstehende Kriegsende einen politischen Umsturz mit sich bringen werde (und damit verbunden die Angst vor Sozialismus und Pogromen); 2. das Wesen der Friedensordnung und die neue Paria-Position Deutschlands in der internationalen Politik; 3. die Möglichkeiten zur Neugestaltung und Demokratisierung des jüdischen Gemeindelebens im Nachkriegsdeutschland; 4. die Zukunft Polens und Rußlands sowie die drohende Masseneinwanderung aus dem Osten; 5. die Palästina-Frage.

Jede Subgruppe innerhalb des deutschen Judentums bezog auf die ihrem Wesen und ihrem politischen Standpunkt entsprechende Art und Weise zu diesen allgemeinen und spezifischen Problemen Stellung. In der vorliegenden Darstellung wird anhand von ausgewählten Beispielen – exemplarisch im Hinblick auf die Themenbereiche und die Subgruppen – illustriert werden, wie sich deutsche Juden 1918/19 mit den unterschiedlichen Problemen der Zeit auseinandersetzten und welche diesbezüglichen Zukunftserwartungen sie entwickelt haben.

Die Analyse – eine Momentaufnahme der Jahreswende 1918/19 – hat zunächst über die Frage der geeigneten Quellen hinaus auch die Frage nach einer adäquaten Methodologie zur Problembewältigung zu beantworten. Informationen über Zukunftserwartungen erhält man nicht ausschließlich aus schriftlichen programmatischen Äußerungen. Oft deuten Taten mehr als Worte auf vorhandene Erwartungen hin: So wird etwa die Zukunftssicht der deutschen Bevölkerung bei Kriegsbeginn 1914 durch die weitverbreitete Begeisterung und die zahlreichen freiwilligen Meldungen zum Militär, aber auch durch den Sturm auf die Banken nicht weniger eindringlich beleuchtet als durch Proklamationen und Leitartikel in den Zeitungen. Geht es um die Erwartungen der deutschen Juden in der Zeit der Weimarer Republik, so ist zum Beispiel auch die Statistik der Migrationsbewegungen als Indikator für die innerhalb dieses Bevölkerungssektors herrschenden Zukunftserwartungen zu werten.

Die hier vorgelegten Ergebnisse zum Thema werden sich jedoch überwiegend auf schriftliche Äußerungen stützen und dabei Hinweise auf vorhandene Zukunftserwartungen herausarbeiten, die sich im Rahmen einer Syntaxanalyse aus dem textuellen Gesamtzusammenhang, dem literarischen Kontext, erheben lassen. Bei diesem Verfahren muß zwischen Hoffnung und Erwartung, Mahnung und Erwartung, Wille und Erwartung, Zukunftsrhetorik und Zukunftsperspektiven differenziert werden. Die sprachliche Gestaltung der Zukunftserwartungen und der Ausführungen zur Realisierbarkeit von Plänen dienen als Mittel, um die realistischen, nicht utopischen Zukunftserwartungen zu erfassen. Die Futurform des Verbs »sein« innerhalb der Texteinheiten steht im Mittelpunkt der Aufmerksamkeit, wobei in jedem Einzelfall gewissenhaft zu prüfen ist, ob es sich um einen Ausdruck der Zuversicht oder nur der Rhetorik handelt.

1. Kriegsende

Daß Zukunftserwartungen sich mitunter nur zögernd verändern, zeigt schon die Entwicklung der Erwartungshaltung deutscher Juden im Hinblick auf den Kriegsausgang und die Kriegsdauer. Die Zeitung *Im deutschen Reich* des Central Vereins der deutschen Staatsbürger mosaischen Glaubens (C.V.), wohl *die* repräsentative Zeitung der deutschen Juden schlechthin, glaubte noch sechs Wochen vor dem Waffenstillstand und trotz des Regierungswechsels jedes Wort der Militärführung. Das Blatt hoffte immer noch auf einen deutschen Sieg und setzte auf die zukünftige Zusammenarbeit mit Feldmarschall Hindenburg. Auf den Seiten des C.V.-Organs finden sich keine Hinweise auf bevorstehende radikale Reformen oder gar einen revolutionären Umsturz.[5] Die *Zentralwohlfahrtsstelle der deutschen Juden* wollte darüber hinaus noch zu diesem Zeitpunkt die Kinderlandverschickung intensivieren und gab damit zu erkennen, daß man hier kurz vor der Niederlage noch immer mit einer längeren Fortsetzung des Krieges rechnete.[6] Eine Fortsetzung des Krieges hätte jedoch im Prinzip sowohl zu einer Verschlechterung der Lage als auch zum Sieg führen können, so daß das Verhalten der Wohlfahrtsstelle über die gemachte Feststellung hinaus keine eindeutige Aussage über die eigentliche Erwartung zuläßt.

Mit Bezug auf eine Tagung des *Alldeutschen Verbandes* am 14. September 1918 und Scheidemanns Behauptung, der Verband stünde vor dem Ende, meinte man im Central Verein, der Rückgang der antisemitischen Angriffe der »Alldeutschen« sei allein eine Folge der schwierigen Lage an der Front.[7] Bei einer eventuellen Verbesserung der militärischen Lage werde die antisemiti-

---

[5] »Umschau«, in: Im Deutschen Reich (IDR) 24 (1918), S. 377-384, hier: S. 379.
[6] »Die Zentralwohlfahrtsstelle der deutschen Juden«, in: ebd., S. 404f.
[7] »Umschau«, in: ebd., S. 382.

sche Hetze erneut aufflammen. Diese Aussage läßt sich nicht eindeutig als Zukunftserwartung interpretieren: Handelte es sich nur um eine rhetorische Warnung vor den Feinden des Judentums oder um eine reale Befürchtung, die an die Hoffnung auf einen deutschen Sieg gekoppelt war?

Ende Oktober 1918 scheint man im C.V. die Lage realistisch erkannt zu haben. Eine Rede, die der C.V.-Vorsitzende Eugen Fuchs auf der Versammlung des Vereins am 2. November hielt, zeigt eine gewandelte Haltung: Fuchs lamentierte nun bereits über die Niederlage, die ja erst neun Tage später offiziell eingestanden werden sollte.[8] Und wie unumkehrbar sich die Niederlage für den orthodoxen Rabbiner Ezriel Hildesheimer zur Zeit der Versammlung darstellte, zeigt die Tatsache, daß er sie mit dem Schicksal des jüdischen Volkes nach der Zerstörung des Zweiten Tempels im Jahre 70 n.d.Z. verglich.[9] Hildesheimer versuchte zwar zu zeigen, daß es auch ein Leben nach dem (militärischen) Tod geben könne – so wie das geistige Leben im Judentum nach dem Fall Jerusalems nicht zum Erliegen kam, sondern sich insbesondere in der Stadt Javne weiter entwickeln konnte –; aber der Vergleich belegt eine eindeutige Erwartung des Rabbiners hin: Deutschland werde seine Stellung als Weltmacht verlieren. Revanchismus war für die meisten deutschen Juden jedoch schon kurz nach der Niederlage ausgeschlossen. Nur Dr. Alfred Apfel, der Vertreter der jüdischen Jugendbewegungen und gewissermaßen der Repräsentant der »Generation von 1914«, äußerte die Erwartung, Deutschland werde bald wieder zu seiner internationalen Machtposition zurückfinden. Diese Haltung war vielleicht insbesondere für Zionisten typisch, die trotz der Niederlage eine Fortsetzung der alten Nahost-Politik des Reiches und eine Zusammenarbeit zwischen dem deutschen Zionismus und der deutschen Politik erwarteten und erhofften.[10]

Obwohl die Tatsache der deutschen Niederlage innerhalb weniger Tage auch im Erwartungshorizont der politisch aktiven deutschen Juden zur vollendeten Tatsache hätte werden müssen, dachten und planten sie weiterhin nach den herkömmlichen Mustern. Einerseits zielten die Bemühungen des C.V.s darauf ab, die Haltung der deutschen Regierung zu den auf der Friedenskonferenz zu behandelnden jüdischen Fragen in nicht-zionistischer Richtung zu beeinflussen: »da damit gerechnet werden muß, daß die Vertreter der Staaten auf der Friedenskonferenz [...] die den Juden gegenüber einzuschlagende Politik ausschließlich [...] nach national-jüdischen Gesichtspunkten betrachten werden, muß die deutsche Regierung [...] auf der Friedenskonferenz darüber unterrichtet werden [...], daß die deutschen Juden in ihrer überwiegenden Mehrheit den Standpunkt der Zionisten ablehnen und sich restlos als Angehörige des deutschen Volkes bekennen.«[11] Andererseits griffen die Zionisten zu verbalen Drohungen, um die deutsche Regierung vor eben dieser Haltung zu war-

---

[8] »Umwälzung und Kriegsende«, in: ebd., S. 417-427, hier: S. 427.
[9] »Die Kundgebung des Centralvereins«, in: ebd., S. 427-438, hier: S. 431.
[10] »Die Judenfrage auf der Friedenskonferenz«, in: Volk und Land 1 (1919), S. 328f.
[11] »Resolution des C.V. auf einer Berliner Mitgliederversammlung«, zitiert in: Protokoll des XV. Delegiertentages der Zionistischen Vereinigung für Deutschland, Berlin 25.-27. Dezember 1918, Berlin 1919, S. 22.

nen. Hier hieß es, »daß man sich auf diese Weise (durch Zustimmung zur Position des C.V. – M.Z.) die Sympathien des jüdischen Volkes für Deutschland verscherzt.«[12] Beide Seiten gingen davon aus, daß Deutschland – wie Frankreich nach der Niederlage von 1815 – trotz des militärischen Fiaskos auch weiterhin in der internationalen Politik eine zentrale Rolle spielen werde. Zugleich waren die jüdischen Kontrahenten einheitlich der Meinung, der Haltung des Judentums komme als Faktor der internationalen Politik eine gewissen Bedeutung zu. Beide Annahmen waren als Grundlage der entsprechenden Erwartungshaltungen weit überzogen. Die Wahrnehmung des Kriegsausgangs führte also noch nicht zu einer prinzipiellen Wende im politischen Denken, weil der wahre Charakter der deutschen Niederlage – wenigstens zunächst – nicht begriffen wurde. Dies beeinflußte natürlich auch alle anderen Erwartungen, die man an Deutschlands Zukunft knüpfte.

2. Revolution und Sozialismus

Der militärische Mißerfolg war – wie gezeigt – für deutsche Juden noch vor dem 11. November 1918 gewiß, nicht aber die innenpolitische Zukunft: Zur C.V.-Versammlung am 2. November – kurz nachdem der Matrosenaufstand in Kiel das Festland erreicht hatte –, war der neue Reichskanzler, Prinz Max von Baden, eingeladen worden. In Stellvertretung erschien ein Staatssekretär, der die Versammelten allerdings nicht über die zukünftige Entwicklung aufklären konnte. Man rechnete einerseits damit, daß sich die neue konstitutionelle Monarchie, die man im Vergleich zum vorhergehenden System als vorteilhaft und mit Wohlwollen betrachtete, konsolidieren werde. Eine Rückkehr des alten Regimes wurde nicht erwartet. Der Zionist Oppenheimer zum Beispiel behauptete, der Borussismus sei genauso endgültig untergegangen wie der Zarismus.[13] Andererseits erwartete bzw. befürchtete man im C.V. Anfang November 1918, die sozialistisch-revolutionäre Bewegung werde sich mit großer Wahrscheinlichkeit durchsetzen. Man versuchte in dieser verwirrenden Lage, Zukunftsperspektiven und -prognosen auf der Basis bisheriger kollektiver Erfahrungen zu entwerfen: Hierbei konnten die Französischen Revolution, die damalige Rolle der Jakobiner – es wurde eine Radikalisierung der Massen durch die »Volksvertreter« (gleich: die Jakobiner) befürchtet – sowie die Oktoberrevolution in Rußland – zumal die Entmachtung des bürgerlichen Parlaments im Januar 1918 – als Modelle benutzt werden.[14]

Die ausgesprochenen Erwartungen belegen allgemeine Verwirrung und weitverbreiteten Pessimismus. Hugo Sonnenfeld, ein Vertreter des C.V., verpflichtete sich noch am 2. November zur Treue gegen König (!) und Vaterland

---

[12] Ebd.
[13] »Die Kundgebung des Centralvereins«, in: IDR 24 (1918), S. 431.
[14] »Umwälzung und Kriegsende«, in: ebd., S. 426.

und sprach gar von Evolution statt Revolution – eher wohl Ausdruck verzweifelter Hoffnung als realistischer Erwartung. Am 9. November 1918 war die Revolution eine Tatsache und zwei Tage später wurde die militärische Niederlage formal akzeptiert. Während das C.V.-Organ sich noch Anfang Januar die Bemerkung erlaubte, die Monarchie sei »vorläufig«[15] verschwunden, stand für den C.V.-Führer Eugen Fuchs zwei Monate später eindeutig fest: »Der Krieg *ist* verloren, das Reich zusammengebrochen. [...] Die Republik *ist* ausgerufen, das Alte *ist* gestürzt.«[16] Eine derartig eindeutige Aussage so kurz nach der Revolution und dem Scheitern des Spartakus-Aufstandes macht deutlich, daß man mit der Rückkehr des alten Systems nicht mehr rechnete. Auf zionistischer Seite finden sich ähnliche Aussagen. Mitte 1919 schrieb Nahum Goldmann: »Dieses alte Deutschland *ist* tot. Wenn die Revolution irgend etwas radikal geändert hat, so den preußischen Staatsbegriff. [...] Dieses neue Deutschland *wird* humaner, freiheitlicher, toleranter sein.«[17]

Die Mehrheit des deutschen Judentums war verständlicherweise seit den ersten Novembertagen nicht nur mit der Revolution im allgemeinen, sondern auch mit dem erwarteten und befürchteten Sieg des Sozialismus beschäftigt. Bereits am 2. November hatte Rabbiner Weiß betont, Juden seien keine Kapitalisten[18] – eine Aussage, die die Vermutung nahelegt, der Rabbiner habe hier implizit eine Prognose zur erfolgreichen Durchsetzung des Sozialismus gewagt, um einer anti-jüdischen Kampagne von links vorzubeugen. Er war keine Ausnahme: An einem Sieg der SPD bei den Reichstagswahlen im Januar 1919 hatte man in den Reihen des C.V. wenig Interesse.[19] Ebenso wie die assimilierte Mehrheit der deutschen Juden ging auch die zionistische Minderheit nach dem 9. November vom Erfolg der Sozialisten aus: »Sozialismus ist jetzt Trumpf«, behauptete die von David Trietsch herausgegebene zionistische Zeitung *Volk und Land* zum Jahresbeginn. Für die These, nicht nur die jüdischen Sozialisten, sondern die deutschen Juden allgemein hätten 1918/19 voller Hoffnung eine sozialistische Revolution erwartet, finden sich allerdings nur schwerlich repräsentative Stimmen. Die Zukunftserwartung im Hinblick auf den Sozialismus verknüpfte sich mit einer sehr vagen Vorstellung vom Wesen des Sozialismus: In erster Linie verband man damit eine intensivierte und verbesserte Sozialpolitik und verstärkte Bemühungen um sozialen Ausgleich. Derartige Vorstellungen wurden von der Auseinandersetzung in der zionistischen Bewegung um die »Gegenwartsarbeit« begleitet, die in der Diaspora, nicht in Palästina stattfinden sollte: »Viele Juden haben längst instinktiv gefühlt, daß ein Judentum ohne soziale Arbeit ein Unding ist.«[20]

Eindeutig in diese Richtung zielte auch die im Dezember 1918 publizierte Formulierung Arthur Hantkes, des Vorsitzenden der *Zionistischen Vereini-*

---

[15] »Umschau«, in: IDR 25 (1919), S. 11-18, hier: S. 11.
[16] Eugen Fuchs, »Was nun?«, in: ebd., S. 103-111 (Hervorhebung durch den Verfasser. Dies gilt zugleich für alle weiteren Hervorhebungen in den im folgenden angeführten Zitaten).
[17] Nahum Goldmann, Die drei Forderungen des jüdischen Volkes, Berlin 1919, S. 15.
[18] »Die Kundgebung des Centralvereins«, in: IDR 24 (1918), S. 431f.
[19] »Umschau«, in: IDR 25 (1919), S. 13.
[20] »Soziale Fürsorge«, in: Volk und Land 1 (1919), S. 23.

gung für Deutschland (ZVfD): »Ein Deutschland der Demokratie und des sozialen Fortschritts« sei im Sinne der deutschen Juden.[21] Diese Sätze – nur Wochen vor dem Aufstand der Spartakisten und weniger als zwei Monate nach dem Scheitern der von Karl Liebknecht ausgerufenen »Freien Sozialistischen Republik« – zeigen, wie unfundiert letztlich die Vorstellungen waren, auf denen man seine Zukunftserwartungen aufbaute. Man erwartete und befürchtete einen Erfolg des Sozialismus, ohne den Begriff klar definieren zu können. Erwartungen und Befürchtungen resultierten gleichermaßen aus der begrifflichen und sachlichen Unklarheit. Man wußte nicht einmal, ob die großen internationalen Entscheidungen in Versailles, dem Ort der Friedenskonferenz, oder in Bern, dem Tagungsort der sozialistischen Parteien, fallen würden.[22]

Erst während der Amtsperiode der Regierungen Scheidemanns und Bauers sowie während der Vorbereitung der Weimarer Verfassung wurde der Charakter des herrschenden Sozialismus zunehmend deutlicher. Dies war auch aus jüdischer Perspektive von einiger Bedeutung. Nahum Goldmann meinte, die politische Wandlung im Hinblick auf die »Judenfrage« werde dadurch dokumentiert, »daß die Sozialdemokratie und die radikale internationalistische Demokratie die Erbauer des neuen Reiches sind.«[23] Auf der Basis allgemeiner Perspektiven für die Zukunft versuchten nun auch deutsche Juden, ihre Zukunft vorauszusehen und zu gestalten. Eugen Fuchs' Aufsatz »Was nun?«, über den im weiteren Verlauf dieses Kapitels noch einiges zu sagen sein wird, befaßte sich eindrücklich mit dieser Problematik.

Den Ausführungen des sozialistischen Zionisten Viktor Arlosoroff nach den ersten Wahlen zur Nationalversammlung konnte man allerdings entnehmen, was im neuen Rahmen vom spezifisch jüdischen Sozialismus erwartet wurde: Arlosoroffs Empfehlung, in Deutschland wie in Palästina oder Osteuropa »aus dem Klassen-Sozialismus der Marxisten einen jüdischen Volkssozialismus«[24] mit dem Ziel des »Fortschritts der Gesamtheit«, nicht der Klasse zu schaffen, deutete auf die Annahme hin, zuerst werde der Marxismus den Kampf gewinnen.[25] Juden sollte dann die Aufgabe zufallen, den Charakter des Sozialismus – vielleicht in Zusammenarbeit mit ähnlich gesonnenen Nicht-Juden – zu ändern.

Daß sich die Mehrheit der deutschen Juden vor dem Sozialismus, vor allem vor dem revolutionären Sozialismus russischer Prägung fürchtete, darf nicht verwundern. Um die Jahreswende 1918/19 blieben aber die diesbezüglichen Erwartungen noch völlig unklar. Im Mittelpunkt des Erwartungshorizonts stand zunächst das Bild des deutschen SPD-Sozialismus, nicht aber der Bolschewismus, der erst etwas später pauschal mit »dem Sozialismus« assoziiert werden sollte. Daß sogar der deutsche Sozialismus nicht-kommunistischer

---

[21] Protokoll des XV. Delegiertentages, S. 9.
[22] Jüdische Rundschau (JR), Ausgabe vom 4. Februar 1919.
[23] Goldmann, Drei Forderungen, S. 25.
[24] Ludwig Strauß benutzt den Begriff »Nationaler Sozialismus«; Protokoll des XV. Delegiertentages, S. 28. – Vgl. auch Robert Weltsch, »Nationalismus und Sozialismus«, in: Der Jude 4 (1919/20), S. 193-199.
[25] Victor Arlosoroff, »Der jüdische Volkssozialismus«, in: Volk und Land 1 (1919), S. 411.

Prägung der Mehrheit des Judentums als radikal und unerwünscht galt, wird noch gezeigt werden.

3. Vaterland: Deutschland versus Palästina

Palästina war für deutsche Juden aus zwei Blickwinkeln heraus relevant. Zunächst stand dieses Problem im Zusammenhang mit der deutschen Außenpolitik und der deutsche Einflußsphäre im Nahen Osten. Hier zeigte sich, wie bereits erwähnt, kurz nach dem Waffenstillstand, daß das volle Ausmaß der Niederlage nicht wahrgenommen wurde. Die Zionisten erwarteten eine Fortsetzung der traditionellen deutschen Ambitionen im Nahen Osten und boten, wie vor dem Weltkrieg, gewissermaßen einen Tauschhandel an – ein quid pro quo: Die Unterstützung des Zionismus in Palästina durch Deutschland für die Unterstützung deutscher Interessen im Nahen Osten durch Juden. In diesem Zusammenhang hieß es, »das jüdische Element in Deutschland [...] wird für die nächste Zukunft [...] von Bedeutung sein« und es sei »gar keine Frage, daß ein jüdisches Palästina für eine rasche Neubelebung Vorderasiens außerordentlich fruchtbar werden wird« – eine Erwartungshaltung, die mit der Hoffnung verbunden war, Deutschland werde aus eigenen wirtschaftlichen und kulturellen Interessen den Zionismus unterstützen.[26] Diesbezügliche Hoffnungen und Erwartungen waren nicht allein auf Seiten der Zionisten zu finden. Auch der Vertreter des nicht-zionistischen Judentums behauptete Anfang 1919, »wir wollen .., daß schon um des Deutschtums willen unsere Fäden nach Palästina nicht zerrissen werden.«[27] Darüber hinaus gewann die Palästina-Frage für die Zukunft des deutschen Zionismus und des deutschen Judentums allgemein an Relevanz – ein zweiter Aspekt, der im Laufe der Zeit den ersten völlig überschattete. Die Balfour-Deklaration und der Ausgang des Krieges im Nahen Osten konnten aus der Sicht der Zionisten nur als Erfolge betrachtet werden. Daß letztlich Großbritannien als Gegner Deutschlands dem Zionismus zu diesem Erfolg verholfen hatte und auch in Zukunft zu ähnlichen Erfolgen verhelfen sollte, schien den deutschen Zionisten – im Unterschied zu den Nicht-Zionisten[28] – kein Manko zu sein. Wie bereits erwähnt, war die Beteiligung Deutschlands an der Nahostpolitik auch nach Kriegsende in den Augen der deutschen Zionisten nicht beendet.

---

[26] »Die Judenfrage auf der Friedenskonferenz«, in: ebd., S. 328f.
[27] Fuchs, Was nun?, S. 110. – Eine derartige Behauptung wiederum wurde von den Zionisten nicht gemacht: »Wir wissen, daß England neben Amerika das einzige Land war und ist, und wahrscheinlich auf lange Zeit hinaus bleiben wird, daß seine ›Geschäfte‹ mit dem Judentum [...] in fairer Weise abwickelt.« –»Eine Auseinandersetzung«, in: IDR 25 (1919), S. 249-254, hier: S. 253.
[28] Eugen Fuchs, »Offene Antwort«, in: Volk und Land 1 (1919), S. 545. – Dort wird der jüdische Nationalismus unter englischer Schirmherrschaft eine »auf Verletzung der Neutralität gerichtete« Angelegenheit genannt.

5. Zukunftserwartungen deutscher Juden 1919

Eine gewisse Trägheit, ein Nichteingehen auf aktuelle Entwicklungen ist für Zukunftserwartungen durchaus typisch. Das neue Element der Balfour-Deklaration – noch vor Kriegsende und dem Vorschlag einer Mandats-Regelung durch Wilson und Smuts – hatte an der Vorstellung vom bekannten imperialistischen Vorgang nichts geändert. Trotz sehr konkreter Vorstellungen vom zukünftigen Judenstaat in Palästina glaubte der hinter einem Pseudonym verborgene Verfasser des 1918 erschienenen Buches *Die Zukunft Palästinas*, dieser Staat werde nicht in der Lage sein, den Großmächten standzuhalten. Eine Szene aus dem Buch malt – ganz den politischen Methoden des Vorkriegsimperialismus verpflichtet – den folgenden Konflikt aus: Russische Matrosen gehen in Palästina an Land, »vergreifen sich im betrunkenen Zustand an jüdischen Mädchen. [...] Es entsteht eine Rauferei; die Matrosen greifen zu den Waffen, die Juden auch. Ein Matrose bleibt tot [...] Ein russisches Geschwader [wird] vor Jaffa erscheinen.« Da die Juden, so der Verfasser, kein Kriegervolk seien, habe dieser Staat keine Chance zu bestehen.[29] Nicht diese Szenen waren allerdings der Grund für die Rezension des Buches in der C.V.-Zeitung, sondern der Mahnruf, durch »Modernisierung, Industrialisierung und Kolonisierung« werde Palästina seinen Charakter als Sanktuarium verlieren: »Motordampfer auf dem Jordan [...] Automobile auf den Straßen; in Jerusalem eine flinke Presse, ein Opern-Haus mit Wagner-Werken.«[30] Relevant für uns sind jedoch nicht Hoffnungen, Befürchtungen und Schwarzmalereien, sondern die grundsätzliche Perspektive der Darstellung kurz vor Kriegsende und Revolution: Palästina als Zentrum jüdischer Existenz tritt real hervor. Damit wurde eine Diskussion fortgesetzt, deren Wurzeln bis in die Vorkriegszeit zurückreichten und die für die Zukunftsperspektiven des deutschen Judentums von entscheidender Bedeutung war: Welches Verhältnis wird sich zwischen dem Judentum in Palästina und der Diaspora herausbilden? Wird die Diaspora verschwinden? Wird Palästina das Kulturzentrum oder sogar das absolute demographische Zentrum des Judentums werden?

1918 erschien die zweite Auflage von Schemarja Goreliks Buch *Golus, Zion und Romantik*. Der Autor ging in seiner Darstellung davon aus, in Palästina werde wie in der Schweiz ein »gesundes, ruhiges Volk, nur schrecklich langweilig, philiströs« leben. Für ihn war diese Vorstellung nicht nur ein zionistisches Ideal, sondern die erwartete Realität eines »pastoralen Zionismus« im »jüdischen Zukunftsstaat«.[31] Der Unterschied in der Zukunftsperspektive verlaufe, so Gorelik, zwischen dem »pastoral-idyllischen Zionismus«, der sich »mit dem Untergang der Golusjuden [...] *abgefunden hat*«, und den »tragischen Zionisten«, die die Theorie einer »Entartung der Diaspora« – also deren Assimilation bis zur Auflösung – nicht akzeptieren und sich »nicht des Bewußtseins freuen, daß der herrliche Augenblick gekommen ist [...], weil

---

[29] Mehemed Emin Efendi (Pseud.), Die Zukunft Palästinas. Ein Mahnruf an die zionistischen Juden und an die ganze Kulturwelt, Frankfurt a. M. 1918, hier zitiert nach: »Bücherschau«, in: IDR 25 (1919), S. 142f.
[30] Ebd.
[31] Schemarja Gorelik, Galus, Zion und Romantik, Berlin 1918, S. 23, S. 26, S. 29.

nicht alle in den jüdischen Zukunftsstaat *gekommen sind.*«[32] Dieser Zionist, der die Verwirklichung eines normalen Lebens in Palästina als reale Zukunft anvisierte, wußte, daß nicht alle Juden nach Palästina auswandern werden, und rätselte, ob die jüdische Diaspora weiter existieren werde oder nicht.

Es war jedoch eine andere Schrift, die im Jahre 1918 die Alternativen am Zukunftshorizont am deutlichsten absteckte. In seinem Buch *Probleme des modernen Judentums* versuchte der extreme Palästinozentrist Jakob Klatzkin zwischen Wirklichkeit, Hoffnung und Willen zu unterscheiden. Da er die Assimilation der Juden für realisierbar hielt, zugleich aber von der »Zukunftslosigkeit der Galuth« (der Diaspora) spricht – die im Versuch, »das Deutschtum [...] halbwegs (zu) judaisieren«, unsittlich ist –, ist es klar, daß er in der Zukunft einen Judenstaat in Palästina als einziges jüdisches Gemeinwesen erwartete. Die Galuth *wird* verschwinden. Mit ihr endet, so Klatzkin, auch der kosmopolitische Humanismus des Judentums, der nur eine aus der Not der Galuth geborene Tugend sei: »Wie wäre es, wenn die Juden ein Land hätten? [...] Wie wäre es, wenn sie zur Macht gelängen, würden sie nicht die Macht verherrlichen? Würden sie nicht andere Völker verfolgen, unterdrücken?«[33] Da Klatzkin nicht nur für einen Judenstaat in Palästina plädiert, sondern ihn konkret erwartet, ergibt sich trotz der Konjunktivstruktur wohl die damit einhergehende Erwartung, daß dies alles Realität sein werde! Klatzkin gibt sich mit dieser Prognose zufrieden. Er ist gegen einen »falschen Humanismus«.

Nach Kriegsende rückten beide Erwartungsalternativen mit Nachdruck auf die Tagesordnung: Wird ein Judenstaat entstehen? Und wenn ja – wird es zu einer palästinozentrischen Lösung, eventuell sogar zur Klatzkin'schen Lösung, kommen? Die Vorstellungen der nicht-zionistischen Mehrheit im deutschen Judentum hat Paul Nathan in seiner Antwort auf Erich Kohns Aufsatz nach den Wahlen zur Nationalversammlung zum Ausdruck gebracht: Juden würden nach Palästina auswandern, doch in absehbarer Zeit werde weder das ganze jüdische Volk noch seine Mehrheit in Palästina leben.[34] Die Haltung des C.V. insgesamt wird durch folgendes Zitat treffend illustriert: »Die etwa 90.000 Juden, die jetzt in Palästina wohnen, mitsamt denen, die in den nächsten Jahren dorthin etwa werden einwandern wollen oder können, hätten gar nicht die Kraft, auch nur einen winzigen Miniaturstaat zu bilden.«[35]

Bevor wir uns einer ausführliche Analyse der Haltung des C.V. zuwenden, ist hier zunächst ein Blick auf die zionistische Szene angebracht. Auf dem 15. Delegiertentag der deutschen Zionisten, sechs Wochen nach dem Waffenstillstand, konnte der Vorsitzende des ZVfD, Arthur Hantke, behaupten: »Die furchtbare Zeit nationaler Hoffnungslosigkeit ist vorüber. [...] Nicht lange – und

---

[32] Ebd., S. 29.
[33] Jakob Klatzkin, Probleme des modernen Judentums, Berlin 1918, S. 178-181, S. 184, S. 192f.
[34] JR, Ausgabe vom 14. Januar 1919. – Rathenau, ein indifferenter Juden, formulierte dies mit den Worten: »Mögen andere ein Reich in Palästina begründen. – Uns zieht nichts nach Asien.«, Rathenau an Dr. Apfel, 16. November 1918, in: Franz Kobler (Hg.), Juden und Judentum in deutschen Briefen aus drei Jahrhunderten, 2. durchges. Aufl., Wien 1935, S. 393.
[35] »Jüdische Rundschau«, in: IDR 25 (1919), S. 208-216, hier: S. 209.

der Rückstrom Tausender von Juden in die historische Heimat *wird* einsetzen.«[36] Kommt hier purer Palästinozentrismus zum Ausdruck? Oder wird wenigstens die Vorstellung der Nicht-Zionisten durch diese Aussage widerlegt?

Eine Tour d'horizon durch die deutsch-jüdische Publizistik der Jahreswende 1918/19 zeigt, daß die Zukunftserwartung der Zionisten eher auf eine Fortexistenz der Diaspora als auf die »Entartung« ausgerichtet war und daß über die rasche Entwicklung des Zentrums in Palästina kein Konsens herrschte. Jakob Klatzkins Zukunftsvision aus dem Jahr 1918 kam auf dem Delegiertentag und im Alltagsdenken der deutschen Zionisten zu jener Stunde gar nicht zur Geltung.[37] Im nachhinein wissen wir, daß der deutsche Zionismus – größtenteils über die Tätigkeit der im Jahre 1919 gegründeten Jüdischen Volkspartei – sich nicht weniger auf die Tätigkeit in den Diasporagemeinden, also auf die »Gegenwartsarbeit«, konzentrierte als auf die Palästinaarbeit. Bereits die Diskussion von 1918/19 deutete darauf hin, daß auch in der zionistischen Arbeit Palästina nur einen Teil der praktischen Tätigkeit ausmachen werde. Hantke betonte, daß »eine noch so starke Kolonisation Palästinas [...] nicht das Ende der jüdischen Diaspora bedeutet. [...] Neben den Millionen palästinensischer Juden *wird es stets* eine nach Millionen zählende Diaspora geben.« Die Diaspora werde aber die »zentrifugalen Tendenzen« überwinden und die Assimilation »auf ein ungefährliches Maß« zurückführen.[38] Die meisten deutschen Juden würden auf jeden Fall weiter in der Diaspora in Deutschland leben.[39] Kurz: Im zionistischen Erwartungsspektrum blieb eine bevölkerungsstarke Diaspora ohne »Entartung« neben einem demographisch starken jüdischen Zentrum in Palästina bestehen; die Assimilation, so vermutete man, werde zwar nicht verschwinden, sich aber doch verringern. Die Erwartungen Klatzkins wurde von den meisten deutschen Zionisten – und das sollte auch die Geschichte des deutschen Zionismus in den folgenden fünfzehn Jahren zeigen – nicht nur deshalb abgelehnt, weil man sie für unrealistisch hielt, sondern auch weil man nicht bereit war, auf Klatzkins noch im Konjunktiv formulierte rhetorische Fragen eine positive Antwort zu geben.

Völlig unklar war man sich unter Zionisten über die Zeitspanne, die für die Entwicklung bis zum Ziel anzusetzen war: Richard Lichtheim, bei Kriegsende mit 33 Jahren ein Vertreter der jüngeren Generation, erwartete die Hauptauswanderung nach Palästina innerhalb von zehn Jahren. Davis Trietsch, damals 48 Jahre alt – er hatte den Weltkrieg stets als Quelle von »ungeheueren Möglichkeiten« bezeichnet – hielt Lichtheims Position sogar noch für eine Unterschätzung der Möglichkeiten. Dagegen meinte der 42jährige Arthur Hantke: »Die nächsten 30 Jahre werden [...] unsere Probezeit werden.«[40] Auch andere Zionistien setzten diesen Rahmen von dreißig Jahren als Zeitraum an, in dem sich ein jüdischer Staat verwirklichen lasse. Der andere »alte Herr« der

---

[36] Protokoll des XV. Delegiertentages, S. 4. – Aber nur »Hunderte [...] bereiten sich auf die Übersiedlung vor«; ebd., S. 10.
[37] Vgl. Klatzkin, Probleme, S. 178-193.
[38] Protokoll des XV. Delegiertentages, S. 7.
[39] Vgl. Werner Freistädters Artikel in: JR, Ausgabe vom 7. Januar 1919.
[40] Protokoll des XV. Delegiertentages, S. 11.

ZVfD, Alfred Klee, damals 43 Jahre alt, sagte bei gleicher Gelegenheit: »Ein unabhängiger Judenstaat ist *heute nicht möglich*. [...] Unter dem Protektorat der gesamten Kulturwelt [...] werden wir Palästina zu einem Judenstaate machen *können*.« Diese Prognosen, die sich allerdings nur unwesentlich von den Ansichten der Vertreter des C.V. unterschieden, sind im Vergleich zu der extrem palästinozentrischen Entwicklung des Zionismus seit 1948, aber auch im Hinblick auf die Existenz einer jüdischen Bevölkerung von einer halben Million Menschen in Palästina bis zum Ende der »Probezeit« 1948 besonders aufschlußreich! Erwartung und Realität klafften weit auseinander. Der Blick richtete sich allerdings auch bei den Zionisten nicht ausschließlich nach innen, also auf die Entwicklung der jüdischen Gesellschaft. Vielmehr hieß es: »Auch wir nationalen Juden werden gern unseren Anteil an dem Aufbau des neuen Deutschland nehmen und an seiner Zukunft arbeiten.«[41]

Die Debatte über Palästina bezog sich auch auf die zu erwartenden Grenzen des jüdischen Staates. Unüberlegt sprach der Vorsitzende der ZVfD, Arthur Hantke, von der nötigen »starken Kolonisation Palästinas und seiner Nachbarländer.«[42] Davis Trietsch, ein guter Palästina-Kenner, bedauerte die großen Unkenntnisse der politischen Spitze der ZVfD, wofür ihm einerseits der Vorschlag, den halben Libanon zu annektieren, anderseits die Bereitschaft des Aktionskomitees, auf Teile Palästinas zu verzichten, als Illustration dienten.[43]

In der Zionismus-Forschung wird oft betont, daß die Zionisten und die Dioasporajuden erst spät auf das Problem der palästinensischen Araber aufmerksam geworden seien. Die Diskussionen 1918/19 zeigen jedoch, daß das Schicksal der Araber in Palästina zu jenem Zeitpunkt bereits sowohl von den Zionisten als auch von ihren jüdischen Gegner wahrgenommen wurde. Auf den nur vier Tage nach der Novemberrevolution, am 13. November 1918, gefaßten Beschluß der Berliner Zionistischen Vereinigung, Palästina als nationale Heimstätte für die Juden anzuerkennen, erwiderte Paul Nathan aus den Reihen des C.V.: »Palästina ist zum ganz überwiegenden Teil von Arabern bewohnt. [...] Der Fanatismus der Araber ist gerade in Palästina groß. [...] Daß hier die Juden die Herrschaft im Lande an sich nehmen, muß dazu führen, daß blutige Konflikte ausbrechen werden.«[44] Nathan konnte selbstverständlich nicht wissen, ob sich der zionistische Plan werde realisieren lassen. Seine Opposition beruhte eher auf der Angst vor dem Vorwurf, Verrat an Deutschland begangen zu haben. Seine Erwartung für den Fall des Erfolgs der Zionisten war jedoch gerade mit Bezug auf die Frage der arabischen Bevölkerung realistisch. Eugen Fuchs, ebenfalls ein Politiker des C.V., äußerte sich kurz nach Beginn der Pariser Friedenskonferenz ähnlich. Daß Juden in Palästina »einen eigenen Staat gründen«, war für ihn zwar »*zur Zeit* eine Utopie«. Dies könne sich jedoch ändern, so fuhr er fort. Allerdings sollte man in der gegebenen La-

---

[41] Ebd., sowie ebd., S. 9.
[42] Ebd., S. 7.
[43] Ebd., S. 23f.
[44] Paul Nathan, »Das jüdische Problem«, in: IDR-Beilage, 26. November 1918, o.Pag.; vgl. auch Vossische Zeitung, Ausgabe vom 19. November 1918.

ge, in der die Juden in Palästina »unter englischer Sachwalterschaft sind«, eine realistische Erwartung hegen und an »die Konflikte mit Arabern, Franzosen u. dgl.« denken.[45] Noch deutlicher behauptete der C.V. dann noch vor der Unterzeichnung des Versailler Vertrages: »England [...] schafft schon jetzt künstlich einen Gegensatz zwischen Juden und Arabern in Palästina.«[46]

Der gleichzeitigen Diskussion über den Vorschlag Israel Zangwills, des Leiters der territorialistischen Zionisten (ITO), zur Lösung des von Paul Nathan angesprochenen Problems nach dem Muster des »Great Trek« der südafrikanischen Buren von 1833 die Aussiedlung der Araber aus Palästina zu organisieren, lag eine gemeinsame Erwartung der zionistischen Kontrahenten zugrunde: die »Beseitigung des arabischen Elements« in Palästina. Wenigstens aus der Sicht der Anhänger Zangwills lag der Unterschied zwischen Zangwill und Weizmann nur in der Alternative zwischen einem schnelleren (»ehrliches, freundschaftliches Geschäft«) und einem allmählichen Prozeß (»langsame Kampfmethoden«). Da man sich die Araber Palästinas als »halbnomadische Fellachen« vorstellte, schien deren Auswanderung ohnehin in jedem Falle bevorzustehen.[47]

Die innerjüdische Diskussion über die Probleme Palästinas war mithin bereits 1918/19 – und nicht erst nach dem arabischen Aufstand in Palästina von 1936-1939 oder nach dem Unabhängigkeitskrieg von 1948 – weit fortgeschritten. Allerdings gab es im Zionismus zu jener Zeit keine klare Prognose über die Wahrscheinlichkeit eines Konfliktes, weil verschiedene Berichte über die arabische Zustimmung zur Gründung eines jüdischen Palästina zumindest zu diesem Zeitpunkt noch eine friedliche Zukunftsperspektive plausibel machten.[48]

4. »Was nun?«

Der bereits erwähnte Artikel mit dem Titel »Was nun?«, den der C.V.-Vorsitzende Eugen Fuchs im März 1919 veröffentlichte, verdient in unserem Zusammenhang besondere und exemplarische Berücksichtigung, handelt es sich bei diesem Text doch um ein Dokument, das ganz bewußt eine Prognose für die Zukunft wagte und damit tatsächlich eine Diskussion um die damaligen Zukunftsperspektiven entfesselte.[49] Fuchs ging zunächst von der im Judentum akzeptierten Unwiederbringbarkeit vor-revolutionärer Zeiten aus: »[...] das Alte ist gestürzt. [...] Nun ist die Herrschaft von Adel, Militarismus und Bürokratismus gebrochen« – wie wir heute wissen, eine zu optimistische Ein-

---

[45] Fuchs, Was nun?, S. 107f.
[46] »Jüdische Rundschau« in: IDR 25 (1919), S. 209.
[47] »Zur Arbeiterfrage in Palästina«, in: Volk und Land 1 (1919), S. 23.
[48] JR, Ausgaben vom 4. Februar 1919 und 11. März 1919.
[49] Fuchs, Was nun?, S. 103-111.

schätzung der Auswirkungen der Revolution, aber gewiß eine Erklärung für die Ausrichtung seiner Erwartungen.

Es war für den C.V. und generell für die »Bekenntnisjuden« typisch, daß man alle Erwartungen, Hoffnungen und Befürchtungen vor allem auf die Beziehungen zwischen Juden und Nicht-Juden bzw. auf den Bereich des Antisemitismus konzentrierte. Durch dieses Prisma wurden auch die »großen« allgemeinen Ereignisse betrachtet. Fuchs bezog seine Überlegungen auf zwei Ebenen – »die antisemitische Front« und »die innerjüdische Front«, wobei die zweite Front die erste natürlich mitbestimmte. »Die jetzige Regierung *wird* demokratisch« – man befand sich kurz nach den ersten Parlamentswahlen –, der Antisemitismus werde trotzdem nicht verschwinden – der Abwehrkampf werde also nicht gegen die Regierungspolitik, gegen »Erlasse der Bürokratie« geführt werden, sondern gegen den Antisemitismus, der »im Lärm der Presse und der Gasse leben *wird*«.

Besonders auffällig in Fuchs' Prognose sind die zahlreichen konditionalen Wendungen mit oder ohne Konjunktiv. Fuchs gibt sich als Optimist aus, aber wie soll man die Konditionalaussagen eines C.V.-Optimisten verstehen? Daß er den Erfolg der bürgerlich-liberalen Politik und das Verschwinden des Antisemitismus ebenso wünschte wie das Erstarken des patriotischen deutschen Judentums, die Assimilation der Judenheit (mit Ausnahme ihrer Religion) und den Mißerfolg der Zionisten – das wird deutlich. Doch die verdeckte Sprache der Mahnung und Drohung, die er in den Konditionalsätzen benutzt, scheint eher auf eine aus seiner Sicht pessimistische Zukunftsperspektive hinzudeuten. So sagt er über die rechtsstehenden Parteien: »[...] *wenn* die bürgerlichen Parteien [rechts von der DVP – M.Z.] nicht umlernen *würden*, würden sie erst recht die Juden in die radikalen Linksparteien hineintreiben.« Aber »wenn man ihnen [den Juden – M.Z.] die Tore [der konservativen Parteien] öffne«, dann würden sie »allenthalben« konservativ werden. Es sei aber den Juden momentan »*unmöglich*, sich ihnen anzuschließen«. Und über die DDP heißt es: »*Wenn* auch die [DDP]« nicht entschieden gegen den Antisemitismus vorgehe, »*so werden* die Juden erst recht in die radikalen Parteien getrieben werden«, d.h. der jüdische Bürger wird vielleicht auch »entgegen seinem innersten Gefühl« das »Heil [...] bei der Sozialdemokratie« suchen. Diese im Aufsatz mehrmals formulierte Befürchtung oder Drohung, belegt Fuchs' Hoffnung, die deutschen Juden als Anhänger der bürgerlich-demokratischen Parteien gewinnen zu können, andererseits aber auch seine Erwartung, daß der Trend eher nach links führen werde.

Über die sozialistischen Parteien meinte Fuchs: Eine nicht »zurückhaltende« jüdische Betätigung auf dem linken Flügel erzeuge Antisemitismus – und hier gelangt man, wie bereits erwähnt, an den entscheidenden Punkt: Die zweite, innerjüdisch-politische Front ist der »Kampf gegen die Zionisten«. In diesem Zusammenhang gelangt jedoch eher das Verb »wollen« als das Wort »sein« zum Einsatz, d.h es geht in erster Linie um reine Absichten und weniger um Erwartungen: »Wir wollen gute Juden bleiben« – »Wir wollen [...] über Trennung von Staat und Kirche sprechen« – »Wir wollen nicht, daß die Glaubensgemeinschaft auf das Niveau der Volksgemeinschaft herabgedrückt wird«

– »Wir wollen nicht, daß die Juden in den Streit der Völker hineingezogen werden«. Die implizierte Warnung läßt auch hier Pessimismus durchklingen, und der Ruf »Nur nicht Stagnation und Kampflosigkeit!« scheint eher ein verzweifelter Kampfschrei zu sein – die Forderungen, die man eigentlich vertritt, sind unrealistisch, weil die Zionisten sich bereits auf dem Erfolgskurs befinden. Die Zionisten »treiben den völkischen Gedanken in die äußerste Konsequenz«, da sie »sich mit den Antisemiten in dem Gedanken begegnen, die Juden seien hier fremd«. Die Zionisten werden nicht allein als Helfer des Antisemitismus begriffen, sie haben angeblich bei einer Vorentscheidung über die Zukunft der Judenfrage mitgewirkt: »Die Geister, die man entfesselt hat, kann man nicht meistern. [...] Sind wir fremd, [...] so kann in den Zeiten, wie wir sie jetzt haben, wo national chauvinistische Ideen Orgien feiern, der Gedanke sich Bahn brechen, daß die Juden [...] gut täten, das deutsche Vaterland zu verlassen.« Es geht hier m. E. nicht um eine bewußte rhetorische Geste, sondern um Vorausschau, die vielleicht nur aus unbewußten Befürchtungen heraus entstehen konnte.

Fuchs hielt den Judenstaat in Palästina für eine Nebensache oder gar für eine Utopie, eine Haltung, die die Zionisten naturgemäß verärgerte. Der Sturm der Entrüstung, den der Aufsatz auslöste, wurde jedoch nicht durch Fuchs' Prognosen an sich verursacht, sondern durch einen Vorwurf, der auf die Zukunftserwartung der Zionisten bezogen werden konnte: »derjenige, der aus dem Judentum ein Wald- und Wiesenvolk, ein nach völkischer Macht strebendes, chauvinistisches, imperialistisches [...] Volk macht«, wisse nicht, was Judentum bedeutete. Wenn die Utopie der Zionisten Wirklichkeit werde, müsse sie im Endresultat ein nicht-jüdisches Wesen hervorbringen. Fuchs unterstellte den Zionisten dies nicht ausdrücklich als Absicht; er akzeptierte, »Palästina *wird* als eine jüdische Heimstätte entstehen«, betonte aber gleichzeitig, daß »Chauvinismus und Imperialismus *naturnotwendige* Folgeerscheinungen im Kampf eines Volkes um Territorium und völkische Selbsterhaltung« sind.[50] Auch hierbei handelte es sich nicht nur um eine rhetorische Geste, sondern um eine mindestens im Unterbewußtsein lauernde Vorahnung oder Erwartung.

Die Gegenargumente, die auf der zionistischen Seite als Erwiderung auf den Artikel vorgebracht wurden, sind in diesem Zusammenhang nicht relevant. Im Hinblick auf die Zukunftsperspektiven an sich, muß jedoch auf Gemeinsamkeiten und Unterschiede geachtet werden. So ging C.Z. Klötzel in seiner Antwort an Fuchs, die in der zionistischen Zeitung *Volk und Land* erschien, auf die für C.V.-Anhänger so zentrale deutsche innenpolitische Szene nicht ein. Daß für ihn der Schwerpunkt bei der Frage der deutsch-jüdischen Innenpolitik und vor allem bei der Palästinapolitik lag, zeigt deutlich, woran sich die Erwartungen der Zionisten überhaupt orientierten. Anders als ihre Gegner behaupteten deutsche Zionisten, die Juden würden »keinen borniierten Nationalismus mit in den Orient bringen«,[51] sie würden im Orient nicht als »Her-

---

[50] Fuchs, Offene Antwort, S. 546 und S. 548.
[51] Arnold Zweig, zit. nach: C. Z. Klötzel, »Offener Brief«, in: Volk und Land 1 (1919); S. 482.

renvolk« auftreten und die Hautfarbe werde dort »keine Vorrechte« gewähren.[52] Klötzel gab jedoch zu, es könne zu einem bewaffneten Konflikt in Palästina kommen. Daß man »Konflikte austragen« und sich der eigenen »Haut wehren« müsse, das hielt er für notwendig und wahrscheinlich.

In den Erwiderungen auf Fuchs findet sich erneut die zionistische Vorstellung vom Nebeneinander der deutschen Diaspora und des Zentrums in Palästina. Im Prinzip gingen beide jüdischen Lager jedoch davon aus, daß es nicht zu einem Entweder-Oder kommen werde. Diese Vorstellung stand auch hinter der unbedachten zionistischen Drohung: »Wenn sich das deutsche Judentum nicht [...] energisch zu solcher Palästinaarbeit aufrafft [...], so liegt die Gefahr nahe, daß die deutschen Zionisten [...] sich gegenüber dem übrigen deutschen Judentum vollkommen nicht-interessiert erklären.«[53] Man ging also von einem *quid pro quo* aus, man war »überzeugt«, daß eine Arbeitsgemeinschaft entstehen wird, d.h. Diaspora und Palästina nebeneinander existieren würden.

Ein weiteres Dokument, das ähnlich zu analysieren ist wie der Artikel »Was nun?«, ist Nahum Goldmanns Schrift *Drei Forderungen des jüdischen Volkes*.[54] Der damals 25 Jahre junge Zionist Goldmann befaßte sich darin mit den Kernproblemen der Zukunft, ohne jedoch zu dieser Zeit stellvertretend für den deutschen Zionismus zu sprechen. Seine Forderungen waren: Palästina als nationale Heimstatt der Juden, nationale Autonomie für die Diasporajuden und Gleichberechtigung. Hoffnung oder Erwartung? Für Goldmann war das alte Reich tot; die Fremdheit der Juden in der deutschen Gesellschaft »ist *endgültig* überwunden«. Gleichberechtigung war in seiner Sicht in Deutschland auf jeden Fall gewährleistet, aber auch die Autonomie, weil nach Goldmanns Meinung der Untergang des alten Systems in Deutschland auch die Trennung von Staat und Volk postulierte. »Die Überwindung des Grundsatzes *cuius regio, eius natio* leitet die neue Zukunft ein.«[55] Affirmativere Äußerungen lassen sich kaum denken. Goldmann verließ sich hier auf die entstehende Weimarer Verfassung *in statu nascendi*, was sich im Nachhinein selbstverständlich als Irrtum erweisen sollte. Wenn die These von der Trennung zwischen Staat und Volk zutraf, dann war auch Goldmanns zweite Schlußfolgerung logisch: Gleichberechtigung »*wird* erst wahr [...] sein, wenn sie uns als Nationaljuden gewährt wird« – eine Perspektive, die für die Mehrheit der deutschen Juden befremdlich und irreal war.

Die bereits betonte allgemeine Akzeptanz eines Nebeneinanders von Diaspora und Palästina wurde auch von Goldmann als Erwartung wiederholt. Bei Goldmann fanden sich allerdings auch Vermutungen über Zahlen und Zeiträume im Hinblick auf die Entwicklung in Palästina: »Für lange Zeit, *vielleicht für immer*, wird die Majorität unseres Volkes in der Diaspora leben.« Vom Palästinozentrismus blieb damit nur die Vorstellung: »Das jüdische Leben der

---

[52] Ebd., S. 483.
[53] Ebd., S. 490.
[54] Goldmann, Drei Forderungen.
[55] Ebd., 23 (Hervorhebungen im Original).

Diaspora *wird beherrscht sein* von dem Geist des neuen Palästina.« Goldmann versuchte *expressis verbis* unsere Frage nach den Zukunftserwartungen zu beantworten: »Wie steht es mit ihrer [der Forderungen] Verwirklichung?« Und hier stellte er mit bezug auf Palästina fest: »Wir dürfen mit Bestimmtheit erwarten, daß uns Palästina zugesprochen wird [...] als jüdisches Land [...].« Die Autonomie im Osten erwartete er hingegen nur unter bestimmten politischen Bedingungen, die der Friedensvertrag schaffen müsse. Ähnlich hieß es mit bezug auf die Gleichberechtigung, sie »wird uns in dem Maße [...] zugestanden werden müssen, als jede Verletzung elementarer Rechtsprinzipien als internationale Angelegenheit angesehen wird.« Im Klartext hieß das: Palästina »erwarten dürfen« war nicht gleichzusetzen mit »wird uns zugesprochen«; die Autonomie war an die Ergebnisse der Friedenskonferenz geknüpft; die auf die Gleichberechtigung bezogene Formulierung zeigt Zweifel an der Durchsetzung dieser Forderung und läßt die Möglichkeit einer Alternative – zumindest außerhalb Deutschlands – offen. Damit wird nun auch der Satz relativiert: »Mit der Verwirklichung unserer Forderungen wird die Basis gelegt zur neuen jüdischen Zukunft.«[56] Die scheinbar rhetorische Frage, »begreift man, daß eine neue Epoche der jüdischen Geschichte beginnt?«, kann nicht eindeutig für die gesamte jüdische Welt positiv beantwortet werden, ja vielleicht gilt dies auch für Deutschland. Die Worte »Wir wollen« wiederholt Goldmann so oft, um die Unsicherheit über das »Es wird« auszugleichen. Die starke Sprache Goldmanns demonstriert vorbildlich, wo die Grenze zwischen Erwartung und Hoffnung verläuft. Die Erreichung der Gleichberechtigung in Deutschland, der Autonomie in Europa und der Schaffung eines Fundaments der jüdischen Heimstätte in Palästina hielt Goldmann offensichtlich für realistisch; was darüber hinaus geschehen sollte, schien ihm weniger faßbar vor Augen zu stehen. Für die meisten deutschen Leser – das beweisen andere Texte – war die Verwirklichung der beiden letzten Forderungen hingegen eher unwahrscheinlich.

5. Pogrom

Für bewußte Juden waren der Judenhaß und die traditionell mit ihm verbundene Pogrome stets zentrale Aspekte der Zukunftserwartung. Gerade in Krisenzeiten – in Krieg und Revolution – wurde immer wieder die Frage akut, ob es zu einem Pogrom kommen werde. Vor dem Hintergrund der modernen jüdischen Geschichte, der Geschichte der Aufklärung und Emanzipation, kam dies allerdings der Frage gleich: Kehrt das Mittelalter zurück? Das vielleicht deutlichste Beispiel in diesem Zusammenhang ist die Reaktion der deutschen Juden auf die nationalsozialistische Revolution: Die jüdische Bevölkerung des Reiches erwartete nach 1933 zwar Pogrome, glaubte aber nicht, daß zwischen der Machtergreifung und dem Pogrom sechs Jahre vergehen würden. Daß der

---

[56] Ebd., S. 26.

historische Höhepunkt der antisemitischen Verfolgungen ganz anders als ein »altmodischer« Pogrom ausfallen werde, ahnte man 1918/19 noch nicht.

Solange der Weltkrieg anhielt und die offizielle deutsche Politik sich an den »Burgfrieden« gebunden fühlte, standen der Antisemitismus und antisemitische Phänomene nicht im Vordergrund der Überlegungen. Erst die »Judenzählung« Ende 1916 und natürlich die Revolutionen von 1917 und 1918 sowie das Kriegsende führten zu einer Aktualisierung dieser Frage. Constantin Brunner war zwar kein Repräsentant der Mehrheit der deutschen Juden, aber seine Prognose bei Kriegsende, die von einem Zusammenhang zwischen Frieden und Antisemitismus ausging, war auch außerhalb seiner Kreise akzeptabel: »danach (nach dem Ende des Kriegszustandes – M.Z.) *kommt* der einheimische Fremdenhaß [...], nicht lange mehr, so duftet es auch restaurativ ganz wie vordem nach antisemitischem Bisam. [...] So hassen also Deutsche ganz, wie sie gehaßt werden, [...] weswegen alle Welt mit dem Finger auf die Deutschen weist, deswegen weisen Deutsche mit dem Finger auf die Juden. [...] Zweifelt keinen Augenblick: auch unser Untier Rassentheorie stellt sich lebendig wieder auf seine Füße.«[57] Eine klare Erwartung, die in der Zeit zwischen Waffenstillstand und Versailler Vertrag, also mit dem vordringenden Bewußtsein von der Bedeutung der deutschen Niederlage, nur an Validität gewinnen konnte.

Die Wahrscheinlichkeit von Pogromen allerdings schien auch zu dieser Zeit eher ein Problem der Juden im Osten Europas zu sein, für die ja letztlich auch die zionistische Lösung gedacht war. Am 23. November 1918 kam es zum Pogrom in Lemberg – für den C.V. der Beweis, daß die polnische Toleranz nur »ein Märchen« sei;[58] für die Zionisten ein Beweis, daß eine massive Auswanderung nach Palästina bevorstehe, und für beide Gruppen Anlaß genug, für die jüdische Autonomie zu plädieren.[59] Einen Nachkriegs-Pogrom in Deutschland hingegen, hielt man eher für unwahrscheinlich, wenngleich es auch hier einschränkende Befürchtungen gab. Paul Nathan etwa sah in dem von zionistischer Seite propagierten Plan, sich als Juden zu separieren – also die Juden in Deutschland als nationale Minderheit zu organisieren –, ein auslösendes Motiv für mögliche Ausschreitungen.[60] Ganz ähnlich dachte Felix Goldmann, der davon ausging, daß die Anhänger Erich Kohns, Jakob Klatzkins und anderer angesichts der vorhandenen antisemitisch aufgeheizten Stimmung nicht nur die bürgerliche Existenz der Juden, sondern auch ihr Hab, Gut und Leben gefährdeten.[61] Es ist eine Tatsache, daß der deutsche Antisemitismus in der hier behandelten Zeit radikaler wurde und an Stärke gewann.[62]

---

[57] Constantin Brunner, Deutschenhaß und Judenhaß der Deutschen, Berlin 1919, S. 12f.
[58] »Umschau«, in: IDR 24 (1918), S. 451-459, hier: S. 452.
[59] Vgl. »Resolution Dr. Klee«, in: Protokoll des XV. Delegiertentages, S. 134.
[60] Paul Nathan in: Vossische Zeitung, Ausgabe vom 19. November 1918, und Klee in: Protokall des XV. Delegiertentages, S. 21.
[61] Felix Goldmann, »Nationaljüdischer Nationalismus«, in: IDR 25 (1919), S. 49-62, hier: S. 53.
[62] Uwe Lohalm, Völkischer Radikalismus. Die Geschichte des Deutschvölkischen Schutz- und Trutzbundes 1919-1923, Hamburg 1970; Werner Jochmann, Gesellschaftskrise und Judenfeindschaft in Deutschland, Hamburg 1988; sowie Cornelia Hecht, Deutsche Juden und Antisemitismus in der Weimarer Republik, Bonn 2003.

Es waren »Zeiten, in denen fast jeder Tag neue antijüdische Geschehnisse« brachte.[63] Wie schätzten aber die deutschen Juden die weitere Entwicklung ein?

Alfred Wiener verteidigte die Abwehrtaktik des C.V. angesichts der »Unruhen«, d.h. der antijüdischen Geschäftsplünderungen in Berlin und Kassel am 30. Juli 1919 und meinte, daß sich der C.V. »wie der Kapitän eines Schiffes bei einem schweren Unwetter« verhalte. Diese Metapher deutet auf eine offene Zukunft: Ein Sturm kann sich beruhigen oder das Schiff zum Untergang bringen. Den Kampf 1918/19 bezeichnete Wiener allerdings nicht nur als politischen oder verbalen Kampf, sondern tatsächlich als »Kampf gegen die, die unsere Existenz und unser Leben gefährden.«[64] Daß man gegen Antisemiten mit Hilfe von juristischen und propagandistischen Mitteln vorgehen mußte, war im damaligen politischen Klima kurz nach der Revolution selbstverständlich; die Furcht aber, daß die Pogromhetze doch erfolgreich sein könnte, wird in den Erwartungsäußerungen nur indirekt reflektiert. Das Presseorgan des C.V. schrieb im September 1919: »Die Woge, allzu hoch geschleudert, überstürzt sich. Die antisemitischen Druckschriften und Flugblätter wälzten sich [...] über Deutschland.« Zu hoch geschleudert, das bedeutete: »Es schien, als wollte eine Sintflut das Judentum begraben« – der Schiffskäpitän war also kurz vor dem Untergang. Und weiter las man dann: »Es *scheint*, daß sich die Woge *bereits* überstürzt.«[65] Und als Beweis wird angeführt: »Die Widerstandsfähigen fangen an, sich zu erholen« – dies vielleicht eine auf das Inkrafttreten der Verfassung im August bezogene Erwartung.

Dieser Zusammenhang ist wichtig für die spezifisch jüdischen Perspektiven: »Denn den Juden schlägt und die Revolution meint man.«[66] Die Vorstellung von einem kranken und sich erholenden Deutschland erweckte die Hoffnung, daß die Pogromgefahr ein Jahr nach der Revolution abgewendet sei. Man vermutete einen Plan der Antisemiten, »das Militär antisemitisch (zu) bearbeiten, damit [...] es im kritischen Zeitpunkt [...] die angegriffenen Juden ohne den erforderlichen Schutz« lasse; man machte die Regierung und die rechtsorientierte Presse für die Hetze verantwortlich, die zur Gewalt führen konnte, hoffte aber auch, daß bei allen Instanzen – Regierung, Militär und sogar der rechten Publizistik – »die Einsicht dämmert, daß die Pogromhelden ihnen selber gefährlich werden können.«[67] Eine Zuversicht oder klare Alternative für die Zukunft konnte der C.V. also nicht bieten, vor allem wenn man sich die Prognose Brunners in Erinnerung ruft.

Dreimal wird im angeführten Artikel die Formel benutzt: »wenn (oder: falls) es wirklich zu Pogromen kommen sollte«, d.h. die Möglichkeit von Gewalt ist weiterhin nicht eindeutig ausgeschlossen. Die Warnungen, die mit diesem Satz verbunden sind, veranschaulichen jedoch die Unsicherheit: Paul Nathan hielt die Aussagen der *Kreuzzeitung* und der *Deutschen Tageszeitung*, daß sie

---

[63] »Umschau«, in: IDR 25 (1919), S. 367-373, hier: S. 368f.
[64] Alfred Wiener, »Die Pogromhetze«, in: ebd., S. 289-299, hier: S. 299.
[65] »Umschau«, in: ebd., S. 369.
[66] Ebd., S. 368.
[67] Ebd., S. 370.

»Pogrome (die ihre eigene Hetze ja hervorrufen) mißbilligen«, nur für ein Alibi, »falls es zu Pogromen kommen sollte«;[68] der Autor des Leitartikels der Zeitung *Im Deutschen Reich* mahnte, daß ganz »Deutschland im Ausland als Land der Barbaren und Totschläger bewertet und behandelt« werde, wenn es wirklich zu Pogromen kommen sollte; und derselbe Autor – übrigens kein Zionist! – drohte: »Wir wollen zurückschlagen, wenn man uns schlägt. Nur das kann dem Hetzpöbel imponieren.«[69] Die Erwartung, daß es nicht zu Pogromen kommen werde, war also konditional: Wenn der Staat und seine Institutionen die Gefahr und den potentiellen Schaden für Deutschlands Ansehen im Ausland erkennen, wenn Juden sich wehren – dann sind Pogrome nicht zu erwarten. Auch bei Auschreitungen wie im Berliner Scheunenviertel 1923 oder auf dem Berliner Kurfürstendamm 1931 glaubten die deutschen Juden noch an diese Maxime. Letztlich ist die Rechnung sogar bis zum November 1938, bis zur »Reichskristallnacht«, aufgegangen. Ironie der Geschichte war es, daß nicht Pogrome, sondern andere Mittel zum Einsatz gelangten, um eine antisemitische Politik erfolgreich durchzusetzen. Erwartungen, die auf historische Erfahrungen basieren, sind – wie dieses Beispiel zeigt – nicht unbedingt realistisch.

In diesem Kapitel wurde der Versuch unternommen, Erwartungen der deutsch-jüdischen Gesellschaft während der tiefen Krise von Kriegsende und Revolution 1918/19 zu untersuchen. Die aufgezeigten Erwartungen sind nicht nur im Vergleich zur späteren tatsächlichen Entwicklung signifikant; sie sind auch ein analytisches Mittel, um die gesellschaftlichen Mechanismen der Zeit zu begreifen. Mit welchen Problemen waren die Zeitgenossen konfrontiert, welche Prioritäten setzten sie, welche Lösungen und Auswege wurden antizipiert, was hat die Gesellschaft wirklich bewegt – dies alles kann optimal auch in diesem Fall durch die Analyse der Erwartungen und Zukunftsperspektiven erschlossen werden. Um die vollständige Problempalette und das gesamte Erwartungsspektrums erschöpfend zu behandeln oder die genannten Subgruppen insgesamt zu untersuchen, um weitere repräsentative Stimmen zu Gehör zu bringen und um die Vielfalt der Quellen insgesamt zu analysieren, ist eine umfassende Studie nötig, die im hier gegebenen Rahmen nicht geleistet werden kann. Der rote Faden, der eine entsprechende Arbeit durchziehen muß, konnte jedoch auch hier verfolgt werden. So ist deutlich geworden: Die Krise vertiefte die Verunsicherung er deutschen Juden, schuf aber keine einheitliche Erwartungshaltung. Man nahm geschlossen Abschied vom alten Regime und akzeptierte auch die militärische Niederlage; über die Beurteilung von Vorteilen und Nachteilen für das Judentum gingen die Meinungen aber weit auseinander: Würde die Verfassung tatsächlich die Gleichberechtigung garantieren und den Antisemitismus einschränken können? Würden die deutsche Niederlage und die Gegenrevolution den Rückfall in voremanzipatorische Zeiten einleiten? Daß die Diaspora insgesamt und damit auch die deutsch-jü-

---

[68] Berliner Tageblatt, Ausgabe vom 23. August 1919.
[69] »Umschau«, in: IDR 25 (1919), S. 367-373, hier: S. 373.

dische Diaspora bestehen bleiben werde, wurde allgemein – auch in den Reihen der Zionisten – erwartet. Anderseits hatte sich die Mehrheit mit der Idee einer jüdischen Heimstätte in Palästina abgefunden. Welches Gleichgewicht zwischen Diaspora und Palästina entstehen sollte – darüber gab es allerdings unterschiedliche Prognosen.

Vielleicht sollten pessimistische oder optimistische Formulierungen auf die wahren Erwartungen hinweisen. Nur sind diese Formulierungen oft Zweckoptimismus oder Zweckpessimismus. Auch das, was als Erwartung interpretiert werden kann, ist möglicherweise nur bloßes Wunschdenken. In unserem Fall tritt eher ein Zweckoptimismus hervor. Die realen Erwartungen bleiben im Hintergrund: Diese Erwartungen bezogen sich auf die Gefahr des Sozialismus, die Konkurrenz zwischen Zionisten und der Mehrheit der im C.V. organisierten Juden, die prekäre Wirtschaftslage und auf den Antisemitismus. Aus diesen Erwartungen kann man dann indirekt schließen, wie die Krise des deutschen Judentums von 1933 mit der Krise der Jahre 1918/19 verknüpft ist.

6. »Die aussichtslose Republik«: Zukunftsperspektiven deutscher Juden vor 1933

Weitere Beispiele für die ertragreiche Betrachtung der Zukunftsvorstellung einer Epoche, die für die Gegenwart bereits Vergangenheit ist, – im Sinne der einleitenden Ausführungen im vorangegangenen Kapitel – bieten Haltung und Reaktion deutscher Juden während des Aufstiegs des Nationalsozialismus bzw. während der Weltwirtschaftskrise und des Niedergangs der Weimarer Republik. Im folgenden Kapitel soll daher der Versuch unternommen werden, die Zukunftsperspektiven der deutsch-jüdischen Gesellschaft der Jahre vor 1933 zu rekonstruieren.

Sehr oft wird den Juden im Nachhinein Kurzsichtigkeit zum Vorwurf gemacht: Weshalb haben sie nicht begriffen, mindestens vermutet, was ihnen bevorstand? Aber die Frage bleibt eine rhetorische Frage, weil wir die Zukunft der Vergangenheit kennen, die uns bekannte Entwicklung als die notwendige oder prädeterminierte interpretieren und die Zukunftsvorstellungen derjenigen, gegen die sich der Vorwurf richtet, nicht systematisch analysieren. Was *erwarteten* deutsche Juden seit der großen Krise von 1929 wirklich, und wie haben dieses Erwartungen ihre Reaktionen zu den tatsächlichen Entwicklungen hervorgerufen und geprägt? Diese Frage steht im Mittelpunkt des folgenden Kapitels, und die Antwort darauf hat unter anderem die Aufgabe, den Vorwurf der Kurzsichtigkeit irrelevant zu machen.[1]

Auch in diesem Zusammenhang ist selbstverständlich die Darstellung der deutschen Judenschaft als einer geschlossenen und einheitlichen Gruppe höchst problematisch. »Assimilanten« und Zionisten, Orthodoxe und »Indifferente«, Bildungsbürger und Kleinbürger bildeten, wie erwähnt, sehr differenzierte Untergruppen »des deutschen Judentums«. Doch ergibt sich aus der Analyse der Erwartungen ein allen gemeinsames Element: Juden erkannten früher als ihre unmittelbare Umgebung, daß die Lage der Republik aussichtslos war und daß man sich auf eine neue Politik und eine neue Gesellschaftsordnung einstellen bzw. an eine neue Situation anpassen mußte. Es drehte sich unter Juden keineswegs alles nur um die sogenannte »Judenfrage«, sondern man spekulierte auch um das Schicksal der Demokratie als Grundprinzip. Daß Kommunisten, Deutschnationale und Nationalsozialisten die liberale Demokratie nicht wollten, war deutlich. Aber auch Juden, die ursprünglich die Demokratie befürwortet hatten, behaupteten spätestens seit 1930, daß das »Spiel« beendet wäre, und versuchten zu erraten, welche Alternative zur liberalen Demokratie sich ergeben werde und wie man sich mit ihr abfinden könnte.

---

[1] Ein für das folgende relevantes Beispiel ist: Jacob Katz, »Die Shoah – Konnte sie vorhergesehen werden?« (hebr.), in: Jewish Nationalism 1979, S. 54-71; vgl. auch John Dippel, Bound upon a wheel of fire: Why so many German Jews made the tragic decision to remain in Nazi Germany, New York 1996. – Eine methodologische Auseinandersetzung mit dem Thema »Geschichtsschreibung und Zukunft« findet sich in der Einleitung zu Lucian Hölscher, Weltgericht oder Revolution. Protestantische und sozialistische Zukunftsvorstellungen im deutschen Kaiserreich, Stuttgart 1989.

Die vom früheren Zentrums-Kanzler Joseph Wirth herausgegebene Zeitung *Deutsche Republik* veröffentlichte im August 1930, also vor dem Erfolg der NSDAP bei den Reichstagswahlen, aber nach den sächsischen Landtagswahlen eine anonymen Brief.[2] Der Verfasser war überzeugt, daß die Gefahr, die der Republik durch die NSDAP drohte, eine gravierende und reale war, und daß die Juden diese Gefahr eigentlich als erste erkennen sollten und Gegenmaßnahmen ergreifen müßten. Der jüdische Verfasser, ein Verteidiger der Republik, versuchte, die Juden, die beim Untergang der republikanischen Ordnung so viel zu verlieren hatten, zum Kampf aufzurufen. Da seines Erachtens der Antisemitismus im Nationalsozialismus eine zentrale Funktion besaß, werde es zu Schritten gegen die Juden kommen, »an die sie heute selber noch nicht im Ernst denken. Und sie denken ohnedies schon an allerhand.« »Was habt ihr denn in kluger Voraussicht der langsam aber sicher naherückenden Gefahr bisher getan? Nichts.« Aktivisten des Central Vereins hätten gegen diesen Vorwurf einwenden können, daß sie seit mehr als einem Jahr zusammen mit demokratischen Elementen in Deutschland Maßnahmen ergriffen hatten, um die Gefahr abzuwenden. Der Schreiber aber hielt die Aktivität der »Abwehrvereine« oder die sog. »jüdische Presse« für ineffektiv, weil letzten Endes in diesem Bereich Hugenberg und nicht die liberal »jüdische« Presse die Oberhand hätte. Außerdem wären die Abwehrversuche belanglos, weil das eigentliche Problem nicht die Bedrohung durch den Antisemitismus, sondern die Gefährdung der demokratischen Ordnung insgesamt wäre! Der Schreiber hatte eine Vorstellung von dem, was kommen muß: »Auf was wartet Ihr noch? Auf das Jahr 1940, wenn die jetzt bis zur Bewußtlosigkeit verhetzte Jugend im Amt sein wird?« In Anbetracht der sich weiter verschlechternden Wirtschaftslage wußte er: »Ihr werdet die ersten Opfer sein«, Opfer eines Boykotts. Aufschlußreich ist nicht nur die Schlußfolgerung, daß der 1. April 1933 vorauszusehen war, sondern daß der Eindruck entstand, daß die Juden selbst nicht mehr an eine effektive Reaktion dachten: »[...] eure Fanfaren klingen matt. Fast sieht es so aus, als hättet Ihr euch in fatalistischer Resignation auch in das Schlimmste ergeben.«[3]

Diese Beobachtung enthält wahrscheinlich den Kern der Wahrheit und entfesselte gerade deswegen eine heftige Reaktion: Der Central Verein war zutiefst verletzt. Die Zionisten hatten vermutlich den Kern der Sache nicht begriffen und befaßten sich weiter mit der Frage, ob man gegen den Antisemitismus in der neuen Situation etwas unternehmen könnte. Auf dem orthodoxen Flügel hielt man zwar »treu und fest zu Republik und Verfassung«, setzte aber die Hoffnung nur noch auf den lieben Gott. Die interessanteste Reaktion kam aus den Reihen der jüdischen Frauen.[4] Bertha Pappenheim, Prä-

---

[2] Offener Brief an die deutschen Juden, in: Deutsche Republik, 24. Juni 1930, S. 1189-1192; vgl. Werner Mosse, »Der Niedergang der Weimarer Republik und die Juden«, sowie Arnold Paucker, »Der jüdische Abwehrkampf«, in: Werner E. Mosse (Hg.), Entscheidungsjahr 1932, Tübingen 1966, S. 3-49, 406. – Mosse identifizierte den Schreiber: Gaston Heymann.

[3] Offener Brief.

[4] Blätter des jüdischen Frauenbundes Nr. 8, August 1930, S. 7-8: »Ein offener Brief an die deutschen Juden – und drei Antworten. Die Offene Antwort«, in: Jüdische Rundschau 8. Juli 1930,

sidentin des »Jüdischen Frauenbundes«, wies alle Anschuldigungen zurück, indem sie auf die Aussichtslosigkeit der Republik hinwies: Das Problem des Antisemitismus sei nicht isoliert zu behandeln – die Gleichberechtigung aller Bürger, die im Artikel 1 der deutschen Staatsverfassung beinhaltet war, sei die einzige Garantie gegen alle Diskriminierungsversuche. Und obwohl Pappenheim zum Kampf gegen die herrschende »politische Instinktlosigkeit« aufrief, läßt sich doch die Prognose zwischen den Zeilen finden – die Verfassung habe ihre Wirkung als Garant der demokratischen Rechte bereits verloren. Ähnliches kommt auch bei Grete Bial aus Breslau zum Ausdruck: Die Abwehr des Antisemitismus sei nicht allein die Aufgabe der Juden, sondern des Staates, der seine Bürger schützen soll. Der Nationalsozialismus bekämpfe nicht die Juden allein, sondern die gesamte bestehende Staatsform – der Garant der bürgerlichen Rechte, einschließlich die der Juden, sollte die Republik sein. »Alle wahrhaften Republikaner hätten sich in einer energischen [...] Abwehr der nationalsozialistischen Bewegung zu vereinigen.« Der Aufruf der Schreiberin an die Frauen, sich politisch zu engagieren, implizierte die Feststellung, daß die Männer in ihrer Mehrzahl dieser Aufgabe nicht gewachsen waren und die Republik praktisch aufgegeben hatten. Was der Verfasser des »offenen Briefes« in der *Deutschen Republik* behauptete, bestätigt die Reaktion der jüdischen Frauen. Die Hilflosikgeit der Juden war also symptomatisch für die Hilflosigkeit der Republik, und dies bereits im Juni 1930.

Nicht nur aus der heutigen Perspektive betrachtet, sondern auch aus der Perspektive der Deutschen um 1930 lag der Hauptgrund für die aussichtslose Situation der Republik im ökonomischen Bereich. Die Betonung des Wirtschaftsfaktors in der pessimistischen Prognose trat bei den Juden besonders stark hervor. Einige wichtige Zusammenfassungen und prognostische Analysen zur Wirtschaftslage der Juden erschienen kurz vor der »Machtergreifung«. Die allgemeine Schlußfolgerung lautete: Die Juden befinden sich im Prozeß des demographischen und wirtschaftlichen Untergangs. Weimar als »Judenrepublik« zu bezeichnen ist grundsätzlich falsch, trotz der früheren Beteiligung von Juden an der politischen Führung oder ihres Anteils am Kulturleben. Lestschinsky wiederholte öfter seine Befürchtung und Prognose, daß die Juden als eine bürgerliche Subgruppe sich im Prozeß des Untergangs und der Proletarisierung befänden,[5] eine Beobachtung, die Zielenziger mit ihm teilte, wenn er sagte, die Juden seien wirtschaftlich eine »geschlagene Armee«.[6]

---

sowie die Reaktion von Eva Reichmann und der Zeitungen *Israelit* und *Israelitisches Familienblatt* bei Werner Mosse, Entscheidungsjahr 1932, S. 18, 41-49.

[5] Jacob Lestschinsky, Das wirtschaftliche Schicksal des deutschen Judentums, Berlin 1932, S. II; über die wirtschaftliche Lage der Juden vgl. Avraham Barkai, Vom Boykott zur »Entjudung«, Frankfurt a. M. 1988.

[6] Kurt Zielenziger, »Die deutschen Juden in der deutschen Wirtschaft«, in: Der Jud ist Schuld?, Basel 1932, S. 336; vgl. Hans Mommsen, Zur Frage des Einflusses der Juden auf die deutsche Wirtschaft in der Weimarer Republik, Gutachten des Instituts für Zeitgeschichte II, Stuttgart 1966, S. 348-369.

Lestschinsky wagte 1932 eine detaillierte Darstellung dieses Prozesses: Für ihn ist der anti-jüdische Boykott nicht nur eine Sache der Zukunft, sondern eine Gegebenheit der Gegenwart. Dieser Boykott dehne sich über die politische Sphäre hinaus – im Handel und Gewerbe und sogar im akademischen und intellektuellen Bereich, also im Rückgrat der jüdischen Minderheit – aus.[7] Das Ergebnis der Analyse ergab sich aus folgenden Elementen: Die Zahl der jüdischen Arbeitsuchenden in Berlin stieg zwischen 1928 und 1923 um 150 Prozent und in ganz Deutschland um 300 Prozent, in einer Zeit des negativen demographischen Wachstums (von -.37 Prozent 1925 auf -.72 Prozent im Jahr 1932).[8] Die wirtschaftliche Ratlosigkeit hat die Juden noch härter getroffen als die nicht-jüdischen Bürger: Sie hatten nicht nur die Hoffnung auf die Republik verloren, sie konnten sich auch nicht auf die alternative Hoffnung, nämlich den Nationalsozialismus, stützen. Der oben zitierte »offene Brief« betonte bereis diesen Aspekt des Pessimismus – den Boykott, den die Jugend der zwanziger Jahre in der Zukunft gegen die Juden führen werde. Der Schreiber des Briefs kannte die Einstellung einer Mehrheit der Juden gut: Das aktue Problem 1932, wie bereits im Jahre 1930, wäre nicht so sehr die politische Bedrohung, sondern der gesellschaftliche Strukturwandel, der zum unaufhaltsamen Boykott führen mußte. »Viel bedrohlicher als die innerpolitische Entwicklung in Deutschland ist für die Juden die Wirtschaftskrise«, stellte eine zionistische Zeitung fest, als sie meinte, vor einem vorsichtigen Optimismus des sozialdemokratischen Experten Fritz Naphtali warnen zu müssen.[9]

Zielenzigers Aufsatz über die Proletarisierung der Juden erschien bereits im Juni 1930, als nicht nur das Problem selbst, sondern auch die Aussichtslosigkeit der Situation und der Mangel an Glauben an die Republik deutlich wurde.[10] Ein Zionist hat diesen Pessimismus gegen Ende 1931 trefflich beschrieben: »Natürlich werden die Nazis, [...] zur Macht gelangt, keine antijüdischen Pogrome veranstalten. Es gibt ganz andere Mittel und Wege, um den Juden in Deutschland das Leben unerträglich zu machen [...]. Wenn man Bienen los werden will, so entzieht man ihnen die Nahrung und räuchert sie aus, ohne sie zu verbrennen.«[11] Diese »Bienenpolitik« sei zu erwarten – so behauptete der Zionist –, weil die Republik kurz vor dem Zusammenbruch stehe. Wenn man sich zur Abwehr entschlösse, so seien die Abwehrmittel außerhalb der Verfassung zu suchen.

Auch Alfred Marcus, Verfasser des Buches *Die wirtschaftliche Krise der deutschen Juden*, setzte seine Hoffnung, wenn überhaupt, nicht auf die Regierung oder das System, sondern auf die Anpassungsfähigkeit der Juden und ihre Spezialisierung in bestimmten Wirtschaftszweigen in der künftigen kollektivistischen Wirtschaft.[12] Das ahnten auch jüdische Berufsvereine und ver-

---

[7] Lestschinsky, Das wirtschaftliche Schicksal, S. 168; Barkai, Boykott, S. 15ff.
[8] Ebd., S. 150.
[9] Fritz Naphtali, »Weltwirtschaftskrise und Juden«, in: Das jüdische Echo, 7. August 1931.
[10] Kurt Zielenziger, »Die Proletarisierung der deutschen Juden«, in: Der jüdische Beamte im jüdischen Dienst Nr. 3, Juni 1930.
[11] »Kommt er oder kommt er nicht?«, in: Echo, 13. November 1931.
[12] Alfred Marcus, Die wirtschaftliche Krise der deutschen Juden, Berlin 1931, S. 172-177; vgl. »Leitartikel: Schöpferischer Pessimismus«, in: Echo, 22. Mai 1931.

suchten von diesem Aspekt aus, Prognosen zu stellen. Im jüdischen Beamtenverein ahnte man: Wenn die Zahl der arbeitslosen Akademiker von 1930 bis 1934 von 16.000 auf 97.000 wachsen und die Zahl der neuen Akademiker von 23.000 im Jahre 1930 auf 29.000 im Jahre 1934 steigen sollte, wäre keine politische Wende nötig, um eine dramatische Verschlechterung der Lage der Juden einzuleiten.[13] Zwei Folgen werde diese Entwicklung haben – die akademische Diskriminierung wird sich verschärfen, und die nicht-akademischen Berufe werden zu akademischen Berufen erhoben, so daß die nicht-akademischen Juden in diesen Berufen entlassen werden. Kein Wunder, daß ein von Brüning gemachter Vorschlag einer Lösung vom 9. März 1931 für den Verein mehr bedeutete als die gesamte für die Republik wenig versprechende politische Richtung der Brüning-Regierung, obwohl der Vorschlag nur eine vorläufige Lösung anbieten konnte. Die düstere Zukunft, die man in diesem Verein wie in anderen als gewiß empfand, war nicht mehr durch die Republik zu korrigieren. Als im Jahr 1933 der politische Schlag kam, war man darauf vorbereitet. Manche Juden waren sogar erleichtert, weil der Schlag nicht so grausam war wie die extremeren Prognosen, und der Untergang der Republik wurde nicht mehr als Verlust empfunden.

Das jüdische Handwerk (17 Prozent der Beschäftigten) war 1930 am wenigsten pessimistisch eingestellt – dort hoffte man auf die Umschichtung, auf Produktivierung statt Proletarisierung.[14] Dort hatte man die Republik noch nicht aufgegeben. Der jüdische Handwerkerverein in Breslau zum Beispiel schickte 17 Lehrlingen zum *Reichsbanner* mit dem ausdrücklichen Wunsch, »angesichts der kritischen politischen Lage, der staatlichen Macht [...] einen Dienst erwiesen zu haben.«[15] In Breslau wurde noch im Oktober 1931 behauptet, in solchen Krisenzeiten mahne die gewaltige Zahl der Unzufriedenen mehr als je zu freier demokratischer Auffassung,[16] und im Januar 1932 hieß es: » müssen wir doppelt laut unsere Stimme erheben«, bevor man zu Bürgern zweiter Klasse degradiert werde. Doch kurz vor den Wahlen im Juli 1932 meinte Louis Wolff in einer Verbandsversammlung in Berlin, »sogar in einer Demokratie« soll dem »Mißbrauch der Gewerbefreiheit« ein Ende bereitet und die Wirtschaft »aus dem politischen Tageskampf« herausgehalten werden, ein Standpunkt, der letzten Endes eine verzweifelte Haltung dem »Weimarer System« gegenüber bedeutete.[17] Er war überzeugt, daß das Ziel der gesamten antisemitischen Hetze die wirtschaftliche Vernichtung der Juden war. So führte die Wirtschaftsnot zur Wiederholung dieser Unterscheidung zwischen Politik und Wirtschaft und zur Sehnsucht nach einem »Burgfrieden«, der eine »Umschichtung« und »Produktivierung« ermöglichen und antisemitischen Vorwürfen des »jüdischen Schmarotzertums« zuvorkommen werde.[18] Von

---

[13] Dr. I Goldmanns Kommentar zur Beamtenzeitung, in: Der Beamte Nr. 3-4, 1931, S. 5.
[14] Der Jüdische Handwerker Nr. 1 (L. Wolff, Die Krise im Handwerk) und Nr. 2; Kölner Jüdisches Wochenblatt, 19. März 1932.
[15] Der Jüdische Handwerker, März 1931, Nr. 3, S. 5; Bericht aus Hannover, Januar 1932, Nr. 1.
[16] »Baumeister Perl aus Breslau«, in: Der Jüdische Handwerker, September 1931, Nr. 9, S. 2.
[17] »Bericht über Verbandsversammlung«, in: Der Jüdische Handwerker, Juli 1932, Nr. 6.
[18] Alfred Hirschberg, in: Der Jüdische Handwerker, Dezember 1932, Nr. 8, S. 1-2.

dieser Einstellung war sogar der militante »Reichsbund jüdischer Frontsoldaten« beeinflußt.[19] Da das wahre Problem ein sozioökonomisches ist, sei die politische Frage als zweitrangig zu betrachten. Der Heidelberger Rechtsanwalt Hugo Marx prognostizierte im Jahre 1932: Der Wirtschaftsliberalismus verschwindet und die Juden leiden darunter mehr als der sonstige Mittelstand. Die »Machtergreifung [durch die Nationalsozialisten – M.Z.] würde [...] lediglich das Tempo anders bestimmen.« Gleich welche Regierung herrsche, nötig sei »eine situationsangepaßte Einordnung der Juden in den deutschen Volkskörper« und zwar als nationale Minderheit![20] Sogar der Central Verein interpretierte die Zunahme des Antisemitismus als Reaktion auf die Wirtschaftskrise,[21] weshalb die Lösung der Wirtschaftsnot in den Augen des Central Vereins sogar Vorrang vor dem Schutz der Demokratie erhalten mußte. Diese Beispiele und Aussagen verdeutlichen die Stimmung innerhalb des Judentums, das die Republik wegen der Wirtschaftsnot praktisch preisgab.

Die Verzweiflung über die aussichtslose Situation der Republik war so selbstverständlich, daß sich eine gewisse Genugtuung innerhalb einiger jüdischer Krise nach dem Januar 1933 darüber verbreiten konnte, daß die düsteren politischen Prognosen sich als richtig erwiesen hatten. Nach dem Boykott am 1. April 1933 meinte Rabbiner Joachim Prinz, daß eine Auseinandersetzung mit der »Neuordnung« in Deutschland, die das Ziel hat, »den Menschen Brot und Arbeit zu geben, [...] weder beabsichtigt, noch möglich ist.«[22] Die gezwungene Produktivierung werde vielleicht den Antisemitismus eindämmen, da der deutsche Handwerker den jüdischen Handwerker besser verstehen wird als den jüdischen Rechtsanwalt. Und der Vorsitzende des jüdischen Handwerkervereins, Wilhelm Marcus, bemerkte mit einer implizierten Zufriedenheit, daß die »Frage der Berufsumschichtung zum jüdischen Handwerk im Mittelpunkt aller Erörterungen in der ganzen deutschen Judenheit steht.«[23]

Eigentlich wäre eine konsequente Reaktion auf die verlorene Hoffnung auf die Republik die Auswanderung gewesen. Die Zahlen scheinen diese Tendenz zu bestätigen: Zwischen 1925 und Juni 1933 ging die Zahl der deutschen Juden von 564.000 auf 499.700, also um zirka 65.000 (12 Prozent) zurück. Nur ein relativ kleiner Teil ist auf die negative Zuwachsrate und auf die Auswanderung seit dem 30. Januar 1933 zurückzuführen. Die Auswanderung aus Deutschland in der zweiten Hälfte der Zeit der Weimarer Republik (zirka sieben Prozent der jüdischen Bevölkerung) ist ein deutlicher Beweis für den Schwund an Zuversicht und Hoffnung, die man auf die Republik gesetzt hatte.[24] Diese Tendenz wurde als solche erkannt. Deswegen verlangten die Be-

---

[19] Ulrich Dunker, Der Reichsbund jüdischer Frontsoldaten 1919-1938, Düsseldorf 1977, S. 81-95.
[20] Hugo Marx, Was wird werden?, Wiesbaden 1932, S. 14, 17, 21.
[21] Vgl. Paucker, Abwehrkampf, S. 405-499; Reiner Bernstein, Zwischen Emanzipatioin und Antisemitismus, Phil. Diss, Berlin 1969; Friedrich Brodnitz, Leistung und Kritik, Berlin 1931, S. 30f.; Direktor des CV, Führerbriefe (vertraulich), Berlin, Dezember 1929, S. 25f.
[22] Joachim Prinz, »Das jüdische Handwerk in dieser Zeit«, in: Der Jüdische Handwerker, April 1933.
[23] Wilhelm Marcus, »Unsere Aufgaben«, in: Der Jüdische Handwerker, Juni 1933, Nr. 5.
[24] Doron Niederland, The German Jews – Emigrants or Refugees? Jerusalem 1996 (Hebr.).

fürworter der »Umschichtung«, die Handwerker (so Bruno Woyda 1930),[25] statt Hilfe für die Juden in Palästina eine Unterstützung neuer Kolonien in Deutschland oder meinten, wie der Verfasser der Broschüre *Gibt es für die armen Juden Rettung?* (1932) es formulierte, es wäre besser, die Millionen, die man in Palästina verschwendet, für die hungernden Juden in Deutschland zu verwenden.[26]

Ein bestimmter Optimismus zeichnete sich erst ab, *nachdem* der Untergang der Republik vollendete Tatsache war: Im jüdischen Beamtenverband sprach man bereits im Dezember 1932, als die Republik praktisch nicht mehr existierte, die NSDAP aber den ersten elektoralen Schlag erlitt, von einem »gesunden Optimismus«. Daß der Optimismus nicht auf der Hoffnung auf Genesung der Demokratie beruhte, zeigen Aussagen der Handwerker *nach* der »Machtübernahme«: Man sprach von einem »günstigen Augenblick« (!)[27] und erhoffte sich sogar nach dem 1. April die »Konsolidierung der jüdischen Situation in Deutschland«.[28] Dieser paradoxe Optimismus ist zweifellos nur aufgrund der vollständigen Aufgabe der Demokratie als Garant der ökonomischen Sicherheit zu verstehen. Optimismus war selbstverständlich bei den Anhängern der zionistischen Ideologie nicht zu erwarten. Noch weniger als die Nicht-Zionisten glaubten sie an die Republik. Genau zwei Jahre vor der »Machtübernahme« argumentierten Zionisten, daß es sich nicht »um eine Umschichtung, sondern um eine Ausstoßung handelt«, daß es bereits »Mittel und Wege« gibt, um »die Juden in schwerster Weise zu schädigen«, was mehr im wirtschaftlichen als im politischen Bereich zu der Schlußfolgerung führte: »Was kann denn noch schlimmer sein als der gegenwärtige Zustand?«[29]

Kurz vor den Wahlen zum Reichspräsidentenamt zwischen Hindenburg und Hitler konnte der zionistische Beobachter feststellen, daß die schwierige politische und wirtschaftliche Situation »viele von uns dazu gebracht [hat], fatalistisch den Gang der politischen Geschehnisse abzuwarten und ohne eigene Initiative alle Ereignisse im Staatsleben als eine Art höherer Gewalt hinzunehmen.«[30] Ein halbes Jahr später konnten nicht einmal die Opponenten dieser Passivität unter den Juden die Staatsbürgerpflicht, sich an den Wahlen zu beteiligen, empfehlen. Spätestens im August 1932 war die Republik für die Juden beendet. Wenn die Republik die Wirtschaftsnot nicht beheben konnte – war die Republik nicht nur für die Juden aussichtslos.

Es wäre jedoch übertrieben, die Zurückhaltung gegenüber der Demokratie nur auf die wirtschaftliche Lage zurückzuführen. Ohne eine grundsätzlich Abnei-

---

[25] Bruno Woyda, in: Der Jüdische Handwerker, 1931, Nr. 5, S. 3.
[26] Georg Singer, Gibt es für die armen Juden Rettung?, Magdeburg 1932, S. 31.
[27] »Rückblick und Ausblick«, in: Der jüdische Beamte Nr. 2/3, Dezember 1932; Paul Goldmann, »Besinnung«, in: Der Jüdische Handwerker, Februar 1933.
[28] Der Jüdische Handwerker, April 1933, S. 3.
[29] »Unbelehrbar und ›unentwegt‹«, in: Echo, 30. Januar 1931; vgl. Abraham Margaliot, Die politische Antwort 1932-1935 (hebr.), Diss., Jerusalem 1971, S. 130f.
[30] »Politische Entscheidungen«, in: Echo, 12. Februar 1932.

gung gegen das demokratische System wäre diese Erosion in der jüdischen wie in der nichtjüdischen Gesellschaft nicht möglich gewesen. Selbstverständlich kann von einer homogenen »jüdischen« Haltung nicht die Rede sein, aber öffentliche und individuelle Reaktionen, die die Wendepunkte in der politischen Entwicklung (wie Wahlen und Regierungswechsel) zwischen 1930 und 1933 hervorgerufen haben, weisen auf einen stetigen Abbau der demokratischen Überzeugung auch unter den Anhängern des »Weimarer Systems« hin. 1928 erschien in München eine Schrift mit dem Titel *Der Liberalismus und die deutschen Juden*. Der Verfasser war bestrebt zu beweisen, daß aufgrund ihrer sozioökonomischen Basis die Juden naturgemäß konservativ und anti-liberal sein mußten. Die einzige demokratische Ordnung, die sie unterstützen würden, werde konservativer, nicht liberaler Art sein, solange die rechtsorientierten Parteien sie nicht durch ihren Antisemitismus nach links stoßen werden. Der Verfasser empfahl den konservativen Kräften in Deutschland, dem englischen und italienischen (!) Beispiel zu folgen: In einer für die Konservativen schwierigen Zeit sollte man die Juden nicht nach links drängen und dadurch den Konservativen einen Schaden verursachen.[31] Offensichtlich ist auch die Vermutung richtig, daß der Mythos von der überwiegenden Anlehnung der Juden an die Linke oder an die Revolution in der Weimarer Zeit nicht weniger Mythos war als vorher.[32]

Der Druck zur Identifizierung mit der Nation hatte bei den Juden die gleichen Folgen wie bei den Sozialdemokraten. Sogar der Central Verein, dem man keine anti-demokratischen Attitüden unterstellen kann, und selbstverständlich der Reichsbund Jüdischer Frontsoldaten hingen an den Parolen vom Versailler Unrecht. Ein echt »jüdisches« Blatt wie das *Israelitische Familienblatt* beteiligte sich beispielsweise an der ausufernden Freude über die Befreiung des Rheinlandes von der Besatzung der Alliierten im Juli 1930.[33] Mann sollte zwar die Absicht der Zeitung berücksichtigen, das Thema »Freiheit für Deutschland« auch für die Frage der Freiheiten *in* Deutschland, d.h. der Juden in Deutschland, zu verwenden, jedoch stand bereits damals, zwei Monate vor dem großen parlamentarischen Sprung der NSDAP, fest, daß die Kluft zwischen der nationalen Rhetorik und den demokratischen Werten immer breiter wurde, und auch die Juden sich vor das Problem gestellt sahen, zwischen beiden Haltungen zu wählen. Doch bahnte sich für die Juden keine freie Wahl, sondern eine zusätzliche Widersprüchlichkeit an, wie sie im folgenden Zitat zusammengefaßt zum Ausdruck kommt:

> »Die wirtschaftlichen Interessen der überwiegenden Zahl der in Deutschland lebenden Juden werden von Richtungen wahrgenommen, die auf dem Standpunkt des Privateigentums und der sogenannten kapitalistischen Wirtschaft stehen. Infolge des in Deutschland leider bei überwiegenden Teilen des nichtjüdischen Bürgertums vorhandenen Judenhasses werden die Juden jedoch gefühlsmäßig auf Par-

---

[31] Rudolf Kaulla, Der Liberalismus und die deutschen Juden, München 1928, S. 110.
[32] Vgl. Jacob Toury, Die politischen Orientierungen der Juden in Deutschland, Tübingen 1966. Liepach Martin, Das Wahlverhalten der jüdischen Bevölkerung in der Weimarer Republik, Tübingen 1996.
[33] »Rhein Befreiung«, in: Israelitisches Familienblatt, 3. Juli 1930; vgl. Jüdische Rundschau, 1. Juli 1930, S. 347.

teien hingelenkt, deren wirtschaftliches Programm den Existenzbedingungen der jüdischen Bevölkerung entgegensteht.«[34]

Noch deutlicher hat es Robert Weltsch formuliert: »Daß Juden gerade in Deutschland politisch keine Beziehungen zu konservativen Parteien und Gruppen haben können, liegt nicht an mangelndem Verständnis für konservative Ideen, sondern an der aggressiven Judenfeindschaft dieser Parteien.«[35] Oder in Lestschinskys scharfe Worte gefaßt: »Die jüdische Stammesangehörigkeit macht es dem jüdischen Mittelstand unmöglich, ins reaktionäre Lager überzugehen.«[36]

Sogar nach dem 30. Januar 1933 bemerkte das *Familienblatt*: »[...] und auch in Deutschland gibt es viele Juden, die das wirtschaftliche Programm der heutigen Rechten billigen, die aber nicht die Möglichkeit haben, sich ihr anzuschließen, da diese Parteien in völlig unlogischer Weise [!] ihre wirtschaftlichen und politischen Ziele mit einem Kampf gegen das Judentum [...] verkoppelt haben.«[37] All diese Aussagen implizieren über die Logik der Unterstützung des Konservativismus hinaus die Gleichgültigkeit der Republik und der Demokratie gegenüber.

Dies ist nicht als nachträglicher Vorwurf gegen die Juden zu verstehen: Bereits 1930 waren sogar Parteien der Weimarer Koalition anti-liberal eingestellt. Nicht nur die DVP war 1930 eine eindeutig rechtsorientierte Partei, die mit der NSDAP koalierte (und trotzdem von jüdischen Kapitalisten unterstützt wurde), sogar die Demokratische Partei, die nun gemeinsam mit dem anti-liberalen »Jungdeutschen Orden« zur »Staatspartei« geworden war, konnte nicht mehr als Vertreterin der Demokratie akzeptiert werden. Auch die Tatsache, daß ein Jude (Kareski) Kandidat dieser Partei war, konnte dies nicht kaschieren. Wer die Republik nicht aufgeben wollte, wer noch einen Hauch von Optimismus hegte, hatte eine begrenzte Wahl: zwischen der Sozialdemokratie, dem Zentrum und der Staatspartei, weil Juden dort noch kandidieren konnten. In diesem eingeschränkten Spielraum war es kein Wunder, daß so viele Juden eine konservative Politik begrüßten, und die Republik nur »mit beschränkter Haftung« unterstützen konnten. (Auf die Zusammenarbeit des Central Vereins mit den demokratischen Kräften wird noch einzugehen sein.) Eine objektive Betrachtung führt zur Schlußfolgerung, daß es sich eigentlich um ein verlorenes Spiel handelte. Zwar gab es in orthodoxen wie auch in liberalen jüdischen Kreisen die Tendenz, für die SPD zu plädieren, und die Partei machte in der jüdischen Presse auch Werbung. Daraus kann aber nicht unbedingt auf die Motivation der jüdischen Anhänger geschlossen werden. Ein Jude berichtet beispielsweise, daß er nach den Wahlen 1930 zur SPD zurückgekehrt sei, sich aber wieder von ihr distanzieren wollte, weil sie sich nicht die Mühe gäbe [...] Goethes Geburtstag zu feiern![38] Daß es eine massive Unter-

---

[34] »Vor der Reichspräsidentenwahl«, in: Echo, 11. März 1932; vgl. Jüdische Rundschau, 19. Juni 1931.
[35] Robert Weltsch, »Die Judenfrage für den Juden«, in: Der Jud ist Schuld?, S. 372.
[36] Lestschinsky, Wirtschaftliches Schicksal, S. 32.
[37] »Wie wählen wir am 5. März?«, in: Hamburger Familienblatt, 2. März 1933.
[38] Walter Eliasow, Politisches, Jüdisches und Kulturelles 1908-1933, S. 147, 153; vgl. P. B. Wiener, »Die Parteien der Mitte«; sowie Hans-Helmuth Knütter, »Die Linksparteien«, in: Mosse, Ent-

stützung seitens der jüdischen Wählerschaft für das Zentrum gab, ist nicht zu bezweifeln, aber dies geschah, um sich gegen die Nationalsozialisten zu wehren, und nicht, um die Republik zu retten. Letzten Endes war es problematisch, die Partei des Prälaten Kaas als Rettungsanker der Demokratie zu verstehen. Auch Kaas' Aufruf im *Familienblatt* (Mai 1932) für einen gemeinsamen Kampf von Juden und Christen gegen die »Gottlosigkeit« kann man nicht als demokratisch gesinnt bezeichnen.

Der von Natur aus konservative Verband der jüdischen Beamten war in dieser Beziehung noch weniger reserviert als die allgemeine jüdische Öffentlichkeit. Vor den Wahlen 1930 schrieb Dr. S. London, der Vorsitzende des Reichbundes Jüdischer Frontsoldaten, in der Zeitung der jüdischen Beamten, daß es »für uns Juden [...] doch etwas anders [ist], ob diese [die Deutschnationalen – M.Z.] oder die Nationalsozialisten im Reichstag sitzen«.[39] So sympathisch diese Aussage klingen mag, kann dieser Satz nur als Ausdruck der Aufgabe der Republik und als Empfehlung an die Juden, die weiter rechts orientiert waren, sich den Deutschnationalen zuzuwenden, verstanden werden. Daß die Lage der Republik als bereits aussichtslos betrachtet wurde, wird hier deutlich. Man sollte jedoch keineswegs zu extremen Schlußfolgerungen greifen. Es ist zu betonen, daß der Verlust der demokratischen Inhalte bei den meisten Parteien die Juden politisch »heimatlos« machte – eine Bezeichnung, die sich sowohl beim Central Verein als auch bei den Zionisten wiederholte. Die Juden waren die ersten, die sich über die Zukunft der Republik keine Illusionen mehr machen konnten.[40] Es war konsequent festzustellen, daß, obwohl Hitler nicht Präsident der Republik werden konnte, das Zeitalter der Emanzipation vorbei war – gleichgültig, »wer in Deutschland ans Ruder kommen« sollte.[41]

Welche andere Prognose war zu erwarten? Zu dieser Zeit beantwortete sogar die SPD die Anfrage des Central Vereins über mögliche Schritte im Fall einer nationalsozialistischen Machtübernahme mit der Äußerung: »Man kann nicht im voraus feststellen, wie reagiert wird.« Dieselbe Partei stimmte, als das jüdische Schächten zur Debatte stand, im bayerischen Landtag mit der NSDAP und entzog einem jüdischen Kandidaten für den Posten eines Bankdirektors ihre Unterstützung – aus »Rücksicht auf die antisemitische Stimmung der Massen.«[42] Bereits vor den Wahlen im September 1930 wurde die Meinung geäußert, daß »der alte Liberalismus keine Partei mehr hat, die ihn offiziell repräsentieren kann.« So war der Begriff »Rückzugsgefecht« als wiederholte Bezeichnung der jüdischen Versuche, seit 1930 die Lage zu ändern, zutreffend.[43]

---

scheidungsjahre 1932, S. 289-345; CV Führer Briefe Nr. 1, September 1929. – Zum Problem Kareski und die Zionisten: Jüdische Rundschau, 1. August 1930; 12. August 1930, 15. August 1930, sowie Echo, 29. Juli 1932.
[39] »Reichstagswahl 1930«, in: Der Beamte, Nr. 4, September 1930.
[40] »Bemerkungen«, in: Echo, 13. Mai 1932; Jüdische Rundschau, 9. August 1932.
[41] »Im Wirbel«, in: Echo, 17. Juni 1932.
[42] Echo, 13. Mai 1932; »Offene Antwort«, in: Jüdische Rundschau, 8. Juli 1930; Monika Richarz (Hg.), Jüdisches Leben in Deutschland, Bd. 3, Stuttgart 1982, S. 85f. (Philipp Loewenfeld Memoiren).
[43] »Zur Lage der deutschen Juden«, in: Jüdische Rundschau, 2. September 1930; »Zur Lage der deutschen Juden«, in: Echo, 25. November 1932.

Um sich einen Einblick in die Denkart der jüdischen Gemeinschaft zu verschaffen, sind die Aussagen und Äußerungen der Zionisten, die ja die Mängel dieser Gesellschaft zu entlarven versuchten, besonders ergiebig. Sie äußerten eine weitverbreitete Zufriedenheit über die Ernennung Brünings zum Kanzler und über seine Handlungsweise, weil sie diese Entwicklung als Beweis für das Scheitern der umstrittenen »Symbiose« werten konnten. Diese Kritik an der jüdischen Gesellschaft kann aber auch nicht über die Indifferenz der Zionisten der Republik gegenüber hinwegtäuschen: Dort betrachtete man den Antisemitismus als einzige spezifische Bedrohung durch den Nationalsozialismus, eine Bedrohung, die jedoch geringer zu bewerten wäre als die Bedrohung durch die Assimilation! Eine nationalsozialistische Außen- oder Wirtschaftspolitik schien den Zionisten nicht realisierbar, also auch nicht gefährlich, während der Antisemitismus eine reale Gefahr bedeutete, weil er ungehindert existierte. So ist auch die Empfehlung, für das Zentrum oder für die SPD zu stimmen, eher durch taktische Überlegungen bedingt: »[...] rechts bedeutet leider in Deutschland [...] antisemitisch.«[44] – »Leider«, betont der Kommentator, sonst wäre das Problem einfacher.

Zionisten konnten sich auch die zynische Bemerkung erlauben, wonach die Vorreden, daß »wir« Juden »um der Allgemeinheit willen unseren Kampf führen« und durch nichts von den anderen »zu unterscheidende Volksgenossen auch der Nationalisten sind«, nicht überzeugen wirken, und man deshalb jede Unterscheidung unterlassen sollte.[45] Doch sind gemeinsame Ziele und gemeinsame Appelle über den Aufruf zur Abwehr des Antisemitismus hinaus zu finden, und zwar für »Ruhe und Ordnung« um jeden Preis. Organisierte Juden jeder Schattierung plädierten für »Ruhe und Ordnung« und akzeptierten deswegen Hindenburg, Brüning, sogar Papen.[46]

Einige Tage vor den Juliwahlen 1932 war man so weit gekommen, daß man zugeben mußte, im Augenblick sie das größte Interesse, daß die Regierung Papen-Schleicher »nicht durch ein Regime Hitler« abgelöst werde.[47] In seinen Memoiren berichtet Justizrat Neumeyer, einer der Vorsteher der jüdischen Gemeinde in Bayern, über seine Bemühungen um die Wahl Hindenburgs und über ein Treffen mit Papen bei einem Empfang, bei dem er »Ruhe und Ordnung« als einziges Ziel betonte. Eine logische Entscheidung, die aber klar zeigt, daß die Republik aufgegeben worden war.[48] So erscheint die Überlegung nicht mehr abwegig, daß auch Hitler schließlich Ruhe und Ordnung brauchen wird und deswegen auch eine nationalsozialistische Zukunft nicht völlig hoffnungslos sein konnte. Und tatsächlich, nach den Novemberwahlen 1932, hatte man hier und dort sogar die Angst vor Hitler verloren: Es werde sich herausstellen, so eine jüdische Stimme, daß »Schreckensbilder, die man [...] ausmalte – wie die für Pogrome freigegebenen Straßen [...] sich in ein Nichts auflösen.«[49] Und als

---

[44] Weltsch, Judenfrage, S. 371; »Nebensache«, in: Echo 6. März 1931.
[45] Moses Waldmann, »Es geht um alle Juden«, in: Echo, 29. Mai 1931.
[46] Jüdische Rundschau und Echo, Febr.-April 1932; Echo, 28. Oktober 1932, 25. November 1932.
[47] »Ein Schicksalstag«, in: Echo, 29. Juli 1932.
[48] Alfred Neumeyer, Memoiren, S. 195-196, Leo-Baeck-Institut, Jerusalem, Memoiren, Nr. 50.
[49] »Zur Lage der deutschen Juden«, in: Echo, 25. November 1932.

Hitler an die Macht kam, war eine Zufriedenheit darüber zu spüren, daß statt eines antisemitischen Sturms ein »Adagio« kam, und die SA nicht wütete.[50]

Ohne direkte statistische Daten kann man vermuten, daß die meisten Juden 1932/33 für SPD, Zentrum, Staatspartei und am Ende auch für die KPD stimmten, in ihrer Mehrheit zur Wahlurne gingen, also am parlamentarischen System trotz allem beteiligt waren[51]. Über die Stimmung geben persönliche Aussagen einen näheren Einblick: Fritz Ball beispielsweise, Rechtsanwalt im Dienste der Hugenbergschen »Telegraphenunion« bis zu seiner Entlassung Ende 1932. In seinen Memoiren kommen keine »second thoughts« über die Kollaboration mit einer anti-demokratischen Organisation auf, sondern vielmehr Staunen darüber, daß er trotz seiner Loyalität zum demokratischen Prinzip entlassen wurde. Auf der anderen Seite steht sein Bruder, Jakob Ball, der bereits 1930 aus der DDP ausgetreten war, weil es »ein normales demokratisches Leben im Staate« nicht mehr gab, und er »innerhalb des Deutschtums heimatlos geworden« war.[52] Für Fritz Rathenau (Walthers Vetter) war Mangel an Demokratie von Anfang an kein Nachteil. Er wurde Mitglied der DVP, als sie eindeutig eine anti-republikanische Partei wurde. Er trat erst aus der Partei aus, als sie wegen seiner Abstammung seine Kandidatur nicht unterstützen wollte. Er blieb aber mit seinen »deutsch-nationalen« Kollegen befreundet, hat die Partei politisch unterstützt und glaubte sogar daran, daß die Aufnahme der Nationalsozialisten in die Regierung erwünscht sei, weil die Partei sich dort aufreiben werde. Noch als Göring Innenminister wurde, blieb er als hoher Beamter im Amt, hat sich den »deutschen Gruß« angeeignet und verließ sein Amt erst im August 1933 – als er entlassen wurde.[53]

Für diesen stark assimilierten Juden war die Demokratie anscheinend irrelevant. Man findet auch eine einfache Erklärung für diese Haltung: Als Hitler zur Macht kam, meinten viele Juden: »Es ist gut, weil er jetzt nicht gegen das Gesetz sein kann.«[54] Nicht die Demokratie und ihre Verfassung, sondern das Gesetz oder der Rechtsstaat im herkömmlichen Sinne galten als Garant der Existenz. Noch weiter gingen jüdische Industrielle (Bankier Elkan und Waffenproduzent Grünthal), die an einem Treffen Hitlers mit Industriellen in Düsseldorf teilgenommen hatten. Auch wenn ihre Absicht einzig und allein darin bestand, Informationen über den Gegner zu erhalten, wurde hier der Unglaube gegenüber der Republik offen ausgesprochen. Daß man bereit war (wie in den Zeitungen berichtet wurde), Thyssens Bitte zu akzeptieren und mit dem »deutschen Gruß« abzuschließen, hat eine symbolische Bedeutung.[55] Der Redakteur des *Jüdischen Echos* aus Bayern scheint recht gehabt zu haben mit der Feststellung, bereits im März 1932 hätten »viele Juden [...] sich beeilt,

---

50 »Provisorium?«, in: Echo, 10. Februar 1933.
51 Cf. Martin Liepach, das Wahlverhalten der jüdischen Bevölkerung in der Weimarer Republik, Tübingen 1996.
52 Kurt Jacob Ball-Kaduri, Das Leben der Juden in Deutschland im Jahre 1933, Frankfurt a. M. 1963, s. 25, 31.
53 Fritz Rathenau, Memoiren, S. 111, 122, 197, Leo-Baeck-Institut, Jerusalem, Memoiren Nr. 63.
54 Meyer Königshöfer, Memoiren, S. 50, Leo-Baeck-Institut, Jerusalem, Memoiren, Nr. 54.
55 »Neue Arbeit«, in: Echo, 18. März 1932.

[...] vor der Wahl [zum Reichspräsidenten – M.Z.] ihr Mäntelchen mit dem Winde zu hängen und sich auf einen möglichen Sieg der Nationalsozialisten einzurichten [...].«[56]

Das für die Juden besonders offensichtlich gewordene Versagen der demokratischen Parteien als Träger der Republik ist nur ein Aspekt unseres Themas. Die Kehrseite der gleichen Frage war ideologischer Natur – der liberale Inhalt der Republik und ihrer Parteien. Unter den Juden hatte sich die Behauptung leicht verbreiten können, daß der Liberalismus »passé« sei. Der Begriff »Liberalismus« erweckte besonders bei orthodoxen und zionistischen Juden negative Assoziationen. Liberalismus assoziierte sich im Judentum mit »Reform«, Assimiliation u.a.m. Öfter wurde also in diesen Kreisen mit Schadenfreude vom Sterben des Liberalismus gesprochen. Aber auch unter Juden, die zur jüdisch-liberalen Strömung gehörten, kam man zu der Erkenntnis, daß die Ära des Liberalismus (im allgemeinen, nicht im religiös-jüdischen Sinne) abgeschlossen sei. Sogar Ludwig Holländer, der Vorsitzende des Central Vereins, war von diesem Umstand überzeugt, obwohl er dagegen weiter kämpfen wollte. Viele sogenannte »indifferente« Juden entwickelten die gleiche Skepsis dem Liberalismus gegenüber wie ihre Standesgleichen in der nicht-jüdischen Gesellschaft, was nicht viel für die Erhaltung der Republik versprach.

Die bekannteste Absage an den Liberalismus findet sich in der vom Zionisten Gustav Krojanker verfaßten Broschüre über den neuen deutschen Nationalismus: »Der liberale Staat liegt in seinen letzten Zuckungen [...] wir sollten das nicht mit enttäuschter Resignation, sondern bereitwillig als Bestätigung eigener Erkenntnis hinnehmen. [...] vielleicht ist es ein großes Glück für uns, daß das alles so kommt.« Und weiter: »Gerade bei uns Zionisten [...] sollte ein tiefes Verständnis für diesen politischen Vorgang herrschen.« Statt über den Untergang der liberalen Demokratie besorgt zu sein, empfahl er, »daß auch wir selbst uns noch von der liberalistischen Tendenz, die den Sozialismus zu einer Partei im Volksganzen machte, zu befreien haben.«[57] Sich an Krojankers These anlehnend (zu dessen Widerwillen), versuchte Arthur Prinz, Carl Schmitts Unterscheidung zwischen Demokratie und Liberalismus zu benutzen, um aufzuzeigen, daß sich in Deutschland eine neue Art von Demokratie entwickelte, die nicht liberal und nicht parlamentarisch war. Was Prinz mit dieser These spezifisch beweisen wollte, war die Behauptung, daß die Demokratie das Problem der »Golus« (Diaspora) nicht löste, sondern nur verschärfte, weil sie angeblich die Fremdheit von Minderheiten nur unterstreiche.[58]

---

[56] Ebd.
[57] Gustav Krojanker, Zum Problem des neuen deutschen Nationalismus. Eine zionistische Orientierung, Berlin 1932, S. 31-36; vgl. Kurt Loewenstein, »Die innerjüdische Reaktion auf die Krise der deutschen Demokratie«, in: Mosse, Entscheidungsjahr 1932, S. 349-403. – Anders als Loewenstein behandeln andere Historiker eher die spezifische Frage der Reaktion auf den Antisemitismus: Donald L. Niewyk, The Jews in Weimar Germany, Baton Rouge 1980, S. 82ff.; Jehuda Reinharz, »The Zionist Response to Antisemitism in the Weimar Republic«, in: J. Reinharz, W. Schatzberg (Hg.), The Jewish Response to German Culture, Hannover 1985, S. 266ff.
[58] Loewenstein, Innerjüdische Reaktion, S. 359; Krojanker, Deutscher Nationalismus, S. 32-33. – Krojankers Satz (S. 37) soll aber nicht außer acht gelassen werden: »Hier wird sich zeigen, wie

Als Zionist konnte man also auch ohne über das System enttäuscht sein, aus rein »jüdischen« Überlegungen die liberale Demokratie diskreditieren. Robert Weltsch gab dann auch offen zu: »Die antiliberale Welt im Deutschtum begegnet sich mit der antiliberalen Stellungnahme im Zionismus.« Diese Stimmung schlägt sich seit Blumenfelds Vortrag über das Ende der liberalen Ära im Mai 1932 nieder. Man versucht, den liberalen Individualismus durch eine Gemeinschaftsbindung zu ersetzen. »Das Fehlen einer Gesamtverpflichtung ist eben die Signatur der liberalen Ära«, meinte Blumenfeld, der allerdings nichts »gegen den Liberalismus als solchen« vorzubringen hatte. Eben weil der Liberalismus seine Ziele (einschließlich der Gleichberechtigung der Juden) nicht erreichen konnte, sei es vielleicht falsch, so Blumenfeld, von einer Bewegung der Diktatur gegen die Demokratie zu sprechen. »Vielleicht ist diese Bewegung nur das Suchen nach einer neuen Form der Demokratie, die sich in einem Exponenten, der Führerpersönlichkeit, zum Ausdruck bringen will.« Diese theoretische Haltung wurde von Blumenfeld im März 1933 in die folgende Richtlinie für die bevorstehenden Wahlen umgesetzt: »Der Jude muß aber [...] zur Kenntnis nehmen, daß die liberale Ära (wie in manchen anderen Dingen) in der Judenfrage zu rationalistisch, zu mechanistisch gedacht hat.« Blumenfelds Retrospektive bestätigt, was in diesem Kapitel zu zeigen versucht wurde, nämlich, daß die Juden aufgrund ihrer Prognose spätestens seit 1929 die Republik aufgegeben hatten: »Das Ergebnis lag [...] in der Wahrheit schon vor vielen Jahren klar zutage.«[59]

Manche neigten dazu, diese Äußerungen als Beweis für die anti-demokratische oder anti-liberale Grundhaltung der Juden schlechthin, nicht nur der Nationaljuden, zu bewerten. Diese Schlußfolgerung beruht auf falschen Prämissen. Die Grundhaltung der Juden war ursprünglich liberal und pro-demokratisch. Nur spürten die Juden früher als andere Subgruppen in der deutschen Gesellschaft die Aussichtslosigkeit des Systems, ein Umstand, der zur Resignation und Rationalisation geführt hat. »In der deutschen Republik«, schrieb Theodor Lessing ein Jahr vor der »Machtergreifung«, »geschieht ein Kollektiv-Verbrechen, desgleichen niemals ähnlich dagewesen ist. Denn niemals war es erlaubt, daß die Majorität in einem Staate die wehrlose Minderheit in Wort und Schrift als hassenswert und parasitär dem Masseninstinkte preisgeben durfte.«[60] »Kein Wunder also, daß man sogar in Julius Goldsteins Zeitschrift *Der Morgen*, drei Jahre nach seinem Tode, zur Zeit der »Machtergreifung« in einem Aufsatz über den italienischen und deutschen Faschismus lesen konnte: »Daß auch das parlamentarische System seine Schwächen [...] hat, hat Carl Schmitt klargelegt. Daß es auch die Gefahr einer Majorisierung des Judentums durch eine antisemitische Partei birgt, können wir ebenfalls erkennen. Und es ist nicht anzunehmen, daß die Juden in einem qualitativ statt quantitativ auf-

---

viel unser Nationalismus von einem wahren Liberalismus erhält.« – Vgl. »Judenfrage und Demokratie«, in: Jüdische Rundschau, 23. März 1932, sowie Krojankers Kommentar, ebd. 14. Juli 1932.
[59] Jüdische Rundschau, 24. Mai 1932; Echo, 23. Mai 1932; 3. Juni 1932; Kurt Blumenfeld, »Vor den Wahlen«, in: Echo, 3. März 1933.
[60] Theodor Lessing, »Die Unlösbarkeit der Judenfrage«, in: Der Jud ist schuld?, S. 409.

gebauten System zu kurz kämen [...].«[61] Das System, von dem hier die Rede ist, ist der Faschismus. Die Hoffnung, jüdische »Mitarbeit an dem Wiederaufbau unseres Vaterlandes« leisten zu dürfen, war nur eine logische Schlußfolgerung, gerade weil sie auch *nach* den März-Wahlen geäußert wurde.[62]

Wie bereits aus den bisherigen Ausführungen ersichtlich wird, war die pessimistische Prognose in bezug auf die Republik und die Demokratie fast allen Gruppen im deutschen Judentum gemeinsam. Die unterschiedliche Beurteilung dieser düsteren Zukunft beruhte jedoch auf unterschiedlichen Haltungen gegenüber den heranwachsenden Tendenzen. Jede Gruppe wollte in den Entwicklungen eine Bestätigung ihrer Weltanschauung oder mindestens ihrer Prognose sehen, so daß paradoxerweise manchmal eine implizite Genugtuung über die Richtung der Entwicklung zum Ausdruck kam, sogar wenn ihre praktische Bedeutung katastrophal war.

Es gab bekanntlich Randgruppen im Judentum, wie Hans Joachim Schoeps' »Vortrupp« oder Max Naumanns »Nationaldeutsche Juden«, die im letzten Jahrzehnt gründlich erforscht wurden.[63] Dort gab es von Anfang an eine positive Haltung der politischen Rechten gegenüber. Die Bejahung einer hugenbergschen Politik oder die Unterscheidung zwischen Ostjuden und deutschen Juden führten konsequent auch zur extremsten Negierung der Republik und zur Unterstützung der Regierung der »nationalen Erhebung«. Weil aber diese Gruppen für das deutsche Judentum nicht repräsentativ waren, sollte man ihre Einstellung zur Republik eher am Rande betrachten.

Weniger marginal und mehr repräsentativ war das im Reichsbund Jüdischer Frontsoldaten organisierte Judentum, das zum nicht-liberalen deutschen Nationalismus neigte, obwohl es sich nach außen als unpolitisch darstellte. Diese Gruppe entwickelte ein Widerstandspotential, das aber nicht auf die Legitimität der Republik, sondern auf die Werte des Krieges und des konservativen Rechtsstaates gerichtet war. Man kann durchaus mit dem Historiker dieser Gruppe darin übereinstimmen, daß sie sogar im Kampf gegen den Nationalsozialismus nur gegen dessen Antisemitismus, nicht gegen die Phänomene »Nationalsozialismus« oder Anti-Demokratie insgesamt vorzugehen versucht hat.[64] Die Militanz dieser Gruppe hatte mit der Fortexistenz der Republik nichts zu tun. Aber sogar bei einem Segment des deutschen Judentums, in dem die jüdischen Inhalte eine besondere Bedeutung im Alltag besaßen – bei der im »Bund gesetzestreuer jüdischer Gemeinden« organisierten Orthodoxie – haben sektorale Interessen die nötige Kritik gegenüber anti-demokratischen Prozessen überwogen. Für diese Gruppe war Weimar ein Sorge erregendes System, wie für andere, nicht-jüdische Kreise konservativer Strömungen. Die

---

[61] Rita Hirschberg-Neumeyer, »Italienischer und deutscher Faschismus«, in: Der Morgen, Februar 1933, S. 473.
[62] »Nach der Entscheidung«, in: Hamburger Familienblatt, 9. März 1933.
[63] Zum Beispiel: Carl J. Rheins, »Der Verband nationaldeutscher Juden 1921-1933«, in: Leo Baeck Yearbook 1980, S. 243-268; ders., »Deutscher Vortrupp 1933-1935, in: Leo Baeck Yearbook 1981, S. 207-230; Niewyk, Jews, S. 165ff.
[64] Dunker, Reichsbund, S. 57f, 105.

Weimarer Verfassung erteilte den Frauen das Wahlrecht – und öffnete ihnen das Tor für die gleichen Rechte in der jüdischen Gemeinde, bei Gemeindewahlen. Eine nicht-weimarische Zukunft bedeutete keine größere Gefahr für dieses Judentum als die Republik selbst. Auch das demokratische Mehrheitsprinzip hat dieser Gemeinde, die ja auch eine Minderheit im organisierten Juden war, Sorge bereitet. Diese Gruppe hat ihre jüdisch-internen Kämpfe (wie auch ihre liberalen Gegner) mit Hilfe der staatlichen Autorität (d.h. dem Innenministerium) geführt, wie früher und anderswo in autokratischen Staaten. Als Erfolg galten zum Beispiel die Zollermäßigung für Palmzweige und Paradiesäpfel (für rituelle Zwecke) oder staatliche Subventionen. Das Jahr 1932 wurde aufgrund des »Milchgesetzes«, das bestimmte chemische, nicht »koschere« Substanzen in der Milch vorschrieb, und aufgrund der Verbote des jüdischen Schächtens in einigen Ländern zum »Entscheidungsjahr«. Weil eben für diese Gruppe die Republik eine so große Bedrohung war, kann man verstehen, weshalb sie sich im Juli 1933 zusammen mit der orthodoxen »Aguda« an Goebbels wandte und sich dafür pries, daß sie eine von Lord Melchett eingerufene Versammlung zwecks eines internationalen Boykotts gegen Deutschland zu Fall gebracht hatte. Hier lagen die Gründe, weshalb man sich im März 1934 vor allem darum bemühte, aus der Not den Vorteil einer starken orthodoxen Organisation zu ziehen, und weshalb letzten Endes auch die Nürnberger Gesetze von diesen Kreisen nicht unbedingt als negativ empfunden wurden.[65] Man soll sich selbstverständlich davor hüten, den Begriff »Orthodoxie« undifferenziert zu benutzen – eine orthodoxe Zeitung wie das Kölner *Jüdische Wochenblatt* hat die SPD unterstützt und die »Assimilanten« wegen ihrer Unterstützung des rechten Flügels in den Wahlen 1932 kritisiert. Aber sogar dort mußte man gegen Ende 1932 aufgrund der Prognose diese Haltung aufgeben: Um die Grundrechte und die Ordnung zu bewahren, war man bereit, eine »deutsch-nationale« Regierung zu akzeptieren.[66]

Im liberalen Judentum gab es auch mehrere, die sich an die neue politische Realität anzupassen und die Republik aufzugeben bereit waren. Hier spielte das Zukunftsbild der Rückkehr zum Mittelalter,[67] nicht zu den vor-weimarischen Zeiten die entscheidende Rolle.

Bei den Zionisten, auch eine Minderheit unter den deutschen Juden, kamen die sonderbarsten Meinungen zum Ausdruck. Auch hier ist jedoch eine undifferenzierte Beurteilung falsch. Fritz Naphtali stellt ein ausgezeichnetes Beispiel für das demokratische Bewußtsein dar. Nach den Wahlen 1930 betonte er – an die demokratische Orientierung der deutschen Juden glaubend –, daß der Zionismus das Problem nicht nur im Spannungsfeld zwischen Juden und Antisemiten plazieren soll, sondern die Krise der Demokratie als Kernfrage betrachten muß.[68] Andererseits war die zionistische Bewegung als anti-assi-

---

[65] H. B. Auerbach, Die Geschichte des ›Bund gesetzestreuer jüdischer Gemeinden‹ in Deutschland 1919-1938; Tel Aviv 1972, S. 28, 40, 45, 65, 68.
[66] Kölner Jüdisches Wochenblatt, 19. März 1932, 11. November 1932.
[67] Zielenziger, Die deutschen Juden, S. 336.
[68] Jüdische Rundschau, 17. Oktober 1930; S. 530.

milatorische und anti-liberale (im Kontext der jüdischen Religion) Bewegung dazu geneigt, sogar den Untergang der Republik als Rechtfertigung ihrer Prognosen zu interpretieren. Die Delegiertentage der deutschen Zionisten 1932, aber auch 1936, bringen diese Rechtfertigung zum Ausdruck.[69] Nach jedem Ereignis – Präsidentenwahlen, Regionalwahlen, Reichstagswahlen – scheint die Schadenfreude am Mißerfolg des Central Vereins größter gewesen zu sein als die Bestürzung über die Erosion der Republik – diese Erschütterung kam nicht unerwartet. Die Schlußfolgerung zielte deshalb nicht auf die Intensivierung des Kampfes für die Demokratie, sondern führte vielmehr zu der Meinung, daß »genau das Gegenteil dessen zu tun und zu veranlassen ist, was die Juden in Deutschland in den letzten 120 Jahren vergeblich versucht haben.«[70]

Einen besonders bitteren Geschmack hinterläßt der systematische Angriff von Zionisten und Orthodoxen auf die Assimilation, der bereits die Keime der Zustimmung zu den Nürnberger Gesetzen in sich trug. In diesem Zusammenhang ist auch der innere Zwist innerhalb des Zionismus nicht zu vergessen. Sowohl Aussagen der Revisionisten gegen ihre Gegner als auch die Kritik gegen die Revisionisten (»ein verrückt gewordener Zionismus«), die bis zu Anschuldigungen wegen Zusammenarbeit mit der SA gingen, beweisen, daß die Juden die Republik bereits aufgegeben hatten und der Kampf um die nachrepublikanische Realität begonnen hatte.[71] Der Kampf gegen den Nationalsozialismus wurde zum Mittel im innerjüdischen Kampf. Kein Wunder, daß noch vor Hitlers Machtübernahme, kurz nach den Wahlen im Juli 1932, Zionisten andeuteten, daß der Nationalsozialismus nur mit ihnen zu einem modus vivendi kommen könnte, da die jüdische Renaissance für die Bewegung der deutschen nationalen Erneuerung Verständnis hat, – wenn sie nicht gewalttätig ist.[72]

Die hartnäckigen Verteidiger der Republik unter den Juden waren die im Central Verein organisierten »deutschen Staatsbürger jüdischen Glaubens«. Doch wenn man die Veröffentlichungen der Organisation und die Aussagen ihrer Führer verfolgt, entdeckt man auch dort die fortschreitende Erosion. Ausgangspunkt ihrer Abwehrtätigkeit war tatsächlich die gesamte rechte Gefahr. Noch 1930 setzte der Central Verein den alten Kampf von 1924 und 1928 fort, als man das Aggregatgewicht aller rechten Parteien berechnet hatte. Solange diese Parteien nicht mehr als ein Viertel aller Stimmen erhalten hatten, war auch diese Taktik berechtigt. So wurde das Problem vor den Lokalwahlen in Preußen im November 1929 im Organ des Vereins wie folgt formuliert: Die bürgerliche Demokratie hat die schwierige Aufgabe, die Errungenschaften der letzten hundert Jahre vor dem Angriff der »ständisch-feudalen Reak-

---

[69] Bericht der ZVfD an den 15. Deligiertentag 1936, S. 6-7 (Deligiertentag 1932), S. 17 (»Es ist uns eine Genugtuung [...]«, S. 186ff. (Sport); vgl. Margaliot, Politische Antwort, S. 104f., 123.
[70] Leitartikel in: Jüdische Rundschau und Echo, 3. Juni 1932.
[71] Echo, 23. September 1932, S. 311; 6. Januar 1933; S. 4; vgl. Revisionistische Blätter, Berlin 1931, Tel Haj. Monatsschrift der Brit Trumpeldor, Wien, Okt. 1933.
[72] »Politik und Terror«, in: Jüdische Rundschau, 5. August 1932; vgl. Margaliot, Politische Antwort, S. 103; Reinharz, Zionist Response, S. 285-293.

tion« zu bewahren.⁷³ Nur bricht diese Reaktion 1930 die 25-Prozent-Hürde, und der Nationalsozialismus überschwemmt Deutschland. Diese neue Situation zwang den Central Verein, die alte Strategie der brennenden Sache unterzuordnen, nämlich die jüdische Sache vor dem Angriff des besonders gefährlichen NS-Antisemitismus zu schützen.

Das Ziel des Vereins war also, »Widerstand gegen die anti-jüdische Hetze« zu leisten, der aber ohne die Mitwirkung der Parteien unmöglich war.⁷⁴ Eine politisch neutrale Haltung war die wiederholte Parole dieses Vereins, der ja besonders vorsichtig agieren mußte.⁷⁵ Weil aber diese Parole im Kontext der jüdischen, nicht der deutschen Politik angekündigt wurde, blieb die Anlehnung der Juden an bestimmte Parteien kein Geheimnis. Gerade auf dem Hintergrund der Verschlechterung der politischen Lage, als die Juden sich eigentlich auf ihre spezifischen Probleme hätten konzentrieren müssen, sollte diese hartnäckige Unterstützung der Demokratie beachtet werden. Nach den Präsidentschaftswahlen im April 1932 hielt Ludwig Holländer die massive Unterstützung Hitlers für einen harten Schlag gegen das demokratische Denken – ein Beweis dafür, daß er auch hier den Blick nicht nur auf den Antisemitismus richtete, sondern auch auf die allgemeine Gefahr des Autoritarismus und Totalitarismus⁷⁶ und ihre Relevanz für die jüdische Sache hinweisen wollte. Doch die Gegebenheiten des Jahres 1932 zwangen sogar den Central Verein zum Kompromiß mit der nicht-demokratischen Rechten. Das gibt auch Arnold Paucker, der Historiker des Central Vereins und des jüdischen Abwehrvereins zu.⁷⁷ Die tragische Schlußfolgerung war eben, daß die Republik nicht mehr imstande war, sich selbst zu verteidigen, und die Gefahren nicht mehr mit Hilfe der Demokratie abgewehrt werden konnten.

Noch im August 1930 – vor den Reichstagswahlen – warnte Holländer vor dem »sterilen Pessimismus« und vor der Behauptung, man könne nichts tun, weil die Situation stärker sei als die Menschen.⁷⁸ Ein Jahr später gab Brodnitz zu, daß das Wort »zwangsläufig« zum Alibi für alle Tatenlosigkeit geworden ist. Eva Reichmann war noch kritischer, als sie die »Nörgler« (einschließlich der Zionisten), die die Abwehrarbeit unterminierten, heftig angriff.⁷⁹ Alle diese Mahnungen deuten indirekt darauf hin, daß auch im Central Verein die Verzweiflung nicht mehr aufzuhalten war. Der Verein, der am meisten gemahnt und alarmiert hatte, konnte vom Untergang der Republik nicht überrascht werden und resignierte noch vor dem Coup de grace.⁸⁰

---

73 Fr. Friedländer, »Stände- oder Freier-Staat«, in: CV-Zeitung, 1. November 1929.
74 CV Handbücherei für Ortsgruppen-Vorstände: Schafft Aufklärung, Berlin 1930, S. 7; Brodnitz, Leistung und Kritik, S. 33.
75 CV Führerbriefe, August 1930, Nr. 5, S. 75.
76 Ludwig Holländer, »Erdrutsch«, in: CV-Zeitung, 29. April 1932.
77 Paucker, Abwehrkampf, S. 460; ders., Deutsche Juden im Kampf um Recht und Freiheit. Teetz 2003.
78 CV Führerbriefe, August 1930, Nr. 5, S. 73.
79 Brodnitz, Leistung und Kritik, S. 32; Eva Reichmann, »Nörgler etc.«, in: CV-Zeitung, 11. Juli 1932, und die Reaktion in: Jüdische Rundschau, 5. Juli 1932.
80 Bernstein, Zwischen Emanzipation und Assimilation, S. 118; sowie Avraham Barkai, »Wehr dich!« Der Centralverein deutscher Staatsbürger jüdischen Glaubens (C.V.) 1893-1938, München 2002.

Wie für das gesamte Bürgertum, so kam auch für die meisten Juden die Gefährdung der Republik nicht alleine von rechts, sondern auch, vielleicht noch stärker, von links. So oder so hielt man die Republik für verloren. Paradox ist die Tatsache, daß für viele die Gefahr des Kommunismus als gravierender galt, weshalb man eine Allianz, wenn auch indirekt, mit den rechten Kreisen vorzog. Gerade das mittlere und höhere Bürgertum unter den Juden fürchtete, daß die schwierige Wirtschaftslage viele Juden zum Kommunismus treibe. Gegen diese Tendenz gab es zunächst einmal prinzipiellen Widerspruch, aber auch politische Argumente: Dies wäre ja eine Bestätigung der antisemitischen Vorwürfe der rechten Parteien. Lestschinsky und die Mitglieder des Central Vereins – Heinz Liepmann und Eva Reichmann – stimmten 1932 darin überein,[81] daß die Situation die Juden zum Kommunismus führe und das man diesen Traum zerfetzen müßte. Die Angst vor dem Kommunismus war so groß, daß der Central Verein sich der Taktik bediente, den Nationalsozialismus durch die Entlarvung des »bolschewistischen Charakters der Partei«[82] zu bekämpfen. Unter den Zionisten war es noch deutlicher zu hören: »Was heute Hitler ist, kann morgen Thälmann sein.«[83] Die Tatsache, daß »zwischen Zionismus und Kommunismus eine Feindschaft auf Tod und Leben sich entwickelt hat«, führte nicht zurück zur Republik, sondern zum Vorzug des rechten vor dem linken Übel. Daß man beide Übel gegeneinander abgewogen hatte, um am Ende das eine dem anderen vorzuziehen, bestätigte sogar der frühere Sozialdemokrat Herbert Weichmann 1981 in einem Vortrag vor Studenten in Jerusalem. Es gab selbstverständlich auch die entgegengesetzte Richtung im Judentum – die Leute, die bereit waren, mit der radikalen Linken gegen die bereits aufgegebene oder nie akzeptierte Republik zu kooperieren. Beide Erscheinungen bestätigen eindeutig, daß für die meisten Juden die Republik spätestens Mitte 1932 nicht mehr existierte.

Seit dem 30. Januar 1933 entwickelte sich bekanntlich in Deutschland die »innere Emigration« als Reaktion gegen die Diktatur. Bei den Juden, die das Scheitern der Republik miterlebt hatten, gingen schon mehrere *vor* dem 30. Januar in die »innere Emigration«. In der ersten Reihe waren es die Zionisten und die Orthodoxen, die »die Besinnung auf sich selbst« verlangten und »wenigstens die Ehre zu retten« hofften. Im Hintergrund dieser Aussagen stand die Erkenntnis, daß »auch Deutschland Golus [Diaspora – M.Z.] ist«, d.h. daß Juden in Deutschland bereits vor der »Machtergreifung« der »inneren Emigration« angehörten.[84] Öfter zitiert wird Robert Weltschs berühmte Schlagzeile aus der *Jüdischen Rundschau* zum 1. April 1933 »Tragt ihn mit Stolz den gel-

---

[81] Heinz Liepmann, »Judentum und Marxismus«, in: Der Jud ist schuld?, S. 318-323; Eva Reichmann-Jungmann, »Der Untergang des Judentums«, in: Der Morgen 1932, S. 72; Vgl. Loewenstein, Innerjüdische Reaktion, S. 367ff.
[82] CV Führerbriefe, Mai 1930, Nr. 3, S. 47.
[83] »Wahlparole«, in: Echo, 15. Juli 1932; über die Haltung gegenüber den Kommunisten, aber auch über die Haltung der jüdischen Intellektuellen des linken Flügels: Niewyk, Jews, S. 82, 37.
[84] Echo: »Was haben wir zu tun?«, 23. September 1932; »Blick ins neue Jahr«, 30. September 1932 (»[...] daß Golus Golus bleibt«); »Ob man will oder nicht«, 28. Oktober 1932; »Was tun?«, 11. November 1932; Jüdische Rundschau, 3. Juni 1932; Leitartikel vom 8. Juli und 2. August 1932.

ben Stern.« Dies war nur eine Wiederholung von Theodor Lessings Aufruf *vor* der Machtübernahmen: »Ihr wollt uns den gelben Fleck der Schande anheften. Tut es. Wir tun es selbst. Freiwillig. Wir tagen ihn als Ehrenzeichen.«[85] Die »innere Emigration«, also ein alternativer Hinweis auf die gescheiterte Existenz der Republik, war spätestens nach den Wahlen im Juli 1932 eine vollendete Tatsache. Mehr noch, zu dieser Zeit erkennt man im Rückblick, daß die Republik bereits viel früher nur eine Scheingarantie für ihre Bürger gewesen war. Vier Jahre lang hatte sich der Druck gegen Juden, der parallel zur Schwächung der Republik lief, ständig verstärkt. Immer wieder schien man am schrecklichsten Tiefpunkt angelangt zu sein, um jedoch bald einen neuen Tiefpunkt erblicken zu müssen. Die Unterbrechungen zwischen den Tiefpunkten waren nicht weniger nervenzermürbend, so daß man nicht mehr in der Lage war, für die Republik zu kämpfen oder für die Demokratie zu hoffen. Das Spiel mit Erwartungen und Hoffnungen entscheidet, wenn auch indirekt, die tatsächliche Entwicklung der Zukunft. Offiziell kam die »Machtübernahme« am 30. Januar 1933, aber nachdem man im August (nach den Wahlen) als Jude zutiefst schockiert war, auf die »Nacht der langen Messer« wartete, mindestens mit dem »Vorbild des Mittelalters«[86] sich abzufinden bereit war, dann aber die Pogrome ausblieben und die Nationalsozialisten sogar eine Wahlniederlage erlitten hatten, – entstand ein »merkwürdiger Optimismus«. Dieser basierte nicht mehr auf der Republik, er baute auf eine nicht demokratische Alternative zur gefürchteten Macht der Nationalsozialisten. Dies bedeutete nicht nur Verzicht auf die Republik, sondern auch eine gedämpfte Reaktion im Fall des allerschrecklichsten Geschehens – der Machtübernahme der NSDAP. Was zwischen Januar 1933 und September 1935 geschah, gehörte bereits vorher zu den Erwartungen der in der nur auf dem Papier existierenden Republik lebenden Juden. Ihre Erwartungen haben die vorläufigen Pläne der Nationalsozialisten realistisch eingeschätzt. Was sich an Plänen *nach* 1935, bzw. 1938 oder 1941 entwickeln sollte, konnte Juden nicht prognostizieren, weil auch ihre Umgebung, einschließlich der meisten »Parteigenossen«, diese Pläne als Richtlinien für die Zukunft nicht entwickelte oder nicht ahnte.

---

[85] Lessing, Unlösbarkeit, S. 409.
[86] »Mittelalter als Vorbild«, in: Jüdische Rundschau, 8. Juli und 2. August 1932; »Ob man will oder nicht«, in: Echo, 28. Oktober 1932; Zielenziger, Die deutschen Juden«, S. 336.

7. Zwischen Selbstbehauptung und Diskriminierung. Deutsch-jüdische Turn- und Sportzeitungen

Nachdem der Zionist Max Nordau 1898 das Thema des »Muskeljudentums« auf die Tagesordnung der jüdischen Gesellschaft gebracht hatte, gehörten Turnen und Sport im deutschen Judentum weit über zionistische Kreise hinaus zu den wichtigsten Stützen jüdischer Selbstbestimmung und Selbstbehauptung. Turnen und Sport wurden zum Testfall der jüdischen Emanzipation in Deutschland und der Integration von Juden im Zeitalter der Auseinandersetzung mit dem Begriff der Nation überhaupt. Chronologisch erstreckt sich die Problematik über drei Epochen deutscher Geschichte von sehr unterschiedlichem Charakter – Kaiserzeit, Weimarer Republik und »Drittes Reich«. An eine dieser Chronologie entsprechende Sequenz von der Selbstbehauptung zur Verfolgung ist dabei jedoch nicht zu denken. Vielmehr ging es in allen genannten Epochen um die ständige Wechselbeziehung zwischen Diskriminierung und Selbstbehauptung. Sie wurde allerdings während der Zeit des Nationalsozialismus zur Wechselbeziehung zwischen den drei Faktoren der Ausgrenzung, der Verfolgung und der Selbstbehauptung. Befaßt man sich mit dem Thema des jüdischen Sports in Deutschland, dann darf man allerdings weder die umfassende Perspektive der Rolle des jüdischen Sports in anderen Ländern außer acht noch die umfangreiche, diesbezüglich relevante Literatur unberücksichtigt lassen.[1]

Das Thema der »jüdischen Selbstbehauptung« in Deutschland oder der »jüdischen Kulturrenaissance« findet in der historischen Literatur und neueren Forschungsarbeiten relativ starke Beachtung. Ernst Simons Retrospektive über die Zeit des »Dritten Reiches« erschien unter dem Titel »Aufbau im Untergang«.[2] Das unlängst erschienene Buch von Michael Brenner über die Kulturrenaissance der Weimarer Juden befaßt sich mit der Problematik in der Zeit vor dem Nationalsozialismus,[3] während Jacob Borut das Thema für die Zeit vor dem Ersten Weltkrieg untersucht hat.[4] Derartige Beiträge der Erinnerungs- und Forschungsliteratur ignorieren oder marginalisieren jedoch mehrheitlich den hohen Stellenwert des Sports als Kulturphänomen und als Element der Selbstbehauptung. Auch die spezifische Fachliteratur zum Thema des Sports im Kontext der jüdischen Gesellschaft in Deutsch-

---

[1] George Eisen, »Jews and Sport: A Century of Retrospect«, in: Journal of Sport History 26.2 (1999), S. 225-239.
[2] Ernst Simon, Aufbau im Untergang, Tübingen 1959.
[3] Michael Brenner, The Renaissance of Jewish Culture in Germany, New Haven 1996, sowie Hermann Meier-Cronemeyer, »Jüdische Jugendbewegung II«, in: Mitteilungsblatt der Germania Judaica 1969, S. 101.
[4] Jacob Borut, »Ein neuer Geist unter unseren Brüdern in Ashkenaz«. Der neue Weg des deutschen Judentums am Ende des 19. Jahrhunderts (hebr.), Jerusalem 1999.

land ist gering.⁵ Das jüngst erschienene Buch von Hans Jürgen Koenig stellt hier also eine erfrischende Ausnahme dar.⁶ Leider wird auch in allgemeinen Werken über die jüdisch-deutsche Geschichte der Aspekt des Sports kaum berücksichtigt.⁷ Dabei wies das *Jüdische Familienblatt* bereits 1928 darauf hin, daß die jüdischen Sportorganisationen »geistig und zahlenmäßig die stärkste Vereinigung jüdischer Menschen« geworden sind.⁸ Trotz der traditionellen Anlehnung an das Vorbild Moses Mendelssohns und Bezugnahmen auf ähnliche Kulturikonen war es letztlich das Betätigungsfeld des Sports, das als Grundpfeiler der jüdischen Selbstachtung und Ehre galt. Kein Wunder: »Sport gehört heute zur europäischen Kultur«, er ist sogar »ein Sprungbrett in die Zukunft«, hieß es 1930 im *Makkabi*.⁹

Begleitet und artikuliert wurden Sport und Turnen im Judentum von Zeitungen, die sich ausschließlich oder teilweise mit diesem Bereich befaßten. Sportzeitungen waren seit Ende des 19. Jahrhunderts charakteristisch für die sich im Prozeß der Modernisierung befindenden Gesellschaften in Europa und Nordamerika, die über immer mehr Freizeit verfügten und sich zunehmend über die Gestaltung dieser Freizeit artikulierten. Das deutsche Judentum kam im Vergleich zur bürgerlichen Gesellschaft an sich erst mit leichter Verspätung zu seiner Sportkolumne und Sportzeitung – und dies, obwohl Herausgeber allgemeiner Sportzeitungen sehr oft Juden waren. Trotz dieser Verzögerung spiegelte die jüdische Sportpresse die für die deutsche Gesellschaft charakteristischen Positionen zum Turnen und Sport wider.

Im Jahre 1900 erschien erstmals die *Jüdische Turnzeitung*, die sich als »offizielles Organ des jüdischen Turnvereins Bar Kochba« verstand. Es war die Gründung dieses zionistischen Turnvereins im Jahre 1898 – Max Nordau hatte gerade seine Rede vom »Muskeljudentum« vor dem Zionistenkongreß gehalten –, die eine jüdische Sportzeitung nötig gemacht hatte. Hinter den Ku-

---

5 Werke wie Rober Atlasz, Bar Kochba: Makkabi – Deutschland 1898-1938 (hebr.), Tel Aviv 1977, oder die Arbeiten Paul Yogi Meyers sind nur im engeren Sinne Sportgeschichten und keine Forschungsbeiträge von Fachhistorikern.
6 Hans Jürgen König, »Herr Jud sollen Sie sagen!« Körperertüchtigung am Anfang des Zionismus, St. Augustin 1999; siehe auch George Eisen, »Zionism, Nationalism and the Emergence of the Jüdische Turnerschaft« in: Leo Baeck Institute Year Book 28 (1983), S. 247-262; Manfred Lämmer (Hg.), Die Jüdische Turn- und Sportbewegung in Deutschland 1898-1938, St. Augustin 1989. – Zur alten Schule gehört Hajo Bernett, Der jüdische Sport im nationalsozialistischen Deutschland, Schorndorf 1978.
7 In der vierbändigen Geschichte der deutschen Juden (hrsg. v. Michael Meyer u.a., 1994-1997), in der sehr detaillierten Darstellung Carsten Teicherts, Chasak! Zionismus im nationalsozialistischen Deutschland 1933-1938, Köln 2000, oder in Jacob Boas, The Jews of Germany. Self-Perceptions in the Nazi Era as Reflected in the German-Jewish Press, 1933-1938, Ann Arbor 1980, wird der Sport, wenn überhaupt, nur am Rande der Behandlung der Jugendbewegung thematisiert. Gleiches gilt für Saul Friedländer, Das Dritte Reich und die Juden, München 1998, der sich hier mit dem jüdischen Alltag allgemein befaßt. Auch die Behandlung der deutsch-jüdischen Presse ignoriert die Sportzeitungen: Margaret T. Edelheim-Muehsam, »Die Haltung der jüdischen Presse gegenüber der nationalsozialistischen Bedrohung«, in: Robert Weltsch (Hg.), Deutsches Judentum – Aufstieg und Krise. Gestalten, Ideen, Werke, Stuttgart 1963, S. 353-379.
8 L. K., »Jüdischer Sport«, abgedruckt in: Der Makkabi, Juli 1928, S. 5-6.
9 »Agency-Politik des Makkabi?«, in: Der Makkabi, Februar 1930, S. 2.

lissen war die Herausgeberschaft umstritten: Im Untertitel wurde sehr bald die spezifische Angabe »Herausgegeben vom jüdischen Turnverein Bar Kochba« gemacht. Doch schon 1902 war dieser Untertitel verschwunden, und ein Jahr später nannte sich das Blatt dann »Monatsschrift für die körperliche Heilung der Juden«. Dies bezog sich direkt auf die kulturelle und psychische Rolle des Turnens und Sports im Judentum. Unter dem Einfluß der in Deutschland problematisierten Auseinandersetzung zwischen Turnen und Sport kamen die Herausgeber der *Jüdischen Turnzeitung* früher als ihre nichtjüdischen Konkurrenten dazu, ihre Publikation in »Monatshefte für Turnen *und Sport*« (Hervorhebung – M.Z.) umzubenennen (1913) und mit dem Untertitel »Organ der jüdisch-nationalen Jugendbewegung« zu versehen.[10] Nach dem Ersten Weltkrieg wurde die *Jüdische Turn- und Sportzeitung* zum »Organ des deutschen Kreises der jüdischen (d.h. internationalen, M.Z.) Turnerschaft«. Als sich dann der *Makkabi* als national-jüdische Sportorganisation etablierte, erhielt die Zeitschrift den wohlklingenden Titel *Der Makkabi. Organ des deutschen Kreises im Makkabi Weltverband*.

In der Nachkriegszeit zeichnete sich eine ähnliche Entwicklung auch auf der nichtzionistischen Seite ab: *Der Schild*, die Zeitung des *Reichsbundes jüdischer Frontsoldaten*, also eines Organs der sogenannten assimilierten Juden, erhielt einen Sportteil, der später *Sport-Schild* genannt wurde. Aus einer Sportrubrik wurde hier dann eine Sportbeilage, die seit 1933 *Die Kraft* hieß und sich unter dem Druck des neuen Regimes als *Blatt für Berufsumschichtung, Siedlung, Arbeitsdienst, Jugendertüchtigung und Sport* bezeichnete. Ab Juni 1934 wurde die Publikation dann als *Blatt für Sport und Jugendertüchtigung. Organ des Sportbundes im RjF* geführt. Der lange Kampf um die Untertitel dieser Zeitungen illustriert deutlich den Ort der Sportzeitung und des Sports bzw. des Turnens im Alltag und Bewußtsein der deutschen Juden. Die Berichte über den Sport waren letztlich ein Dialog zwischen Juden und Nichtjuden, zwischen Affirmation und Diskriminierung.

Ziele des jüdischen Sports

Die Ziele einer jüdischen Sportzeitung und des »Muskeljudentums« gab bereits der Aufmacher der ersten Nummer der *Jüdischen Turnzeitung* 1900 in deutlichen Worten bekannt: »Gesunder Geist wohnt in gesundem Körper! [...] Die einseitige Ausbildung des Geistes, die unsere Nervosität und geistige Abspannung hervorgerufen hat, bekämpfen wir! Wir wollen dem schlaffen jüdischen Leib die verlorene Spannkraft wiedergeben [...] das schwindende Gefühl unserer *Zusammengehörigkeit* stärken und das sinkende *Selbstbewußtsein* heben, [...] die alten jüdischen Ideale [...] wieder zur Geltung und zu Ehren

---

[10] Siehe Henry Unna, »Geleitwort«, in: Jüdische Monatshefte für Turnen und Sport, Januar 1913, S. 1-2.

bringen, [...] dem Antisemitismus [...] mutig und mit Energie entgegentreten [...] ein edles *Nationalgefühl* pflegen.«[11]

Im Jahre 1903 steckte das von Julius Berger verfaßte »Lied des jüdischen Turnvereins zu Köln«, das nach der Melodie von Arndts »Der Gott der Eisen wachsen ließ« gesungen wurde, das Ziel erneut ab:

»*Das Kriechen und das Bücken fort!*
Die alte Schmach soll enden!
Schon hebt das Volk sich wie ein Mann,
Die Starken und die Schwachen,
Der Jude reißt entzwei den Bann,
Der Jude will erwachen!«[12]

Und 1913 hieß es dann an gleicher Stelle: »Turnen und Sport (sind) stets nur Mittel zum Zweck, der Weg zur Erstarkung der jüdischen Jugend [...] die besten Erziehungsmittel für unsere Jugend.«[13]

Hier zeigt sich, daß wenigstens die unmittelbar Beteiligten meinten, Sport und Turnen seien wichtiger als andere Mittel im politischen und kulturellen Bereich, wenn es darum ging, das jüdische Selbstbewußtsein zu stärken. Der in jenen Jahren kurz vor dem Ersten Weltkrieg so heftig diskutierte Erfolg des »deutsch-jüdischen Parnaß«[14] im Bereich der Literatur, des Theaters und der Künste überhaupt dürfte aus dieser Perspektive keineswegs als Erfolg oder als ausreichende Kompensation für Diskriminierungen gewertet worden sein.

Nach dem Ersten Weltkrieg sollten die Zionisten das Ziel noch deutlicher formulieren: »Turnen und Sport sind nicht Selbstzwecke, sondern Mittel zum Zweck [...] Unser Ziel ist der Neuaufbau des jüdischen Volkes und Landes.«[15] Doch auch unter den als Assimilanten bezeichneten deutschen Juden wurde fortan mit Nachdruck verlangt: »Sport tut not!« Begründet wurde dies mit den Sätzen: »Der schwache, verlachte Jude [...] ist erwacht [...] Alle die Urenkel der Löwen- und Sternensöhne (d.h. Bar Kochbas Nachkommen! – M.Z.), die Nachfahren aus Judas und Simsons Stamm.«[16]

Der Verfasser dieses Aufrufes, der Arzt Felix Theilhaber, war im deutschen Judentum eine durchaus bekannte Persönlichkeit: Bereits vor dem Krieg hatte er auf dem Hintergrund der demographischen Entwicklung vor einem »Untergang der deutschen Juden« gewarnt.[17] Theilhabers Zielsetzung unterschied sich von den zionistischen Zielvorstellungen allerdings nicht nur dadurch, daß sie sich selbstverständlich nicht auf das »jüdische Land« bezog, sondern auch darin, daß der Sport über die Stärkung des Juden hinaus als Brücke zur nicht-

---

[11] »Was wir wollen!«, in: Jüdische Turnzeitung, Mai 1900, Nr. 1.
[12] Jüdische Turnzeitung, Dezember 1903, S. 223.
[13] Unna, Geleitwort.
[14] Moritz Goldstein, »Deutsch-Jüdischer Parnaß«, in: Der Kunstwart, März 1912, S. 281-294.
[15] Ernst Simon, »Jugendbewegung – oder was sonst?«, in: Jüdische Turn- und Sportzeitung, September 1920, S. 14-15.
[16] Felix Theilhaber, »Sport tut Not!«, in: DerSchild, 15. August 1924.
[17] Felix Theilhaber, Der Untergang der deutschen Juden, München 1911.

jüdischen Gesellschaft begriffen wurde.[18] Weder der Verfasser noch die Leser dieser programmatischen Äußerungen über den Zweck des jüdischen Sports können dabei als exotische Erscheinungen abgetan werden – spätestens seit dem Ersten Weltkrieg, in dem unter anderem die Affinität von Sport und Wehrsport größer geworden war, konnte die Rolle des Sports als Erziehungsmethode im Judentum nicht mehr bagatellisiert werden.

Weil die Zielsetzung nicht eng gezogen worden war, haben sich die *Turn- und Sportzeitung* ebenso wie später *Der Makkabi* oder die *Schild*-Beilage *Die Kraft* nicht nur auf Sportnachrichten oder Aufsätze über das Sportgeschehen konzentriert. Naturgemäß wurde umfangreich über das nationale Judentum geschrieben. Die Beiträge stammten von erstrangigen Experten. So schrieb Robert Weltsch in der *Turnzeitung* über des »Wesen des jüdischen Nationalismus«, und der später als Nationalismusforscher bekannt gewordene Hans Kohn äußerte sich über »die jüdische Turnbewegung in Österreich«. Mit dem Thema engverbundene Topoi wie die »jüdische Rasse« oder die »Degeneration des jüdischen Volkes« wurden ebenso ausführlich auf den Seiten der Sportzeitungen debattiert.[19] Man setzte sich mit der kulturellen Welt der Umgebung auseinander, z.B. mit dem *Wandervogel*, erörterte die Frage der Bodenständigkeit und sprach im Bereich des Sports auch essentielle Themen wie die Rolle der Frauen im Sport an. Im folgenden soll exemplarisch gezeigt werden, auf welche Art und Weise Turnen und Sport mit den großen Themen des jüdischen Lebens in Deutschland in Beziehung gesetzt wurden.

Turnen und Sport

Daß Juden sich auf ihre eigene Identität und Selbsbestimmung von Anfang an im deutschen Kontext bezogen, zeigt zum Beispiel die Anlehnung an die Geschichte der deutschen Freiheitsbewegung des 19. Jahrhundert. Es war sicher kein Zufall, daß Robert Weltsch im Jahre 1913, also hundert Jahre nach der »Völkerschlacht«, in den *Monatsheften für Turnen und Sport* einen Aufsatz über »1813« veröffentlichte, in dem er zusammen mit der gesamten deutschen Nationalbewegung Ernst Moritz Arndt und vor allem Johann Gottlieb Fichte feierte. Weltsch verglich »die Lage des deutschen Volkes vor 1813 mit der Lage des Judentums von heute« und fragte, warum »sollten wir nicht ein ganzes Volk (d.h. die Deutschen, M.Z.) als Beispiel nehmen dürfen?«[20] Kein Wun-

---

[18] J. Ledermann, »Jüdische Jugend und Sport«, in: Der Schild, 1. November 1924.

[19] Zum Beispiel: Alfred Waldenberg, »Die Grundlagen des Rassenphänomens. Zur jüdischen Rassentatsache«, in: Jüdische Turnzeitung, Februar 1903, S. 21-23; Arnold Kutzinski, »Die Rassenmerkmale der Juden«, in: Jüdische Monatshefte für Turnen und Sport, Mai 1913, S. 115, sowie ders., »Über die jüdische Degeneration«, in: Jüdische Monatshefte für Turnen und Sport, Mai 1913, S. 179.

[20] Robert Weltsch, »1813«, in: Jüdische Monatshefte für Turnen und Sport, März 1913, S. 46-48; vgl. auch Ernst Fuchs, »Die Sokolbewegung – eine Parallele zum Makkabi«, in: Der Makkabi, Mai 1929, S. 6.

der, daß in der *Jüdischen Turnzeitung* auch Turnvater Jahn – ebenso wie Arndt und Fichte ein Antisemit – als Vorbild gefeiert wurde: Nach Theobald Scholems Ansicht – übrigens der Onkel Gerschom Scholems – besteht die Pflicht auch »für uns jüdische Turner, dem Gedächtnisse des ›Alten im Barte‹ einige Worte der Erinnerung zu widmen.«[21]

Typisch deutsch war auch die rege Diskussion um die Beziehung zwischen Turnen und Sport.[22] Vor dem Hintergrund der nationalen Aufgabe des Turnens, wie sie bereits von Turnvater Jahn gepredigt worden war, kam es mit dem aus England importierten Sport am Ende des 19. Jahrhunderts zu einer hitzigen Debatte über Deutschtum versus fremde Kultur. Grundsätzlich spiegelte sich in der Haltung der jüdischen Turner die Position der deutschen Turnerschaft: Sport galt als typisch für die »feine Gesellschaft« und für »Prozentum«; sein öffentlicher Erfolg – »die Sportrubrik wird zur Sportbeilage« – wurde dadurch erklärt, daß »die blasierte Gesellschaft [...] eben ganz außerordentlicher Nervenreize« bedürfe.[23] Dabei wird der Sport als gesundheitsschädlich bewertet. Es wird kritisiert, daß ein Artikel, der dem Turnen den Vorzug vor dem Sport gibt – gemeint ist der Aufsatz »Turnen und Sport« des deutschen Turnerführer Edmund Neuendorf in der *Zukunft* vom 13. Oktober 1900 – sich nur selten in eine vielgelesene Zeitschrift »verirrt«.[24] Dennoch wird dem Sport eine Pforte geöffnet: »Wir verwerfen den Sport im Sport, d.h. die unvernünftige Übertreibung einer an sich empfehlenswerten Übung, nicht aber die Übung selbst, deren turnerischen Wert wir gern anerkennen.«[25] Auch Max Nordau war der Ansicht, daß Sport mit Geist in Verbindung steht. Allerdings erlaubte er sich hier eine Fehleinschätzung, wenn er schrieb: »Ich kenne keinen einzigen Sport, es wäre denn vielleicht der rohe und geistlose Fußball, wo der klobige, brutale Tolpatsch dem [...] Geistesmenschen überlegen wäre.«[26]

Turnerischer Wert – für den Verfasser des soeben zitierten Artikels bedeutete dies vor allem die »Eindämmung der progressiven körperlichen Entartung der jüdischen Rasse.«[27] In dieser Äußerung wird eine heikle Parallele zur Sprache der Vertreter des deutsch-völkischen Nationalismus innerhalb und außerhalb der Turnerbewegung deutlich, auf die noch näher eingegangen werden muß. Angesichts dieses zwischen den Zeilen deutlich werdenden politischen Kontextes darf es also nicht verwundern, wenn die *Jüdische Turnzeitung* schon 1902 breiten Raum dem Thema Sport versus Turnen widmete. Theo-

---

[21] Theobald Scholem, »Zur 50. Wiederkehr des Todestages von Friedrich Ludwig Jahn«, in: Jüdische Turnzeitung, Oktober 1902, S. 166-167.
[22] Christiane Eisenberg, »English Sports« und deutsche Bürger, 1800-1939, Paderborn 1999, S. 250-282.
[23] Hermann Jalowicz, »Der Sport und die Gesellschaft«, in: Jüdische Turnzeitung, 1900, Nr. 8, S. 88-90.
[24] Ebd.
[25] Ebd.
[26] Max Nordau, »Was bedeutet das Turnen für uns Juden?«, in: Jüdische Turnzeitung, Juli 1902, S. 16-18.
[27] Hermann Jalowiczs Vortrag auf dem »Ersten jüdischen Turntag zu Basel«, in: Jüdische Turnzeitung, September 1903, S. 165.

bald Scholem zeigte sich damals als konsequenter Gegner des Wettbewerbs im Turnen, d.h. als Apostel des traditionellen Turnens im Stil von Jahn.[28] Ein Jahr später konnte jedoch die *Turnzeitung* einen Aufsatz aus *Sport im Bild* in ganzer Länge abdrucken, in dem der Sport, nicht das Turnen als geeignete Antwort auf »die deutsche Stubenhockerei« des Bildungsbürgertums gewertet wurde.[29]

Zehn Jahre später unterstrich der Beitrag »Die jüdische Turnbewegung in Deutschland« die Tatsache, daß, »während die deutsche Turnerschaft noch heute in einem schroffen Gegensatz zum Sport steht, [...] die jüdische Turnerschaft den Sport als gleichwertige Körperausbildung anerkannt« hat.[30] Der im Turnen enthaltene »Sinn für Ordnung und Disziplin« soll durch die Entfaltung von »Initiative, um im Wettkampfe zu siegen«[31] ergänzt werden. Dieser Wettkampf aber stand im Dienste des jüdischen Kollektivs. Selbstverständlich war eine derartige Begründung für das Betreiben von Sport in den Augen liberaler Juden und des Central Vereins verwerflich. Doch der Vormarsch des jüdischen Sports war auch für diese Gruppen nicht aufzuhalten: 1920 war die »gleichmäßige Förderung und Pflege von Turnen und Sport« bereits zur Grundthese der jüdischen Turnerschaft in Deutschland geworden.[32] Diese Gleichwertigkeit etablierte sich (zur unangenehmen Überraschung der deutschen Turnerschaft) erst nach 1933 in der nichtjüdischen Gesellschaft!

Die Diskussion um den Wert der Körperausbildung verlief in der jüdischen und nichtjüdischen Presse nicht nur im Hinblick auf den Konflikt von Sport und Turnen parallel. Auch die für den Sport so zentrale Frage des Amateurismus gegenüber dem Professionalismus beschäftigte jüdische wie allgemeine Zeitungen gleichermaßen. Die jüdischen Zeitungen wandten sich als Vertreter des jüdischen Bürgertums selbstverständlich gegen eine Professionalisierung und griffen zu den üblichen Argumenten, die vermeintlich den Sport für die Werte des Bürgertums bewahren sollten. Ein Beispiel für die Übertragung dieses allgemeinen Kampfes um die Professionalisierung im Sport gibt uns ein Aufsatz,[33] der gegen den Versuch, den Fußball von konfessionellen und nationalen Bindungen frei zu halten und zugleich für den »radikalen Amateurismus« plädiert; gegen den Sport, der »keine anderen Götter neben sich duldet« und für den Sport als »Diener für das Wohl des Volkes«. Schützenhilfe für dieses Argument, das für den Verfasser des Aufsatzes – als einem Vertreter jüdischer Sportaktivität – so wichtig war, gab der DFB-Vorsitzende Linnemann in seinem Satz (zitiert in der BZ am 3. April 1930): »Die jüdischen Vereine spielen ja auch schon im Rahmen unserer Organisation und fühlen sich dabei vollkommen wohl.«

---

[28] Theobald Scholem, in: Jüdische Turnzeitung, Januar 1902.
[29] »Zur Philosophie des Sports«, in: Jüdische Turnzeitung, Dezember 1903, S. 220-222.
[30] Sally Hirsch, »Die jüdische Turnbewegung in Deutschland«, in: Jüdische Monatshefte für Turnen und Sport, Juni 1913, S. 186-188.
[31] Ebd.
[32] »Vom Vorstand des deutschen Kreises«, in: Jüdische Turn- und Sportzeitung, März 1920, S. 29.
[33] Natan Kaminski, »Fußballdämmerung«, in: Der Makkabi, Mai 1930, S. 4-5.

Der Schein nach außen

Hier und in anderen Fällen war der Blick auf die Umwelt und vor allem auf Reaktionen der jüdischen und nichtjüdischen Gesellschaft demnach für jüdische Turner und Sportler und auch für ihre Zeitungen von großer Bedeutung: Die allgemeine jüdische Presse im Kaiserreich war sich über jüdische Sporttätigkeit und Sportzeitungen noch nicht einig und verhielt sich eher reserviert. Einige Blätter standen der *Jüdischen Turnzeitung* wohlwollend gegenüber, so das *Israelitische Familienblatt* in Hamburg oder das *Israelitische Gemeindeblatt*, das die Antisemiten, nicht die Juden für die »Abschließung« verantwortlich machte; andere versuchten, diese Sportzeitungen »totzuschweigen« oder sie als »Extravaganzen«[34] bzw., wie der *American Israelite*, als ungebetene, vom Judentum ablenkende Erscheinungen darzustellen. In derartigen Äußerungen fand die *Jüdische Turnzeitung* die Bestätigung dafür, daß der jüdische Turner tatsächlich »der neue Simson« sei, der gegen fremde und jüdische Philister kämpfe und dafür sogar bei nationalistischen deutschen Studenten Lob ernte.[35]

In der Zeit nach dem Weltkrieg war die jüdische Sporttätigkeit dann eine Selbstverständlichkeit geworden. Das nichtzionistische *Israelitische Familienblatt* mahnte 1928, man dürfe »diese Organisationen nicht beurteilen aus Erfahrungen, die Jahre zurückliegen«, und es fährt fort, »[...] die Führer des Judentums müssen auch lernen, die sportliche Bewegung als eine Macht einzuschätzen.«[36]

Die erste *Makkabiade*, die im Jahr 1932 in Palästina stattfand, schien diese Behauptung zu bestätigen, obwohl eher zionistische und dem Zionismus nahestehende Zeitungen über diese Großveranstaltung ausführlich berichteten. Dazu gehörten die *Jüdische Rundschau*, *Die Selbstwehr* in Prag und die *Jüdische Zeitung* in Breslau (diese gar mit einer Sondernummer), aber auch etliche Gemeindeblätter in Königsberg, Mannheim und Dresden.[37] Im deutschen Judentum war der Sport also bereits in der Weimarer Zeit und dann verstärkt nach 1933 ein zentraler kultureller und identitätsstiftender Faktor, der, wie man sieht, nicht nur bei den anfänglich so umstrittenen Nationaljuden eine wichtige Rolle spielte.

Wie bereits Nordau betont hatte, war das Turnen für Juden so wichtig, weil sie selber nur dasjenige schätzten, »was [die] nichtjüdische Umgebung als Wert anerkennt. Wenn der Jude sich als Turner, Fechter etc. anerkannt [...] sieht, so wird es auf sein Selbstgefühl [...] wirken.«[38] Deswegen schaute man aufmerk-

---

[34] So die *Allgemeine Zeitung des Judenthums* zum Thema des jüdischen Turntages: »Die jüdische Turnerschaft im Lichte der deutschen Presse«, in: Jüdische Turnzeitung, September 1903.
[35] Dr. R. L., »Jüdische Turner und jüdische Philister«, in: Jüdische Turnzeitung, September 1900, S. 49-50; zitiert wird ein deutsches Studentenlied: »Der Simson war ein starker Jude/erregte den Philistern Graus,/ Er rückte ihnen auf die Bude/ Und rüttelte am Staatenhaus.«
[36] »Jüdischer Sport«, abgedruckt in: Der Makkabi, Juli 1928, S. 5-6.
[37] Herbert Extner, »Die Presse über die Makkabiah«, in: Der Makkabi, Mai 1932, S. 10.
[38] Nordau, Turnen.

sam auf die Reaktionen in der nichtjüdischen Presse und freute sich über die Unterstützung von Seiten des »Vereins zur Abwehr des Antisemitismus«, obwohl dieser die Frage, ob nun gerade der Turnverein dazu geeignet sei, »Stammeseigenheiten zu pflegen«,[39] nicht unbedingt positiv zu beantworten vermochte. Umsomehr begrüßte man dann aber die scheinbar positive Haltung Karl Manns in der Zeitschrift *Kraft und Schönheit*, der die Turnvereine als Mittel im Kampf gegen die »bedrohliche Betonung des jüdischen Intellektualismus« und vor allem gegen die allgemeine »nervöse Entartung« lobte.[40] Man registrierte die Tätigkeit von Juden im »Turnen, Laufen«, um zu belegen, daß das Vorurteil, »die semitische Rasse [sei] seit Anbeginn physisch minderwertig, [...] nicht unbedingt als wahr erweislich« ist.[41]

Diese Schlußfolgerung wäre nicht nur für Nationaljuden, also Zionisten, sondern auch für nationaldeutsche Juden im Rahmen des Versuchs akzeptabel gewesen, sich selbst zu behaupten. Anders sah es jedoch im Hinblick auf viele Presseberichte aus, die sich eher auf den Absonderungseffekt der jüdischen Sporttätigkeit bezogen und diesen kritisierten. Zu einer in diesem Zusammenhang typischen Auseinandersetzung kam es mit der *Kölner Zeitung*, die die Tätigkeit der jüdischen Sportvereine dafür verantwortlich gemacht hatte, daß deutsche Juden »die Fühlung mit dem deutschen Volkstum mehr und mehr verlieren.« Die *Kölner Zeitung* hatte hierzu Walther Rathenaus »Höre Israel« als Schützenhilfe angeführt, wodurch sich Ernst Toch von der jüdischen Turnerschaft wiederum veranlaßt sah, gegen Rathenaus »System der Selbsterziehung« für seinen eigenen Ansatz zu plädieren und sich dabei gegen den Vorwurf des »Gegensatz[es] zum Deutschtum« zu wehren.[42] Ebenso versuchte man der *Frankfurter Zeitung*, die jede »Scheidung nach Konfession oder Rasse« für verfehlt hielt, beizubringen, »[...] die Mitglieder der jüdischen Turnerschaft können und wollen offenbar so gute Staatsbürger sein, wie alle andern.«[43] Hier zeigt sich die stete Überzeugung auch der Nationaljuden, daß kein Widerspruch zur deutschen Vaterlandsliebe bestehe.

In der Weimarer Zeit hatte sich die Behandlung des jüdischen Sports in allen nichtjüdischen Zeitungen, nicht nur in den Sportzeitungen, »normalisiert«. Über die erste *Makkabiade* als den Höhepunkt der jüdischen Sportaktivität kurz vor dem Ende der Weimarer Zeit hatten jüdische Berichterstatter – meist selbst Sportler – in der *BZ am Mittag*, dem *Berliner Tageblatt* und dem *Prager Tageblatt* berichtet. Allerdings war im Jahre 1932 unter dem Druck der Wirtschaftskrise wie auch der politischen Krise in Deutschland eine Resignation zu spüren, die die Dringlichkeit der Frage nach dem spezifisch jüdischen Sport gegenüber der jüdischen Teilnahme am allgemeinen Sportbetrieb eher zweitrangig werden ließ. Der *Makkabi* meinte dennoch: »Unbewußter Drang

---

[39] »Die jüdische Turnerschaft im Lichte der deutschen Presse«, in: Jüdische Turnzeitung, November 1903, S. 190-191.
[40] »Ein Nichtjude über jüdische Turnerei«, in: Jüdische Turnzeitung, Januar 1902.
[41] Ebd.
[42] »Die jüdische Turnerschaft im Lichte der deutschen Presse«, in: Jüdische Turnzeitung, September 1903, S. 156-161.
[43] Ebd., S. 162.

zum jüdischen Sport, Vereinsamung, [...] die äußere Not der Zeit und der Zusammenbruch des Phantoms der Gleichberechtigung – alles zieht zur Vereinheitlichung und zum *Makkabi*.«⁴⁴ Eins aber dürfte inzwischen deutlich geworden sein: Im jüdischen Sport reflektierte sich die gesamte Problematik der jüdischen Präsenz und Existenz in dieser Übergangsphase der deutschen Geschichte. Ein gutes Beispiel ist hier die Reaktion in einer »normalen« jüdischen Tageszeitung auf einen sich abzeichnenden Wahlerfolg der NSDAP im Juli 1932: Die Zeitung äußerte die Angst vor einer Niederlage des jüdischen Meisters des deutschen Tennissports, Daniel Prenn, in den bevorstehenden Endspielen um den Davis Cup, da in der Folge ein Jude für die Niederlage Deutschlands hätte verantwortlich gemacht werden können.⁴⁵

Die Verhältnisse an sich waren allerdings komplexer. Dies zeigte die Auseinandersetzung im jüdischen Sport und in den jüdischen Sportzeitungen nach der sog. Machtergreifung im Januar 1933. Daß es nach der Machtergreifung zur heftigen innerjüdischen Auseinandersetzung zwischen Zionisten und »Assimilanten« gekommen ist und die Zionisten die Gelegenheit nutzen wollten, um aus der Defensive herauszukommen, ist allgemein bekannt.⁴⁶ Daß in diesem Zusammenhang der Kampf um die Kontrolle der jüdischen Sportszene keine Nebensache war, ist dagegen weniger bewußt. Vor allem ging es fortan verstärkt um die interne »Eroberung« des jüdischen Sports als »Speerspitze« des organisierten jüdischen Lebens. Der *Makkabi* bemühte sich um die Ausdehnung seiner Tätigkeit und um die Rekrutierung der jüdischen Sportler, die aus den »arisierten« Vereinen ausscheiden mußten. Der *Reichsbund jüdischer Frontsoldaten* (RjF) warb ebenfalls um den Beitritt jüdischer Sportler, darüber hinaus aber vor allem um den Anschluß von jüdischen Sportorganisationen. So schlossen sich im Juni 1933 der *Jüdische Turnverband*, im Oktober 1933 der *Hakoah* der Sportorganisation des RjF an.⁴⁷ Erich Bendix, einer der Sportfunktionäre des RjF, forderte in einem Aufsatz im Juli 1933 alle jüdische Sportorganisationen, darunter auch den *Makkabi*, auf, sich im Kampf um die Gleichberechtigung der Juden der RjF-Sportorganisation anzuschließen.⁴⁸ Walter Beck setzte sich dagegen für die Zusammenarbeit mit *Makkabi* in einer »Einheitsfront der deutsch-jüdischen Sportler« ein. Damit richtete er sich gegen die Eingliederung des *Makkabi* in den RjF, gegen das »Gegeneinanderarbeiten« und gegen den Kampf um die »Vorherrschaft«.⁴⁹ »Wozu der Kampf?« fragte entsprechend resigniert ein weiterer Aufsatz im Dezember.⁵⁰

Beide Lager – Zionisten und »Assimilanten« – bemühten sich um die Gunst des neuen Regimes. Der *Makkabi* – wie der deutsche Zionismus überhaupt –

---

44 Kurt Jacobowitz, »Rechenschaft«, in: Der Makkabi, Dezember 1932, S. 2.
45 Kölner Jüdisches Wochenblatt, 18. Juni 1932. – Prenn war 1932 deutscher Tennismeister.
46 Daniel Fraenkel, On the Edge of the Abyss. Zionist Policy and the Plight of the German Jews, 1933-1938 (hebr.), Jerusalem 1994; Teichert, Chasak!
47 Der Schild, 8. Juni 1933, S. 84; 27. Oktober 1933, S. 183.
48 Erich Bendix, »Sport im RjF«, in: Die Kraft (Beilage des Schilds), 13. Juli 1933, S. 101.
49 Walter Beck, »Klarheit«, in: Die Kraft (Beilage des Schilds), 31. August 1933.
50 Ludwig Freund, »Wozu der Kampf?«, in: Die Kraft (Beilage des Schilds), 17. Dezember 1933, S. 221.

war für das nationalsozialistische System der bevorzugte Partner. Als der neueingesetzte Reichsjugendführer den *Makkabi*-Kreis als »Mittelstelle des Reichsausschusses jüdischer Jugendverbände« registrierte, interpretierte Dr. Friedenthal vom *Makkabi* dies als Anerkennung der Rolle als »Führer des jüdischen Sports«. Der RjF bestand darauf, aufgrund der Anweisung des Reichssportführers von Tschammer ebenso wie der *Makkabi* als jüdischer Sportbund anerkannt zu werden.[51] Die Schlammschlacht dauerte bis zum September 1934 – mittlerweile betrug die Zahl der Mitglieder im Sportverband des RjF 12.000 –, bis es zur Gründung des *Reichsausschusses der jüdischen Sportverbände* kam.[52] Die Zeitungsberichte geben jedoch zu erkennen, daß dadurch die Spannungen nicht gänzlich abgebaut werden konnten. *Makkabi* verbot zum Beispiel seinen Handballmannschaften, wegen einer antizionistischen Äußerung eines JSG-Spielers gegen RjF-Vereine zu spielen. Und dies alles spielte sich zur Zeit der Berliner Olympiade 1936 ab, über die kein Wort in den jüdischen Sportzeitungen fiel! Die deutsche Meisterin im Hochsprung, Gretel Bergmann vom Stuttgarter *Schild*, durfte ja an den Olympischen Spielen nicht teilnehmen.[53]

Nationale Identität und Vergangenheitskonstruktion

Raison d'etre einer bewußt jüdischen Sporttätigkeit war der Versuch, eine kollektive, jüdische Qualität zum Ausdruck zu bringen. Nordau hatte mit seinem Begriff des »Muskeljudentums« die vermeintliche »Wiederkehr des Muskeljuden« betonen wollen, d.h. er hatte einerseits das stereotype Bild des schwachen Ghettojuden akzeptiert, andererseits aber eine heroische Vergangenheit konstruiert, für die Bar Kochba als führende Symbolfigur stand. Nordau hatte ganz offen zugegeben, daß er an den Stereotyp vom »körperlich unbeholfenen Juden« glaubte: »Das behaupten die Antisemiten und das sagen wir ihnen nach.«[54] Die Verantwortung für die Situation der »körperlichen Unbeholfenheit« lag für ihn aber nicht bei der biologischen Physis, sondern bei der Geschichte. Allerdings war es dann doch nur die Geschichte des Mittelalters – im Altertum sollten Juden großartige Athleten gewesen sein. Potentiell hätten Juden daher als »Muskeljuden« zu gelten, weshalb »wir uns aus der Karikatur herausarbeiten« müßten. Im Endeffekt seien die Antisemiten daher im Unrecht, vorausgesetzt natürlich, daß Juden durch das Turnen das in der Nation verborgene Potential ans Licht brächten.[55] Der Rückgriff »auf eine

---

[51] »Zur Aufklärung«, in: Die Kraft (Beilage des Schilds), 17. Dezember 1933, S. 223.
[52] Die Kraft (Beilage des Schilds), 22. September 1934.
[53] Die Kraft (Beilage des Schilds), 7. August 1936. Ausführlich wird jedoch über die Tennismeisterschaft der deutschen Juden berichtet. Kurt Wolff wird Meister.
[54] Nordau, Turnen. – Zu dieser Problematik siehe: Sander Gilman, The Jew's Body, New York 1991; sowie Daniel Wildmann, Begehrte Körper, Zürich 1998.
[55] Max Nordau, »Jüdische Turner«, in: Turnen und Sport, Juni 1913, S. 173-175.

stolze Vergangenheit« gab darüber hinaus zu erkennen, daß das Turnen für nationale Juden nicht nur auf Gesundheit und physische Ertüchtigung zielte, sondern auch auf den Kampf. Wenn Nordau vom »waffenfrohen Judentum« sprach, so stand er damit der Tradition Turnvater Jahns nahe.[56]

Die Konstruktion des »ursprünglichen Muskeljuden« verwies naturgemäß auf die biblische Zeit bzw. auf die Zeit vor der Zerstörung des Zweiten Tempels im Jahre 70 n.d.Z. als Vorbild für die nationale Renaissance des 20. Jahrhunderts. Damit erhoffte man eine historische Untermauerung der Selbstbehauptung. Entsprechend wurde die *Makkabiade* als Zusammentreffen der »Jugend des tausendjährigen Volkes«[57] geplant. Im Hinblick auf die biblische Vergangenheit berief man sich gar auf Einzelheiten und fand Empfehlungen für das Reiten, den Wettlauf, für Waffen- und Soldatenspiele, für Ballspiele – sogar für den Fußball – und das Bogenschiessen.[58] Aufsätze in den zuständigen Zeitungen, wie zum Beispiel der Beitrag »Turnerisches in der Heiligen Schrift«[59] und andere entsprechende Publikationen,[60] beschrieben die biblischen Juden als Turner oder Betreiber vieler Sportarten. Man fand sogar ein jüdisches Äquivalent für den Marathonlauf, und zwar in 1. Samuel 4,12, wo es heißt: »Ein Mann aus Benjamin lief vom Schlachtfeld weg und kam noch am gleichen Tag nach Shilo [...].« Selbstverständlich stellte man den jüdischen Sport als gegen die Berufsathleten gerichtet dar.[61] Chronologisch reduzierten diese Konstruktionsversuche des jüdischen Sports die Epoche des Mittelalters. Man lernte, auch die sportliche Tätigkeit von Juden *nach* dem 1. und *vor* dem 20. Jahrhundert zu würdigen. Auffällig war der Versuch, sogar den im Zionismus eher negativ assoziierten Talmud in die Legitimation des Sports einzubeziehen. Die frühen jüdischen Gesetzesgelehrten des Altertums, die *Tannaiten*, wurden bemüht, um das Prinzip des *mens sane in corpore sano* im Judentum zu verankern (Traktat Nedarim), und Rabbi Resh Laqish kann sogar als Beispiel für den Springsport im 4. Jahrhundert angeführt werden.[62]

Nach dem Ersten Weltkrieg blieb es jedoch nicht allein den bewußt nationaljüdisch bzw. zionistisch gesinnten Juden – in erster Linie dem *Makkabi* – überlassen, den Sport als Sprungbrett für eine kollektive jüdische Identität oder als Basis der kollektiven Selbstbehauptung zu nutzen. Ähnliche Versuche unternahmen auch die Vertreter des RjF und dessen Organ *Der Schild*. Der jüdische Jüngling wurde auch dort mit dem Hinweis auf die Geschichte der Makkabäer aufgefordert, Sport zu treiben. Allerdings sahen sich die assimilierten und emanzipierten Juden nicht gezwungen, die gesamte vorzionistische Dias-

---

[56] Max Nordau, »Muskeljudentum«, in: Jüdische Turnzeitung, Juni 1900, S. 10-11; Julius Heilbronn, »Militärische und turnerische Erziehung«, in: Jüdische Turnzeitung, Juni 1903, unterscheidet jedoch klar zwischen beidem.
[57] »Der Sinn der Makkabiah«, in: Der Makkabi, Oktober 1930.
[58] Süßmann Muntner, »Talmud-Körperpflege und Gymnastik«, in: Jüdische Turn- und Sportzeitung, November 1920, S. 5.
[59] A. Berliner, »Turnerisches in der Heiligen Schrift«, in: Jüdsiche Turnzeitung, April 1902.
[60] Felix Pinczower, Der jüdische Läufer, Berlin 1937.
[61] Ebd., S. 37.
[62] Süßmann Muntner, Talmud-Körperpflege und Gymnastik, S. 3-5.

pora als Epoche körperlicher Vernachlässigung abzutun. Hier werden daher ohne Bedenken jüdische Sportler, vor allem Boxer, erwähnt, die sich bereits im 19. Jahrhundert einen Namen gemacht hatten. Als man irrtümlicherweise die Erwartung hegte, die Olympischen Spiele würden bereits 1926 (sic!) nach Deutschland vergeben, empfahl *Der Schild*: »Wir Juden haben allen Grund zu zeigen, daß wir bei der Verteilung der Siegerpreise mitzusprechen haben«. So hieß es intern. Nach außen sollten die jüdischen Sportler aus Deutschland nur Deutsche sein.[63]

Mit dem »Dritten Reich« verschwand weitgehend der Unterschied zwischen Zionisten und Antizionisten im Hinblick auf die Anlehnung des modernen »Muskeljuden« an biblische Wurzeln. In der *Kraft*, der Beilage des *Schild*, wurden im Juli 1933 – wie bisher eher bei den Zionisten – die biblischen Gestalten Gideon, David, Simson und natürlich die Makkabäer als sportliche Vorbilder genannt. Daneben hob man jedoch im Gegensatz zu den Zionisten besonders die talmudischen und nachtalmudischen Lehren zum Sport hervor, um zu der für die Leserschaft adäquaten Schlußforgerung zu gelangen: »In der Diaspora, also nach dem Verluste seiner Selbständigkeit, wurde im Judentum der Sinn für Körperkultur und Heldenhaftigkeit erhalten.«[64] In Deutschland habe die jüdische Sportgeschichte, so der Verfasser des entsprechenden Beitrages, bereits im Jahre 1470 begonnen.[65] Beide Strömungen des deutschen Judentum waren sich also seit 1918 und verstärkt seit 1933 darin einig, daß der Sport für die Selbsterhaltung essentiell sei. Sie stritten aber über die Frage, ob ohne jüdisch-nationale Zielsetzung dieses Potential an Selbstbehauptung existieren konnte.

Direkt oder indirekt war somit die Frage nach Sport und Judentum mit der Frage nach der Definition einer Nation verknüpft. Sollte man in der biologischen Konstitution der Juden vorgegebene Eigenschaften annehmen, die sie für den Sport untauglich machten? In diesem Zusammenhang sprach man auch von Herkunft und Rasse. Oder ging es um Einflüsse der sozialen Situation der Gruppe? Waren Juden also nur als Opfer des Diasporazustands zu betrachten?

Dieser Fragenkomplex war der Anlaß für die obsessive Beschäftigung sowohl mit dem Thema der »Rasse« als auch mit der Frage der Regeneration oder Degeneration in jüdischen Zeitunen überhaupt, insbesondere jedoch in Turn- und Sportzeitungen. So sprach Mandelstamm, einer der Befürworter des Turnens unter den Zionisten, von der Notwendigkeit zur »körperlichen Hebung« der Ostjuden,[66] während Hermann Jalowicz, der Redakteur der *Turnzeitung*, über die »körperliche Entartung der Juden« und ihre »zerrütteten Nerven« schrieb.[67] Jalowicz ging also von der »physischen Degeneration«

---

[63] Max Willner, »Jüdische Jugend und Sport«, in: Der Schild, Januar 1924.
[64] Sieg Einstein, »Körperkultur und Sport bei den Juden«, in: Die Kraft (Beilage des Schilds), 27. Juli 1933.
[65] Ebd.
[66] Max Mandelstamm veröffentlichte eine Reihe von Aufsätzen zu diesem Thema, die in der *Jüdische Turnzeitung*, Nr. 7, 1900, begann.
[67] Hermann Jalowicz, in: Jüdische Turnzeitung, Mai 1901.

der Juden aus und betonte, »Juden selbst sprechen und schreiben von einer Degeneration des jüdischen Stammes.« Zusammenfassend gelangte er zu der Ansicht, »daß die osteuropäische Judenheit sich im Stadium der Degeneration befindet, während die Juden der übrigen Länder die Entartung bereits zum Teil überwunden haben.«[68] Er sprach vom »krankhaft durchgeistigten Judenvolk« und von der Genesung durch Leibesübung, von »Miasmen der verpesteten Ghettoluft« und vom Gegenmittel: dem Brauen eines Heilserums.

Diese grundlegende Haltung änderte sich auch nach dem Ersten Weltkrieg nicht. Der Zionist Theodor Zlocisti formulierte kurz vor seiner Auswanderung nach Palästina sein Credo mit den Worten: »Turnen und Zion [sind] nur die verschiedenen Ausdrucksformen [...] der körperlichen und geistigen Regeneration unseres Volkes.« Ob Sport eine Alternative zum Turnen und Turnen eine Alternative zu Zion sein könnten, erfahren wir aus dem Aufsatz allerdings nicht.[69] Der antizionistische *Schild* sprach paradoxerweise eine ähnliche Sprache: Unter der Überschrift »Sport tut not!« konnte man lesen: »Der Schwache, verlachte Jude [...] ist erwacht. Er winkt dem endlosen Heer entarteter Epigonen.«[70] Und noch dramatischer formulierte es J. Ledermann, wenn er schrieb: »Es geht um Sein oder Nichtsein! [...] Die Vernachlässigung körperlicher Tätigkeit [wirkt für] die Entwicklung eines Volkes degenerativ..., [aber] der Sport [kann] allen jenen zersetzenden und zerstörenden Momenten gegenüber einen segensreichen [...] Einfluß gewinnen.«[71]

In der Diskussion um die Rasse ist die Auffassung Arnold Kutzinskis repräsentativ, der in seinem Beitrag »Die Rassenmerkmale der Juden« Maurice Fishberg kritisierte, weil Letzterer die Existenz einer jüdischen Rasse anzweifelte.[72] Alfred Waldenberg bestreitet dagegen »das Dasein einer arisch-indogermanischen Rasse«. Er ist vielmehr nicht nur vom »Dasein der jüdischen Rasse« überzeugt, sondern auch von der Überlegenheit dieser Rasse, bei der das Großhirn, in dem sich »die Sphäre der geistigen Schauens« befinde, besonders entwickelt sei, und zwar anders als beim Germanen, bei dem das Kleinhirn nur für »physisch-vegetative Triebe« sorge.[73] Doch mit dieser rassistischen und arroganten Aussage ist der Sache der Selbstbehauptung durch den Sport dort nicht gedient, wo die Gefahr der »Durchgeistigung« lauert. Schließlich erkannte man auch die Gefahr des Begriffes der Regeneration, der sein Ziel verfehlen und ins Gegenteil umschlagen konnte; denn: »Regeneration hat eine Degeneration zur Voraussetzung [...] [und] niemand [hat] das Recht, die jüdische Rasse als eine niedere und als degeneriert zu bezeichnen.«[74] Das Thema wurde also heftig diskutiert. Man war allerdings geneigt, sich auf den Begriff der »körperlichen Hebung« zu einigen, wie er im Untertitel der *Turnzeitung* von 1903 oder noch in der *Kraft* von 1933 zum Ausdruck kam.

---

[68] Ebd.
[69] Theodor Zlocisti, »Aufruf zum Werk«, in: Jüdische Turn- und Sportzeitung, Februar 1920.
[70] Felix Theilhaber, »Sport tut Not!«, in: Der Schild, Jg. 3, 1924, 15. August 1924.
[71] J. Ledermann, »Jüdische Jugend und Sport«, in: Der Sport-Schild, 1. November 1924.
[72] Kutzinski, Rassenmerkmale.
[73] Alfred Waldenberg, »Grundlagen des Rassenphänomens«. Jüdische Turnzeitung. Februar 1903.
[74] Georg Arndt, »Zur jüdischen Rassenfrage«, in: Jüdische Turnzeitung, Dezember 1902.

Nach der Pogromnacht im November 1938 war auch im Sportbetrieb für die deutschen Juden das Spiel vorüber. In der Nachspielzeit versuchte man weiterhin, Sport zu treiben, um Selbstachtung zu demonstrieren – bis nach Theresienstadt hinein.[75] Und als 1945 das Lager Bergen-Belsen befreit wurde und sich anschließend das jüdische Leben im DP-Lager organisierte, war der Sport wieder zum Instrument der Selbstbehauptung geworden.[76]

---

[75] In dem in Theresienstadt gedrehten Film »Der Führer schenkt den Juden eine Stadt« finden sich auch Sportszenen. Tatsächlich fanden in Theresienstadt organisierte Meisterschaften statt; siehe: George Eisen, Spielen im Schatten des Todes. Kinder im Holocaust, München 1993.
[76] Zu Bergen-Belsen und Sport siehe: Tsemach Tsamriyon, The Press of the Holocaust Survivors in Germany, Tel Aviv 1970. Siehe auch: Werner Skrentny, »Hapoel Bayreuth gegen Makabi Münchberg – die Ligen der ›Dispersed Persons‹« in: Dietrich Schulze-Marmeling (Hg.), Davidstern und Lederball. Göttingen 2003, S. 202-210.

8. »Antisemitismus in Verruf«:
Hannah Arendts Zionismuskritik

Hannah Arendt behauptete, »natürlich nur wegen Hitler« Zionistin geworden zu sein[1] – wegen des deutschen Antisemitismus also. In den Biographien über Hannah Arendt aber wird das Kapitel Zionismus, ganz anders als das Kapitel Antisemitismus, eher am Rande verhandelt. Und das, obwohl sie »schon vor ihrem Eintritt in die Weltpolitik Überlegungen zur ›Judenfrage‹ angestellt« hatte, den Zionismus inbegriffen, und diese daher als Schlüssel für das Verständnis ihres Werks überhaupt angesehen werden sollten.[2] Hannah Arendt war nämlich nicht nur eine Kennerin der Geschichte, deren Einblicke uns gute Erklärungen hinsichtlich der Ursprünge einiger Verirrungen des Zionismus liefern, sondern auch eine scharfe Analytikerin, die auf die Zusammenhänge zwischen den Geschichten des Antisemitismus und des Zionismus hinwies. Gerade deswegen war sie, jenseits ihrer scharfen Kritik, der tiefen Überzeugung, die sie 1963 bekundete, daß »ich ... im Prinzip nicht gegen Israel [bin]«, daß eine Katastrophe für Israel »vielleicht die letzte Katastrophe für das ganze jüdische Volk« wäre; und noch im Oktober 1967 schrieb sie, »daß mich jede wirkliche Katastrophe in Israel tiefer treffen würde als fast alles andere.«[3] Ungeachtet dieses Bekenntnisses jedoch ist Hannah Arendt, sowohl aufgrund ihrer Auslegung des Phänomens Antisemitismus als auch aufgrund ihrer Zionismuskritik, weit davon entfernt, in der zionistischen »Ruhmeshalle« Platz zu finden. Trotz ihrer offenen Befürwortung des Zionismus an sich geht ihre kritische Haltung weit über das hinaus, was von den meisten Israelis toleriert wird – eine Haltung, die sich heute im Nachhinein als »postzionistisch« bezeichnen läßt.

Ein hervorragendes Beispiel für eine quasi »postzionistische« Aussage Hannah Arendts – die Antisemitismus und Zionismus in Verbindung bringt – findet sich in einem auf den 9. Januar 1957 datierten Brief an Kurt Blumenfeld, bis zu Hitlers Aufstieg zur Macht im Jahr 1933 ein bekannter deutscher Zionistenführer, der ihr Mentor in zionistischen Angelegenheiten war (und seine Memoiren unter dem Titel »Erlebte Judenfrage« erscheinen ließ): »Im jetzigen Moment ist die zionistische Bewegung tot. Sie ist teils an dem Siege (Staats-

---

[1] David Watson: *Arendt*, London 1992, S. 73; Elisabeth Young-Bruehl: *Hannah Arendt. Leben, Werk und Zeit*. Frankfurt am Main 1986, S. 168 f., 156.
[2] Young-Bruehl, *Hannah Arendt*, Kapitel 3 und 6; Watson, *Arendt*, Kapitel 4; Seyla Benhabib, *Hannah Arendt – Die melancholische Denkerin der Moderne*. Hamburg 1998, Kapitel 2. Selbst Richard J. Bernstein widmet diesem Kapitel ihres Lebens nicht mehr als zehn Prozent seines Buchs *Hannah Arendt and the Jewish Question* (Cambridge, Massachusetts 1996, S. 101-122). – Das obige Zitat bei Benhabib, *Hannah Arendt*, S. 75. Benhabib schreibt, daß »in ihrer intellektuellen Entwicklung die wohl früheste Erwähnung der örtlichen Rätedemokratie im Zusammenhang mit ihren Überlegungen zur jüdisch-arabischen Politik in Palästina auftaucht« (S. 84).
[3] Zitiert bei Young-Bruehl, *Hannah Arendt*, S. 496, 206.

gründung, die ja das Ziel war) und teils an der völlig veränderten Judenfrage nach Hitler eingegangen. Es gibt kein europäisches Judentum mehr und wird es vielleicht nie wieder geben. ... Es scheint mir, daß es keine Möglichkeit für eine Renaissance des Zionismus gibt im gegenwärtigen Augenblick.«[4]

Das war ein klares Verdikt. Interessanterweise ist das, was für Hannah Arendt im Jahre 1957 deutlich zu sein schien, noch heute für viele Anhänger des Zionismus inakzeptabel: der Zionismus, wie er ursprünglich und traditionell von den europäischen Zionisten verstanden wurde, konnte die Krisen nicht überstehen, die er in den 1940er und 1950er Jahren durchlief.

Von den beiden alternativen Erklärungen für den Niedergang des Zionismus, die Hannah Arendt in ihrem Brief an Blumenfeld anbietet – die Tatsache, daß das Ziel (die Gründung des zionistischen Staates) erreicht war, und der fundamentale Wandel des Wesens der »Judenfrage«, mit dem der Zionismus konfrontiert war – ist letztere unzweifelhaft von größerem Gewicht. Die »Judenfrage«, auf die der Zionismus gründete, durchlief eine so radikale Metamorphose, daß die in Aussicht genommene zionistische Lösung des alten Problems schon vor 1948 viel von ihrer Bedeutung verlor.

Die Kombination aus einer Präferenz der Juden für die Vereinigten Staaten, wo sich bereits seit 1881 die Mehrheit der jüdischen Auswanderer aus Europa niedergelassen hatte, dem Holocaust, der das bedeutendste Reservoir für die zionistische Einwanderung auslöschte, und der Existenz eines »eisernen Vorhangs« veränderten den Charakter der »Judenfrage« und den Stellenwert des Antisemtismus so grundlegend, daß die zionistische Bewegung nach 1946 nicht länger eine relevante Antwort darstellte – sofern sie das je gewesen war. Hannah Arendt war in der Tat eine überzeugte Anhängerin eines eurozentrischen Zionismus. Wenn man nun noch ein weiteres, späteres Element zu den drei bereits genannten hinzufügt, die Zuwanderung nichteuropäischer Juden nach Israel seit 1948, kann man verstehen, warum sie das gesamte Unternehmen im Jahre 1957 für dem Untergang geweiht hielt.

In ihrem Artikel »Die Krise des Zionismus«, verfaßt 1942 – kurze Zeit nach der Biltmore-Konferenz, die die Gründung eines jüdischen Staates (bzw. Gemeinwesens) als Ziel des Zionismus festschrieb, und nachdem sie zu der Überzeugung gekommen war, daß »rund ein Drittel [des jüdischen Volkes] der Ausrottung ziemlich nahe ist« –, machte Arendt deutlich, daß »die Krise des Zionismus gerade darin besteht, daß die Herzl'sche Konzeption dringend revisionsbedürftig geworden ist«.[5] Sie brauchte jedoch noch etwa fünfzehn weitere Jahre, um zu erkennen, daß die Krise so grundlegend war, daß sie nicht überwunden werden konnte: Nicht nur waren annähernd sechs Millionen europäischer Juden ermordet worden, auch war die Hälfte der israelischen Gesellschaft nichteuropäischer, »orientalischer« Herkunft. Der Zionismus, schon 1942 zum Scheitern verurteilt, hatte nach 1948 so gut wie keine Chance. Das

---

[4] Hannah Arendt und Kurt Blumenfeld: »... *in keinem Besitz verwurzelt*«. *Die Korrespondenz*, hg. v. Ingeborg Nordmann und Iris Pilling, Hamburg 1995, S. 174 f.
[5] Hannah Arendt: »Die ›sogenannte Jüdische Armee‹« (22. Mai 1942) und »Die Krise des Zionismus« (22. Oktober, 6. und 20. November 1942), in: *Die Krise des Zionismus*, hg. v. Eike Geisel und Klaus Bittermann. Berlin 1989, S. 182, 190.

bedeutet nicht unbedingt ein retrospektives Werturteil hinsichtlich der Qualität des europäischen im Vergleich mit dem orientalischen Judentum. Es sollte lediglich als Feststellung betrachtet werden, die der Bewertung desjenigen überlassen bleibt, der diese Zitate Jahre nach ihrer Niederschrift liest.

Hannah Arendt zufolge ist das grundsätzliche Problem des Zionismus nicht sein Abweichen von Herzls Vision, es ist der Herzlsche Zionismus selbst. »Herzl begriff nicht, daß das Land seiner Träume [aus deutschen Quellen gespeist] nicht existierte ... selbst wenn es ein Land ohne Volk gegeben hätte«.[6] Von Anfang an glaubte sie daher an und kämpfte sie für einen alternativen Zionismus im Geiste Bernard Lazares. Grundsätzlich stimmte sie mit Herzl darin überein, daß der Zionismus der einzige Versuch war, dem Antisemitismus politisch zu begegnen. Dennoch lehnte sie Herzls Zionismus, den sie ein »Transportunternehmen«[7] nannte, nicht bloß ab, sie teilte auch nicht seine Grundannahmen bezüglich der Natur des Antisemitismus oder der Möglichkeit, ihn durch Auswanderung zu beseitigen. Ihrer Meinung nach hatte »Hitler ... es geschafft, den Antisemitismus überall in Verruf zu bringen«,[8] nicht etwa der Erfolg des Zionismus, und er war nicht zu bekämpfen, indem man den Antisemiten Europas um der Implementierung der zionistischen Lösung willen die Hand reichte. Sie akzeptierte auch nicht Herzls Auffassung von einem jüdischen Staat als *der* Antwort schlechthin auf den Antisemitismus, weswegen sie auch Weizmann für seine Aussage kritisierte, daß Israel die Antwort auf den Antisemitismus sei.[9] Schon im Jahre 1942 war Hannah Arendt klar, daß jeder Jude wissen müsse, »daß er vor Antisemiten auch in Palästina nicht sicher ist.«[10] Dies bezog sich 1942 natürlich auf den glücklichen Sieg Montgomerys über Rommel – später jedoch wurde dieser Satz in einem neuen Kontext bedeutsam.

Wir wissen, daß der Zionismus in Palästina/Israel das Problem des Antisemitismus nicht lösen konnte und es auch nicht *tat*, und tatsächlich sehen wir heute, daß der Zionismus nur dazu beitrug, das Zentrum des Antisemitismus von Europa in den Nahen Osten zu verschieben. Vor dem Zweiten Weltkrieg war Europa die Hochburg des Antisemitismus. Heute ist es die Israel umgebende arabische Welt. So wurde der Zionismus zum »Transportunternehmen« auch für den Antisemitismus, und das nicht bloß, weil die Europäer ihre Lektion aus der Geschichte lernten und sich bemühten, dieses dubiose Handelsgut loszuwerden. Der arabische Antisemitismus, der vor der zionistischen Einwanderung nach Palästina praktisch nicht existierte, ist heute – nicht zuletzt dank der zionistischen Herausforderung – die gefährlichste Sorte des Antisemitismus, der seine Kräfte natürlich mit den Antisemitismen anderer Länder

---

[6] Hannah Arendt: »›Der Judenstaat‹: Fünfzig Jahre danach oder: Wohin hat die Politik Herzls geführt?« (Mai 1946), in: *Die Krise des Zionismus*, S. 73 f.
[7] Arendt, »Die Krise des Zionismus«, S. 188.
[8] Hannah Arendt: *Eichmann in Jerusalem. Ein Bericht von der Banalität des Bösen.* München, Zürich [12]2003, S. 78.
[9] Hannah Arendt: »Ceterum censeo ...« (26. Dezember 1941), in: *Die Krise des Zionismus*, S. 172.
[10] Arendt, »Die Krise des Zionismus«, S. 193.

vereint. Diasporajuden werden auf diese Weise zu Geiseln des arabisch-israelischen Konflikts und nicht unbedingt zu Opfern lokaler Feindseligkeit.

Nachdem der Zionismus seine Unfähigkeit demonstriert hatte, den Antisemitismus faktisch zu beseitigen, war er zynisch genug, diesen Mißerfolg in ein Instrument zur Stabilisierung des zionistischen Glaubens an »den ewigen und allgegenwärtigen Feind« zu verwandeln und an seinen Anspruch, die einzige Lösung der »Judenfrage« zu sein. Dies rief wiederum Arendts Kritik hervor. Bereits 1941 warnte sie vor jenen »in unseren eigenen Reihen«, die glaubten, »daß wir seit eh und je nur Opfer und Objekt der Geschichte gewesen seien.« Denn »*es ist nicht wahr, daß wir immer und überall die unschuldig Verfolgten sind.*«[11] Der Glaube an einen ewigen und allgegenwärtigen Antisemitismus, ein »grundsätzliches Mißtrauen gegen alle anderen Völker«, das sie 1946/47 als potentielle Gefahr beschrieb (»wenn wir tatsächlich überall von offenen und versteckten Feinden umgeben sind, wenn die ganze Welt schließlich gegen uns ist«, erklärte sie, »dann sind wir verloren«), diente in der Tat vielen Zionisten als verläßliche Ausrede angesichts der Probleme, die sie selbst zu schaffen geholfen hatten.[12] Die Einstellung, »daß die ganze Welt gegen einen ist *und* daß dies eben von der Dummheit der Welt zeuge«[13], ist natürlich sehr verlockend für ein System, das jede an ihm geübte Kritik prinzipiell ignoriert. Zudem scheint sie ein schlagendes Argument zugunsten einer jüdischen Existenz in einem Israel zu sein, das angeblich in der Lage ist, sich zu verteidigen, als Alternative zur »wehrlosen« Verletzlichkeit der Diaspora. Dies war auch die Idee hinter dem Eichmann-Prozeß – wie Hannah Arendt Jaspers vor Prozeßbeginn mitteilte: »Daß man bestimmte Dinge dabei der israelischen Jugend und (schlimmer) der Weltöffentlichkeit wird beweisen wollen, ist ziemlich sicher. Unter anderem, daß Juden, die nicht Israeli sind, eben in die Lage kommen, sich wie Schafe abschlachten zu lassen.«[14] Als der Prozeß anfing, äußerte sie ihrem Mann gegenüber die Überzeugung, daß Gideon Hausner und David Ben-Gurion die Israelis glauben machen wollten, daß »das Judenmorden offenbar ... eine normale Beschäftigung der Nichtjuden« sei.[15] Ihre öffentliche Erklärung fiel etwas moderater aus: Sie (Ben-Gurion und Co.) wollten sie »davon überzeugen, daß ein Jude nur in Israel sicher sein und in Ehren leben kann.«[16] Wie sie ihrem Mann während eines Besuchs in Israel schrieb, gab sie sich Mühe zu vermeiden, sich mit öffentlichen Äußerungen »den Mund [zu] verbrenne[n].«[17]

Vor diesem Hintergrund erscheint Hannah Arendts Beobachtung von 1945 präzise und prophetisch: »Die Zionisten flüchteten sich vor den aktuellen

---

[11] Arendt, »Ceterum censeo...«, S. 172 f. (Kursivierung im Original).
[12] Hannah Arendt und Karl Jaspers: *Briefwechsel 1926-1969*, hg. v. Lotte Köhler und Hans Saner. München, Zürich 1985, Brief vom 4. September 1947, S. 135. Hannah Arendt: »›Der Judenstaat‹: Fünfzig Jahre danach«, S. 78.
[13] Hannah Arendt und Heinrich Blücher: *Briefe 1936-1968*, hg. v. Lotte Köhler. München, Zürich 1996, Brief vom 22. Oktober 1955, S. 415 f. (Kursiv im Original).
[14] Arendt an Jaspers, Brief vom 23. Dezember 1960, in: *Briefwechsel*, S. 452.
[15] Arendt an Blücher, Brief vom 20. April 1961, in: *Briefe*, S. 522.
[16] Arendt, *Eichmann in Jerusalem*, S. 75.
[17] Arendt an Blücher, Brief vom 22. Oktober 1955, S. 416.

Konflikten in die Doktrin eines ewigen Antisemitismus«, der zufolge »jeder mit Juden zusammenlebende Nichtjude zu einem bewußten oder unbewußten Judenhasser werden müsse«, verleugneten so »die jüdische Mitverantwortung für die bestehenden Verhältnisse« (insbesondere in Palästina), vermieden eine gründliche Analyse der zionistischen Theorie des Antisemitismus und traten in eine Phase des »rassistischen Chauvinismus« ein, der »sich nicht von anderen Herrenrassen-Theorien unterscheidet«, wie sie in ihrem 1948 entstandenen Artikel »Es ist noch nicht zu spät« bemerkt.[18] Paradox ist, daß der zionistischen Philosophie der Antisemitismus so lieb und teuer war, daß sie ihn gar in einer Weise benutzte, die Herzls Grundüberzeugung, das Problem des Antisemitismus könne durch die Schaffung einer jüdischen Heimstätte bzw. eines jüdischen Staates gelöst werden, unterminierte: »die generelle Feindseligkeit der Nichtjuden, eine, wie Herzl dachte, nur gegen das Galuthjudentum [Diasporajudentum] gerichtete Erscheinung ... wird jetzt von den Zionisten für eine unabänderliche Tatsache der jüdischen Geschichte gehalten, die sich unter allen Umständen, selbst in Palästina, wiederholt.«[19]

Die Fixierung Herzls auf eine Allianz mit dem Imperialismus anstatt mit unterdrückten und diskriminierten Völkern und Gruppierungen war die »Erbsünde« des Zionismus. Dies ist mindestens ein Grund dafür, daß Arendt Bernard Lazare Herzl vorzog. Diese unheilige Allianz setzte sich noch lange nach Herzl fort: die unbegründete zionistische Prahlerei mit *Komemiut* (Unabhängigkeit und Selbstbehauptung) entpuppte sich als bloße Fassade der wachsenden Abhängigkeit des Zionismus von imperialen Mächten zwischen dem Ersten Weltkrieg und 1947 bzw. 1956, und vielleicht gar bis 1989, dem Ende des Kalten Krieges. Arendts Unzufriedenheit mit der »juristischen Fiktion« der Balfour-Erklärung und des Mandatssystems[20] war konsequent und behielt im Prinzip auch nach dem 14. Mai 1948 ihre Gültigkeit.

Es gab weitere fatale Verirrungen. Sehr früh schon war Hannah Arendt bewußt, daß der Zionismus, begierig nach Konfrontation mit den Arabern oder wenigstens auf diese Konfrontation hin orientiert, den Konflikt *erzeugen* werde, einen Konflikt, der den Zionismus selbst untergraben würde. In »Der Zionismus aus heutiger Sicht«, ein Artikel, der 1944 bei der Zeitschrift *Commentary* eingereicht und von dieser später abgelehnt worden war, warf Hannah Arendt den Zionisten – in einer Weise, die auf einen frühen »Postzionismus« hindeutet – vor, sie täten ihr Bestes, diesen unlösbaren »›tragischen Konflikt‹ entstehen zu lassen.«[21] Seit 1936 verfolgten die Zionisten in Palästina eine opportunistische Taktik, der zufolge »eine verhältnismäßig kleine Ungerechtigkeit (gegenüber den palästinensischen Arabern) in Kauf genommen werden müsse zu Gunsten einer ›höheren Gerechtigkeit‹ für die Juden«, schrieb sie im

---

[18] Hannah Arendt: »Der Zionismus aus heutiger Sicht« (August 1945), in: *Die Krise des Zionismus*, S. 24 und 33. Hannah Arendt: »Es ist noch nicht zu spät« (Mai 1948), in: *Die Krise des Zionismus*, S. 92.
[19] Arendt, »Es ist noch nicht zu spät«, S. 92.
[20] Hannah Arendt: »Balfour-Deklaration und Palästina-Mandat« (19. Mai 1944), in: *Die Krise des Zionismus*, S. 207-210.
[21] Young-Bruehl, *Hannah Arendt*, S. 317. Arendt, »Der Zionismus aus heutiger Sicht«, S. 9.

August 1944.²² Selbst die besten Zionisten (die Sozialisten also) »richteten ... sich auf dem Mond ein« anstatt im Nahen Osten²³ und ermöglichten dadurch das Eintreten der unvermeidlichen Katastrophe. Durch diese Haltung wurden sie mitverantwortlich für jene terroristischen Akte der radikalen Rechten (die Ermordung von annähernd einhundertundfünfzig Zivilisten in dem arabischen Dorf Deir Jassin im April 1948, oder der Angriff auf arabische Arbeiter in den Raffinerien von Haifa), die dazu dienten, die Kluft zwischen Juden und Arabern zu vergrößern, so daß eine Versöhnung unmöglich wurde. »Die gegenwärtige [linksgerichtete] Exekutive der Jewish Agency und der Va'ad Leumi [Nationalrat] haben mittlerweile sattsam bewiesen, daß sie entweder nicht gewillt oder unfähig sind, die Terroristen davon abzuhalten, politische Entscheidungen für den ganzen Yishuv zu treffen«, schrieb sie 1948; ein Satz, der die Geschichte des Zionismus seit 1967 nicht weniger treffend als die Geschichte des Yishuv, des jüdischen Siedlungsprojekts in Palästina bis 1948, beschreibt.²⁴

Nach 1948 behielt diese Kritik nicht nur hinsichtlich des »arabischen Feindes« außerhalb Israels, sondern auch in bezug auf die arabischen Bürger des Staates Israel, jene, die nicht während des Krieges geflohen waren, ihre Gültigkeit. »Dabei leistet man sich, die Araber, die noch da sind, so zu behandeln, daß dies allein genügen würde, die ganze Welt gegen einen zu mobilisieren.«²⁵ Dies ist eine wichtige Beobachtung: der Zionismus brauchte erst einen Feind, um seine Existenz und Politik zu rechtfertigen. Die Konstruktion des äußeren Feindes (die arabische Welt) zog dann das nächste Konstrukt nach sich, das des »inneren Feindes«, der angeblichen »fünften Kolonne«. Die weltweite negative Resonanz auf Israels Politik der Diskriminierung seinen arabischen Einwohnern gegenüber wurde in Israel als Bestätigung des intrinsischen, immerwährenden Hasses der Gojim auf die Juden bzw. auf Israel begriffen, der für den Zionismus so lebenswichtig ist. Der Eichmann-Prozeß diente, nach Auffassung Hannah Arendts, später auf seine eigene Weise dem Staat Israel zu dem Zweck, diesen »ewigen Antisemitismus« mit dem »unlösbaren Konflikt« mit den Arabern zu verbinden. Zu Recht verdächtigte Hannah Arendt die Initiatoren des »Schauprozesses« des Bestrebens zu zeigen, »daß die Araber mit den Nazis im engsten Einvernehmen standen«,²⁶ was <u>den</u> Arabern grenzenlose Schuld zuwies.

Die europäische Erfahrung lehrte Hannah Arendt, bei der Suche nach einer Lösung des Nahostproblems Minderheitenabkommen jeglicher Art zu mißtrauen, vor allem aber auch dem Nationalstaat mit seinem Ursprung im romantischen Nationalismus mitteleuropäischer Prägung.²⁷ Der Zionismus

---

²² Hannah Arendt: »Neue Vorschläge zur jüdisch-arabischen Verständigung« (25. August 1944), in: *Die Krise des Zionismus*, S. 216.
²³ Arendt, »Der Zionismus aus heutiger Sicht«, S. 18.
²⁴ Arendt, »Es ist noch nicht zu spät«, S. 100.
²⁵ Arendt an Blücher, Brief vom 22. Oktober 1955, in: *Briefe*, S. 415.
²⁶ Arendt an Jaspers, Brief vom 23. Dezember 1960, in: *Briefwechsel*, S. 452.
²⁷ Hannah Arendt: »Frieden oder Waffenstillstand im Nahen Osten?« (Januar 1950), in: *Die Krise des Zionismus*, S. 143.

hatte sich, wie Hannah Arendt erkannte, genau entlang dieser äußerst bedenklichen Linie entwickelt. Schon 1945 war sie zu der Schlußfolgerung gelangt, daß der Zionismus mit seinen Anfängen als sozialrevolutionäre Bewegung, als »der ernsthafte Versuch einer neuen Gesellschaftsordnung« – das einzige Element des Zionismus, das sie uneingeschränkt befürwortete –, sich stattdessen zu einer nationalistischen, chauvinistischen Bewegung gewandelt hatte, einer Wiederholung der negativen Erfahrungen europäischer Nationen, welche die jüdische Nation doch eines Besseren hätten belehren sollen.[28]

Arendt glaubte an eine alternative Lösung, ohne die Idee einer nationalen Heimstätte preiszugeben: »Ihr war es wichtig, die politische Form für eine jüdische Heimstätte zu finden, die den europäischen Konflikt zwischen der ›Nation‹ und dem ›modernen Staat‹ überwindet.«[29] Dies war eine logische Folgerung, gezogen von einer Expertin für die Geschichte der Ideologien und des Nationalismus; eine Konsequenz, die jedoch für die Zionisten der Nachkriegszeit zu früh kam und noch zu Beginn des 21. Jahrhunderts für viele Israelis inakzeptabel ist.

Eine Analyse der Grundüberzeugungen des Zionismus, wie sie sich bis 1948 entwickelten, offenbart die potentiellen Sackgassen, auf die sich die zionistische Politik zubewegte. Die Biltmore-Konferenz von 1942 hatte nicht nur den Weg für eine Staatsgründung geebnet, behauptete Arendt. Der Zionismus habe auch die Richtung eines moralisch zweifelhaften Kriegerstaates eingeschlagen, wie er in der europäischen Geschichte nicht präzedenzlos war: »Und selbst wenn die Juden den [Unabhängigkeits-]Krieg gewinnen sollten«, so hörte »das Wachstum einer jüdischen Kultur ... auf, Anliegen des ganzen Volkes zu sein; gesellschaftliche Experimente müßten als unpraktischer Luxus verworfen werden; politisches Denken würde sich auf Militärstrategie konzentrieren ... Unter solchen Umständen würden die Palästina-Juden ... zu einem jener Kriegerstämme verkommen, über deren Aussichten und deren Bedeutung uns die Geschichte seit den Tagen Spartas zur Genüge unterrichtet hat.«[30]

Diese 1948 ausgesprochene Warnung war weit davon entfernt, eine Übertreibung zu sein, und dies nicht nur vom Standpunkt sogenannter Postzionisten der 1990er Jahre aus. Die psychologische Folge war tatsächlich, und notwendigerweise, das für die jüdisch-israelische Gesellschaft nach 1948 so charakteristische Paradox: »Jeder hat Angst vor dem Krieg *und* ist ein Kriegshetzer.«[31]

Hannah Arendts Kritik an der israelischen Haltung der arabischen Welt gegenüber bemühte sich, konstruktiv und nicht defätistisch zu sein. »Kann die jüdisch-arabische Frage gelöst werden?«, fragte sie im Dezember 1943.[32] Ihre bejahende Antwort bestand in der Gründung einer Föderation im Nahen

---

[28] Arendt an Jaspers, Brief vom 4. September 1947, in: *Briefwechsel*, S. 135; Arendt, »Der Zionismus aus heutiger Sicht«, S. 21f.
[29] Benhabib, *Hannah Arendt*, S. 89.
[30] Arendt, »Es ist noch nicht zu spät«, S. 97 f.
[31] Arendt an Blücher, Brief vom 22. Oktober 1955, in: *Briefe*, S. 415.
[32] Hannah Arendt: »Kann die jüdisch-arabische Frage gelöst werden?« (17. und 31. Dezember 1943), in: *Die Krise des Zionismus*, S. 198.

Osten oder rings ums Mittelmeer (oder einer Eingliederung in den Britischen Commonwealth), beginnend mit einer föderativen Struktur für Palästina selbst.³³ Dies war nicht nur Kritik an den zionistischen Aussichten im Jahr 1943, am Nationalstaat und an Minderheitenrechten, oder, später, an den Überlegungen, die zur Gründung des Staates Israel führten, dem sie »Pseudo-Souveränität« attestierte,³⁴ sondern auch der Vorschlag mit den besten Chancen auf eine Verwirklichung, und dies noch heute, da der Mythos vom souveränen Staat an Bedeutung verliert. Arendt war sich bereits 1950 der Gefahr einer Balkanisierung bewußt, wie der Titel »Föderation oder Balkanisierung?« beweist, den sie dem letzten Abschnitt ihres Essays »Frieden oder Waffenstillstand im Nahen Osten?« gab, in welchem sie die Situation vor dem Ersten oder nach dem Zweiten Weltkrieg vor Augen hatte, ohne natürlich zu wissen, wie bedeutsam dieser Begriff zum Ende des 20. Jahrhunderts hin erneut werden würde.³⁵

Wenn man Hannah Arendts Abneigung gegen einen aggressiven, antiarabischen Zionismus in Betracht zieht, wird man vielleicht verwundert sein über die Begeisterung, die sie während des Zweiten Weltkriegs für den Aufbau einer »jüdischen Armee« zum Ausdruck brachte.³⁶ Dieser Widerspruch ist jedoch nur ein scheinbarer: Sie plädierte für eine jüdische Armee, die im Krieg Seite an Seite mit anderen Armeen gegen die Naziarmee kämpfte, erstens, um »das Gesetz der Ausrottung und das Gesetz der Flucht durch das Gesetz des Kampfes zu ersetzen« für ein Volk, »von dem rund ein Drittel der Ausrottung ziemlich nahe ist«,³⁷ und zweitens, um den Juden, oder dem Zionismus, einen Platz am Konferenztisch nach dem Krieg zu sichern, den Status einer gleichberechtigten Nation. Das war eine kurzfristige, von der Notlage diktierte Strategie, nicht mehr. Was sie niemals im Sinn hatte, war eine jüdische Armee, die zum Kampf gegen die Araber gerüstet war. In ihren Augen war es Selbstmord, 1942 in der Konfrontation mit den Deutschen keine Armee zu haben, und nicht etwa das Fehlen einer Armee gegen die Araber.

Arendts Abneigung gegen den jüdischen Selbstmord zeigte sich auch in ihrer totalen Ablehnung der militanten Ideen der »Bergson-Gruppe« – die amerikanisch-jüdischen Unterstützer der Dissidenten des Yishuv (»Faschisten eines unterdrückten Volkes«), die lange vor der Hamas der Idee der Errichtung von Selbstmordkommandos anhingen – *jüdischer* Selbstmordkommandos.³⁸ Arendts Haltung der Bergson-Gruppe und ihren Erben gegenüber läßt nicht viel Raum für Zweifel. Schon sehr früh hegte sie Mißtrauen gegen die extre-

---

33 Arendt, »Es ist noch nicht zu spät«, S. 104.
34 Ebd., S. 105.
35 Arendt, »Frieden oder Waffenstillstand im Nahen Osten«, S. 157 ff.
36 Hannah Arendt: »Die jüdische Armee. Der Beginn einer jüdischen Politik«, »Ceterum censeo«, »Papier und Wirklichkeit«, »Die ›sogenannte Jüdische Armee‹« (1941-42), in: *Die Krise des Zionismus*, S. 167-183.
37 »Die ›sogenannte Jüdische Armee‹«, S. 182 f. Dies zeigt, daß zumindest Hannah Arendt nicht noch drei weitere Jahre benötigte, um das Ausmaß der Katastrophe zu erkennen.
38 Hannah Arendt: »Sprengstoff-Spießer« (16. Juni 1944), in: *Die Krise des Zionismus*, S. 213.

me zionistische Rechte und warnte eindringlich vor ihr: »Die allgemeine Stimmungslage des Landes ist außerdem dadurch gekennzeichnet, daß der Terrorismus und das Anwachsen totalitärer Methoden stillschweigend hingenommen und insgeheim gutgeheißen werden.«[39] Als sie diese Zeilen 1948 schrieb, hatte Arendt eine sehr klare Vorstellung von dem Begriff »Totalitarismus«.

Arendts Kritik an der extremen Rechten richtete sich nicht nur gegen die Gruppe um Peter Bergson alias Hillel Kook, sondern auch gegen Menachem Begin, den politischen Kopf der rechtsgerichteten, revisionistischen Herut-Partei Israels. Ein offener Brief, der am 4. Dezember 1948 in der *New York Times* publiziert wurde und an dessen Formulierung sie beteiligt war, bringt ihre Furcht offen zum Ausdruck. Dieser Brief, unterzeichnet unter anderem von Albert Einstein, einem der möglichen Kandidaten für die Präsidentschaft des Staates Israel, sagt deutlich: Die Herut-Partei sei »in ihrer Organisation, ihren Methoden, ihrer politischen Philosophie und ihrer sozialen Anziehungskraft den Parteien der Nazis und der Faschisten eng verwandt.«[40]

Doch die Ähnlichkeiten zwischen den ärgsten Feinden der Juden und dem Zionismus beschränken sich – Arendt zufolge – nicht allein auf die extreme zionistische Rechte. In *Eichmann in Jerusalem* wies sie auf die Ironie hin, die darin bestand, daß die Anklage – Gideon Hausner, Ben-Gurions »Faktotum« – die »berüchtigten Nürnberger Gesetze« anprangerte, die 1935 in Nazi-Deutschland Ehen zwischen Deutschen und Juden verboten, während gleichzeitig der israelische Staat und seine Bevölkerung »sich darüber einig zu sein« schienen, »daß es erstrebenswert ist, ein Gesetz beizubehalten, daß die Eheschließung mit Nichtjuden verbietet«.[41] Selbst wenn sie im Jahre 1963 übertrieb, antizipierte sie mit Sicherheit jenen unerhörten Aufruf Rabbi Kahanes, der 1981 in israelischen Zeitungen forderte, eine jüdische Version der Nürnberger Gesetze zu erlassen. Nebenbei bemerkt ist auch Hannah Arendts Beobachtung, daß Eichmanns Begriff vom Judentum auf seiner Lektüre jüdisch-zionistischer Autoren beruhte, alles andere als schmeichelhaft für den Zionismus.[42]

Hannah Arendt brauchte nicht bis 1963 oder 1977 zu warten, um wiederholt zu betonen, daß die Grundlagen des Zionismus von Anfang an für eine Entwicklung in die revisionistische Richtung empfänglich waren.[43] Ihre Warnungen datieren bis in die 1940er Jahre zurück, in denen sie schrieb, daß die ideologischen Wurzeln des nationalistischen Revisionismus im Herzen des klassischen Zionismus lägen, angefangen bei Herzl und seinen Zeitgenossen. Sie wäre von dem *Mahapach* (Erdrutsch) von 1977, der sich zwei Jahre nach ihrem Tod ereignete, nicht überrascht gewesen.

Ein besonderes, seit dem Ende des Zweiten Weltkriegs für den Zionismus zentrales Thema ist die Shoah. Diese gewann im israelischen kollektiven Gedächt-

---

[39] Arendt, »Es ist noch nicht zu spät«, S. 87 f.
[40] *New York Times*, 4. Dezember 1948.
[41] Arendt, *Eichmann in Jerusalem*, S. 74 f.
[42] Ebd., S. 318.
[43] Arendt, »Der Zionismus aus heutiger Sicht«, S. 12.

nis desto mehr an Bedeutung, je länger die katastrophalen Ereignisse zurücklagen und zu Geschichte wurden. Auch hier beurteilte Hannah Arendt das Verhältnis zwischen der Shoah und dem Zionismus bereits kritisch, als dieses erst im Entstehen begriffen war.

Die vielleicht einschlägigste Beobachtung hinsichtlich dieser Verbindung betrifft die retrospektive Behauptung zionistischen Weitblicks, so als seien die Zionisten die einzige Gruppierung innerhalb des Judentums gewesen, die das Kommen des Holocaust vorausgesagt hätte. Arendts Bewertung dieser Anmaßung ist heute so gültig, wie sie es vor über fünfzig Jahren war, und zielt auf den logischen Fehler des zionistischen Arguments:

> Gelegentlich rühmen sich Zionisten ihrer Voraussicht. Angesichts des Erdbebens, das die Welt in unserer Zeit erschüttert hat, klingen derartige Voraussagen wie Prophezeiungen eines Sturms im Wasserglas. Zu den ungezügelten Haßausbrüchen des Volkes, die der Zionismus vorhersagte, und die in sein allgemeines Mißtrauen gegenüber den Völkern und sein übermäßiges Vertrauen in die Regierungen gut hineinpaßten, ist es aber nicht gekommen; stattdessen kam es in einer Reihe von Ländern zu staatlich gelenkten Aktionen, die sich als sehr viel verheerender erwiesen, als es ein Ausbruch von Judenhaß beim Volk je gewesen war.[44]

Was aus dieser Einschätzung folgte, wurde von Hannah Arendt nur indirekt artikuliert. Das nachträgliche Prahlen mit Voraussicht verschleierte die wahre Fehlkalkulation des Zionismus: Die Shoah löschte jene Bevölkerung aus, die die Existenz des Zionismus rechtfertigte, und zwang damit die zionistische Bewegung, entweder aufzugeben oder sich – uneingestandenermaßen – neue Ziele zu erfinden. Daß »das europäische Element sehr zurückgedrängt« wurde,[45] war schon in den frühen 1960er Jahren klar, und nicht nur Hannah Arendt. Der tiefgreifende Einfluß dieses Prozesses auf das Wesen des Zionismus jedoch wurde erst nach 1977 offensichtlich.

Noch zwei weitere Aspekte der Verbindung Shoah-Israel lieferten Arendt Anlaß zu Kritik. Der erste war die Identifikation von Heldentum (*Gevura*) und dem Widerstand gegen die Nazis während des Holocaust mit dem Zionismus – ein zentraler Pfeiler israelischer Identität.[46] Yad Vashem, die Holocaustgedenkstätte und per Gesetz mit der Erinnerung an den Holocaust beauftragte zentrale Institution, unterschied zwischen *Shoah* und *Gevura* und ordnete damit Diasporatradition und Massenmord auf der einen und *Gevura* und Zionismus auf der anderen Seite einander zu. Vor und auch nach dem Eichmann-Prozeß wurde die Rolle der nichtzionistischen Beteiligung im Bereich der *Gevura* im öffentlichen Diskurs unterdrückt, um das heroische Selbstbild des Zionismus zu befördern. Zweitens galt ihre Kritik dem sprichwörtlichen Versuch, den Kuchen gleichzeitig zu behalten und aufzuessen: der Widersinnigkeit des Ansatzes, die gesamte jüdische Geschichte einerseits als eine Folge von Katastrophen (den Holocaust inbegriffen) aufzufassen, zugleich jedoch an der Parole von der Singularität des Holocaust

---

[44] Ebd., S. 54.
[45] Arendt an Blücher, Brief vom 15. April 1961, in: *Briefe*, S. 518.
[46] Arendt, *Eichmann in Jerusalem*, S. 215.

festzuhalten.⁴⁷ Wie wir wissen, hat Arendt nie die zionistische Interpretation der jüdischen Geschichte als endlose Leidensgeschichte akzeptiert, in der der Holocaust lediglich eine weitere, wenngleich extreme, Episode darstellte.

Für den Zionismus betonte die Shoah lediglich ein Problem, das er auf seine eigene monopolistische Art und Weise zu lösen suchte – das Problem der jüdischen Diaspora, der *Galut*. In der Interpretation Ben-Gurions und erst recht Begins reduzierte sich der Zionismus auf eine vollständige Repatriierung der Juden nach Israel, die die jüdische Diaspora schließlich verschwinden lassen würde. Der *modus vivendi* zwischen Israel und der Diaspora war folglich nur als temporär und utilitaristisch gedacht. Arendt argumentierte anders. Sie war der Auffassung, daß, solange es ein europäisches Judentum gab, »die Politik Palästinas von einer Gesamtpolitik des europäischen Judentums aus zu leiten ist, und daß nicht umgekehrt die Palästinapolitik die gesamte jüdische Politik bestimmen kann.«⁴⁸ Mit der Zerstörung des europäischen Judentums wurde die Frage nach dem Vorrang des europäischen versus des Judentums in Palästina durch die Frage nach Zusammenarbeit mit anderen Diasporas versus Isolation ersetzt.⁴⁹ Für Hannah Arendt wurde schon 1944 deutlich, »daß die Zionisten sich ... vom Schicksal der Juden in der ganzen Welt abkapselten.« Palästinozentrischer Zionismus bedeutete Friktion, Isolation (ein »besessener Isolationismus«) der »israelischen Diaspora« [sic!], nicht die Einheit des jüdischen Volkes.⁵⁰ Diese Beobachtung sollte für die folgenden Jahre ihre Gültigkeit behalten, und ihre dramatische Bestätigung trat tatsächlich mehr als fünfzig Jahre später zutage, als die Anhänger dessen, was heute Zionismus genannt wird, die Mehrheit der israelischen Juden und ihre parlamentarischen Vertreter, die Spaltung zwischen dem israelischen Judentum und der Diaspora riskierten, indem sie ein »Konversionsgesetz« erließen, ein Gesetz, das die religiöse Orthodoxie zur Entscheidung darüber befugt, wer in Israel kein Jude ist: ein Schritt, der mit Sicherheit zur Entfremdung des liberalen Judentums in der Diaspora führen wird.

Ein weiterer zionistischer Mythos, den Hannah Arendt in Frage stellte, zielte ins Zentrum der jüdischen Geschichte – der Mythos vom Zionismus als Alternative, als einziger Alternative, zur Assimilation. Daß sie der deutsch-jüdischen Politik der Assimilation kritisch gegenüberstand, war schon vor 1933 zu erkennen, als sie die Biographie der Rahel Varnhagen schrieb.⁵¹ Ihre Argumentation nimmt jedoch eine interessante Wendung. Sie beschrieb den Zionismus als die wahre, aber legitime Assimilation: »Die inhaltslosen Wortge-

---

⁴⁷ Ebd., S. 389 f.
⁴⁸ Arendt, »Ceterum censeo«, S. 173.
⁴⁹ Getreu ihrer grundsätzlichen Vision von einer transnationalen Zukunft hoffte sie jedoch immer noch auf ein föderales Europa, »weil in solch einem Naionalitätenverband die Judenfrage lösbar und Palästina als jüdisches Siedlungsgebiet zu garantieren ist.« – Arendt, »Die Krise des Zionismus«, S. 197.
⁵⁰ Arendt, »Der Zionismus aus heutiger Sicht«, S. 38, 47.
⁵¹ Vgl. Bernstein, *Hannah Arendt and the Jewish Question*, S. 103.

fechte zwischen Zionismus und Assimilationismus haben völlig die simple Tatsache verstellt, daß die Zionisten in einem gewissen Sinne die einzigen waren, die ernsthaft die Assimilation wünschten, nämlich die ›Normalisierung‹ des Volkes (›ein Volk wie alle anderen Völker zu sein‹), während nach dem Wunsch der Assimilationisten das jüdische Volk seine einzigartige Position behalten sollte.«[52] Sie stellte den Mythos auf den Kopf: Zionismus ist die wahre Assimilation, die Diaspora dagegen ist Anti-Assimilation, oder Dissimilation – ein Begriff, den sie nicht benutzte. Ihren Sinneswandel zugunsten der jüdischen Assimilation, sofern der Zionismus sie praktizierte, erklärte sie in einem privaten Brief an ihren Freund Karl Jaspers: »Palästina ... ist in der Tat die einzige konsequente Assimilation, die je versucht worden ist.« Was diesen Versuch so attraktiv und konsistent macht, ist nicht etwa, daß er ein Bemühen um kollektive anstatt individuelle Assimilation unter Beibehaltung einer gemeinsamen jüdischen Identität darstellt, oder das von ihr eingestandene Abrücken von ihrer eigenen Kritik, die »politisch so ahnungslos wie ... dasjenige war, was sie kritisierte«[53], sondern das Schlüsselkonzept »Normalität«. »Die Zionisten sind die einzigen«, teilte sie Jaspers zwei Jahre nach der Publikation von »Der Zionismus aus heutiger Sicht« mit, »die nicht mehr an das auserwählte Volk glauben.«[54] Die Assimilation der europäischen oder deutschen Juden war keine wirkliche, weil sie die Idee, sie seien das auserwählte Volk, das »Salz der Erde«,[55] nicht aufgegeben hatten. Dies erklärt vielleicht auch ihre konsequente Kritik am israelischen Zionismus (nach 1967), der die Ideologie vom »auserwählten Volk« in die vorderste Reihe stellte.

Im übrigen war nicht nur die Diaspora weniger assimilatorisch als der Zionismus. Darüber hinaus hatte sich das wahre, das »neue Ghetto« – ein völlig anderes als das von Herzl beschriebene – von Europa nach Israel verlagert.

Aus der Retrospektive des Jahres 2005 betrachtet muß jeder, der sich über die Geschichte des Zionismus äußert, auf die Ursprünge und Positionen des religiösen Zionismus eingehen. Schließlich war der Zionismus eine Bewegung, die sich von der traditionellen jüdischen Religiosität abwandte, »eine Negation der Galut«, in seinen eigenen Worten. Was also verursachte den Wandel in der zionistischen Einstellung zur Religion, und wann vollzog sich dieser? War es 1977, als Begin seine Regierung unter Einbeziehung aller religiösen Parteien bildete? Geschah er infolge der »Befreiung« der Westbank im Jahr 1967, oder etwa noch früher? Hannah Arendt warnte vor der fatalen Kombination aus »Ultra-Nationalismus, religiösem Mystizismus und [einer Propaganda] rassischer Überlegenheit« bereits im Jahre 1948.[56] Sie unterschätzte nie die Macht der Religion oder der Orthodoxie in Israel, auch nicht in Zeiten, in denen die Säkularisierung scheinbar triumphierte. Eine Beobachtung, die sie 1955

---

[52] Arendt, »Der Zionismus aus heutiger Sicht«, S. 31.
[53] Arendt an Jaspers, Brief vom 4. September 1947 und Brief vom 7. September 1952, in: *Briefwechsel*, S. 134 und 233.
[54] Arendt an Jaspers, Brief vom 4. September 1947, ebd., S. 134.
[55] Arendt: »›Der Judenstaat‹: Fünfzig Jahre danach«, S. 70.
[56] *New York Times*, 4. Dezember 1948.

machte, betrifft den »inneren Terror der Orthodoxie«. Überraschend und entscheidend für sie war damals, wie für uns noch heute, die Tatsache, »daß niemand wirklich gegen sie ist, so daß die machthungrige schwarze Bande immer frecher wird.«[57] Sie wartete nicht bis nach 1977 mit diesem Urteil. Zwanzig Jahre bevor Rabbi Kahane sein Gesetz gegen »gemischte« Ehen vorschlug, beschrieb Arendt das Wesen der Diskussion um dieses Thema als einzig und allein von der »Rassenfrage« motiviert.[58] Das Erstarken der Orthodoxie und die Kombination von Religion und Nationalismus seit 1967 oder 1977 bestätigten nur Arendts frühere Befürchtungen.

Das Mißlingen der Verwirklichung einer »normalen« Assimilation in Israel führte paradoxerweise zur Entstehung einer diasporaartigen jüdischen Existenz: einem neuen jüdischen Ghetto in der nationalen Heimstätte selbst. Auf eine Frage Hannah Arendts antwortend schrieb Kurt Blumenfeld: »Wie steht es in Israel mit den Tendenzen zur Ghettoisierung? ... So fragte ich schon in meiner zionistischen Frühzeit.«[59] Hannah Arendt stimmte von ganzem Herzen zu: »Politisch ist es noch hoffnungsloser, als ich dachte«, schrieb sie 1955 an ihren Ehemann Heinrich Blücher, »die Galut- und Ghetto-Mentalität in schönster Blüte.«[60] Dieser Eindruck verstärkte sich noch, als sie weniger als ein Jahrzehnt später über den Eichmann-Prozeß berichtete: »Ghettomentalität mit Tanks und militärischer Parade.«[61]

Arendt wurde des Antizionismus beschuldigt.[62] Dieser Vorwurf hängt jedoch von der Definition des Zionismus ab. Schon im Jahre 1946 erklärte sie: »Ich habe wirklich Angst um Palästina« und verlieh ihrer Furcht vor den »Selbstmordattituden« dort Ausdruck.[63] Die historische Parallele, auf die sie sich bezog, war in der Tat beängstigend. »Die Ähnlichkeiten [des Herzlschen Zionismus] mit der Sabbatai-Zwi-Episode«, der jüdischen messianischen Bewegung des siebzehnten Jahrhunderts, »sind jedoch erschreckend groß geworden« – so schrieb sie 1946.[64]

Sie war entschieden gegen einen kriegerischen Zionismus, den sie als selbstmörderisch ansah. Angesichts des herrschenden Mythos vom Heldentum jedoch bedeutete diese von ihr, und auch von anderen, vertretene Haltung Defätismus, Verrat, Antizionismus, als habe sie die falschen Konsequenzen aus der Geschichte des Antisemtismus gezogen. Die Tatsache, daß sie auch den arabischen Positionen in dem Konflikt kritisch gegenüberstand und daß sie die Bewegung bewunderte, die in ihren Augen »nicht einfach Kolonisation, sondern der ernsthafte Versuch einer neuen Gesellschaftsordnung« war, wurde oft ignoriert.[65] Für sie waren die herausragenden Errungenschaften des

---

[57] Arendt an Blücher, Brief vom 22. Oktober 1955, in: *Briefe*, S. 415.
[58] Arendt an Blücher, Brief vom 6. Mai 1961, in: *Briefe*, S. 531.
[59] Blumenfeld an Arendt, Brief vom Oktober 1952, in: *»... in keinem Besitz verwurzelt«*, S. 73.
[60] Arendt an Blücher, Brief vom 22. Oktober 1955, in: *Briefe*, S. 415.
[61] Arendt an Blücher, Brief vom 20. April 1961, in: *Briefe*, S. 522.
[62] Blumenfeld an Arendt, Brief vom 5. November 1954, in: *»... in keinem Besitz verwurzelt«*, S. 113.
[63] Arendt an Blumenfeld, Brief vom 14. Januar 1946, in: *»... in keinem Besitz verwurzelt«*, S. 39.
[64] Arendt: »Der Judenstaat – Fünfzig Jahre danach«, S. 81.
[65] Vgl. etwa »Frieden oder Waffenstillstand im Nahen Osten«, S. 143-144. Arendt an Jaspers, Brief vom 4. September 1947, in: *Briefwechsel*, S. 135.

Zionismus der Kibbuz und die Hebräische Universität. »Diese beiden Einrichtungen ... unterstützten und inspirierten die nichtnationalistische, antichauvinistische Oppositionsrichtung im [sic!] Zionismus. Die Universität sollte gegenüber der partikularen Existenz des jüdischen Landes den Universalismus des Judentums repräsentieren« und die Kibbuzim »eine neue Art von Gesellschaft« aufbauen, »in der besten Tradition des Judentums.«[66] Genau diese Bewunderung von Facetten des Zionismus aber, die sich entweder als marginal erwiesen oder im Niedergang begriffen waren, führte bei ihr zu noch größerer Enttäuschung. Viele Bewunderer Israels verstanden selbst nach der Regierungsübernahme der Likud-Partei im Jahr 1977 nicht, daß der Kibbuz und sein Mythos vollkommen erledigt waren. Arendt sah dies schon mehr als zwanzig Jahre früher kommen, als sie erklärte: »Die Kibbuzim spielen überhaupt keine Rolle mehr«,[67] und gar schon dreißig Jahre zuvor, als sie einräumte, »daß die Kibbutzim [sic] für den Terrorismus [gemeint ist die Irgun, etc.] kein ernstliches Hindernis darstellen.«[68] Und auch die Hebräische Universität bedeutete kein Hindernis für die Verirrungen des Zionismus.

Das Fazit, das Hannah Arendt noch unmittelbar im Schatten der Shoah, also vor mehr als fünfzig Jahren, aus der Geschichte des Zionismus zog, ist deprimierend: Die Galut-Mentalität ist nicht überwindbar, sondern nur »transferierbar«, und der Antisemitismus ist nicht zu besiegen, er hat sich nur verlagert und wurde aus unerwarteten Quellen neu gespeist.

---

[66] Arendt, »Frieden oder Waffenstillstand im Nahen Osten«, S. 149-153.
[67] Arendt an Blücher, Brief vom 22. Oktober 1955, in: *Briefe*, S. 415.
[68] Arendt, »Es ist noch nicht zu spät«, S. 95.

IV.

Jenseits der Katastrophe

Die »Judenfrage« als »die soziale Frage«

– Zu Kontinuität und Stellenwert des Antisemitismus vor und nach dem Nationalsozialismus

Wie bequem wäre es, wenn man eine eindeutige, positive Korrelation zwischen Faschismus und Antisemitismus konstatieren könnte. Eine derartige Korrelation ist jedoch keineswegs nachzuweisen, ein Umstand, der so allgemein zum wissenschaftlichen Konsens gehört, daß in der internen jüdischen, insbesondere aber in der israelischen Antisemitismusdebatte der Faschismus von Anfang an mit einer gewissen Großzügigkeit betrachtet wurde. So verurteilte die jüdische und wiederum in erster Linie die israelische Historiographie den italienischen Faschismus nicht automatisch und pauschal, da er zunächst keine antisemitischen Züge aufwies und Juden sogar in führenden Positionen akzeptierte. Vor dem Zweiten Weltkrieg und zumal vor der Verabschiedung der »Rassengesetze« im faschistischen Italien im Jahre 1938 konnte man das italienische Faschismusmodell selbst in bestimmten radikalen Kreisen des Zionismus als nachahmenswertes Modell empfehlen.[1] Und Versuche von seiten der zionistischen Führung und der Opposition im Zionismus, mit Mussolinis Italien Kontakte aufzunehmen, dürfen im Nachhinein einmal mehr als Beweis für das Fehlen einer generellen Assoziation von Faschismus und Antisemitismus schon zu einem relativ frühen Zeitpunkt bewertet werden.

Aber auch nach der Niederlage des italienischen Faschismus wurde aus verständlichen Gründen der Unterschied zwischen italienischem und deutschem Faschismus immer wieder hervorgehoben, auch wenn man natürlich nicht umhinkam, auf die Affinität dieser beiden Formen des Faschismus hinzuweisen. Für die israelische Forschung der Nachkriegszeit mögen darüber hinaus die italienische Hilfe für die jüdische Nachkriegsauswanderung nach Palästina und andere Hilfsaktionen der Italiener zugunsten des Zionismus in der Zeit der Staatsgründung Israels Faktoren gewesen zu sein, die zusätzlich das Bewußtsein für die Unterschiede zwischen Faschismus und deutschem Nationalsozialismus im Hinblick auf den Antisemitismus geschärft und zur Großzügigkeit im Umgang mit dem Faschismus beigetragen haben. Bemerkenswert jedenfalls bleibt, daß der Antisemitismus im faschistischen Italien, die Zeit der Salo-Regierung eingeschlossen, auch und gerade von der israelischen Forschung bis in die jüngste Zeit hinein nicht ernsthaft kritisch betrachtet und untersucht wurde.[2] Zudem dürfte die Tatsache, daß das faschistische Regime Francos in Spanien vielen Juden während des Zweiten Weltkrieges – also zur gleichen Zeit, als die Nationalsozialisten die »Endlösung der Judenfrage« be-

---

[1] Zvi Kolitz, Mussolini (hebr.), Tel Aviv 1936, Einleitung, S. 6.
[2] Siehe das Schlußkapitel zu Daniel Carpi, Between Mussolini and Hitler, Hanover 1994, sowie die Einleitung zu Meir Michaelis, Mussolini and the Jews (hebr.), Jerusalem 1990, S. XII.

trieben – Asyl gewährte hatte, es Juden und Israelis weiterhin erleichtert haben, gegenüber dem Faschismus im allgemeinen eher eine nachsichtige Haltung einzunehmen.

Diese Position, die eine minder radikale Judenpolitik quasi als »mildernden Umstand« zugunsten des Faschismus aufrechnet, ist freilich zu kritisieren – letzlich gab es ja neben dem Nationalsozialismus im »Dritten Reich« eben doch zahlreiche andere faschistische Systeme mit antisemitischen Elementen wie zum Beispiel in Frankreich, Ungarn, Rumänien oder auch in Südamerika. Auf der anderen Seite kann man nicht leugnen, daß daneben faschistische Regime existierten, die sich nicht unbedingt durch eine konsequente antisemitische Politik auszeichneten. Mit anderen Worten: Es ist irreführend, das ideologische Element des Antisemitismus als alleinigen Maßstab zur Beurteilung oder Verurteilung des Faschismus pauschal heranzuziehen. Es gab ja auch etliche Regime und politische Strömungen, die keineswegs als faschistisch bezeichnet werden können und die dennoch eindeutige antisemitische Charakterzüge aufwiesen. Nicht zuletzt geht es bei diesem Fragenkomplex also um eine adäquate Definition des Faschismusbegriffes. Und aus diesem Grunde ist es eben außerordentlich schwierig, zu einer eindeutigen prinzipiellen Antwort auf Frage nach der Korrelation von Faschismus und Antisemitismus zu gelangen. Im folgenden soll daher davon ausgegangen werden, daß Faschismus eher durch die Struktur des Herrschaftssystems als durch Ideologie definiert wird, so daß im vorliegenden Kontext der Frage nach Kontinuität und Stellenwert des Antisemitismus vor und nach 1945 das Problem einer ideologischen Definition des Faschismus weitgehend erspart bleibt.[3]

Losgelöst von der Faschismusfrage im engeren Sinne rücken nun insbesondere zwei Fragen in den Mittelpunkt der Darstellung: Wie konnte der Antisemitismus bis 1945 eine so ausgesprochen prominente politische und gesellschaftliche Position und Funktion, und zwar sowohl im Faschismus und in den faschistischen Regimen als auch in anderen Systemen politischer Machtausübung, erlangen? Und weshalb ist es nach 1945 zu einem grundsätzlichen Wandel des Stellenwerts antisemitischer Politik und Ideologie gekommen?

Ausgangspunkt dieser Fragen ist die Beobachtung, daß der Antisemitismus nach dem Zweiten Weltkrieg und der Niederlage von Faschismus und Nationalsozialismus im Vergleich zur Vorkriegszeit erheblich an Bedeutung und Anziehungskraft einbüßte. Läßt sich dieser Wandel des Stellenwerts des Antisemitismus allein mit der Diskreditierung des Faschismus bzw. des Nationalsozialismus in Weltkrieg und »Endlösung« erklären oder bedarf es nicht eher einer über diesen Aspekt hinausgehenden Begründung, um dem Sachverhalt als solchem gerecht zu werden?

Eine derartig weiterführende Erklärung für den Kontinuitätsbruch im Antisemitismus – darauf weist die Geschichte des Antisemitismus vor und während des Zeitalters des Faschismus hin – verbirgt sich vorrangig in der Iden-

---

[3] Siehe Hans Mommsen, »Die NSDAP: Typus und Profil einer faschistischen Partei«, in: Christof Dipper, Rainer Hudemann, Jens Petersen (Hg.) Faschismus und Faschismen im Vergleich. Wolfgang Schieder zum 60. Geburtstag, Vierow bei Greifswald 1998, 23-35.

tifizierung der sogenannten »Judenfrage« mit der »sozialen« oder auch der »nationalen Frage«. Gesellschaften, die in der »Lösung der Judenfrage« den Schlüssel zur Lösung der – je nach ihren Vorstellungen definierten – »sozialen oder nationalen Frage« fanden, räumten dem Antisemitismus natürlich insgesamt eine höhere Priorität ein als Gesellschaften, in denen diese Gleichsetzung nicht oder in geringerem Umfange erfolgt war. Im Laufe des 19. Jahrhunderts hatte sich die Identifizierung der beiden »Fragen« intensiviert und einen immer breiteren Zuspruch gefunden, bis sie ihren Höhepunkt im »Zeitalter des Faschismus« erreichte, als der Nationalsozialismus den Antisemitismus in präzedenzloser Konsequenz aufwertete und mit ungeahnter Radikalität zur Regierungspolitik erhob. Zunächst ergibt sich hier also ein chronologischer Zusammenhang zwischen der Geschichte des Faschismus und des Antisemitismus bis 1945, der in paradoxer Weise dann sogar nach 1945 fortzubestehen schien. So konnte Hannah Arendt 1945 prognostizieren, daß »in Europa [...] die Chancen für eine faschistische internationale Organisation« sehr gut stünden und dabei die »antijüdische Propaganda [...] mit Sicherheit einer der Hauptanziehungspunkte des Faschismus bleiben« werde. Aus ihrer Warte im Jahr 1945 mag Arendt recht gehabt haben. Aus der Perspektive unserer Gegenwart erweist sich ihre Prognose jedoch eher als »falscher Alarm«, denn – und das ist ja der Kern unserer These – der Stellenwert des Antisemitismus in der Weltordnung der zweiten Hälfte des 20. Jahrhundert hat sich tatsächlich entscheidend gewandelt.[4] Daß der Bedeutungsverlust des Faschismus über den chronologischen Zusammenhang hinaus mit dem Schwinden des Antisemitismus in einem kausalen Zusammenhang stehe, ist nicht nachzuweisen.

Der Begriff »Antisemitismus« tauchte, wie bereits in Kapitel I.2 erwähnt, erstmals 1879 auf, das Phänomen des »Judenhasses« ist dagegen seit der Antike bekannt. Der relativ junge Begriff wurde im Rahmen des Versuchs geprägt, eine neue Begründung für die antijüdische Haltung innerhalb einer modernen Gesellschaft anzubieten und eine Basis für den Zusammenhang der »Judenfrage« mit der Problematik moderner Gesellschaften zu legen. Unter dem populären Einfluß der Naturwissenschaften griff man zu einer Erklärung aus dem Bereich der »Rassenlehre« – der Antisemitismus sollte die religiös fundierte Judenfeindschaft der Antike und des Mittelalters ablösen oder wenigstens ergänzen. Entscheidendes Element dieses sich fortan »Antisemitismus« nennenden Judenhasses war jedoch nicht eigentlich der theoretische Rassismus, sondern letztlich die dabei stets zumindest implizit vorhandene Gleichsetzung von »Judenfrage« und »nationaler Frage«, von »Judenfrage« und »sozialer Frage«. Aber auch dies war bei genauer Betrachtung kein völlig neuer Ansatz: Selbst im Mittelalter und in der frühen Neuzeit, als die »Judenfrage« noch umfassend als religiöse Frage formuliert wurde, verbargen sich hinter

---

[4] Hannah Arendt machte hier m.E. einen doppelten Fehler. Erstens behauptete sie kurz nach dem Ende des Krieges, daß der Antisemitismus »eines der wichtigsten Prinzipien faschistischer politischer Organisation« war und blieb, und daß vor allem das Fortbestehen des Antisemitismus nach 1945 der Beweis dafür sei, daß der Faschismus nicht »für erledigt gehalten« werden dürfe. – Vgl. Hannah Arendt, »Antisemitismus und faschistische Internationale 1945«, in: dies., Israel, Palästina und der Antisemitismus, Berlin 1991, S. 96-107, hier S. 96ff.

den religiös begründeten judenfeindlichen Klischees, Verordnungen und Ausschreitungen sozioökonomische Erwägungen, so daß Veränderungen in der Intensität antijüdischer Stimmung und Politik eben nicht allein mit einem schwankenden christlichen oder muslimischen Glaubenseifer erklärt werden können, sondern vielmehr in sozioökonomischen Ursachen ihren eigentlichen Grund fanden.

Mit der Emanzipation der Juden und anderer Gruppen der westlichen Gesellschaften im 19. Jahrhundert verlor die religiös judenfeindliche Argumentation in ihrer traditionellen Form an Gewicht. Dagegen konnte die von Vorurteilen abgeleitete Kritik an der sozioökonomischen Rolle der Juden weiterhin als Nährboden für antijüdische, aber auch für allgemeine, gegen das Establishment gerichtete Sentiments und Anschuldigungen dienen, die im Zeitalter der Industrialisierung und des Kapitalismus eben schlechthin unter den Deckmantel der »sozialen Frage« gestellt wurden. Angebliche Rassenunterschiede wurden herangezogen, um jenseits der alten, nicht mehr greifenden religiösen Unterschiede den Charakter und die Genese der »sozialen Frage« zu erklären. So konnte die Verknüpfung von Modernisierung, Verwissenschaftlichung, Industrialisierung und Demokratisierung zusammen mit der Angst vor diesen Phänomenen letztlich in eine Formel münden, die die »Judenfrage« mit der »sozialen Frage« gleichsetzte, und somit den alten Judenhaß durch die Verbindung mit dem Problem der »sozialen Frage« und seiner Lösung revitalisieren.

Diese Kombination verlieh dem Antisemitismus in der Folge seine politische und gesellschaftliche Kraft und rückte die Diskussion um die »Judenfrage« und die Judenemanzipation für bestimmte Sektoren der Gesellschaft in den Mittelpunkt: Um die »soziale und nationale Frage« drehte sich die öffentlich-politische Diskussion bis in die Zeit unmittelbar nach dem Zweiten Weltkrieg. Die Juden – eine angeblich naturwissenschaftlich definierbare Gruppierung – als Zerstörer der gesellschaftlichen Harmonie, als »Zersetzer« des Volkes oder des sozialen Gewebes darzustellen, schien für eine beträchtliche Anzahl von Menschen der Schlüssel zur Lösung der »sozialen und nationalen Frage« zu sein. Aus eben diesem Grund erklärt sich nun die *rückläufige Bedeutung des Antisemitismus nach dem Zweiten Weltkrieg*: Dort, wo die Klassengesellschaft ihre inneren Spannungen zum großen Teil entschärfen und den romantischen Nationalismus abschwächen konnte, wo Begriffe wie Klassenkampf, Proletarisierung und andere keine reale Grundlage mehr besaßen, dort, wo es nicht mehr um die Angst der »alten Stände« vor dem »industriellen Zeitalter« ging, wo die Säkularisierung voranschritt und Juden im Vergleich zu anderen Minderheiten an Gewicht und vor allem an Auffälligkeit verloren, änderte sich zunächst die »soziale Frage« als solche und damit der Stellenwert der »Judenfrage« in diesem Kontext – sie verlor bei neugegründeten sozialen Verhältnissen einfach erheblich an Bedeutung. Dieser Prozeß des Wandels der »sozialen Frage« und in diesem Zuge der »Judenfrage« wurde durch die Wahrnehmung und Verinnerlichung der katastrophalen Folgen der nationalsozialistischen Judenpolitik noch beschleunigt. Der Faschismus als solcher spielte aber angesichts der genannten Umstände sowohl beim Aufstieg als auch beim

Niedergang des Antisemitismus nur eine sekundäre Rolle und hatte zudem für die Entwicklung des Antisemitismus außerhalb der europäischen und christlichen Welt prinzipiell keine Bedeutung.

Daß der Antisemitismus nach dem Zweiten Weltkrieg an Intensität verlor, wird allgemein zugegeben. Darüber hinaus »vermißt« man aber in jüdischen Kreisen – vor allem in Israel – sogar bisweilen seine angeblich »positive« Wirkung: Dies belegt zum Beispiel eine typische Aussage eines israelischen Oberrabbiners in den frühen 1990er Jahren, nach der die Assimilationsgefahr für das jüdische Volk in den verschiedenen Ländern der Diaspora infolge des Rückgangs des Antisemitismus gestiegen sei. Hier kann man sich kaum dem Eindruck entziehen, es werde geradezu eine höhere Dosis diese anti-assimilatorischen Mittels herbeigewünscht, um das jüdische Volk vor dem Untergang durch Assimilation zu bewahren. Damit erklärt sich die häufig anzutreffende Überbewertung und Überbetonung des Antisemitismus im gegenwärtigen jüdischen und israelischen Diskurs sowie in der israelischen Politik.

Jede Erörterung hat mit dem Begriff »Antisemitismus« bzw. mit der Bezeichung »antisemitisch« äußerst sorgsam und vorsichtig umzugehen. Es existieren mindestens drei unterschiedliche Ebenen antisemitischen Verhaltens: 1) das Vorhandensein und der Gebrauch von stereotypen Vorstellungen wie »alle Juden sind reich oder haben Plattfüße«; 2) die Schaffung einer sozialen Distanz bzw. das Vorhandensein sozialer Abneigung wie die Ablehnung des sozialen Umgangs mit Juden oder deren Diskriminierung im öffentlichen Dienst; und 3) politische Aktivitäten und Maßnahmen wie diskriminierende Gesetzgebung oder kollektive Vetreibung.[5] Auf jeder dieser Ebenen kann eine einfache oder radikale Art von Antisemitismus auftreten. Daß der Nationalsozialismus sich auf allen Ebenen zu präzedenzloser Radikalität entwickelte, führte bisweilen auch in der historischen Forschung, vor allem aber in der populären Retrospektive, zu einer Identifizierung des Antisemitismus allein mit dieser extremen Entwicklung des Phänomens: Entrechtung, Vertreibung, Ghettoisierung, eine Kette, an deren Ende konsequenterweise Auschwitz stand. Eine systematische Behandlung des Themas sollte jdoch auf allen Ebenen chronologisch und topographisch in komparativer Weise vorgehen, um überhaupt eine verantwortliche und zulässige Antwort auf die Frage nach Aufstieg und Niedergang oder Kontinuität des Antisemitismus zu finden.

Die akzeptierte These einer rückläufgien Tendenz des Antisemitismus nach 1945 wird in ihrer Richtigkeit bestätigt, wenn nachzuweisen ist, daß a) im Vergleich zu vorangehenden Zeiten nach 1945 die gesellchaftliche und politische Neigung zum Antisemitismus abnimmt und b) Juden im Vergleich zu anderen diskriminierten Gruppen nach 1945 auf der Skala der Diskriminierung niedriger eingestuft werden als zuvor. Dabei ist es nicht unbedingt erforderlich, daß sich dieser Rückgang auf allen drei genannten Ebenen antisemitischen Verhaltens gleichzeitig bemerkbar macht: Stereotypen müssen nicht gänzlich verschwinden, um eine Abnahme sozialer Distanz oder die Ablehnung einer

---

[5] Vgl. Werner Bergmann, Rainer Erb, Antisemitismus in der Bundesrepublik Deutschland 1946-1989, Opladen 1991, S. 50-57.

antisemitischen Politik zu gewährleisten. Entsprechend kann man für die Zeit nach 1945 feststellen, daß vor allem im Bereich der Politik in Deutschland, in Europa und in der westlichen Welt überhaupt, aber auch in Osteuropa, der Antisemitismus an Bedeutung verloren hatte und daß sich im Vergleich zu anderen diskriminierten oder unterpriviligierten Gruppen wie zum Beispiel »Ausländern« der Status von Juden weitgehend verbessert hat. Stereotypes Denken gegen Juden ist damit nicht verschwunden. Es ist jedoch weniger präsent und motiviert im gesellschaftlichen oder im politischen Kontext eher selten zum Handeln. Die Lehren des Zweiten Weltkriegs, die demographischen Folgen der Shoah, noch stärker aber die sozialen und politischen Umwälzungen in der westlichen Welt führten zu einem Wandel des Stellenwerts der Juden und des Antisemitimus im Weltbild und in der Politik dieser Gesellschaften. In einer Zeit, in der die »soziale Frage« und die »nationale Frage« nicht mehr als Synonyme für die »Judenfrage« instrumentalisierbar waren, mußten »Judenfrage« und antisemitische Argumentation an Brisanz und Relevanz verlieren.

Neben dem chronologischen Zusammenhang zwischen der Niederlage des Faschismus und des Nationalsozialismus und dem Rückgang des Antisemitismus aus Gründen des Wandels der sozialen Verhältnisse tritt der Zusammenhang zwischen dem Rückzug der sozialistischen Ideologie als einer adäquaten Antwort auf die »soziale Frage« und der Abwertung des Antisemitismus als deren relevante Lösung. In der Epoche des aufsteigenden Sozialismus war dieser als Antwort auf die »soziale Frage« mit dem Antisemitismus in Konkurrenz getreten (so zum Beispiel Stoecker in Deutschland oder Schönerer in Österreich). Als jedoch nach dem Zweiten Weltkrieg die »soziale Frage« bzw. die »nationale Frage« neue Konturen erhielt, waren fortan weder der klassische, marxistische Sozialismus noch der mit ihm dialektisch verbundene Antisemitismus als Lösung relevant.

Schon vor der Vollendung der industriellen Revolution war die Diskussion um »die soziale Frage« in vollem Gange. Bruno Bauer und Karl Marx, aber auch andere frühe Sozialisten hatten die »Judenfrage« als zentrales Thema der Sozialkritik behandelt.[6] Vor allem Marx hatte die »Judenfrage« als Element der neuen sozialen Frage im Kontext der Verbürgerlichung und des Kapitalismus verstanden und war dabei sogar in die Gefahr geraten, die »Judenfrage« oder »Judentumfrage« der »sozialen Frage« gleichzustellen, als er im letzten Satz seiner Schrift *Zur Judenfrage* schrieb: »Die gesellschaftliche Emanzipation der Juden ist die Emanzipation der Gesellschaft vom Judentum.« Doch für Marx und die Marxisten blieb schließlich die »Judenfrage« nur *ein* Element der »sozialen Frage« oder ging völlig in der allgemeinen »sozialen Frage« auf und unter. Für die Antisemiten dagegen, die mit dem marxistischen Sozialismus konkurrierten, war die »Judenfrage« zum Grundpfeiler der »sozialen Frage« und ihrer Lösung geworden: »Die Judenfrage steht über den politischen Parteien, sie ist eine nationale Frage [...] alle sind von den Juden

---

[6] Bruno Bauer, Zur Judenfrage, Braunschweig 1843; Karl Marx, Zur Judenfrage, in: Deutsch-Französische Jahrbücher 1844.

bedroht«, meinte Böckel.[7] Und Glagau war der Ansicht, die »soziale Frage ist die Judenfrage. [...] Los von den Juden, und die soziale Frage ist gelöst!«[8] Diese Anschauung vertrat der organisierte Antisemitismus seit dem letzten Viertel des 19. Jahrhunderts. Die sich verschärfenden Auseinandersetzungen zwischen alter und neuer Gesellschaft, zwischen Sozialismus und Sozialismusgegnern bis zum Zweiten Weltkrieg verliehen dieser Ansicht ihre Glaubhaftigkeit und garantierten somit eine breite Unterstützung in der Bevölkerung. Das war nicht nur in Deutschland so, sondern auch in Frankreich oder Rußland, aber auch in den liberalen Gesellschaften Englands[9] oder der Vereinigten Staaten.[10] Mit der Neuformulierung der »sozialen Frage« nach 1945 – die im Zuge der Globalisierung von einer Verschiebung des geographischen Akzents fort von Europa begleitet wurde – verloren altvertraute Antworten insgesamt an Relevanz. Der »Kalte Krieg«, d.h. die globale Auseinandersetzung zwischen dem Sozialismus und seinen Gegnern, hat diesen Prozeß etwas verlangsamen, nicht aber aufhalten könnten.

Zu den neuen Konturen der Weltordnung nach 1945 gehört nun natürlich auch die Entstehung des Staates Israel, d.h. die Realisierung der nationalen »Lösung der Judenfrage«, und die damit einhergehende Entstehung einer neuen Art von Antisemitismus in der Form des Antizionismus. Beide Begriffe sind allerdings keineswegs synonym.

Daß der Antisemitismus als eine Antwort auf die sogenannte »soziale« bzw. »nationale Frage« des 19. Jahrhunderts begriffen werden konnte, betonten Antisemiten und ihre Gegner gleichermaßen. So bildete der Antisemitismus zum Beispiel für Wilhelm Marr, den Gründer der ersten sich »antisemitisch« nennenden Vereinigung (1879), zunächst die Antwort auf die »soziale« und »nationale« – also deutsche – Frage schlechthin. Erst in einer späteren Phase erkannte Marr, daß die »soziale Frage« nicht mit der »Judenfrage« identisch ist. *Deshalb* distanzierte er sich vom Antisemitismus.[11] Theodor Herzl, der Gründer der Zionistischen Organisation (1897), glaubte, die »Judenfrage« sei ein Teil der »sozialen Frage« in dem Sinne, daß der Antisemitismus die Juden zum Sozialismus zwinge, sie also dazu bewege, als diskriminierte Gruppe die Revolution zu suchen und am »Umsturz« teilzunehmen.[12] Der jüdische Nationalismus, der Zionismus, sollte ein Beitrag zur Lösung der nationalen Frage Europas und der »nationalen Frage« der Juden gleichermaßen sein, aber auch ein Beitrag zur Lösung der »sozialen Frage« in allen Ländern, in denen Juden lebten.

Natürlich war auch Herzls Vorstellung nach 1945 weitgehend überholt. Der 1948 gegründete Judenstaat wurde zur Antwort auf eine andere Form der »Judenfrage«. Auch die Relation von »Frage« und »Lösung« wurde erheblich verschoben: die Verlagerung der »Judenfrage« in den Nahen Osten erzeugte ein neues Ambiente für den Antisemitismus.

In Westeuropa konnte vor hundert Jahren der Antisemitismus sich zum Angelpunkt der Diskussion um die »nationale und soziale Frage« zwischen »Ra-

---

[7] Otto Böckel, Die Juden, die Könige unserer Zeit, Marburg 1892, S. 3.
[8] Zitiert nach Hellmut von Gerlach, Von Rechts nach Links, Hildesheim 1978 (Nachdruck Zürich 1937), S. 111.

dikalen« und »Konservativen« entwickeln, wie die Dreyfussaffäre in Frankreich zeigte. In Rußland wurde er infolge der Pogrome nach der Ermordung Alexanders II. im Jahre 1881 zum wesentlichen Element in der Auseinandersetzung zwischen »Revolutionären«, »Reformisten« und »Reaktionären«. Nach dem Ersten Weltkrieg führte dann die Radikalisierung der »sozialen und nationalen Frage« hier konsequenterweise auch zu einer Radikalisierung der Haltungen zur »Judenfrage«. Dort, wo nationale Gefühle unbefriedigt blieben und die Fundamente der Gesellschaft durch Revolution bedroht waren, konnte sich die Gleichsetzung der »Judenfrage« mit der »sozialen Frage« tiefer verankern und in der Folge eine antisemitische Politik entfalten. Daß dies keine prädestinierte und unvermeidliche Entwicklung war, zeigen einerseits die Geschichte des italienischen Faschismus, für den die Formel wenig relevant war, andererseits aber auch die Wirklichkeit in der Sowjetunion, wo die Revolution die »Judenfrage« nicht automatisch in den Hintergrund treten ließ.

Das eindeutigste Beispiel für den Erfolg der Gleichsetzung von »Judenfrage« und »sozialer Frage« war das nationalsozialistische Deutschland, d.h. der deutsche Faschismus. Es »wurde ein europäisches Zeitalter (1789) im Zeichen des Juden angetreten und im Zeichen des Juden (1933) beendet«, bemerkte der im Nationalsozialismus für die Geschichte der »Judenfrage« zuständige Historiker.[13] Typisch für die revisionistische Historiographie über den Nationalsozialismus in den letzten zwei Jahrzehnten des 20. Jahrhunderts war der Versuch, diesen Zusammenhang zu ignorieren. So marginalisierte Zitelmann die »Judenfrage« in seiner Analyse des Revolutionärs Hitler und löste zwei Hauptelemente seiner Hitlerexegese voneinander: Hitlers Verständnis der sozialen Frage und Hitlers Haltung »zum Juden« als ubiquitäres »negatives Vorbild«. Die These vom bewußten Modernisator Hitler, der sich für die Lösung der sozialen Frage einsetzte, kann nur dann ein positives Element des Nationalsozialismus bezeichnen – und das war sehr wahrscheinlich die provokative Absicht Zitelmanns –, wenn die altvertraute Formel der Antisemiten von der Gleichsetzung der »Judenfrage« mit der »sozialen Frage« übersehen wird.[14] Eine Darstellung, die, ohne die Juden zu erwähnen, die »Lösung der sozialen Frage« in der Schaffung der »Volksgemeinschaft« sieht, ist unakzeptabel. Gerade das, was Hitler in dieser Hinsicht seinem Publikum vortrug, zeigte, daß er hier in der Tradition von Stoecker, Marr und anderen stand: »Bahn frei von den Juden« heißt es bei ihm im Zusammenhang der Analyse des sozialen und nationalen Problems.[15] Und weiter: »[...] ich lernte dort [in Wien – M.Z.] drei

---

[9] Tony Kushner, The Resistance of Prejudice. Antisemitism in British Society during the Second World War, Manchester 1989.
[10] Leonard Dinnerstein, Antisemitism in America, New York 1994, S. 35-149.
[11] Vgl. Moshe Zimmermann, Wilhelm Marr – The Patriarch of Antisemitism, New York 1986.
[12] Theodor Herzl, Der Judenstaat, Wien 1896.
[13] Wilhelm Grau, Die Judenfrage in der deutschen Geschichte, Leipzig Berlin 1937, S. 31.
[14] Rainer Zitelmann, Hitler. Selbstverständnis eines Revolutionärs, Stuttgart 1989, S. 17, 21, 81 sowie S. 116-122.
[15] Rede »Judenparadies oder deutscher Volksstaat?« vom 27.4.1923, in: Ernst Boepple (Hg.), Adolf Hitlers Reden, München 1934, S. 62.

bedeutsame Fragen studieren und beobachten: *die soziale Frage*, das Rassenproblem und endlich die marxistische Bewegung. Ich ging von Wien weg als *absoluter Antisemit* [Hervorhebung – M.Z.].«[16] Die Gleichsetzungsformel hatte Hitler verinnerlicht, er konnte sie effektiv an seine Zuhörer weiterleiten. Sie war auf dem Weg zur »Machtergreifung« ebenso wirkmächtig wie als konstitutives Element des »Dritten Reiches« in den »Friedensjahren« und als Rechtfertigung für die »Endlösung«.

Wie bereits erwähnt, war die extreme, unter dem Nationalsozialismus ans Licht getretene Konsequenz dieser Formel ein wichtiger Grund auch zur Neubewertung der »sozialen Frage« nach 1945 und damit zur Revision der antisemitischen Argumentation. Reue allein hätte diese Wende nicht bewirken können. Letzlich waren es die gewandelten sozialen Strukturen in der zweiten Hälfte ds 20. Jahrhunderts, die die Gleichsetzungsformel unplausibel machten.

In welcher Form fand sich die Historiographie im Lande Israel, also im zionistischen Zufluchtsort der verfolgten Juden, mit dem Verschwinden dieser Formel ab – eine Historiographie, die einerseits den Antisemitismus als Schicksal der Juden in der Diaspora, andererseits die Shoah als einmaliges, einzigartiges Geschehen und zugleich als Rechtfertigung für die Existenz des Staates Israel begreift?

Die wichtigsten Historiker der Kriegsgeneration in Israel, die auch Experten für die Geschichte des Antisemitismus waren, bemühten sich 20 Jahre nach der Staatsgründung um eine zeitgemäße Anwort. Shmuel Ettinger, die zentrale Autorität in Antisemitismusfragen, hielt, wie bereits erwähnt, den konstanten jüdischen Stereotyp der europäischen Gesellschaft für den Schlüssel des fortwährenden Andauerns des Antisemitismus vor und nach 1945. Aber selbst Ettinger mußte zugeben, daß dieses Stereotyp im Westen seit 1945 nicht nur deaktiviert, sondern auch regelrecht abgeschwächt und relativ marginalisiert worden war. Indirekt ging auch Ettinger davon aus, daß jenseits des Stereotyps die Formel der Gleichsetzung beider Fragen relevant ist: In Europa schwächte sich der Antisemitismus ab, eben weil die »soziale Frage« neu formuliert worden war oder mindestens weil die Shoah den Antisemitismus unrespektabel gemacht hatte. Dem schloß sich der Historiker Katz an, der als Sozialhistoriker den Versuch, die »Judenfrage« als Blitzableiter für die soziale Frage in Krisenzeiten zu benutzen, nur zu gut kannte und daher vor dem Stereotyp-Fatalismus Ettingers warnte. Ganz ähnlich nannte auch der Sozialhistoriker Toury den Antisemitismus eben aus diesem Grunde ein »ideologisches Surrogat«. Alle diese Historiker gingen demnach davon aus, daß der Antisemitismus nach 1945 für die in der Vergangenheit stark antisemitischen Gesellschaften zunehmend an Relevanz verlor.

Seit den sechziger Jahren konnten nur äußerst doktrinäre, zionistische Historiker an dem alten Glauben festhalten, nach dem allein das Vorhandensein der Diaspora (*Galut*) den Antisemitismus erklären könne. In der oben erwähnten Diskussion äußerten sich u. a. der frühere Erziehungminister Ben Zion

---

[16] Hitler am 26.2.1924 vor Gericht, in: Boepple, Reden, S. 96.

Dinur und der damalige Staatspräsident Salman Shazar in diesem Sinne. Wenn sich am Antisemitismus nach 1945 etwas zum Positiven verändert habe, meinte dagegen Ettinger, so sei es nicht dem Zionismus – der Negation der *Galut* – und dem Staat Israel zu verdanken. Der Zionismus habe es entgegen seinem eigenen Programm nicht erreicht, den Antisemitismus und das jüdische Stereotyp zu überwinden. Es habe sich vielmehr, so betonte Ettinger, der arabische Antisemitismus als Ausläufer der allgemeinen antisemitischen Tradition entwickeln können. Noch deutlicher hat es der Experte für arabische Geschichte Harkabi zum Ausdruck gebracht: »Das Zentrum des Antisemitismus wanderte in die arabischen Staaten aus«, allerdings mehr unter französischem als deutschem Einfluß.[17] Was als gegen Israel gerichtete Haltung der Araber begann, wurde zum arabischen bzw. muslimischen Antisemitismus.[18]

Mit anderen Worten: Der Zionismus spielte für die Verringerung des Stellenwertes des Antisemitismus in Europa nur eine marginale Rolle. Statt dessen war er im Nahen Osten für eine unerwartete Ausbreitung des Antisemitismus ausschlaggebend, eben weil er für die soziale und nationale Frage in dieser Region zum zentralen Faktor wurde. Wäre der Antisemitismus nur vom jüdischen Stereotyp abhängig, so hätte man für die Zeit nach 1945 keine Änderung der Verhältnisse erwarten dürfen. Wäre der Antisemitismus allein die Folge der *Galut*, dann hätte der Staat Israel das Problem weitgehend gelöst. Daß beides sich zumindest als unzureichend erweist, muß den Beobachter zurück zur besagten Formel führen: Was sich hier wie dort geändert hatte, war die Relevanz der »Judenfrage« für die jeweilige »soziale und nationale Frage«. Angesichts dessen bleibt traditionellen zionistischen Historikern zur Vermeidung dieser Schlußfolgerung theoretisch nur der Ausweg, die jüdische Gemeinschaft in Israel ebenfalls als Diaspora zu verstehen.

Ergebnisse einer dies bezüglichen Umfrage zeigen, daß in der israelisch-jüdischen Öffentlichkeit der Rückgang des Antisemitismus außerhalb der Region allgemein nicht wahrgenommen wird – übrigens ein Erfolg der Sozialisation im Lande: Etwa 90 Prozent der jüdischen Israelis glauben, daß das Leben der Juden in Deutschland, Frankreich und den Ländern der ehemaligen Sowjetunion weiterhin durch Antisemitismus gefährdet ist; 66 Prozent behaupten, die Lösung dieses Problems müsse die Auswanderung nach Israel sein.[19] Ebensowenig berücksichtigen Israelis die paradoxe Entwicklung, daß Juden in der Diaspora praktisch zu Geiseln des arabisch-israelischen bzw. muslimisch-israelischen Konfliktes und seiner antisemitischen Folgen geworden sind, statt durch den Zionismus gegen Antisemitismus geschützt zu sein. Das haben französische Juden gespürt, als jüdische Einrichtungen in Paris explodierten, Juden in Buenos Aires waren betroffen, als das jüdische Gemeindehaus Ziel eines Sprengstoffattentats wurde.

---

[17] Die gesamte Diskussion in: Shmuel Ettinger, Bestand und Wandel im zeitgenössischen Antisemitismus (hebr.), Jerusalem 1968.
[18] Vgl. Rivka Yadlin, An Arrogant Oppressive Spirit. Anti-Zionism as Anti-Judaism in Egypt, Jerualem 1989.
[19] Shlomit Levy, Israeli Perceptions of Antisemitism, Jerusalem, 1996, S. 27-29.

Angesichts der Zielsetzung des Zionismus – Überwindung des Antisemitismus durch Auswanderung nach Israel – muß der Import des Antisemitismus in den Nahen Osten als ein klarer Mißerfolg gewertet werden, während man eher mit Blick auf die Verhältnisse außerhalb Israels relative Erfolge bei der Überwindung des Antisemitismus verzeichnen kann. Ohne Israel, so kann man vermuten, wäre der Rückgang des Antisemitismus vielleicht noch offensichtlicher, nicht umgekehrt.

Vor allem die Vereinigten Staaten von Amerika scheinen unsere Grundthese zu bestätigen. Hier war es zu keiner Massenvertreibung oder -ermordung von Juden gekommen, aber die Verbindung zur »sozialen Frage« war allzu deutlich. Daß es in den Kreisen der Populisten in den USA oder in der dortigen neuen industriellen Oberschicht zur Verbreitung von antisemitischen Anschauungen und zur Praxis sozialer Diskriminierung von Juden kommen konnte, erklärt sich ohne Zweifel durch die vorgenommene Identifizierung der »Judenfrage« mit der »sozialen oder nationalen Frage«.[20] Bereits die während des Bürgerkrieges 1862 erlassene Verordnung Nr. 11 General Grants, mit der Juden aus seinem Militärverwaltungsgebiet vertrieben wurden, wies auf einen derartigen Zusammenhang hin. Doch ist gerade der Unterschied zwischen den europäischen Gesellschaften und der amerikanischen Gesellschaft, der der Abschied von vielen ursprünglich europäischen Traditionen früh gelungen war, eine Erklärung für die Marginalität der Formel »Judenfrage gleich soziale Frage« und somit für die relative Schwäche des politischen Antisemitismus in den USA. Mit Recht betonte Hannah Arendt, daß die Bedeutung des Antisemitismus nicht nur mit gesellschaftlicher Diskriminierung verbunden sein kann: In Deutschland wurden Juden gesellschaftlich weniger diskriminiert als in den USA, aber zur politischen Bewegung entwickelte sich der amerikanische Antisemitismus dennoch nicht.[21] Daß die liberale Verfassung dabei eine wesentliche Rolle spielte, darf in unserem Rahmen nicht unerwähnt bleiben. Relevanter aber war die unterschiedliche *Plausibilität* der Gleichsetzung von »Judenfrage« und »sozialer Frage« vor dem Hintergrund der doch erheblich voneinander differierenden sozioökonomischen Umstände und der dominanten Kulturtraditionen beider Gesellschaften, auch wenn sich der Antisemitismus in Amerika gleichzeitig mit dem Antisemitismus in West- und Osteuropa seit Ende der siebziger Jahre des 19. Jahrhunderts verbreitete. In Amerika war die Verknüpfung beider Fragen schon vor 1945 weniger wahrscheinlich als in Europa. Nach 1945 wurde die unsere These stützende Tendenz immer deutlicher; der Antisemitismus hat im Laufe der Zeit in den USA abgenommen bzw. an Relevanz verloren. »In the most visible areas of society, antisemitism is simply a non-factor«, faßte es Leonard Dinnerstein zusammen – der Antisemitismus hat keine soziale oder politische Kraft.[22] Im Jahre 1991 be-

---

[20] Dinnerstein, Antisemitism in America, S. 40: »Jews must be excluded from all first class society.« – Bei den Populisten galten Juden als »non-producer« und wuden zum Angriffsziel des »anti-bankism«; ebd., S. 49.
[21] Arendt, Antisemitismus, S. 95-96.
[22] Dinnerstein, Antisemitism in America, S. 243, 248.

merkte eine Studie des American Jewish Committee: »Anti-jewish attitudes are at historic lows.«[23] Der Antisemitismus verschwand nicht in den fünfziger und sechziger Jahren des 20. Jahrhunderts, aber er büßte seine Primatposition ein. Als Minderheit verloren Juden ihre besondere Bedeutung, und selbst im Kontext der anti-kommunistischen Kampagnen in den 1950er Jahren (Rosenberg-Prozeß) wurde der Antisemitismus kaum funktionalisiert. Für die »soziale Frage« wurden Juden immer weniger relevant. Nicht zuletzt die *civil rights*-Reform der 1960er Jahre hat hierzu ihren Beitrag geleistet. Nur für andere Minderheiten – in erster Linie natürlich die farbige Bevölkerung – scheint die Korrelation zwischen »Judenfrage« und ihrer Perzeption der »sozialen Frage« nicht an Brisanz zu verlieren.

Der Antisemitismus galt in Osteuropa im 19. und 20. Jahrhundert im Vergleich zu den Vereinigten Staaten als besonders verbreitet. Emigration nach Amerika und Palästina war nicht zuletzt die Folge antisemitischen Drucks. Häufig wird in diesem Zusammenhang auch die Meinung vertreten, die in Osteuropa verbreitete Bereitschaft, dem nationalsozialistischen Regime bei der Ausführung der »Endlösung« zu helfen, habe das Bild vom antisemitischen Osteuropa bestätigt. Hinter dem eisernen Vorhang wollte man auch nach 1945 klare Zeichen für die Fortsetzung antisemitischer Traditionen erkennen, eine Kontinuität, auf die in der oben erwähnten Diskussion der israelischen Historiker schon 1968 wiederholt aufmerksam gemacht wurde. Daher war es nur konsequent, wenn man in der Folge des – bisweilen mit faschistischen Zügen – erneut aufflammenden Nationalismus in Osteuropa nach 1989 eine Welle des Antisemitismus befürchtete. In den Jahren der Auflösung der Sowjetunion 1990-1992 wurden Pogrome erwartet, und die allgemeine Aufmerksamkeit richtete sich auf die antisemitische Organisation *Pamiat*. Man versuchte, nicht nur auf das antisemitische Potential aufmerksam zu machen, sondern auch die Querverbindung zwischen dem Einfluß der deutschen Besatzung der Jahre 1941-1944, den faschistischen und nationalistischen, aber auch den anti-zionistischen Tendenzen in der ehemaligen Sowjetunion und der Gefahr des erneuten Aufflackerns des Antisemitismus herzustellen.[24] Doch letztlich hat sich herausgestellt, daß nicht nur bereits im Kommunismus, sondern auch im Post-Kommunismus die Gleichsetzung der »Judenfrage« mit der »sozialen und nationalen Frage« nicht mehr attraktiv war. Im Nachhinein scheint vor allem im Hinblick auf Rußland, weniger vielleicht für die Ukraine oder Weißrußland, dieser Alarm übertrieben gewesen zu sein.

Die einfache Formel »Antisemitismus beruht auf Faschismus« kann im Zeitalter der Privatisierung wenig erklären. Nur wenn man ignoriert, daß auch in Osteuropa die »Judenfrage« als Mittel zur Lösung der »sozialen und nationalen

---

[23] Dinnerstein, Antisemitism in America, S. 229.
[24] Zum Beispiel: Vladimir Nosenko, »The Upsurge of Antisemitism in the Soviet Union in the Years of Perestroika«, in: The Vidal Sassoon Center for the Study of Antisemitism (Hg.), The Danger of Antisemitism in Central and Eastern Europe in the Wake of 1989-1990, Jerusalem 1991, S. 83/93. »The seeds of antisemitism sown by the fascists were latent and only bore fruit a generation or two later«; ebd., S. 87. – Vgl. Matthias Messmer, Sowjetischer und postkommunistischer Antisemitismus (Rußland, Litauen, Ukraine), Konstanz 1997, S. 329-474.

Frage« unbrauchbar geworden ist und andere Minderheiten und Gruppierungen den traditionellen Platz der Juden als Sündenböcke eingenommen haben, dann kann man eine Wiederholung der altbekannten Verhältnisse erwarten.

Die Statistiken, die sich mit Rechtsextremismus und Antisemitismus befassen, weisen seit 1989 im allgemeinen auf ein nicht stabiles, begrenztes Anwachsen des Antisemitismus hin, das je nach Land und sozioökonomischem Umfeld variiert. Doch im allgemeinen geht es bei dem noch vorhandenen antisemitischen Vorurteilskomplex »heute nicht primär um Gruppenkonflikte [...], sondern um ein Ressentiment.«[25] Das heißt: Die Darstellung der »Judenfrage« als identisch mit der »sozialen Frage« ist auch nach der großen Erschütterung der Jahre 1989-1990 für große Bevölkerungssektoren nicht mehr plausibel. Auch den Neo-Faschismen – wie in Frankreich – verspricht die »jüdische Karte« heutzutage wenig. Unsere These bleibt auch für die Zeit nach der Wende zum 21. Jahrhundert tragfähig. Entscheidend bleibt der Vergleich mit der Vergangenheit und anderen Gruppierungen. So konstatiert das Institute of Jewish Affairs in seinem jährlichen Antisemitismusbericht für 1992: »Antisemitism may well have lost much of its potency«, mahnt aber weiterhin zur Vorsicht und fordert – »given the recent disturbing trend« – die größte Aufmerksamkeit ein. Der gültige Befund jedoch lautet: »No one could seriously argue that the contemporary Jewish situation is remotely comparable to that of the many non-white minority groups for whom discrimination, violence and abuse are a daily occurence.«

Im Rahmen des »Krieges der Zivilisationen« seit dem 11. September 2001 erstreckt sich diese Beobachtung auch auf den Vergleich zwischen Judenhaß und Haß auf Muslime. Im »Kreuzzug gegen den Terror« zeichnet sich eine präzedenzlose gegen Muslime und damit wenigstens in Europa gegen eine andere Minderheit gerichtete christlich-jüdische Allianz ab. Ausgerechnet aus dieser Minderheit kommt eine Reaktion in Form einer neuen Identifizierung der sozialen Frage mit der »Judenfrage«. Daß diese neue Tendenz auch in Deutschland relevant ist, zeigte spätestenz die Rolle des Politikers Karsli in der Möllemann-Affäre des Jahres 2002. Allerdings haben die neuen Konturen der sozialen und nationalen Frage im vereinigten Deutschland einen noch höheren Stellenwert, um die Phase der Enttabuisierung zumindest des »säkularen Antisemitismus« erklären zu können.[26] Die enge Verflechtung zwischen deutschem Kollektivbewußtsein und kollektiver Erinnerung, in deren Mittelpunkt die Ermordung der Juden steht, sowie zwischen der NS-Vergangenheit und der gegenwärtigen Gefährdung des Wohlfahrtsstaates schufen in Deutschland die Voraussetzung für eine erneute Thematisierung der »Judenfrage« und für eine Aktualisierung des Themas des Antisemitismus.

---

[25] Werner Bergmann, Rainer Erb, »Antisemitismus in Deutschland 1945-1996«, in: Wolfgang Benz, Werner Bergmann (Hg.), Vorurteil und Völkermord. Entwicklungslinien des Antisemitismus, Freiburg 1997, S. 397-434, Zitat: S. 434.
[26] Dazu ausführlich: Moshe Zimmermann, »Im Arsenal des Antisemitismus«, in: Doron Rabinovici et al. (Hg.), Neuer Antisemitismus? Eine globale Debatte, Frankfurt 2004, S. 294-309; vgl. auch Lars Rensmann, Demokratie und Judenbild. Antisemitismus in der politischen Kultur der Bundesrepublik Deutschland, Wiesbaden 2004.

Nachweis der Erstveröffentlichung früher erschienener Beiträge

(Alle Beiträge wurden für die Publikation in diesem Band überarbeitet und mit aktuellen bibliographischen Hinweisen versehen.)

I. 1 In: Jacob Borut, Oded Heilbronner (Hg.), German Antisemitism, Tel Aviv 2000, S. 19-28.
Aus dem Hebräischen übersetzt von Matthias Schmidt.

I. 2 In: Ursula Büttner (Hg.), Das Unrechtsregime. Internationale Forschung über den Nationalsozialismus, Festschrift für Werner Jochmann, Bd. 1: Ideologie-Herrschaftssystem-Wirkung in Europa, Hamburg, S. 59-77.

II. 1 »Ludolf Holst – Ein Vorläufer Sombarts« (hebr.), in: N. Gross (Hg.), Jews in Economic Life, Jerusalem 1985.
Aus dem Hebräischen übersetzt von Matthias Schmidt.

II. 2 »Antijüdischer Sozialprotest? Proteste von Unter- und Mittelschichten 1814-1835«, in: Arno Herzig, Dieter Langewiesche u.a. (Hg.), Arbeiter in Hamburg, Hamburg 1983, S. 89-94.

II. 3 In: Joseph A. Kruse, Bernd Witte, Karin Füllner (Hg.), Aufklärung und Skepsis. Internationaler Heine-Kongreß 1997 zum 200. Geburtstag, Stuttgart, Weimar 1998, S. 195-209.

II. 4 »Gabriel Riesser und Wilhelm Marr im Meinungsstreit«, in: Zeitschrift des Vereins für Hamburgische Geschichte 61 (1975), S. 59-84.

II. 5 In: Stephane Moses, Albrecht Schöne (Hg.), Juden in der deutschen Literatur. Ein deutsch-israelisches Symposion, Frankfurt a. M. 1986, S. 179-193.

II. 6 In: Leo Baeck Institute Year Book XXIII, 1978, S. 89-99.
Aus dem Englischen übersetzt von Kai Hendrik Patri.

II. 7 In: Peter Freimark, Alice Jankowski, Ina S. Lorenz (Hg.), Juden in Deutschland. Emanzipation, Integration, Verfolgung und Vernichtung, Hamburg 1991, S. 196-206.

II. 8 »Antisemitische Bewegungen und ›Alltagsantisemitismus‹ im Kaiserreich, in der Weimarer Republik und im ›Dritten Reich‹, in: Helmut Gold, Georg Heuberger (Hg.), Abgestempelt. Judenfeindliche Postkarten, Frankfurt am Main 1999, S. 27-42.

III. 1 In: Karlfried Gründer, Nathan Rotenstreich (Hg.), Aufklärung und Haskala in jüdischer und nichtjüdischer Sicht (Wolfenbütteler Studien zur Aufklärung, Bd. 14), Heidelberg 1990, S. 143-152.

III. 2 In: Leo Baeck Institute Year Book XXVII, 1982, S. 129-153.
Aus dem Englischen übersetzt von Kai Hendrik Patri.

III. 3 Das Kapitel verbindet zwei Aufsätze, die ursprünglich erschienen sind als:

»Zionism as a diversionary Activity – German Jews and East-European Immigrants« (hebr.), in: Zionut. Studies in the History of the Zionist Movement XII (1987), S. 73-84.
Aus dem Hebräischen übersetzt von Astrid Popien.

»German Jews and the Jewish Emigration from Russia«, in: S. I. Troen, B. Pinkus (Hg.), Organizing Rescue. Jewish National Solidarity in the Modern Period, London 1992, S. 127-138.
Aus dem Englischen übersetzt von Astrid Popien.

III. 4 In: Trumah. Hochschule für Jüdische Studien Heidelberg, Bd. 1, Wiesbaden 1987, S. 139-158.

III. V »Zukunftserwartungen deutscher Juden im ersten Jahr der Weimarer Republik«, in: Archiv für Sozialgeschichte 37, 1997, S. 55-72.

III. 6 »›Die aussichtslose Republik‹ – Zukunftsperspektiven der deutschen Juden vor 1933«, in: Menora. Jahrbuch für deutsch-jüdische Geschichte (hg. v. Julius H. Schoeps, im Auftrag des Salomon Ludwig Steinheim-Institutes für deutsch-jüdische Geschichte), München, Zürich 1990, S. 152-183.

III. 7 In: Michael Nagel (Hg.), Zwischen Selbstbehauptung und Verfolgung. Deutschjüdische Zeitungen und Zeitschriften, Hildesheim 2002, S. 295-314.

III.8 In: Hannah Arendt – the Early ›Post Zionist‹ î, in: Steven E. Aschheim (Hg.), Hannah Arendt in Jerusalem, Berkeley 2001, S. 181-193.
Aus dem Englischen übersetzt von Astrid Popien.

IV. 1 In: Christof Dipper, Rainer Hudemann, Jens Petersen (Hg.), Faschismus und Faschismen im Vergleich. Wolfgang Schieder zum 60. Geburtstag, Vierow bei Greifswald 1998, S. 149-163.

Personen- und Sachregister

A
Ahad Ha'Am (Asher Ginzberg) 164
Ahlwardt, Hermann 129, 189
Alldeutscher Verband 189, 219
Amsink, W. 61
Anti-Modernismus 125, 133
Antisemiten-Kongresse 143
Antisemiten-Liga 29-36, 106, 107, 112
Anti-Zionismus 7, 23, 34, 285
Apfel, Alfred 220
Araber, Arabisch-israelischer Konflikt 23, 38, 39, 228, 229, 275, 278-280, 298
Arlosoroff, Viktor (Chaim) 223
Arendt, Hannah 273-286, 291, 299
Arndt, Ernst Moritz 262
Asch, Richard 181, 184
Auerbach, Berthold 105
Auerbach, Elias 177
Aufklärung 70, 71, 74-80, 104, 105, 150-157

B
Balfour-Deklaration 224, 225, 277
Ball, Fritz 249
Ball, Jakob 249
Bamberger, Ludwig 110
Bambus, Willy 197
Bar-Kochba 268
Bar-Kochba Turnverein 260
Bartels, Adolf 101, 102, 104, 108
Bassermann, Ernst 205
Bauer, Bruno 294
Bauer, Erwin 126-130
Baumeister, Karl 66, 85
Begin, Menachem 281, 284
Behrend, B. 150
Bein, Alex 25
Bendix, Erich 267
Ben-Gurion, David 276, 281
Berger, Julius 261
Bergen-Belsen 272
Bergmann, Gretel 268
Bergson, Peter (Hillel Kook) 281, 282
Bial, Grete 240
Biedermann, Sem 36
Biltmore Konferenz 274, 279
Biram, Arthur 166
Birnbaum, Nathan 158, 165, 207, 209
Bismarck, Otto von 35, 162, 189
Bloch, Eduard 13
Bloch, Joseph Samuel 108
Blücher, Heinrich 285
Blumenfeld, Kurt 149, 161, 167, 173, 188, 208, 251, 273, 274, 285
Bodemann, Emanuel von 183
Bodenheimer, Max 151, 193, 196, 197, 202, 207
Böckel, Otto 35, 118, 123, 129, 131, 189, 295
Börne, Ludwig 69, 72, 77, 79, 98
Bochumer Programm 130, 189
»Börsenkrach« (»Gründungsschwindel«) 1973 27, 103, 127
Borut, Jacob 258
Brenner, Michael 258
Brodnitz, Friedrich 255
Brüning, Heinrich 248
Brunner, Constantin 234, 235
Brunner, Sebastian 110
Buber, Martin 153-155, 167, 175, 176, 179, 182
Bund gesetzestreuer jüdischer Gemeinden 253
Bund der Landwirte 189

C
Cahen, Gustav 194-198
Calvary, Moses 164, 178, 181, 188
Caprivi, Leo Graf 189
Chamberlain, Houston Stewart 108, 110, 136, 179, 180
Christern, J.W. 82, 90
Cohen, Hermann 152
Cohn, Benno 163
Cohn, Emil 155, 178, 185, 186, 205
Conrad, Michael Georg 183
Costenoble, Rudolf 30
Coudenhove-Kalergi, Richard Nikolaus Graf 37

D
Deir Jassin 278
Deutsches Centralkomitee für die russischen Juden 191, 192
Deutscher Fussballbund 264
Deutsch-Israelitischer Gemeindebund 30, 105, 108
Dinnerstein, Leonard 299
Dreifussaffäre 296
Dreismann 182
Dühring, Eugen 102-104, 108, 110, 112, 118, 122, 126, 141

E
Eichmann-Prozess 276, 278, 281, 282
Einstein, Albert 281
Eloni, Jehuda 203

Emden, Jacob 53
Ettinger, Shmuel 19, 297

F
Fall der Mauer (1989) 22, 300, 301
Faschismus 289-301
Feiwel, Berthold 201
Feuerbach, Ludwig 85
Fichte, Johann Gottlieb 76, 155, 178, 262
Fishberg, Maurice 271
Förster, Bernard 121, 130
Förster, Paul 37, 130
Franco, Francisco 289
Frankfurter, Naphtali 87
Franzos, Karl Emil 195, 197
Friedemann, Adolf 159, 183, 205
Friedenthal 268
Fries, Jacob Friedrich 69
Fritsch, Theodor 14, 16, 35, 37, 38, 108, 112-124, 132, 133, 136-138, 140, 141
Fuchs, Eugen 220, 222, 223, 228-232

G
Gagern, Heinrich von 90
Gall, Franz Joseph 55
Gallois, J.G. 82
Gambetta, Leon 27
Geiger, Abraham 105
Georg, Wilhelm 126, 131, 132
Gerke, Friedrich 69, 90
Gerlach, Helmuth von 15, 126-131, 146
Giordano, Ralf 20
Glagau, Otto 121, 127, 128, 295
Goebbels, Joseph 142, 253
Goehre, Paul 130
Göring, Hermann 249
Goethe, Johann Wolfgang von 246
Goldhagen, Daniel Jonah 7, 17, 18, 20, 24
Goldmann, Felix 234
Goldmann, Nahum 222, 223, 232, 233
Goldstein, Julius 251
Goldstein, Moritz 261
Gorelik, Schemarja 225
Graetz, Heinrich 209
Grant, Ulysses 299
Grillparzer, Franz 149
Grousilliers, Hector de 30-32, 34, 36, 106-108, 120
Grünthal 249
Günther, Hans F.K. 38, 137

H
Hakoah 267
Hamman, Brigitte 13
Handbuch der Judenfrage (vorher: Antisemiten-Katechismus) 14, 35, 37-39, 101, 124, 137-145,

Hanisch, Reinhold 13
Hantke, Arthur 161, 165, 173, 222, 226, 228
Harkabi, Jehoshafat 298
Haskala 71, 74, 78, 150, 151
Hausner, Gideon 276, 281
Heckscher, Moritz 85
Heine, Heinrich 67-80, 95
Heine, Salomon 62
Henrici, Ernst 121
Hentze, Otto 34, 121
Herzl, Theodor 39, 151, 188, 202, 203, 209, 211, 275, 277, 281, 284, 295
Herzlbund 200, 206
Hildesheimer, Ezriel 220
Himmler, Heinrich 137
Hindenburg, Paul von 244, 248
Hirsch, Maurice de 192, 195
Hirschl, Otto 129, 132
Hitler, Adolf 13, 14, 16, 68, 118, 124, 141, 156, 244, 247, 249, 254-256, 273, 296
Hoffmann, Christard 20
Hohmann, Martin 7
Holländer, Ludwig 250, 255
Holst, Ludolf 43-56, 58, 59
Huch, Ricarda 183
Hudtwalker, Martin 64
Hugenberg, Alfred 239

I
Industrialisierung 21, 292
Israel, Staatsgründung 158, 295

J
Jäckel, Eberhard 13
Jahn, Friedrich Ludwig 263, 264
Jalowicz, Hermann 270
Jaspers, Karl 284
Jesus 74, 108, 111, 117, 118
Jochmann, Werner 19, 113
»Jud Süss« (1940) 141, 145
Judenboykott 239, 241
Judenemanzipation 8, 16, 20, 21, 68-100, 104, 105, 110, 135, 137, 138, 149-157, 159, 178, 189, 247, 292
»Judenfrage« 287-301
»(End)Lösung der Judenfrage« 15, 19, 37, 80, 134-146, 194, 274, 289-292
»Judenzählung« (1916) 140, 234
Jüdisch-soziale Komitee 209
Jüdische Turnen und Sport 258-272
Jüdische Volkspartei 227
Jüdischer Turnverband 267
Junges Deutschland 84, 114
Jungmann, Max 161

K

Kahane, Meir 281, 285
Kaiserreich 25, 27, 77, 114, 125-133, 141, 152, 158-215, 265
Kalter Krieg 277, 295
Kant, Immanuel 44, 178
Kapitalismus 43-56, 129, 207, 208, 210, 214, 292, 294
Kareski, Georg 246
Katz, Jakob 46, 297
Kershaw, Ian 14
Kirschner, Bruno 187
Klatzkin, Jacob 152, 155, 226, 227, 234
Klee, Alfred 176, 177, 205, 228
Klötzel, C Z 231, 232
Koenig, Hans Jürgen 259
Kohn, Erich 226, 234
Kohn, Hans 154
Kommunismus (s. auch Sozialismus, KPD) 256
Krieg, Siebenjähriger 53
Krojanker, Gustav 78, 156, 250
Kulturkampf 103, 109
Kutzinsky, Arnold 180, 271

L

Lagarde, Paul de 126
Langbehn, Julius 126
Lange, Friedrich 130
Lazare, Bernard 275, 277
Lazarus, I. 95
Ledermann, J 271
Lehmann, Emil 105
Lessing, Gotthold Ephraim 30, 101-111
Lessingverein 30, 32
Lessing, Theodor 257
Lestschinsky, Jacob 240, 241, 246, 256
Levin, Shmarya 196
Levy, Richard 18
Liberalismus 71, 75, 82-100, 126, 127, 173, 177, 243, 245, 247, 250, 251, 299
Lichtheim, Richard 149, 162, 168, 201-203, 206, 213, 227
Liebermann von Sonnenberg, Max 121
Liebknecht, Karl 223
Liepmann, Heinz 256
Linnemann, Felix 264
List, Friedrich 54
Loewe, Heinrich 165, 177, 205, 214
London, S. 247
Lucko, Hermann 126

M

Majerczik, Wilhelm 167
Makkabäer 79, 270
Makkabi 262, 266-269
Makkabiade 265, 266, 269

Mandelstamm, Max 270
Mann, Karl 266
Marcus, Alfred 241
Marr, Heinrich 84
Marr, Wilhelm 14-16, 25-39, 66, 77, 78, 81-100, 104-124, 126, 129, 132, 137, 139, 145, 295, 296
Marx, Hugo 243
Marx, Karl 56, 294
Max von Baden 221
Mayer, Ludwig 175
Meinungsumfragen 19, 22
Melchett, Alfred Moritz, Baron 253
Mendelssohn, Moses 150, 151, 154, 259
Menzel, Wolfgang 69
Merck, Ernst 85
Merkantilismus 44, 47, 54
Meyer, Eduard 72, 98
Michaelis, Johann David 111
Michaelis, Paul 183
»Mischehen« 90, 206
»Mischlinge« 218
Moellemann, Jürgen 301
Moses 74
Mosse, Rudolf 27, 33
Motzkin, Leo 198
Mussolini, Benito 289

N

Nachkriegszeit (1945) 20, 21, 272, 277-286, 289-301
Naphtali, Fritz 241, 253
Napoleon I 44
Nathan, Paul 226, 228, 234, 235
Nationalsozialismus, NSDAP 8, 13, 19, 21, 22, 25, 39, 78, 114, 140, 238-241, 244-250, 254-258, 267, 268, 278, 289-300
 Drittes Reich 16, 17, 19, 21, 136, 141, 258, 267, 268, 270, 290, 297
Naumann, Friedrich 15, 127, 130
Naumann, Max 252
Neuendorf, Edmund 263
Nietzsche, Friedrich 126
Nordau, Max 153, 202, 203, 205, 207, 213, 258, 259, 263, 265, 268, 269
Nordmann (Naudh), Heinrich 34, 117, 118
Nossig, Alfred 214
Nürnberger Gesetze 38, 74, 141, 156, 281

O

Olympische Spiele 1936 268
Oppenheimer, Franz 184, 202, 211-215, 221
Ostjuden 170, 175, 189-199, 201, 209, 211, 213, 215, 218, 234

P

Papen, Franz von 248

Pappenheim, Bertha 239, 240
Pariser Friedenskonferenz 233
Parteien
  Christlich-soziale 32, 36, 106, 112, 126, 128, 129, 139
  Deutschsoziale 126, 128, 139
  DDP 230, 246, 249
  Deutsch-konservative 131, 189
  DNVP 21, 238
  Deutsche antisemitische Vereinigung 37
  DVP 230, 246, 249
  Freisinnige 131
  KPD 238, 249
  Nationalliberale 131, 177
  Nationalsozialer Verein 129
  SPD 116, 126, 127, 129-132, 144, 189, 190, 203, 230, 245-249, 253
  Zentrum 246-249
Patow, J.O.W. 65
Paucker, Arnold 255
Paulus 69
Philosemitismus 95
Pinkert, Alexander 117, 120, 121
Pogrome (Unruhen) 57-66, 233-236
  Hep-Hep 46, 51, 57-60, 68
  Reichspogromnacht 236, 272
Posener Beschluss (1912) 202
Prenn, Daniel 267
Produktivierung 60, 63, 243
Proletarisierung 208, 240-242, 292
Prinz, Arthur 250

R
Rasse, Rassismus 8, 14, 18, 26-28, 31, 34-38, 55, 73-75, 96, 101-111, 115, 116, 119, 126, 132, 141, 155, 156, 177-185, 212, 234, 262, 270, 271, 277, 281, 285, 291, 292, 297
Rathenau, Walter 249, 266
Ree, Anton 82, 92, 94, 96
Reichmann, Eva 255, 256
Reichsbund jüdischer Frontsoldaten 243, 245, 247, 260, 267, 268
Reichsgründung 1871 135
Reichshammerbund 123
Resch-Laqish, Shimon 269
Reventlow, Graf Ernst zu 38
Revolution
  Französische 43, 47, 52, 71, 127, 129, 221
  July (1830) 82
  1848 20, 25, 66, 75, 81, 85-90, 114, 115
  November (1918) 222, 236
  1968 7
Rhodes, Cecil 215
Rickert, Heinrich 189, 205
Riesser, Gabriel 26, 65, 69, 70, 72, 81-100, 105, 150

Ritualmordaffären 144, 145, 189, 190, 197
Rohling, August 136
Romantik 69, 72, 76, 80, 154, 176
Rosenberg, Egon 161, 172
Rosenberg-Prozess 300
Rosenblüth, Felix 173
Rosenkranz, Egon 180
Ross, E. 85
Rühs, Gustav Friedrich 69
Rürup, Reinhard 25
Ruppin, Arthur 160, 214

S
S.A. 249, 254
Sabbatai Zwi 285
Sandler, Aron 180, 182, 183
Sanzara, Rachel 101
Schild, der 260, 262, 268, 269
Schiller, Friedrich 91
Schleicher, Kurt von 248
Schmeitzner, Ernst 117, 118
Schmitt, Carl 250
Schönerer, Georg 294
Schoeps, Hans-Joachim 252
Scholem, Gershom 78, 217
Scholem, Theobald 263, 264
Schutz- und Trutzbund 123
September 11 (2001) 23, 301
Shazar, Salman 298
Shoah (Holocaust) 18, 24, 73, 282, 283, 286, 297
Sholem Aleichem 194
Siegen-Wittgenstein 129
Silbermann, Alfons 7
Simon, Ernst 258
Simson 265, 270
Singer, Georg 244
Smuts, Jan 225
Sombart, Werner 43-56
Sonnenfeld, Hugo 221
Sozialismus 115, 143, 204, 207, 218, 221-223, 237, 250, 294, 295
Sozialitärer Bund 130
Spektor, Isaac E. 190
Spengler, Oswald 126
Spinoza, Baruch 104
Stettenheim, Julius 97
Stoecker, Adolf 15, 32, 36, 106, 107, 112, 115, 121, 122, 126, 127, 130, 189, 294, 296
Streicher, Julius 13, 16, 118, 124, 145
Studenten, jüdische 158-188
  BJC 162-188
  Hasmonaea 161-163, 168, 171, 172
  Jordania 168
  Jung Israel 161, 165
  Kadimah 165
  KZV 162-188, 206

Kartell-Convent 174
Verein jüdischer Studenten 165
Zephira 168
»Stunde Null« 19
Süsskind von Trimberg 101
Szanto, Alexander 77

T
Talmon, Jakob 126
Tempel-Verein 52
Thälmann, Ernst 256
Theilhaber, Felix 261
Thyssen, Fritz 249
Tivoli-Programm 131, 189
Toury, Jacob 297
Trautenberg, Bernard 197
Treitschke, Heinrich von 36, 112, 135-137, 189
Trietsch, Davis (David) 201, 214, 227, 228
Tschammer und Osten, Hans von 268
Turoff, Israel 196

U
USA 26, 53, 97, 195, 299

V
Varnhagen, Rahel 283
Verband der Vereine zur Förderung der Handwerke und Bodenkultur 211-213
Verband nationaldeutscher Juden 252
Verein deutscher Studenten 162
Verein zur Abwehr des Antisemitismus 266
Verein zur Förderung von Bodenkultur 200
Völkerschlacht 79
Vogelstein, Hermann 175
Volkov, Shulamit 19
Vormärz 20, 43-80

W
Wagner, Richard 225

Warburg, Otto 213, 214
Wartburgfest 68, 70, 79
Weber, Max 43
Weichmann, Herbert 256
Weimarer Republik 17, 21, 77, 141, 216-258, 264-267
Weitzmann, Siegfried 185
Weizman, Haim 201
Weltkrieg I 13, 18, 21, 139, 140, 224, 234-236, 258, 261, 262, 271, 277
Weltkrieg II 274-280, 283, 289, 290, 292-294
Weltsch, Robert 155, 246, 251, 256, 262
Wessely, Naphtaly Hartwig 151
Wiener Kongress 48
Wiener, Max 235
Wilhelm II 189
Wilson, Woodrow 225
Wirth, Joseph 239
Wirtschaftsaktivität, jüdische 44, 45, 48, 49, 58, 62, 206, 214, 244
Wolffsohn, David 201
Wolffson, Isaac 82, 88, 92, 94, 96, 97
Woyda, Bruno 244

Y
Yerushalmi, Josef Hayim 18

Z
Zangwill, Israel 229
Zentralverein (CV) 123, 174, 190, 219-223, 225, 229-232, 235, 239-257, 264
Zentralwohlfahrtstelle der deutschen Juden 219
Zielenziger, Kurt 240, 241
Zimmermann, Oswald 129
Zionismus, ZVfD 8, 13, 23, 50, 76, 78-80, 139, 149-215, 220-234, 238, 241, 244, 247, 248, 251, 253, 254, 261-286, 289, 295, 298, 299
Zitelmann, Rainer 296
Zlocisti, Theodor 165, 168, 174, 271